LA FRANCE

0   100 km   200 km

C A N A D A

Québec

Montréal

St. Pierre
& Miquelon

E T A T S - U N I S

l'Océan
Atlantique

l'Océan
Pacifique

La Guadeloupe

La Martinique

La Guyane
Kourou

0   1000 km   2000 km

l'Océan
Atlantique

PORTUGAL

ESPAGNE

G

GRANDE-BRETAGNE

Manche

BELGIQUE

Lille

Bruxelles

ALLEMAGNE

LUXEMBOURG

Luxembourg

Nord-
Pas-de-Calais/
Picardie

Haute-Normandie/
Basse-Normandie

Paris
Ile-de-
France

Champagne-Ardenne/
Lorraine/Alsace

Strasbourg

Pays de la Loire

Centre

Dijon

Bourgogne/
Franche-Comté

SUISSE

Poitou-Charentes/
Limousin/Aquitaine

Lyon

Auvergne/
Rhône-Alpes

ITALIE

Bordeaux

Midi-Pyrénées/
Languedoc-Roussillon

Aix-en-Provence

Provence-Alpes-
Côte d'Azur

Nice

MONACO

Marseille

ANDORRE

Corse

Barcelona

la Mer Méditerranée

Tous ensemble 4

von Ricarda Gümbel, Siegen; Laurent Jouvet, Tournon; Dagmar Odenthal, Berlin; Marceline Putnai, Maulévrier Ste Gertrude; Heidrun Randrianarisoa, Wutha-Farnroda; Brigitte Schröder, Freiburg; Gudrun Tegethoff, Hannover; Kerstin Theinert, Schwäbisch Gmünd; Chantal Veyrier-Hepper, Tübingen

Weitere Mitarbeit: Françoise Economides-Fincke, Bad Zwischenahn; Wolfgang Froese, Oldenburg; Muriel Latapie, Tarbes; Monika Märten, Halle; Frank Maurer, Stuttgart; Andreas Nieweler, Detmold; Tobias Schnitter, München; Anita Schulz, Schönewalde; Marie-Christine Thiébaut, Strasbourg; Heike Warschkow, Wittenberg; Silke Zacher, Lengefeld

Begleitende Materialien für Schülerinnen und Schüler:

Cahier d'activités, Klettnummer 523963
Cahier d'activités mit CD-ROM, Klettnummer 522924
Grammatisches Beiheft, Klettnummer 523962
Vokabellernheft, Klettnummer 523324
Schüler-CD mit Lektionstexten, Gedichten und Liedern, Klettnummer 523966
Klett Sprachtrainer Französisch (Software für Schülerinnen und Schüler), Klettnummer 523714

1. Auflage   1 13 12 11 | 2019 18

Alle Drucke dieser Auflage sind unverändert und können im Unterricht nebeneinander verwendet werden. Die letzten Zahlen bezeichnen jeweils die Auflage und das Jahr des Druckes.

© Ernst Klett Verlag GmbH, Stuttgart 2007.
Alle Rechte vorbehalten.
Internetadresse: www.klett.de

Redaktion: Anne-Sophie Guirlet-Klotz, Burgunde Niemczyk

Medien- und Umschlaggestaltung: Birgit Gaab
Illustrationen: Gilles Bonotaux, Paris; Myrtia Wefelmeier, Berlin
Layout, Kartographie und Illustrationen: Christian Dekelver, Weinstadt
Satz: media office gmbh, Kornwestheim
Reproduktion: Meyle + Müller, Medien-Management Pforzheim
Druck: Himmer GmbH Druckerei, Augsburg

Printed in Germany
ISBN 978-3-12-523994-4

Tous ensemble 4

für den schulischen
Französischunterricht

von

Ricarda Gümbel
Laurent Jouvet
Dagmar Odenthal
Marceline Putnai
Heidrun Randrianarisoa
Brigitte Schröder
Gudrun Tegethoff
Kerstin Theinert
Chantal Veyrier-Hepper

Ernst Klett Verlag
Stuttgart Leipzig

INHALTSVERZEICHNIS

* Diese Strukturen sind nicht für alle Bundesländer verbindlich außer in jeweils extra ausgewiesenen Bundesländern. Bei der Durchnahme der Lektion können die betreffenden Grammatikübungen entfallen.

Erläuterungen

d'abord
Die *d'abord*-Seite dient der Vorentlastung der Lektionstexte. Sie ist **verbindlich**.

sur place
Das Angebot auf den *sur place*-Seiten ist **fakultativ**. Es beinhaltet u. a. authentische Materialien, Hörverstehensangebote, Projekte und Chansons.

on dit
„Was sagt man, wenn …": Die *On dit*-Übersicht fasst **Redemittel** für bestimmte Situationen noch einmal zusammen.

stratégie
Übungen, die durch *stratégie* gekennzeichnet sind, vermitteln Lerntechniken.

⟨ ⟩
Übungen bzw. Übungsteile oder Grammatikteile in Winkelklammern sind **fakultativ**.

✏
Der Bleistift zeigt an, dass diese Übung **schriftlich** gemacht werden kann oder dass etwas notiert werden soll.

www
An dieser Stelle bietet es sich an, Informationen im **Internet** zu suchen.

🔊 **s**
Der Text bzw. die Übung ist auf der **Schüler-CD** (Klettnummer 523966) zu hören.

🔊 **L**
Der Text bzw. die Übung ist auf der **Lehrer-CD** (Klettnummer 523968) zu hören.

👥
Diese Übung bzw. dieser Übungsteil wird am besten in **Partnerarbeit** durchgeführt.

👥
An dieser Stelle bietet sich **Gruppenarbeit** an.

(G 1)
Verweist auf die entsprechenden Ziffern im **Grammatischen Anhang** im Buch oder im **Grammatischen Beiheft** (Klettnummer 523962).

💡
„Entdeckendes Lernen": Ein grammatisches Kapitel kann von den Schülern weitgehend selbstständig erarbeitet werden.

📋
Die **Karteikarte** zeigt an, dass Gelerntes (z. B. die Redemittel der *On dit*-Übersichten) auf Karteikarten festgehalten werden sollte.

▽
Diese Übung / dieser Übungsteil ist ziemlich **leicht** und kann zur Differenzierung eingesetzt werden.

△
Diese Übung / dieser Übungsteil ist ziemlich **schwierig** und kann zur Differenzierung eingesetzt werden.

W
Wiederholung

R
In diesen Übungen werden die Strukturen rezeptiv geübt.

VOC
In dieser Übung (bzw. diesem Übungsteil) ist ein Schwerpunkt **Vokabelarbeit**.

DICO
Hier empfiehlt es sich, ein **Wörterbuch** zu benutzen.

Salut!

Willkommen im vierten Jahr Französisch mit

T ous ensemble.
　　Vielleicht habt ihr in diesem Jahr eure Ferien in Frankreich verbracht …
O der in einem anderen Land, in dem man auch Französisch spricht.

U nd bestimmt habt ihr euch bereits gut auf Französisch verständigen können.
　　Ihr wisst ja – mit
S prachen kommt man überall zurecht und findet schnell neue Freunde!

E uer Band 4 enthält Neues und Bekanntes: Es gibt wieder spannende Texte
　　und gute Übungen.
N eue Lernstrategien zeigen euch, wie man leichter und effizienter lernt.
　　Und am Ende der Lektionen findet ihr wieder die informativen
S ur place-Seiten, die euch direkt nach Frankreich oder in ein französischsprachiges Land
　　„entführen".
E twas Besonderes sind die *Plateau*-Phasen: *récré*-Seiten mit Chansons und Auszügen aus
　　französischen Jugendbüchern, *révisions*-Seiten mit Wiederholungsübungen und Lösungen.
M it den DELF-Seiten könnt ihr euch auf die internationale Sprachprüfung vorbereiten.

B and 4 hat einiges zu bieten!

🔊 **L** iebe Schülerinnen und Schüler – das Autorenteam wünscht euch viel Spaß beim Lernen und

🔊 **E** ntdecken mit Tous ensemble!

Un jeu: Le quiz de «Tous ensemble» (pour 4 joueurs)

Bildet Gruppen von 4 Spielern. Ein Schüler ist Spielleiter. Er wählt beliebige Fragen für seine Mitspieler aus und kontrolliert die Lösungen auf Seite 201. Derjenige, der am schnellsten die richtige Antwort findet, bekommt einen Punkt. Notiert euch auf einem Blatt Papier hinter den Zahlen von 1 bis 26 den Buchstaben der richtigen Antwort und die Anzahl eurer Punkte. Die Buchstaben ergeben einen Lösungssatz. Wer ihn zuerst findet, bekommt 5 Bonuspunkte. Sieger ist, wer am Ende die meisten Punkte gesammelt hat.

6. Le contraire de «méchant», c'est:
Y jaloux.
Z furieux.
A gentil.

7. Faire le plein, c'est:
N prendre de l'essence.
O prendre un sandwich.
P prendre l'autoroute.

1. Une infirmière:
A travaille à la radio.
B travaille à l'hôpital.
C travaille à la cantine.

8. A Avignon, il y a un grand festival de
M musique.
N théâtre.
O cinéma.

2. La Seine-Saint-Denis, c'est:
M un quartier de Paris.
N près de Toulouse.
O dans la banlieue de Paris.

9. «Pomper», c'est
E copier pendant une interro.
F prendre de l'essence.
G réviser une leçon.

3. Ce garçon est le guitariste
N qu'
O que on a trouvé sur Internet.
P qui

10. Nous faisons de la musique
D tout
E toute la nuit.
F tous

4. Quel temps fait-il?
M Il y a du vent.
N Il y a de la pluie.
O Il y a de la neige.

11. Quand on déprime,
A on a le cafard.
B on a la pêche.
C on est content(e).

5. La Place du Capitole, c'est à
D Grenoble.
E Toulouse.
F Avignon.

12. Anne et Sophie jouent au tennis, elles:
V sont sportives.
W sont sportifs.
X est sportive.

13. Avec le train d'Arras, on arrive à Paris
E gare du Nord.
F gare de l'Est.
G gare de Lyon.

20. Une batterie, c'est
M une chanson.
N un instrument.
O un musicien.

14. Aujourd'hui, Malika n'a pas son maillot de bain,
A elle va nager à la piscine.
B elle ne sait pas nager.
C elle ne peut pas nager.

21. Quel groupe vient de Lyon?
Q Zebda
R Les Loustiks
S Zen Zila

15. Tu fais un stage pour
R t'amuser.
S gagner de l'argent.
T connaître le monde du travail.

22. Le raï, c'est
C un instrument de musique.
D un groupe de musique.
E un style de musique.

16. La Fête de la Musique, c'est le
N 21 août.
O 21 juin.
P 23 juillet.

23. Quel est l'intrus?
L Saint-Michel
M Le parc du Vercors
N La place de la République

17. Quel est l'intrus?
S actif/ve
T sportif/ve
U pensif/ve

24. Hier, après le casting, il
A a le cafard.
B avait le cafard.
C va avoir le cafard.

18. 16/20, c'est
R une bulle.
S une bonne note.
T une mauvaise note.

25. SDF, ça veut dire:
L Sans Domicile Fixe
M Sans Direction Fixe
N Sans Destination Fixe

19. Le contraire de «tôt», c'est
E tard.
F demain.
G avant.

26. Ma cousine Mary vient:
C du
D de la Etats-Unis.
E des

LEÇON 1

 d'abord   **Bienvenue à la MJC *Monplaisir***

Voilà le tableau des activités de La Maison des Jeunes et de la Culture *Monplaisir* à Lyon:

Rendez-vous sportif!

Mardi soir, vous rencontrerez trois grands sportifs: Malia (natation), Eric (basket) et Larbi, le champion du monde de judo! Je préparerai les interviews ce week-end. Envoyez-moi vos questions par e-mail (ced@monplaisirmjc.com). Qui a envie d'interroger nos invités?

Cédric, animateur de judo et organisateur de la rencontre

MJC Mag

Le magazine de la MJC sortira au début du mois prochain. Nous préparerons les derniers articles la semaine prochaine. Chacun choisira un sujet et écrira un texte.

Bon week-end!

Coralie

Atelier vidéo

Mercredi, à 15h00, nous commencerons notre nouveau projet: un vidéoclip. Pensez à écouter vos chansons préférées ce week-end!

Patrick et Isabelle

Message pour Alice

Tu penseras à rapporter le CD pour le cours de danse africaine, MERCI. Est-ce que tu resteras avec nous demain pour organiser le spectacle? A plus

Izée

Message pour les guitaristes

Attention! Les travaux dans la salle de musique commenceront la semaine prochaine, vous penserez à ranger vos affaires avant jeudi.

Le directeur de la MJC

---

a *Lisez le tableau.* Qu'est-ce qu'on peut faire à la MJC *Monplaisir*?

b Dans les textes, il y a des mots qui indiquent le **futur**. *Trouvez-les.*
Exemple: **Mardi soir** …

 c *Regardez maintenant les verbes.* Quelles sont les formes que vous ne connaissez pas encore? C'est du **futur simple**. *Faites une liste de ces verbes puis trouvez les infinitifs.*

Exemple: vous **rencontrerez** → **rencontrer**

d *Soulignez ensuite le sujet et la terminaison des verbes de votre liste et complétez la grille.*
Comment est-ce qu'on conjugue le **futur simple**?
 Trouvez la règle.

je …	nous …
tu …	vous …
il/elle …	ils/elles …

e *Conjuguez les verbes **préparer, sortir, écrire** au **futur simple**.*

Pour vous aider, regardez G1.

f Vous connaissez déjà une autre forme pour exprimer le **futur**? Quelle est cette forme?

Rendez-vous sportif!

Mardi soir, Nasser, Lolyta et Guillaume ont interrogé les trois sportifs. Ils étaient très excités!

▶ **Avant la lecture**

Est-ce que vous faites du sport? Quel sport? Pourquoi? *Racontez.*

«Si les résultats viennent, tu seras un champion.»

Nasser a interrogé Larbi Benboudaoud.

Nasser: Pourquoi fais-tu du judo et à quel âge as-tu commencé?
Larbi: J'avais deux frères qui faisaient du judo, quand j'étais petit.
Et ils recevaient des petites médailles. Moi, j'ai commencé à dix 5
ans. Je suis devenu champion parce que j'aime gagner.
Nasser: Qu'est-ce que tu as fait quand tu as reçu ta première
médaille?
Larbi: J'étais super content. J'ai fait la fête avec ma famille.
C'est toujours génial, quand on reçoit une médaille! 10
Nasser: Quels sont tes hobbies?
Larbi: Le judo, les amis, le cinéma, la musique et les voyages.
Nasser: Quels sont tes conseils pour devenir un champion?
Larbi: Pour devenir un champion, il faudra travailler régulièrement[1].
Si les résultats viennent, tu seras un champion. 15

Nom: Benboudaoud
Prénom: Larbi
Date de naissance:
5 mars 1974 à Bordj-
Zemmourah (Algérie)
Sport: Judo, catégorie[2]
moins de[3] 66 kg

«Si j'arrive en finale, ce sera génial.»

Lolyta a interrogé Malia.

Lolyta: A quel âge as-tu commencé la natation?
Tu te souviens de ta première compétition?
20 *Malia:* Toute petite. J'ai commencé la natation à
quatre ans et la compétition à neuf ans.
Lolyta: Pourquoi as-tu choisi ce sport?
Malia: Ma sœur m'a donné envie de faire comme elle.
Lolyta: Tu viens de Guyane. L'arrivée en France n'a pas été trop dure
25 pour toi?
Malia: Si! Quand je suis arrivée à Paris, j'ai eu un choc.
En Guyane, il fait beaucoup plus chaud!
Lolyta: Comment prépares-tu les Jeux Olympiques?
Malia: J'ai quatre ans pour les préparer. Je m'entraîne 20 heures
30 par semaine et j'adore ça!
Lolyta: Crois-tu que tu gagneras une médaille?
Malia: Mon rêve, c'est la médaille d'argent ou d'or. Mais si j'arrive en
finale des J.O.[4], ce sera déjà génial.
Lolyta: Si tu t'entraînes 20 heures par semaine, comment fais-tu pour
35 voir tes amis?
Malia: J'ai beaucoup d'amis qui sont des sportifs aussi. Ce n'est donc
pas un problème pour nous retrouver.

Nom: Metella
Prénom: Malia
Date de naissance:
23 février 1982 à
Cayenne en Guyane
(France)
Sport: Natation

1 **régulièrement** regelmäßig – 2 **une catégorie** eine Kategorie – 3 **moins de** weniger als – 4 **les J.O.** (Abkürzung für **les Jeux Olympiques**) die Olympischen Spiele

«Si je passe dans l'équipe de France, ce sera super!»

Nom: Coussau
Prénom: Eric
Date de naissance:
  12 décembre 1972
  à Dax (France)
Sport: Basket, tennis,
  tir à l'arc³

Guillaume a interrogé Eric.

Guillaume: Quand as-tu commencé le handibasket?
Eric: En 1993, j'ai eu un accident de foot et depuis je suis handicapé.   40
  Après une période¹ difficile, j'ai trouvé le «Toulouse Invalides
  Club» (TIC).
Guillaume: D'où vient le handibasket?
Eric: On a créé le handibasket en Angleterre. Après la guerre²,
  il y avait beaucoup d'handicapés dans les hôpitaux et ils ont   45
  commencé à jouer au basket dans des fauteuils roulants.
  Maintenant, le handibasket fait partie des Jeux Paralympiques.
Guillaume: Quel est ton rêve?
Eric: J'espère que nous gagnerons beaucoup de médailles
  avec le TIC et que j'aurai la chance de passer dans   50
  l'équipe de France!

1   Comprendre le texte

◀ *Après la lecture*

*Lisez les phrases suivantes et dites si c'est **vrai, faux** ou **pas dans le texte**.*
Corrigez les phrases fausses.

1. Dans sa famille, Larbi est le seul qui fait
  du judo.
2. Larbi n'a pas assez de temps pour voir ses amis,
  aller au ciné, écouter de la musique, voyager.
3. Pour Malia, l'arrivée à Paris a été dure.
  Il y fait beaucoup plus froid qu'en Guyanne.

4. Malia nage au moins 20 heures par semaine.
5. Eric est handicapé parce qu'il a eu un accident
  de basket.
6. Eric veut gagner les Jeux Paralympiques.

2   A partir du texte

◀ *Après la lecture*

a *Relisez les textes et cherchez des informations sur ces trois sportifs sur Internet.*
  Complétez leur carte d'identité. (médailles / hobbies / famille).

b *Faites une liste de tous les sports que vous connaissez ou pratiquez.*
  Dites pour chaque sport s'il est dangereux ou non. Expliquez.

3   Devinez!

Ecoutez les quatre textes suivants et devinez la réponse.

---

1 **une période** ein Zeitraum – 2 **une guerre** ein Krieg – 3 **le tir à l'arc** das Bogenschießen

4 Les conseils de Larbi aux jeunes   (G 1, 2, 3)

*Mettez les verbes entre parenthèses
à la bonne forme.*

1. Si vous *(choisir)* un bon club, vous *(adorer)* le judo.
2. Si vous *(s'entraîner)* plusieurs fois par semaine, vous *(avoir)* des bons résultats.
3. Et si vous *(avoir)* des bons résultats, vous *(aller)* aux compétitions.
4. Si vous *(vouloir)*, je vous *(montrer)* des exercices pour vous entraîner.
5. Si je *(aller)* aux J.O. et si je *(gagner)* une médaille, mes frères et sœurs *(être)* très fiers de moi.

 ## 5 Que fais-tu?   (G 4)

R Aux Jeux Olympiques, un journaliste a interrogé la maman de Malia.

*Prenez leurs rôles. Transformez les questions suivantes comme dans l'exemple et cherchez
la réponse dans le texte de Malia ou imaginez-la.
Changez de rôle.*

Exemple:

Malia, a-t-elle toujours **fait** de la natation?
→ **Est-ce que Malia a** toujours **fait** …?

Comment avez-vous réagi quand Malia a eu une médaille?
→ **Comment est-ce que vous avez réagi** quand Malia …?

1. Malia, aime-t-elle les compétitions?
2. Comment est-elle devenue une championne?
3. Quand a-t-elle commencé la natation?
4. Comment prépare-t-elle les compétitions?
5. Passera-t-elle son bac cette année?
6. Que fait-elle dans la vie quand elle ne nage pas?
7. Irez-vous avec elle aux Jeux Olympiques?
8. Etiez-vous aussi championne de natation?

 ## 6 Les Jeux Olympiques d'été

*Retrouvez quelques sports au programme des Jeux Olympiques d'été.
Ecoutez les huit textes et dites quel texte va avec quel dessin.*

A athlétisme
B canoë-kayak
C cheval
D football
E judo
F natation
G tennis
H volley-ball

Amis pour la vie!

*Si tu comptes tous tes copains, tu en
trouveras 10, 15, 20. Ça va très vite!
Il y a les copains de l'école, les copains
du club de sport, les copains du quartier,*
5 *etc. Mais des amis, tu en as combien?
Les amis, on les compte sur les doigts
de la main.*

«J'ai vraiment confiance en elle.»

Moi, ma meilleure amie, c'est Sophie.
Je lui raconte tout, j'ai vraiment
confiance en elle. Comme on   10
n'habite pas dans la même ville, on
se téléphone au moins trois fois par
semaine pour se raconter nos vies.
Je peux lui dire, quand je suis triste
ou quand je suis en colère. Elle me   15
donne toujours des bons conseils.
Je fais pareil avec elle bien sûr. Et on
se retrouve pendant les vacances.
Nos parents aussi sont très amis!
Sarah   20

«Nous sommes des amis fidèles.»

Avec Karim, mon meilleur ami, on se
connaît depuis l'école maternelle. Et
maintenant, on va au même collège.
On fait du sport ensemble: du foot   25
et de l'escalade. Je sais que je peux
compter sur lui dans toutes les situations. Il ne me laissera jamais tomber,
et moi non plus d'ailleurs! Nous sommes des amis fidèles. Amis pour la vie!   30
Alexis

**Les règles
d'une amitié en or:**

Aie confiance.
Sois attentif.
Soyez fidèles.
N'ayez pas peur.

«On partage plein de choses.
Avec elles, je n'ai pas peur.»

Moi, j'ai deux vraies amies! On partage plein de choses:
nos livres, nos CD, et même nos fringues! On reste des
heures et des heures ensemble! On parle du collège,   35
de nos frères et sœurs, et puis des garçons! Ensemble,
nous rions beaucoup. Je sais que je peux tout leur dire.
Avec elles, je n'ai pas peur.   *Annabelle*

Votre équipe MJC Mag!

1 Comprendre le texte

 ◀ *Après la lecture*

Répondez aux questions.

1. Sarah téléphone à Sophie trois fois par semaine. Pourquoi?
2. Comment est-ce que Sarah a connu Sophie?
3. Depuis combien de temps est-ce qu'Alexis connaît Karim?
4. Quels sports font-ils ensemble?
5. Alexis et Karim sont fidèles en amitié. Pourquoi?
6. Qu'est-ce qu'Annabelle et ses amies se prêtent?
7. Pourquoi est-ce qu'elles restent des heures ensemble?

2 A partir du texte

◀ *Après la lecture*

a Que font Sarah, Alexis et Annabelle avec leurs amis? *Relisez les textes et faites une grille.*

b Pour Sarah, Alexis et Annabelle, qu'est-ce qui est le plus important dans l'amitié? *Racontez.*

3 Sois courageux! *(G6)*

Regardez les images et donnez des conseils aux jeunes.

| avoir confiance en vous être des bons sportifs | s'amuser avec des amis être heureux | avoir confiance ne pas être jaloux | ne pas avoir peur être courageux |

4 Qu'est-ce que tu feras si …? *(G 1, 2, 3)*

Regardez les images et faites des dialogues (questions/ réponses). Changez de rôle.

Exemple: – Qu'est-ce que tu **feras si** tes parents ne **veulent** pas te laisser sortir? – **Si** je ne **peux** pas sortir, j'**inviterai** un copain à la maison.

| rater son bus | perdre son portefeuille | tomber malade | gagner la compétition |

△ **A VOUS** *Trouvez d'autres situations et faites des phrases avec si.*

🔊)) **Vidéoclip**

▶ *Avant la lecture*
   Quel est ton vidéoclip préféré? Pourquoi?

Mercredi, Patrick et Isabelle,
les animateurs de l'atelier, retrouvent
les jeunes dans la salle vidéo de la MJC pour
préparer leur projet de fin d'année: un vidéoclip.
5 Les jeunes ont choisi la chanson *Hey ho* du
groupe *Tragédie* parce qu'ils aiment tous
le hip-hop.

Patrick: Qui est-ce qui s'occupera de préparer le
scénario?
10 *Paul:* Moi, ça m'intéresse.
Marie: Moi aussi. On pourra travailler ensemble,
si tu veux. J'ai trouvé les paroles de la chanson
sur Internet.
Patrick: Et cette chanson, qu'est-ce qu'elle
15 raconte?
Marie: Tu ne la connais pas? Un garçon va chez
la fille qu'il aime pour la voir. Il est en bas de
chez elle, sous sa fenêtre, et l'appelle.
Mais elle ne répond pas. Il est malheureux
20 parce qu'il sait qu'elle est là et qu'elle
l'entend.
Isabelle: O.K., l'histoire n'est pas compliquée.
Mais pour le tournage, il faudra trouver
des idées pour rendre l'histoire vraiment
25 intéressante.

Patrick: La MJC a acheté du nouveau matériel, je
vous montrerai comment marche la caméra et
on filmera ensemble.
Eric: J'ai envie de filmer. C'est possible?
Isabelle: D'accord, mais avant, il faut penser au   30
casting …
Marie: Pour les acteurs, c'est facile. On deman-
dera aux danseurs de l'atelier hip-hop s'ils
veulent participer.
Isabelle: Vous savez déjà quand et où vous allez   35
filmer?
Paul: En avril, pendant les vacances de Pâques.
Eric: Et on pourra peut-être filmer dans la rue
derrière la MJC. Là, il n'y a jamais beaucoup
de voitures.   40
Isabelle: Alors, il faudra penser à demander
l'autorisation à la ville pour tourner.
Patrick: Le directeur de la MJC doit s'en occuper.
Isabelle: Qu'est-ce qu'on a oublié? Ah, oui!
L'emploi du temps. C'est important de l'avoir   45
pour demander l'autorisation et pour réserver
le matériel. Il faudra le faire quand le scénario
sera prêt.
Patrick: On verra ça ensemble la semaine
prochaine.   50

✎ **1 Comprendre le texte**

◀ *Après la lecture*

Relisez le texte et faites une liste des choses
que les jeunes doivent préparer pour le clip.

– *choisir une chanson* ✓
– *...*

2 A partir du texte

Après la lecture

Connaissez-vous le vocabulaire de la vidéo? *Répondez aux questions.*

1. Un vidéoclip, c'est:
a) un petit film vidéo sans musique.
b) une petite caméra vidéo.
c) de la publicité pour un groupe de musique.

2. Un scénario, c'est:
a) une scène drôle.
b) une histoire pour les enfants.
c) le résumé d'un film.

3. Le casting, c'est:
a) découper le scénario en scènes puis en plans.
b) trouver et choisir des acteurs pour un film.
c) faire le montage des scènes d'un film.

4. Le tournage, c'est:
a) filmer une histoire.
b) demander des autorisations.
c) trouver des costumes pour les acteurs.

3 Projet: Faire un vidéoclip

Les jeunes de l'atelier vidéo ont choisi une chanson du groupe *Tragédie*.

a *Ecoutez-la.*

b *Aidez les jeunes à préparer leur scénario.*
Décrivez la situation: Qui parle? A qui?
Où se passe l'histoire? Quand? (le matin?
le soir?) Qu'est-ce qui se passe?

c *Pour chaque phrase de la chanson, imaginez*
les plans (Aufnahmen) qu'il faudra tourner.

d *Faites comme les jeunes de l'atelier vidéo*
et tournez votre clip. Vous pouvez bien sûr
choisir une autre chanson.

> Ça fait longtemps qu'en bas de ta fenêtre
> J'appelle vainement[1] mais personne ne répond
> Fais juste[2] un signe[3]
> Pour me montrer que t'es là

	Ça fait longtemps …
Plan n° 1	Une rue …
Plan n° 2	
…	
	J'appelle vainement …
Plan n° 1	Un garçon …
Plan n° 2	

4 stratégie __ Ecouter et comprendre (II)

Regardez p. 196 (Stratégie-Pool).

1. Stimmt euch auf den Hörtext ein durch **Vorüberlegungen**, z. B. durch das Betrachten des Titels oder der Bilder. Um was könnte es in dem Text gehen? Notiert euch die **Schlüsselbegriffe** dazu.
2. Achtet auf **Sprechersignale** und **Geräusche**.
3. Hört euch den Text zunächst einmal ganz an und versucht dabei, den **roten Faden** zu erfassen.

4. Notiert euch „**W**"-**Fragen**: (Wer? Wo? Wie? Wann? Warum? Was?)
5. Denkt an die **Worterschließungstechniken**, z. B. Ableitung aus der Muttersprache oder anderen Fremdsprachen, internationalen Fremdwörtern, Beachtung von Wortbildungsregeln und des Kontextes etc.

A vous

a *Regardez la photo:* Qu'est-ce qui se passe?

b *Ecoutez le texte et répondez aux questions.*

1. Quels bruits est-ce que vous entendez?
2. Combien de personnes parlent? Qui parle? Où sont-ils?
3. Que veut dire «zoomer»? *Expliquez en allemand.*

5 Qu'est-ce qu'ils font?* (G 7, 8)

Regardez d'abord G 7 et G 8.

Voici des réponses, trouvez les questions.

Exemple: Marie fait le <mark>scénario</mark> pour le vidéoclip. → <mark>Qu'</mark>est-ce que Marie fait pour le vidéoclip?
   <mark>Marie</mark> fait le scénario pour le vidéoclip. → <mark>Qui</mark> est-ce <mark>qui</mark> fait le scénario pour le vidéoclip?

1. **Patrick et Isabelle** aident les jeunes.
2. Eric filme **les danseurs**.
3. Les jeunes font **un vidéoclip**.
4. **Le tournage** commence samedi.
5. Les acteurs apprennent **leurs rôles**.
6. Marie a trouvé **les danseurs**.

6 stratégie ——— Faire une interview

Um ein Interview zu führen, solltet ihr zunächst um Erlaubnis bitten:
Excusez-moi, est-ce que je peux vous poser quelques questions?

Dann könnt ihr:

1. Nach vorausgegangenen Aktivitäten fragen:

Quand / A quel âge est-ce que vous avez commencé à …?
Depuis quand / Depuis combien de temps est-ce que vous faites de la / du… / jouez … / chantez?
Qui est-ce qui / Qu'est-ce qui vous a donné envie de devenir … / faire …?
Qu'est-ce que vous avez fait quand …?

2. Nach den jetzigen Aktivitäten fragen:

Quel est votre … / Quels sont vos …?
Comment est-ce que vous vous préparez / vous vous entraînez?
Qu'est-ce que vous préférez, le / la … ou …?

3. Nach den Zukunftsplänen fragen:

Qu'est-ce que vous ferez, si vous allez … / gagnez …?
Qu'est-ce que vous ferez après …? / quand vous arrêterez la musique / le sport / le cinéma …?

Zum Schluss solltet ihr euch bedanken:
Merci beaucoup, au revoir.

A vous

*Choisissez d'abord une personne connue (un(e) sportif/ive, un(e) chanteur/se, un(e) acteur/rice …)
et cherchez des informations sur elle sur Internet. Préparez ensuite votre interview. Vous posez les
questions et votre voisin / votre voisine répond. Changez de rôle.*

* ⟨Übung 5⟩ außer BY, HE und RP

◁s))) ⟨**Le tournage**⟩

«Extrait de l'ouvrage *Le Tournage*, Tito
© Casterman, S.A.»

REGIE

Lisez la BD. Que font les jeunes maintenant? Que vont-ils faire demain?

LEÇON 2

Chaque année, des millions de personnes en Europe participent à «immeubles en fête». A Lille, Marc va rencontrer les gens de la cité des Rosiers pour les inviter.

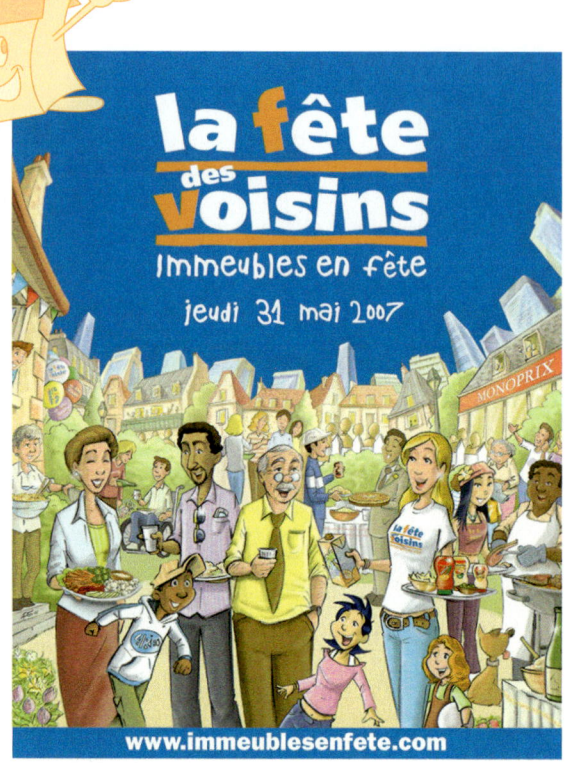

5 *Marc:* Bonjour madame. Je travaille pour l'association «Paris d'amis» et je voudrais vous inviter à «immeubles en fête» qui aura lieu le 31 mai.

Louise: Une fête? Mais, dans cet immeuble, les
10 gens ne se parlent pas. Pourquoi est-ce qu'ils feraient la fête ensemble?

Marc: Vous n'avez pas de contact avec vos voisins?

Louise: Non. J'ai 77 ans, vous savez. Qui est-ce
15 qui s'intéresserait à une vieille femme comme moi?

Marc: Ne dites pas ça. Vous devriez venir à la fête pour rencontrer vos voisins.

Louise: J'aimerais bien, mais … Vous êtes sûr?

20 *Marc:* Oui, venez. Ça nous ferait plaisir. Nous pourrions discuter plus longtemps et je pourrais vous présenter notre association.

 a **Je voudrais**, **ils feraient** sont des verbes au **conditionnel**.
*Complétez la grille dans votre cahier avec les verbes au **conditionnel** que vous trouvez dans le texte. Ecrivez-les aussi au **futur**.*

	Conditionnel	Futur
je	…	…
tu	**voud**rais	**voud**ras
il	**s'intéresser**ait	**s'intéresser**a
nous	…	…
vous	…	…
ils	**fer**aient	**fer**ont

b *Comparez le **conditionnel** et le **futur**. Qu'est-ce que vous remarquez?*

 c *Trouvez la règle:* Comment est-ce qu'on forme le **conditionnel**? | *Pour vérifier la règle, regardez G9.*

d *Conjuguez les verbes **parler** et **réagir** au conditionnel.*

 e *Lisez les phrases suivantes et traduisez-les en allemand.* | *Pour vérifier, regardez G10.*
Qu'est que vous pouvez exprimer avec le conditionnel?

1. Je voudrais vous inviter.
2. Vous devriez venir à la fête.
3. J'aimerais bien, mais …
4. Nous pourrions discuter.

Dans la cité des Rosiers

Marc de l'association «Paris d'amis» a interrogé d'autres habitants de la cité des Rosiers.

Comment vivez-vous avec vos voisins?

Mes voisins? Moi, je leur dis bonjour le matin, mais souvent je ne connais pas leurs noms. Parfois, je me dis que je devrais peut-être leur parler un peu plus.

Martin, 29 ans

Si tu pouvais poser une question à tes voisins, qu'est-ce que tu leur demanderais?

Je leur demanderais pourquoi ils s'énervent toujours à cause de ma musique. Ils n'aiment pas non plus les fêtes que je fais avec mes copains. Qu'est-ce que je ferais, moi, si je n'avais plus ni mes potes[1] ni ma musique?

William, 16 ans

1 **un pote** *fam. un ami*

Si vous deviez déménager, est-ce que vous regretteriez vos voisins?

Avec ma femme et les enfants, nous déménageons très souvent à cause de mon boulot. Quand nous arrivons dans une nouvelle ville, nous ne connaissons personne, nous n'avons ni famille ni amis.
Mais parfois, nous avons de la chance, comme ici. On s'est tout de suite très bien entendus avec nos voisins. Nous sommes devenus de vrais amis. Si nous devions déménager bientôt, nous le regretterions sûrement.

Paul, 36 ans

Si tu pouvais changer quelque chose dans ton immeuble, que ferais-tu?

Moi, je ne changerais rien! Au contraire, si je devais partir, j'aurais le cafard. Je vis seule avec ma mère et c'est parfois difficile. Nos voisins sont toujours là pour nous. Ils ont quatre enfants, je suis très copine avec eux. Si je devais les quitter, je serais super triste.

Céline, 11 ans

1 Comprendre le texte

Après la lecture

Répondez aux questions.

1. Dans quelle association travaille Marc?
2. Qui est-ce qu'il a interrogé?
3. Est-ce que Martin connait bien ses voisins?
4. Qu'est-ce que les voisins de William n'aiment pas?

5. Est-ce que Paul et sa famille vont bientôt déménager?
6. Avec qui habite Céline?
7. Céline n'a pas envie de déménager, pourquoi?

2 A partir du texte

Après la lecture

a *Relisez le texte A et complétez cette grille dans votre cahier.*

Que pensent William, Paul et Céline de leurs voisins? Qu'est-ce qu'ils feraient?

Prénom	Age	Qu'est-ce qu'il /elle pense de ses voisins?	Qu'est-ce qu'il /elle ferait?
Martin	29	Il ne les connaît pas.	Il voudrait leur parler.
…	…	…	…
…	…	…	…

b *Regardez les dessins et imaginez un dialogue.*

3 Avec des «si», on fait des trucs marrants!* *(G 11)*

a *Faites des questions et des réponses avec **si**. Changez de rôle.*

Exemple:
– Qu'est-ce que tu ferais si tu rencontrais une star?
– Si je rencontrais une star, je l'inviterais chez moi. *Continuez.*

b Qu'est-ce que vous feriez si … ? *Complétez les phrases:*

1. Si je savais bien chanter / danser / nager …, je ….
2. Si je pouvais vivre dans une autre ville / dans un autre pays …, je ….
3. Si je gagnais une médaille / beaucoup d'argent / un voyage, je ….

* 〈Übung 3〉 außer BW, Be, HB, ST und TH

△ **4** **Avec des «si», on mettrait Paris en bouteille¹!*** *(G 11)*

Ecoutez, puis lisez le poème de Michel Boucher.

> Si tu étais petit
> Et moi déjà grand,
> J'aurais une Ferrari,
> Je te laisserais monter devant.
> J'achèterais une usine²
> Où je te ferais travailler
> Et une grande piscine³
> Où tu pourrais te baigner⁴.
> Si tu étais petit
> Et moi déjà grand …
>
> Avec des si,
> On fait des trucs marrants.
> Mais il faut reconnaître⁵,
> En vrai, c'est pas pareil.
> Difficile de mettre
> Tout Paris en bouteille!

Paris en bouteille ©
Actes Sud, 2001

A vous

Faites vous aussi un poème.
Vous pouvez commencer
comme l'auteur:

Si tu étais petit(e),
Et moi déjà grand(e),
J'aurais …

W **5** **Jules et Louise** *(G 13)*

Jules et Louise sont voisins, mais ils ne se ressemblent pas du tout. *Regardez l'exemple et complétez les phrases avec une négation.*

ne … personne	ne … plus
ne … ni … ni	ne … pas encore
ne … rien	ne … jamais personne

Exemple:
Jules est **toujours** content, mais Louise **n**'est **jamais** contente.

1. Jules a 60 ans, il travaille **encore**. Louise, elle, a 77 ans, alors elle ? travaille ? .
2. Jules est en bonne santé, il mange **tout**. Louise est malade, elle ? mange presque ? .
3. Jules connaît **tous** ses voisins. Louise, elle, ? connaît ? .
4. Jules trouve **toujours quelqu'un** pour discuter, mais Louise ? trouve ? .
5. Jules sait **déjà** où il va passer le week-end prochain, Louise ? sait ? .
6. Jules a un chien **et** un chat, Louise ? a ? chien ? chat, mais elle a un canari⁶.

---

1 **mettre Paris en bouteille** Paris in eine Flasche stecken, Dt: Wenn das Wörtchen „wenn" nicht wär', wär' mein Vater Millionär. – 2 **une usine** eine Fabrik – 3 **une piscine** ein Schwimmbad – 4 **se baigner** baden – 5 **reconnaître qc** etw. erkennen – 6 **un canari** ein Kanarienvogel

Agir … en aidant les autres

▶ *Avant la lecture*

Lisez le titre et regardez les photos. A votre avis, qu'est-ce que les jeunes ont fait?

Partager ses vacances

Pendant l'année scolaire, Sabine, lycéenne de
16 ans, est fille unique. Mais, au début des
grandes vacances, elle retrouve Despadienne,
5 15 ans. Despadienne est née en Centrafrique,
mais vit aujourd'hui avec sa famille à côté de
Lyon. Il y a dix ans, les parents de Sabine ont
trouvé une association qui permettait d'offrir des
vacances aux enfants défavorisés[1]. Ils ont donc
10 invité Despadienne à passer quelques semaines
chez eux. Ça a été le coup de foudre entre les
deux filles. Sabine raconte: «Despadienne fait
partie de la famille. On se téléphone souvent.
Chaque année, en passant ses vacances avec
15 nous, elle découvre un endroit différent.»

Dire non aux expulsions

Leopoldo vient du Chili. Il a 19 ans et va au lycée
professionnel de Choisy-le-Roi. Mais Leopoldo
est un «sans-papiers». Et à 18 ans, les «sans-
20 papiers» doivent quitter la France pour retourner
dans leur pays.
En apprenant qu'on voulait expulser Leopoldo,
ses copains du lycée ont décidé de réagir.
Toute l'école s'est mobilisée en organisant des
25 grèves. Ils ont aussi participé à une grande
manifestation pour tous les jeunes «sans-papiers»
en France.

Courir contre la faim

Chaque année, au mois de mai, *Action contre*
30 *la faim* organise une course dans deux cents
collèges de France. Les élèves doivent demander
à des sponsors[2] de donner quelques centimes
par kilomètre. Alex raconte: «J'ai couru parce
que ça me permettait de sécher les cours! Je ne
35 connaissais pas *Action contre la faim,* mais j'étais
fier d'avoir obtenu 420 euros!»
En plus, l'association a invité Alex à visiter ses
programmes en Sierra Leone. Et en voyant
la situation en Afrique, Alex s'est rendu compte
40 de quelque chose: «Nous avons la chance
de vivre ici.»

---

1 **défavorisé** sozial schwach – 2 **un sponsor** ein Sponsor

1 Comprendre le texte

Après la lecture

*Lisez les phrases et dites si c'est **vrai, faux** ou **pas dans le texte**. Corrigez les phrases fausses.*

1. Au début, Sabine et Despadienne ne s'entendaient pas bien.
2. Même quand ce n'est pas les vacances, Sabine et Despadienne se voient beaucoup.
3. La famille de Sabine s'intéresse beaucoup à l'Afrique.
4. Les copains de Leopoldo lui ont permis de rester en France.
5. Ce sont les profs du lycée qui ont demandé à leurs élèves d'aider Leopoldo.
6. En courant, les élèves ont permis à une association d'aider des gens en Afrique.

2 A partir du texte

Après la lecture

Inviter quelqu'un dans votre famille, organiser une manifestation ou faire du sport pour aider les autres. Qu'est-ce que vous aimeriez faire? *Dites pourquoi.*

Comment lutter contre la faim? Par exemple, en vendant des assiettes qui sont peintes[1] par des stars. Vous les trouverez sur le site d'*Action contre la faim*.

3 Projet: Présentez une association.

a *Cherchez des informations sur Internet sur ces deux associations: **Médecins Sans Frontières** et **Emmaüs**. Décrivez leurs actions.*

b *Choisissez une de ces deux associations et présentez-la à votre classe.*

4 Trois minutes pour une association

a *Ecoutez l'émission sur France Inter et dites qui parle.*

b *D'abord lisez les phrases. Puis réécoutez l'interview et dites si c'est **vrai, faux** ou **pas dans le texte**.*

1. *Vacances Ouvertes* organise des séjours pour les familles et les jeunes défavorisés.
2. *Vacances Ouvertes* participe aussi à des projets européens.
3. Seulement les professionnels du tourisme peuvent demander les conseils de l'association.
4. Sur le site Internet, il y a une liste des associations qui travaillent avec *Vacances Ouvertes*.

c *Lisez les questions et écoutez une troisième fois le texte pour y répondre.*

1. A quelle heure commence l'émission?
2. Comment s'appelle le projet qui aide les jeunes à partir en vacances?
3. Combien de jeunes sont partis avec ce projet?
4. Quel âge faut-il avoir pour participer à ce projet?
5. Quel est le numéro de téléphone de l'association?

1 **peintes** bemalt

5   on dit ———— Inviter quelqu'un ————

So könnt ihr eine Einladung aussprechen:

Je vous / t'invite à …
Je voudrais vous / te demander si …

Est-ce que vous auriez / tu aurais envie de participer à / de faire …
Est-ce que vous seriez / tu serais disponible / libre pour …
Est-ce que vous auriez le temps de …

Nous pourrions … / Nous voudrions …
Ça nous / me ferait plaisir.

So könnt ihr eine Einladung ablehnen:

Désolé(e), mais je n'ai pas le temps.
Peut-être une prochaine / autre fois.
J'aimerais bien, mais j'ai déjà un rendez-vous.

So könnt ihr eine Einladung annehmen :

Oui, je viendrai avec plaisir / volontiers.
Est-ce que je peux venir avec
quelqu'un / emmener une copine / un ami.

A vous.

Vous venez d'arriver dans votre immeuble / quartier. Vous invitez vos voisins pour faire connaissance.
a *Faites un dialogue ou* **b** *Ecrivez l'invitation.*

6 Je n'ai pas eu le temps! *(G 15)*

Racontez l'histoire en utilisant ces verbes:

> **avoir envie de faire qc – avoir le temps de faire qc – commencer à faire qc – décider de faire qc – demander à qn de faire qc – inviter qn à faire qc – oublier de faire qc – promettre à qn de faire qc**

Aujourd'hui, Alex n'a pas de chance. Il fait beau, mais sa mère **ne lui permet pas de** sortir. Elle **lui demande de** …

La Loi du plus beau

En 2031, il faut être beau, très beau pour trouver du boulot. Karol Spengler cherche du travail depuis des mois. Aujourd'hui,
5 *elle a un entretien avec Marc Herpoux. Il voudrait trouver quelqu'un pour travailler dans son agence de voyages.*

Marc Herpoux regarde sa
10 montre: 16 heures 10.
La journée est bientôt finie.
Marc fait passer des entretiens depuis huit heures du matin, et il commence à se sentir fatigué.

15 Marc fait une pause, boit un verre d'eau
[…] puis, touchant du doigt l'icône interphone[1] de son écran[2], il crie:
– Faites entrer le suivant.
– Bien monsieur Herpoux, répond son
20 assistante.
Le suivant est une suivante.
Waouh! pense Marc.

Grande, svelte[3], la fille a un physique de top model[4]. […]
25 Très jolies jambes, constate[5] Marc. Les cheveux longs sont blonds, les yeux bleu-vert, […] les lèvres d'un rouge …
– Prenez place, mademoiselle, dit Marc. Nous allons revoir ensemble votre
30 curriculum vitae, d'accord?
– Très bien.

L'image holo[6] du CV se matérialise[7] au-dessus du bureau: […]
– Karol Spengler, née en 2010. Vous avez
35 donc vingt et un ans. Bac économie[8]. Master de tourisme[9] et licence[10] d'anglais. Anglais, italien et allemand lus et parlés couramment[11]. Stages chez Voyages.com et Transatlantic Travels.

40 L'entretien peut commencer:
– Comment avez-vous su qu'Azur.com cherchait quelqu'un, mademoiselle Spengler?
– J'ai catché[12] votre annonce sur le web[13].
45 […]

Elle est parfaite, pense Marc Herpoux. Dynamique[14], de la classe[15].
50 […]
– Nous vous donnerons notre réponse dans deux ou trois jours, mais je peux déjà vous dire que cet entretien a été très positif[16]. J'ai été charmé de faire votre
55 connaissance.
Karol se lève et serre la main de Marc Herpoux:
– Moi aussi.

A peine[17] a-t-elle dit ces mots que
60 son nez s'allonge[18] comme celui de Pinocchio[19] lorsqu'il ment ! […]
Marc recule. […] Le visage encore si beau de la jeune femme se déforme de façon grotesque[20]. Une tête complètement[21]
65 différente émerge[22]. […] Les cheveux deviennent courts et roux[23]. […]
– Qu'est-ce que ça veut dire? […]
Sécurité[24]! Appelez la sécurité! crie Marc.
70 La jeune fille sort du bureau en courant […]. Elle pleure, le visage caché entre ses mains. […]

Elle arrive dans la rue et se met à courir plus vite.
– La honte!!! Pourquoi est-ce que je
75 n'ai pas acheté un meilleur modèle de nanomorphing[25]. C'était écrit sur la boîte: «Vous aussi, vous avez le droit de rêver: Nanomorph 3000 vous garantit[26]
80 un physique de star pendant au moins trois heures.» Trois heures, tu parles! Une heure et demie pas plus.

D'après: *La Loi du plus beau*, Christophe Lambert, Mango Editions, août 2004
Illustration: Manchu Collection Autres Mondes, ed. Christophe Lambert

1 **une icône interphone** *Wortneuschöpfung:* Symbol für Sprechverbindung
2 **un écran** ein Bildschirm
3 **svelte** schlank
4 **avoir un physique de top model** wie ein Model aussehen
5 **constater** feststellen
6 **holo** *hier:* Abkürzung von **un hologramme** ein Hologramm
7 **se matérialiser** Gestalt annehmen
8 **Bac économie** Wirtschaftsabitur
9 **Master de tourisme** Master im Tourismusbereich
10 **une licence** Hauptsstudium-Abschluss
11 **couramment** fließend
12 **catché** E to catch
13 **le web** E the web
14 **dynamique** dynamisch
15 **avoir de la classe** Stil haben
16 **positif** Positiv
17 **à peine** kaum
18 **s'allonger** *hier:* länger werden
19 **Pinocchio** bekannte Kinderbuchfigur aus Holz
20 **se déformer de façon grotesque** sich auf groteske Art verändern
21 **complètement** komplett
22 **émerger** auftauchen
23 **roux** rot
24 **la sécurité** *hier:* der Sicherheitsdienst
25 **un modèle de nanomorphing** *Wortneuschöpfung: hier* eine Art Schönheitspille
26 **garantir** garantieren

1 Comprendre le texte

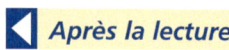

Ecoutez les deux résumés. Quel résumé correspond au texte?

2 A partir du texte

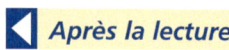

a Que pensez-vous de Marc Herpoux? Et de Karol Spengler?

b Quel est le problème de Karol?

△ *A vous*

Que feriez-vous pour obtenir le job de vos rêves? *Racontez.*

3 **stratégie** ——— **Lire et comprendre un texte authentique** ———

Hier sind ein paar Tipps, um französische Originaltexte leichter zu verstehen.

1. Lesephase: *Versucht, folgende Informationen herauszufinden. Vergesst nicht, euer Vorwissen zu aktivieren.*

Textsorte: Roman, Zeitungsbericht, Werbetext, Interview. Die Textgestaltung oder die Quellenangabe können euch dabei helfen.

      D'après le roman …

Schlüsselwörter/ Kernaussage: wichtige Wörter erkennen, wie z.B. die Überschrift.

      la loi du plus beau / chercher du travail …

Personen und Situationen: an typische Handlungsmuster denken.

      entretien / l'histoire de Pinocchio …

Wortschatz: Wortfelder erkennen, unbekannte Wörter durch andere Sprachen, Zusammenhänge, usw. erschließen.

      entretien / curriculum vitae / annonce …
      catché

2. Lesephase: *Beantwortet die W-Fragen. Wer? Was? Wann? Wo? Wie?*

      Marc Herpoux / Karol Spengler / l'après-midi /
      dans une agence de voyages / un entretien

3. Lesephase: *Gliedert den Text in Abschnitte. Geht die Abschnitte durch und fasst den Inhalt des Textes kurz zusammen.*

A vous

a *Résumez le texte C.*

b A votre avis, pourquoi l'auteur a créé des mots nouveaux? *Expliquez en allemand.*

⟨On se dit tout.⟩

Je n'ai aucun point commun avec ma sœur.

d'après: OKAPI, n° 789, 1.10.2005

Avec ma sœur, on ne s'entend plus du tout.
Elle aime le basket. Moi, je déteste.
Quand elle met du rap ou du R&B, je chante
du rock. Elle, elle fait le contraire.
C'est dispute sur dispute. Ma mère est
toujours d'accord avec elle, je suis jalouse.
Je ne peux plus la voir.

Une lectrice de 14 ans

Bien sûr, tu n'as pas choisi ta sœur et tu
n'es pas «obligée» de l'aimer. Mais ces
disputes te font mal … Pour s'entendre
avec quelqu'un, on n'est pas forcé d'avoir
les mêmes goûts: tu en fais sûrement
l'expérience avec tes amis. Tu as ta
personnalité bien à toi, ta sœur aussi.
Dis-toi que ce n'est pas une compétition,

il n'y aura ni perdante ni
gagnante. Pour ta mère
non plus, ce n'est pas
facile! Elle sent peut-être
que ta sœur a besoin
d'elle en ce moment,
mais ça ne veut pas dire
qu'elle l'aime plus que
toi. Prends du temps
avec elle: chacune doit
respecter le monde de
l'autre, en commençant
par éviter de mettre la
musique trop fort.

Merci à Odile Lemant,
psychologue à Paris

Et qu'en pensez-vous ?

Nos lecteurs nous ont donné leur avis.

Je ne pense pas que sa mère l'aime moins.
Elle devrait plus parler avec sa sœur, ne pas la
déranger, ne pas mettre la musique trop fort.

Noémie, 13 ans (Nord)

Pour arriver à se mettre d'accord,
il faut chercher à se calmer et aussi à parler.
Elles peuvent échanger leurs avis.

Thomas, 13 ans (Lyon)

Et vous, quels conseils pouvez-vous donner à notre lectrice?

Léo et Lu, «On est tous frères et sœurs», de Jak et Geg GRR ART éditions

Simple

(D'après le roman de Marie-Aude Murail, *Simple*,
l'école des loisirs, 2004)

Marie-Aude Murail
Simple
Medium

*Kléber a dix-sept ans et a choisi
de s'occuper de son frère Barnabé,
qu'on appelle aussi Simple. Simple
a vingt-deux ans mais pense et
réagit comme un enfant de trois
ans: il croit par exemple que des
petits hommes vivent dans les
montres et dans les téléphones.*

1 **jeter un regard oblique à qn** einen schrägen Blick auf jn werfen	
2 **imiter** nachmachen	
3 **examiner ses poignets** seine Handgelenke untersuchen	
4 **merde** *vulg.* Mist/Scheiße	
5 **vilain(e)** *moche*	
6 **au moment de** *lorsque*	
7 **attraper qn** *hier:* greifen	
8 **une manche** *hier:* ein Ärmel	
9 **tirer qn** jn ziehen	
10 **traîner qn** jn hinter sich herziehen	
11 **casser** kaputt machen	
12 **un bonhomme** *hier:* ein Männlein	
13 **se rappeler** sich erinnern	
14 **un sourire** ein Lächeln	
15 **le ravissement** das Entzücken	
16 **rugir** brüllen	
17 **le contentement** die Zufriedenheit	
18 **un déficient mental** ein geistig Behinderter	
19 **une colocation** eine Wohngemeinschaft	
20 **un type** *fam. un mec*	
21 **une coloc** *Abkürzung für: une colocation*	
22 **reprendre** (das Wort) wieder ergreifen	
23 **soupirer** seufzen	
24 **un bol** eine Schale	

Kléber jette un regard oblique[1] à son frère Simple, qui imite[2] le bruit
du métro: «Piiii … clap.» …

Kléber regarde sa montre. Simple examine ses poignets[3] d'un air critique.

– Moi, j'en ai pas de montre.

– Tu sais bien pourquoi. Merde[4], c'est là.

– Oh, oh, vilain[5] mot.

Kléber va vers la sortie mais se retourne au moment de[6] descendre.

– Mais vite, crie Kléber.

– Elle veut me couper!

Kléber attrape[7] Simple par la manche[8] de son pull et le tire[9] vers le quai.

La porte automatique se referme derrière eux. Clap.

– Elle ne m'a pas eu!

Kléber traîne[10] son frère vers un escalier.

– Pourquoi j'ai pas de montre?

– Tu l'as cassée[11] pour voir s'il y avait un bonhomme[12] dedans, tu te rappelles[13]?

– Ouiiii, fait Simple avec un sourire[14] de ravissement[15].

– Il y avait un bonhomme dedans?

– Non! rugit[16] Simple avec le même contentement[17].

*La vie avec Simple est vraiment compliquée. Mais Kléber ne veut pas faire comme
son père qui n'a pas envie de s'occuper de ses fils. Il ne veut pas laisser son frère
retourner à Malicroix. Dans cet institut pour déficients mentaux[18], Kléber sait que
Simple serait malade – comme la dernière fois. Alors Kléber a une idée!
Pourquoi est-ce qu'ils n'habiteraient pas en colocation[19]?*

– Reste du café? demande Corentin en entrant dans la cuisine.

– Mh …

– Y a un type[20] qui a appelé hier pour la coloc[21], reprend[22] Corentin.

Ce serait pour lui et son frère.

– Encore des mecs, soupire[23] Enzo.

Au 99 de la rue du Cardinal-Lemoine, vivent quatre jeunes gens: Enzo, Aria et son
petit ami Emmanuel, et Corentin, le frère d'Aria.

– Pourquoi on ne trouve pas de fille pour la coloc? demande Enzo.

– Mais cherche!

Corentin se sert un grand bol[24] de café.

– Le type a l'air sympa. Il a vingt deux ans et son frère dix-sept.

– Non mais attends, c'est pas un jardin d'enfants[25] ici!

– C'est chiant[26] les jeunes, ajoute Enzo. Ça fait la différence entre le reggae et le raga, ça parle des meufs[27] et ça fume[28] du shit. Je déteste les jeunes.

45 – Dis donc, t'arrêtes de bouffer[29] dans le pot[30]. C'est dégueulasse[31].

– Non, c'est jeune.

– Bonjour les garçons.

C'est Aria.

– Viennent à quelle heure, les autres colocs?

50 – Non, mais attends, ils me plairont pas forcément[32]! dit Enzo.

– C'est surtout les chambres qui ne vont pas leur plaire, répond Aria.

Kléber et Simple ont rendez-vous aujourd'hui à la colocation. Kléber ne sait pas comment il va présenter son frère. Il a stressé toute la matinée[33]. Enfin, il lui dit de ne pas parler.

55 Quand tout le monde est autour de la table, Emmanuel commence à parler:

– Donc vous cherchez un appartement?

Kléber explique leur situation provisoire[34] chez une vieille tante et leur désir d'indépendance[35].

– Vous êtes étudiant[36] en quoi? lui demande Emmanuel.

60 – Je vais entrer en terminale[37].

Tous les regards se posent alors sur Simple qui a les mains sous la table et le nez baissé[38].

– Oui, voilà, dit Kléber. C'est mon frère aîné[39]. Il est débi … déficient mental. Tout à coup, Kléber a peur.

65 – Oui, j'imagine que ça … ça vous pose des problèmes, murmure-t-il.

– C'est de naissance? demande Emmanuel.

– Oui, on pense que … Enfin, c'est sans doute[40] pendant la grossesse[41].

– Un genre d'autisme[42]? insiste[43] Emmanuel?

– Oh, c'est pas une consultation[44]! proteste[45] Enzo qui se tourne ensuite vers

70 Kléber:

– Bon, ça va pas être possible, on est des étudiants, tu vois. Toi, on pourrait te prendre sans problème. Mais ton frère, il peut pas être laissé en liberté[46] …

Aria lui jette un regard outré[47].

– Non mais, moi aussi, j'ai bon cœur[48], ce genre de truc, ça nous dépasse[49].

75 On peut pas …

Enzo, Aria, Emmanuel et Corentin acceptent enfin: Kléber et Simple viennent habiter avec eux. Et Simple, qui dit toujours tout ce qu'il pense et qui ne reste jamais sans Monsieur Pinpin, son lapin en peluche[50], commence à prendre beaucoup de place dans leur vie.

80 – C'est bizarre, la vie, se dit Corentin. Il y a quinze jours, Simple me tapait sur les nerfs[51]. Maintenant, il est comme un frère.

Mais tout devient compliqué quand le père de Simple décide de le remettre à Malicroix.

A vous. Que vont faire les jeunes? *Imaginez la suite.*

25 **le jardin d'enfants** der Kindergarten
26 **chiant(e)** *vulg. hier:* entnervend
27 **une meuf** *fam. une femme*
28 **fumer** rauchen
29 **bouffer** *fam. manger*
30 **un pot** ein Topf
31 **dégueulasse** *vulg. hier:* ekelhaft
32 **forcément** zwangsläufig
33 **la matinée** der Vormittag
34 **provisoire** provisorisch
35 **le désir d'indépendance** der Wunsch nach Unabhängigkeit
36 **un/e étudiant/e** ein/e Student/in
37 **la terminale** die 13. Klasse
38 **le nez baissé** mit gesenktem Kopf
39 **mon frère aîné** mein älterer Bruder
40 **sans doute** sicherlich
41 **la grossesse** die Schwangerschaft
42 **un genre d'autisme** eine Art Autismus
43 **insister** auf etw. beharren
44 **une consultation** eine Sprechstunde
45 **protester** protestieren
46 **la liberté** die Freiheit
47 **outré** empört
48 **avoir bon cœur** *être gentil*
49 **ça nous dépasse** *c'est trop pour nous*
50 **un lapin en peluche** ein Plüschhase
51 **taper sur les nerfs de qn** *énerver qn*

In Révisions 1 kannst du allein oder mit einem Partner wiederholen, was du in den Lektionen 1 und 2 gelernt hast. Kontrolliere deine Lösungen auf der Seite 200.

1 En français

Tu es en France chez ton correspondant / ta correspondante. Son frère, Dominique, doit écrire un article pour l'école parce que c'est bientôt la fête des immeubles. Il te pose des questions sur «la vie avec les voisins» en Allemagne.

Toi	Dominique
1. Wir können anfangen. Ich bin bereit.	Alors, première question: Depuis combien de temps est-ce que tu vis dans ton immeuble?
2. Du antwortest, dass du mit deiner Mutter seit 3 Jahren dort wohnst.	Et ça te plaît?
3. Du sagst, dass es am Anfang sehr schwer für dich war, da du niemanden kanntest. Aber jetzt hast du viele Freunde, die im selben Viertel wohnen.	Mais tu n'as pas de copains parmi tes voisins?
4. Doch, nebenan wohnt ein Mädchen, das in deine Klasse geht. Ihr macht oft zusammen Hausaufgaben und ihre Familie ist sehr nett. Sie lädt dich oft zum Essen ein.	Et tu connais tes autres voisins?
5. Ja, klar. Aber, man redet nicht so oft miteinander.	A ton avis, qu'est-ce qu'on pourrait faire pour améliorer ça?
6. Du antwortest, dass man ein großes Fest für alle Nachbarn machen könnte. Wenn sich alle gut kennen würden, wäre alles viel einfacher.	Merci pour l'interview.

2 Pendant les vacances   (G 1, 2)

Alexis parle avec son meilleur ami, Karim, de leurs prochaines vacances qu'ils vont passer ensemble chez sa grand-mère. *Mettez les verbes du texte au futur simple.*

Karim: Alors, quand est-ce qu'on part?
Alexis: On *(partir)* samedi après-midi. Ma mère nous *(conduire)* chez ma grand-mère.
Karim: Et là-bas, qu'est-ce qu'on *(faire)*?
5 *Alexis:* Tu *(voir)*, chez ma grand-mère, c'est génial. On *(partager)* la même chambre. Je te *(montrer)* la plage où nous *(pouvoir)* surfer tous les jours. J'ai regardé la météo à la télé, il *(faire)* beau toute la semaine!

Karim: Super! 10
Alexis: Et puis, mes cousins *(venir)* mercredi. Ils sont super sympas. On *(être)* huit à la maison.
Karim: Ce n'est pas un peu trop pour ta grand-mère?
Alexis: Tu parles, ma grand-mère, elle adore 15 quand on est tous là. Elle nous *(préparer)* des bons trucs à manger …

3 Tu devrais venir, ça va être sympa. *(G 1, 9, 10)*

a *Trouvez les verbes qui sont au **futur** et au **conditionnel**. Ecrivez-les dans votre cahier avec leurs **pronoms personnels** et leurs **infinitifs**.*

regarderais	aurai	fait	irez	pourrions	mangeons
seras	voudrais	partiront	aimeraient	faisions	gagnera
jouais	vouliez	ferait	devriez	veniez	ferons

b *Complétez les phrases avec les verbes au conditionnel de votre grille.*

1. Les garçons, vous ? prendre un pull. Il va faire froid.
2. Je ? plutôt dans un autre magasin. Ici, c'est très cher.
3. Il ? bien de réviser son interro, s'il veut une bonne note.
4. Nous ? aller au ciné ensemble samedi.
5. Est-ce qu'ils ? partir avec nous en vacances?
6. Tu ne ? pas faire de la danse avec moi?

4 Si je travaillais plus, j'aurais des meilleures notes. *(G 11)*

*Faites des phrases avec **si + conditionnel**.*

1. Si nous *(faire)* un voyage, nous *(partir)* au Sénégal.
2. Si mon copain *(avoir)* plus d'argent, il *(acheter)* un scooter.
3. Si tu *(étudier)* à l'étranger, où est-ce que tu *(aller)*?
4. Si vous *(choisir)* un sport, qu'est-ce que vous *(faire)*?
5. Si je *(devenir)* une star, je *(être)* un/e chanteur/se.
6. S'ils *(vivre)* au bord de la mer, ils *(nager)* tous les jours.

VOC ## 5 Autour de l'amitié

a *Trouvez les contraires.*

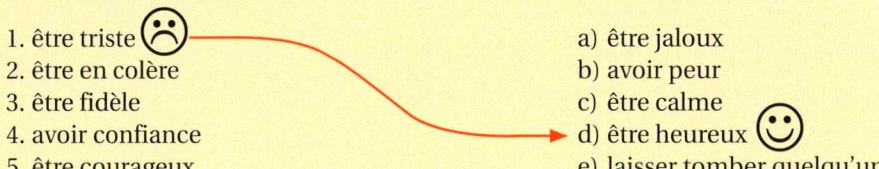

1. être triste
2. être en colère
3. être fidèle
4. avoir confiance
5. être courageux

a) être jaloux
b) avoir peur
c) être calme
d) être heureux
e) laisser tomber quelqu'un

 b *Trouvez d'autres expressions pour dire **être triste, avoir confiance, être en colère**.*

6 Les règles d'or du sport *(G 6)*

Quelles sont les règles pour être un bon sportif? *Utilisez l'impératif.*

être patient / e   avoir de l'ambition   être courageux

faire beaucoup de compétitions   ne pas avoir peur de perdre

7 Rencontre sport (G4, 7, 8 + Stratégie p. 18)

Imaginez: vous rencontrez Samir Nasri, un des plus jeunes joueurs professionnels de foot français. Quelles questions est-ce que vous lui posez?

Nom: Nasri
Prénom: Samir
Né le: 26 juin 1987
Sport: Football, joueur de l'Olympique de Marseille (OM)
Champion d'Europe des moins de 17 ans en 2004

8 Le commissaire n'a rien trouvé. (G 13)

A la MJC, on a volé la caméra de l'atelier vidéo. La police fait une enquête. Le commissaire interroge le directeur qui ne sait rien.
*Répondez aux questions du commissaire en utilisant **la négation.***

Exemple:
Le commissaire: Est-ce qu'il y avait quelqu'un à la MJC hier soir quand vous êtes parti?
Le directeur: Non, il **n'**y avait **personne.**

1. Est-ce que les portes des ateliers sont ouvertes la nuit?
2. Est-ce qu'il y a un garage ou une porte derrière la MJC pour entrer?
3. Est-ce qu'il y a déjà eu un voleur à la MJC?
4. Avez-vous remarqué quelque chose qui n'était pas normal?
5. Avez-vous déjà eu le temps de bien regarder? Est-ce qu'on a volé autre chose?

9 Au cours de danse africaine (G 15)

*Lisez le texte et choisissez la bonne préposition à ou **de/d'.***

Izée: Salut! Nous allons commencer ? préparer le spectacle
de fin d'année. D'ici là, nous devrions avoir le temps ?
apprendre deux danses: la danse du soleil et de la pluie.
Avec quelle danse, est-ce que vous avez envie ? commencer?

5 *Suzanne:* Avec la danse de la pluie. Comme ça, on finira avec
le soleil.

Izée: Bonne idée. La semaine dernière, j'ai demandé ? un groupe
de musique africaine, s'il pouvait jouer pour nous. Le groupe a
accepté. Je l'ai invité ? répéter avec nous. Ils viendront à partir

10 de la semaine prochaine.
Alice, tu as pensé ? rapporter le CD?

Alice: Le voilà.

Auf diesen Seiten könnt ihr euch auf das DELF B1 vorbereiten.

1 C'est la semaine de la solidarité!

Hören und verstehen

Vous allez entendre ce document deux fois. Vous avez d'abord 1 minute pour lire les questions.
Entre chaque écoute, vous aurez une minute de pause pour commencer à répondre.
A la fin de l'écoute, vous aurez encore 30 secondes pour compléter vos réponses.
Répondez en notant la bonne réponse ou en écrivant les informations demandées dans votre cahier.

1. Il est ? h ? . Vous écoutez la radio N ? , la radio des ? .

2. La semaine de la solidarité a lieu seulement en France.

a) vrai   b) faux   c) On ne sait pas.

3. Elle va

a) du 13 au 21 novembre?   b) du 15 au 21 novembre?   c) du 16 au 21 novembre?

4. 50 % des habitants de notre planète vivent avec moins de deux euros par jour.

a) vrai   b) faux   c) On ne sait pas.

5. Ils ont besoin

a) d'argent.   b) de nourriture.   c) d'eau.

6. Ils n'ont pas la possibilité

a) de se faire soigner.   b) d'aller à l'école.   c) de trouver un emploi.

7. Plus de cinq cents villes françaises se sont mobilisées pour cette semaine.

a) vrai   b) faux   c) On ne sait pas.

8. Que peut-on faire pendant cette semaine en France? *Trouvez quelle ville va avec quelle phrase.*

1. A Strasbourg,   a) on peut participer à des discussions sur les droits des enfants dans un bus.
2. A Nantes,   b) on peut s'informer sur l'aide aux pays pauvres.
3. A Nancy,   c) on peut voir une expo sur les enfants soldats.
4. A Bordeaux,   d) on peut apprendre comment travailler avec du matériel recyclé.
5. A Lyon,   e) on ne sait pas.

2 «Il n'y a que le travail qui paye.»

2005 est l'année de Ladji Doucouré. Champion du monde du 110 m haies, il a permis à la France de remporter une autre médaille d'or au relais 4 x 100 m.

5 *Anne Ducellier (A. D.):* Félicitations pour vos deux médailles d'or. Qu'est-ce que vous pensez de tout cela?

Ladji Doucouré (L. D.): Tout ça est bien loin maintenant, je pense déjà à la saison
10 prochaine.

A. D.: Avez-vous déjà repris l'entraînement depuis les championnats du monde ou faites-vous une pause?

L. D.: J'ai terminé ma saison un peu fatigué,
15 elle a été longue et riche en émotions. Je suis actuellement en vacances pour vraiment me reposer et repartir sur des bases saines.

A. D.: En quoi le saut de haies est-il difficile?

L. D.: Il faut beaucoup de coordination pour
20 assimiler la course, être très concentré sur le passage de la haie. C'est comme la musique: il faut apprendre le morceau pour pouvoir bien jouer et là, dans mon cas, bien courir. La vitesse ne sert à rien si on n'est pas en rythme.

25 *A. D.:* Quel autre sport pratiquez-vous?

L. D.: J'aime tous les sports mais je pratique essentiellement le football.

A. D.: Aujourd'hui, vous êtes un exemple pour les jeunes athlètes. Quel conseil leur donner pour qu'ils réussissent?
30

L. D.: Sincèrement, ce qui fait la différence, c'est la volonté. Donc: bon courage et ne laissez pas tomber!

A. D.: Quelles sont vos passions dans la vie?

L. D.: J'aime bien la console de jeux, la musique
35 et le cinéma … Les voyages aussi!

A. D.: Quelle est votre devise?

L. D.: Travaille à fond et tu seras payé à fond! Autrement dit, il n'y a que le travail qui paye.

A. D.: Vous avez deux médailles d'or. Avez-vous
40 d'autres rêves à réaliser?

L. D.: Je rêve d'une médaille olympique …

Propos recueillis par Anne Ducellier
Le Journal des enfants, 20.10.2005, p. 7

Lisez le texte et répondez en notant la bonne réponse ou en écrivant les informations demandées dans votre cahier.

1. Il s'agit
a) d'un reportage sur le championnat du monde d'athlétisme.
b) d'une interview avec un sportif de haut niveau.
c) d'un sondage sur les athlètes issus de l'immigration.

2. Ladji Doucouré a obtenu deux médailles d'or. *Précisez dans quelles disciplines.*

3. A-t-il déjà recommencé le travail?
a) oui
b) non
c) On ne sait pas.

4. Pour Ladji Doucouré, quelles sont les deux qualités nécessaires pour le saut de haies?
a) la vitesse
b) la concentration
c) la coordinadion
d) le rythme

5. D'après Ladji Doucouré, qu'est-ce qui fait la différence à ce niveau de compétition?

6. Qu'est-ce qu'il conseille aux jeunes qui veulent arriver à son niveau?

7. Et qu'est-ce qu'il aime faire, quand il ne fait pas de sport?
a) ?   b) ?   c) ?   d) ?

8. Ladji a pour philosophie: «Il n'y a que le travail qui paye.»

3 Qu'en pensez-vous?

Verstehen und schreiben

Quelle place a le sport dans votre vie? Quels sont les points positifs du sport?
Y a-t-il des sports qui ne sont pas pour les filles / pour les garçons?
Vous écrirez un texte construit et cohérent (environ 150 mots).

4 «Le sport: bon pour le corps et pour le moral»

Verstehen und sprechen

Vous dégagerez d'abord le thème soulevé par le document ci-dessous.
Vous présenterez ensuite votre opinion sous la forme d'un petit exposé de 3 minutes environ.

Sujet: «Le sport: bon pour le corps et pour le moral»

Le sport a toujours eu une place à part à l'école. (...) Il permet
d'apprendre l'esprit d'équipe, le fair play, le respect des règles
du jeu et de ses adversaires. Bref, le sport aide les enfants à vivre
en société. Bon nombre de grands champions affirment avoir
5   choisi le sport pour échapper à la misère. Plus généralement, la
pratique d'un sport permet de canaliser les énergies et contribue
à la prévention de la délinquance (vols, drogues, etc.). Le sport est
aussi un moyen d'apprendre la tolérance: sur un stade, les notions
de race, de religion et d'exclusion n'existent plus. Pour les enfants
10 qui ont un handicap, il est également possible de pratiquer
un sport. Il leur permet de surmonter leurs souffrances et leur
désespoir. Le handisport compte une quarantaine de disciplines.

Le Journal des enfants, 20.10.2005, p. 6

5 Jeu de rôles

Sprechen

Vous avez l'occasion de rencontrer votre idole préféré(e) et de l'interviewer. Quelles questions
aimeriez-vous lui poser? *Votre voisin / votre voisine jouera le rôle de la star que vous interrogez.*

LEÇON 3

d'abord

Apprentis européens

Grâce au programme Leonardo da Vinci, Pia, une jeune allemande de 18 ans, a pu faire une partie de
5 son apprentissage dans la boulangerie-pâtisserie de monsieur et madame Caseau à Bordeaux.

Boulanger-pâtissier,
10 c'est un métier difficile. Tous les matins, il faut que Pia se réveille tôt pour être au travail à quatre heures. Bien sûr, elle est fatiguée,
15 mais elle veut que ses patrons soient contents d'elle.

«Pia est une fille qui aime son métier. Elle a déjà fait beaucoup de progrès. Elle veut que nous lui apprenions 20 la vraie recette des croissants et, nous, nous voulons qu'elle nous fasse des gâteaux allemands», dit monsieur Caseau. 25

Pia, elle, est très contente de son apprentissage: «C'est une bonne expérience, j'ai eu beaucoup de chance ici! A mon avis, il faut que plus 30 d'apprentis profitent des programmes européens et que les jeunes aient le courage de partir travailler à l'étranger.» 35

---

*Regardez dans le texte les phrases avec **il faut que** … et **vouloir que** ….*
Après ces expressions, on doit mettre les verbes au **subjonctif**.

Nécessité	**Il faut que** les jeunes *aient* le courage de partir travailler à l'étranger.

Volonté	Nous **voulons qu'**elle *fasse* des gâteaux allemands.

On trouve aussi le subjonctif après d'autres expressions: (voir Texte A)

Sentiments	Pia **est contente que** M. Caseau lui *apprenne* la recette des croissants.	Pia **a peur que** les clients de la boulangerie *n'aiment* pas ses gâteaux.	**C'est dommage que** Pia ne *puisse* pas rester en France après son apprentissage.

Regardez aussi G16.

Vivre et travailler en Europe

Pour Yannick et Florence, l'Europe, c'est plus qu'une idée.

«Je ferai peut-être un apprentissage européen.»

Bonjour, je m'appelle Yannick, j'ai 15 ans et je vis à Dijon chez ma mère. Mes parents sont divorcés. Je suis
5 né en France, ma mère est française. Mon père, lui, est italien et vit en Allemagne. Il tient un restaurant italien à Stuttgart. Je suis content
10 qu'il travaille en Allemagne, comme ça, j'y vais deux fois par an. Ma mère sait que j'aime voyager, mais elle ne veut pas que j'aille trop
15 souvent là-bas. Elle a peur que j'y reste définitivement. C'est sympa Stuttgart, il y a beaucoup de magasins! Mais c'est dommage que ce soit si
20 pollué. Ça, ça ne me plaît pas du tout!

J'ai déjà visité d'autres pays européens et l'année prochaine, j'irai en
25 Angleterre. Au collège, j'apprends l'anglais et l'italien. En allemand, je connais seulement quelques mots. Mais, il faut que je m'y
30 mette parce que mon père me voit déjà travailler dans son resto à Stuttgart. Il veut que je fasse un stage dans un restaurant en Allemagne.
35 Mais je pourrais aussi rester en France pour apprendre la cuisine française et faire ensuite un apprentissage européen dans son
40 restaurant. Heureusement, il me reste encore un peu de temps pour réfléchir!

Yannick, franco-italien, 15 ans

«C'est ça aussi, l'Europe!»

Bonjour, je m'appelle
45 Florence. Je suis née à Bruxelles, le cœur de[1] l'Europe. En Belgique, nous apprenons généralement trois langues: le français,
50 le néerlandais et l'allemand. Je parle aussi l'anglais et l'espagnol. Pendant ma troisième année d'études à la fac[2], j'ai obtenu une bourse
55 du programme Socrates / Erasmus pour aller à Berlin.

Comme j'ai trouvé une place d'assistante dans une école, je suis restée là-bas.
60 Mais, j'ai vite compris que je ne voulais pas devenir prof, alors j'ai arrêté. Grâce à mes connaissances en langues, j'ai facilement
65 trouvé un travail intéressant dans une agence de voyages à Berlin. Et puis, j'ai rencontré le grand amour – un Français. C'est ça aussi, l'Europe!

Florence, belge, 28 ans

1 **le cœur de l'Europe** das Herz Europas – 2 **la fac** *Abk.* für la faculté = die Universität

1 Comprendre le texte

 *Après la lecture*

*Lisez les phrases suivantes et dites si c'est **vrai, faux** ou **pas dans le texte**.*
Corrigez les phrases fausses.

1. Les parents de Yannick sont divorcés et vivent dans deux pays différents.
2. Yannick vit chez son père.
3. Sa mère veut qu'il aille plus souvent en Allemagne.
4. Son père lui a proposé de faire un stage dans son restaurant.

5. En Belgique, on apprend plusieurs langues.
6. Florence rentre souvent à Bruxelles.
7. Florence est prof à Berlin.
8. Pour Florence, l'Europe, c'est rencontrer des gens.

2 A partir du texte

 *Après la lecture*

 a *Imaginez la vie de Yannick quand il aura 25 ans (pays, ville, travail, famille).*

 b *Cherchez des informations sur les deux programmes: **Leonardo da Vinci** et **Socrates**. Trouvez les différences entre ces programmes.*

  Éducation et culture®

  Éducation et culture®

Socrates   **Leonardo da Vinci**

3 Ce n'est vraiment pas facile! *(G 17)*

Yannick raconte à ses copains son travail au restaurant. *Complétez le texte avec les adverbes.*

> vraiment   facilement   généralement
> heureusement   seulement

Yannick: 1. Quand j'aide mon père au resto, je commence [?] à dix heures. Mais, lui, il est là beaucoup plus tôt. Il arrive vers huit heures, après le marché. C'est dur. En plus, il travaille six jours par semaine. 2. Moi, j'y vais [?] pendant les vacances. 3. A la cuisine, j'adore aider à préparer les desserts qui sont [?] bons. 4. Je peux [?] en manger deux ou trois dans la journée. 5. [?], je fais beaucoup de sport, alors je reste mince.

4 Heureusement, j'ai tout compris. *(G 17)*

a *Transformez ces adjectifs en adverbes.*

> heureux/**se** → **heureusement**

malheureux   sérieux   actif   chaud   facile   normal

b *Complétez avec l'adjectif ou l'adverbe.*

1. Yannick a de bonnes notes, il travaille toujours très [?].   (sérieux)
2. Yannick a le cafard. Il veut appeler son copain, mais il a [?] oublié son portable.   (malheureux)
3. Quand on travaille dans un restaurant, on est [?] toute la journée.   (actif)
4. Quand il fait froid, il faut s'habiller [?].   (chaud)
5. Ça a été [?] pour Florence de trouver un travail intéressant à Berlin.   (facile)
6. [?], quand Yannick aide son père au restaurant, il y va à dix heures.   (normal)

5 Je dois faire des progrès …*   *(G 16)* | il faut que je … → **je dois …** |

Regardez l'exemple et transformez les phrases.

Exemple:
Il faut que je *fasse* des progrès en français. → **Je dois** *faire* des …

1. Il faut que je fasse beaucoup de stages.
2. Il faut que les jeunes aient le courage de partir à l'étranger.
3. Il faut que Marc aille à Hambourg pour sa formation.
4. Il faut que Yannick apprenne l'allemand pour travailler avec son père.
5. Il faut que nous fassions plus d'exercices.

 6 Travailleur européen

Marc a 21 ans. Il fait une formation d'électronicien.

a *Ecoutez-le et répondez aux questions suivantes.*

1. Où Marc fait-il sa formation?
2. Que fait-il?
3. Pourquoi est-ce que la sécurité est très importante?
4. Pourquoi est-ce que Marc ira bientôt à Hambourg?
5. Est-ce qu'il sait parler l'allemand?
6. Quelle autre langue doit-il parler?

b *Ecoutez encore une fois.* A la fin du texte, Marc parle encore une fois de la sécurité dans les avions. Qu'est-ce qu'il dit?   *Expliquez en allemand.*

 c Et vous, est-ce que vous avez envie de faire un stage ou une formation à l'étranger? Dans quel pays? Quel métier?

7 | on dit | ___ **Exprimer une volonté, une nécessité, un sentiment** ___

Ihr wisst jetzt, wie man auf Französisch einen Willen, eine Notwendigkeit, ein Gefühl ausdrückt. Es ist auch möglich, dies zu tun, ohne den Subjonctif zu verwenden.

So könnt ihr einen Willen,	**eine Notwendigkeit,**	**ein Gefühl ausdrücken:**
Je veux devenir … / Je ne veux pas devenir …	Pour …, il faut faire des efforts … / c'est important de bien travailler …	Je suis content(e) / heureux(se) de partir … / Je ne suis pas content(e) de … / Je suis triste / malheureux(se) de … J'ai peur de ….
J'ai envie de faire … / d'apprendre … / Je n'ai pas envie d'apprendre …	Pour …, je dois faire des progrès, obtenir une bourse / un stage.	Heureusement, … / Malheureusement, … C'est dommage!
Je voudrais (bien) vivre … / partir …		C'est une chance pour moi … / J'ai la chance de …

 A vous Est-ce que vous êtes contents de votre année? Qu'est-ce que vous voulez faire après? Qu'est-ce que vous devez faire pour y arriver? *Ecrivez.*

L'Europe et la paix

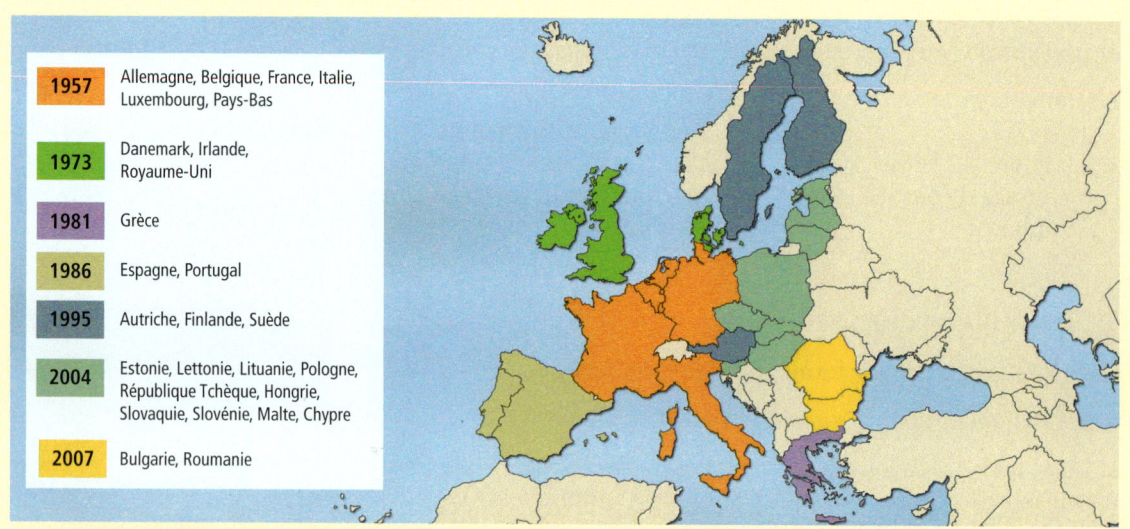

1957	Allemagne, Belgique, France, Italie, Luxembourg, Pays-Bas
1973	Danemark, Irlande, Royaume-Uni
1981	Grèce
1986	Espagne, Portugal
1995	Autriche, Finlande, Suède
2004	Estonie, Lettonie, Lituanie, Pologne, République Tchèque, Hongrie, Slovaquie, Slovénie, Malte, Chypre
2007	Bulgarie, Roumanie

Les symboles de l'Europe

Pour mieux connaître l'Europe, il faut comprendre ce que signifient ses symboles.

Le drapeau
Les 12 étoiles forment un cercle qui représente l'unité, la solidarité et l'harmonie
5 entre les pays européens. Le nombre d'étoiles sur le drapeau ne change pas, même si l'Europe continue son
10 élargissement[1].

Le passeport
Sur le passeport bordeaux[2] de l'Union européenne, on lit d'abord «Union
15 européenne» et en dessous, le nom du pays d'origine, p. ex. «République française».

L'euro
20 L'Europe a sa monnaie unique! Ou presque … En Angleterre par exemple, on continue à payer en livres
25 sterling[3].

L'hymne
En 1972, le Conseil de l'Europe a choisi *L'Ode à la Joie*[4] de Beethoven pour en
30 faire son hymne qui exprime la liberté, la paix et la solidarité.

Pour devenir membre de l'Union européenne, il faut:

– être un pays démocratique – respecter la convention européenne des droits de l'homme – avoir une économie de marché – accepter les lois du Parlement européen à Strasbourg	– ein demokratisches Land sein – die europäische Menschenrechts-konvention respektieren – eine freie Marktwirtschaft haben – die Gesetze des Europa-Parlaments in Straßburg anerkennen

1 **l'élargissement** die Erweiterung – 2 **bordeaux** weinrot – 3 **une livre sterling** ein Pfund Sterling – 4 **L'Ode à la Joie** die Ode „An die Freude"

Pourquoi l'Europe?

Après la Seconde Guerre mondiale[1], plusieurs hommes politiques européens ont pris la décision d'unir leurs pays, ce qui a permis de garantir[2] une paix durable[3].

En 1957 à Rome, la France, l'Allemagne, l'Italie, la Belgique,
5 le Luxembourg et les Pays-Bas créent la Communauté économique européenne[4] (CEE). En 1992, la CEE devient l'Union européenne (UE). En 2002, on introduit la monnaie unique: l'euro, et on crée la citoyenneté[5] européenne. Les personnes, les marchandises[6] et l'argent circulent librement en Europe,
10 comme dans un seul pays.

En 2005, l'Union européenne compte 25 pays membres et l'élargissement continue …

Un rêve est devenu réalité: les Européens sont «unis dans la diversité»!

Le lancement de l'euro en 2002.

1 Comprendre le texte: Quiz

◀ *Après la lecture*

Vous connaissez bien l'Europe? *Pour le savoir, faites ce test.*

1. Combien de pays compte l'UE?
2. Combien d'étoiles a le drapeau européen?
3. Quand d'autres pays entrent dans l'UE, on parle d' …?
4. De quelle couleur est le passeport européen?
5. Qui a écrit la musique de l'hymne européen?
6. Quand a-t-on créé la Communauté économique européenne?
7. Combien de pays ont créé la CEE?

Regardez les solutions page 201. Il y a 1 point par réponse.

Vous avez entre 6 et 8 points: Super! Tu es un vrai Européen / une vraie Européenne!

Vous avez entre 0 et 5 points: L'Europe, ça ne t'intéresse pas trop. Mais tu as quelques idées et tu es sur le bon chemin.

1 **la Seconde Guerre mondiale** der Zweite Weltkrieg – 2 **garantir** *hier:* sichern – 3 **durable** dauerhaft –
4 **la Communauté économique européenne** die Europäische Wirtschaftsgemeinschaft– 5 **la citoyenneté**
die Staatsbürgerschaft – 6 **des marchandises** Waren

2 A partir du texte ◀ *Après la lecture*

Le 9 mai, c'est la fête de l'Europe!

*Cherchez des informations sur cette journée:
Pourquoi le 9 mai? Que fait-on ce jour-là?
Est-ce que tout le monde peut participer
à la fête?*

*Prenez des notes et présentez vos résultats
à la classe.*

3 Zoom sur l'Europe: ce qui marche bien et ce qu'il faut améliorer. *(G 18)*

*Complétez avec **ce qui, ce que, ce qu'**.*

1. Les enquêtes montrent ? les jeunes pensent de l'Europe.
2. Les jeunes peuvent travailler dans tous les pays membres, ? leur offre un meilleur avenir.
3. Depuis le 1ᵉʳ janvier 2002, beaucoup de pays européens utilisent l'Euro, ? permet de voyager facilement.
4. Aujourd'hui encore, la France et l'Allemagne organisent beaucoup de projets européens, ? les autres pays membres acceptent.
5. En Europe, il y a beaucoup de gens sans travail, ? est un gros problème pour l'Union.
6. Les hommes politiques ne savent pas ? il faut faire pour améliorer la vie des Européens.

4 Projet: A nous l'Europe!

*Faites deux groupes (A et B), chaque groupe
choisit un des thèmes suivants sur l'Europe:*

– le Parlement européen
– les actions de l'Union européenne

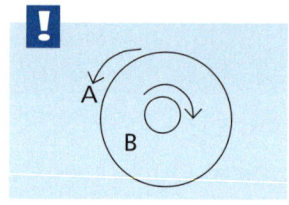

Chaque groupe cherche d'abord des
informations sur son thème et prépare une fiche
(mots-clés, idées principales).
Les deux groupes forment ensuite deux cercles
(A et B).
Les élèves du cercle A commencent: chaque
élève raconte à son partenaire du cercle B
ce qu'il a trouvé sur son thème. Les deux cercles
tournent vers la droite. Les élèves du cercle B
racontent à leurs nouveaux partenaires
(du cercle A) ce qu'il viennent d'apprendre.
Leurs partenaires les corrigent.
Maintenant, les élèves du cercle B racontent
ce qu'ils ont trouvé sur leur thème. Les deux
cercles tournent encore vers la droite, etc.

5 `stratégie` — Lire et interpréter des statistiques

Que pensent les jeunes de l'Europe?

la possibilité d'aller où je veux — 35
un meilleur avenir — 34
une meilleure situation économique — 34
plus d'emplois — 29
un gouvernement européen — 26
beaucoup de bureaucratie — 14
les droits des citoyens — 13
une perte de diversité culturelle[1] — 12
un rêve, une utopie — 8
ne sait pas — 5
autre chose — 1

© Communautés européennes, 1995-2008. Source: Jeunes Européens –
Eurobaromètre 47.2 – Au total, 9400 jeunes âgés de 15 à 24 ans ont
répondu à l'enquête.

Exemple:
– 35 % des jeunes pensent que l'Union
européenne, c'est la liberté de circulation[2].
– 8 % disent que c'est un rêve.
…
Seulement 5 % des jeunes n'ont pas d'avis sur
l'Europe, cela montre donc que la majorité
s'intéresse à l'Europe.
…

Wenn ihr Statistiken auswerten wollt, müsst ihr die Zahlen

1. beschreiben:		2. vergleichen:	3. interpretieren:
(Man beginnt mit der größten Zahl.)		Pour … % des jeunes,	Sur le graphique, on remarque que …
…% des personnes …% des gens interrogés Beaucoup de … Peu de …	… croit / croient que … … pense / pensent que …, … souhaite / souhaitent que …	– c'est moins important de … que de … – c'est aussi important de … que de … – c'est plus important de … que de …	D'après le graphique / Selon le graphique, on peut dire que …
La majorité des jeunes Une majorité (de) …	… est / sont pour … / contre …/ … n'a / n'ont pas d'avis.		C'est important, cela montre / veut dire que … .
La minorité des … Une minorité (de) …	… préfère ne rien dire. / … préfèrent ne rien dire.		

A vous

a *Formez trois groupes et faites un sondage.*

Groupe A: Dans quel pays d'Europe aimeriez-vous faire un stage?

Groupe B: Combien de langues devraient apprendre les Européens: Une? Deux? Aucune (Keine)?

Groupe C: Pour vous, qu'est-ce qui est le plus important: Pouvoir vivre et travailler à l'étranger?
Pouvoir payer partout en euro? Avoir les mêmes droits?

b *Chaque groupe fait un graphique avec ses réponses.*

c *Chaque groupe présente son graphique et ses interprétations.*

---

1 **une perte de diversité culturelle** ein Verlust der kulturellen Vielfalt – 2 **la liberté de circulation** die Reisefreiheit

 L'Auberge espagnole

▶ *Avant la lecture*
Regardez les photos et décrivez la situation.

Xavier, un étudiant parisien de 25 ans, décide de faire sa dernière année d'études en Espagne à la fac de Barcelone. Il obtient une bourse Erasmus pour partir. En cours d'économie[1], il rencontre Isabelle, une étudiante belge.

En se promenant, Xavier et Isabelle discutent de
5   leur prof catalan qui refuse de faire son cours en espagnol.
Isabelle: Ça doit être super déstabilisant[2] d'être tout le temps comme ça entre deux langues.
Xavier: Mais ce n'est pas la même chose en
10   Belgique avec le flamand …?
Isabelle: … Et le wallon? Ah, non! Ça n'a rien à voir. Moi, par exemple, je suis wallonne, je ne parle pas flamand. Quand je vais en Flandre, je me fais passer pour une Française[3].
15   Alors ils me parlent en français.
Le portable de Xavier sonne. Il répond en espagnol.
[…]

Xavier: C'est génial! J'ai trouvé un appart.
20   *Isabelle:* C'est cool. […] Moi, j'ai une chambre pourrie[4] chez la mère de la femme qui m'emploie.
Xavier: Ah! Tu fais quoi?
Isabelle: Je suis jeune fille au pair, baby-sitter.
25   *Xavier:* C'est génial.
Isabelle: Ah! C'est génial. C'est génial pour toi.

Depuis deux semaines, Xavier habite en colocation avec cinq autres étudiants, tous de nationalités différentes: un Italien (Alessandro), un Danois (Lars), une Anglaise (Wendy), un
30   Allemand (Tobias) et une Espagnole (Soledad). Comme le propriétaire vient d'augmenter le loyer, Xavier propose à Isabelle d'habiter avec eux. Elle vient pour se présenter aux autres et répond à leurs questions.
35
Tobias: Any other questions? … No. Thank you.
Lars: D'ailleurs, je parle français.
Isabelle: Ah, ouais.
Lars: J'ai habité à Paris l'année dernière.
Isabelle: Génial.
40
Wendy, Alessandro: Thank you. Bye.
Xavier: Je t'appellerai.
Isabelle sort.
Xavier: She's great!
Wendy: She isn't great. She's OK.
45

Texte tiré du film *L'Auberge espagnole*
© Cédric Klapisch / ce qui me meut.

---

1 **un cours d'économie** ein Wirtschaftsseminar – 2 **déstabilisant** *hier:* verwirrend – 3 **se faire passer pour** gelten für / als – 4 **pourri(e)** *hier:* mies

1 Comprendre le texte

 *Après la lecture*

Trouvez les phrases qui vont ensemble.

1. Le prof catalan
2. En Belgique, on parle
3. Isabelle travaille comme
4. Xavier habite en colocation
5. Le propriétaire a augmenté
6. Xavier propose à ses colocataires qu'
7. Isabelle

a) jeune fille au pair.
b) avec cinq autres étudiants.
c) le loyer.
d) n'a pas de chien.
e) le flamand et le wallon.
f) Isabelle habite avec eux.
g) refuse de faire le cours en espagnol.

2 A partir du texte

Après la lecture

a *Cherchez sur la carte de l'Europe p. 202 le pays de chaque étudiant.*
Cherchez Barcelone ainsi que chacune des capitales des pays des colocataires.

b *Quelles langues parle-t-on dans ces pays?*

3 I'm sorry, I don't understand French.

 a *Ecoutez le dialogue:* qui appelle à l'appartement? Que veut-il/elle?
Qu'est-ce que Wendy ne comprend pas?

 b *Ecoutez la chanson: «Eurap International».* Combien de langues entendez-vous?

4 En français

Tu es en France depuis quelques mois. Ton copain Philipp est apprenti cuisinier et va faire un stage dans un restaurant. Il va bientôt faire un cours de français, mais pour son rendez-vous avec M. Chevalier au restaurant *Les feuillants*, il veut que tu joues l'interprète.

Jouez le dialogue à trois. Changez de rôle.

1. *M. Chevalier:* Bonjour!
Philipp et toi: Bonjour monsieur.
M. Chevalier: Alors Philipp, vous voulez faire un stage chez nous? Très bonne idée. Vous avez envie de vous installer en France?
Toi à Philipp: –
2. *Philipp:* Nein, meine Eltern haben selbst ein kleines Restaurant, das ich später einmal übernehmen möchte.
Toi à M. Chevalier: –
3. *M. Chevalier:* Bon, et qu'est-ce que tu veux apprendre chez nous? Tu veux faire la cuisine comme Bocuse? Tu connais Paul Bocuse?
Toi à Philipp: –
4. *Philipp:* Ja, aus dem Fernsehen. Ich möchte die französische Zubereitung der Speisen kennen lernen.
Toi à M. Chevalier: –

5. *M. Chevalier:* Très bien. Je vais lui montrer ce que je sais. Maintenant, je dois aller au marché. Est-ce que vous avez encore des questions?
Toi à Philipp: –
6. *Philipp:* Ich muss noch ein Zimmer finden. Kannst du ihn fragen, ob er mir dabei helfen kann?
Toi à M. Chevalier: –
7. *M. Chevalier:* Pas de problème. Ma mère a une maison avec un petit appartement. Je vais lui demander. Rappelez-moi dans deux ou trois jours.
Toi à Philipp: –
Philipp: Oh, merci beaucoup!
M. Chevalier: Voilà! Il parle le français!
M. Chevalier: Alors, à dans trois mois.
Philipp et toi: Au revoir.

⟨Les projets de l'Europe⟩

Les pays de l'Union européenne travaillent ensemble pour la culture, l'environnement, les sciences et la technique.

ARTE, la chaîne culturelle européenne

ARTE est une chaîne de télévision franco-allemande qui propose des émissions pour découvrir, comprendre et partager la vie des Européens: des émissions sur la famille, la vie de tous les jours en Europe, la santé, la cuisine ou le vin.   *5*

Les programmes d'ARTE sont bien sûr en français et en allemand, mais aussi dans 200 autres langues.

SOS animaux en danger

10 Beaucoup d'animaux d'Europe sont en danger. L'Union européenne protège les animaux les plus menacés comme l'ours brun et le phoque. *Natura 2000* a créé des parcs naturels pour mieux les protéger.

NATURA 2000

Eco-label

15 Depuis 1993, l'Europe donne son éco-label aux produits sans danger pour l'environnement.

L'Europe des sciences

20 L'Union européenne a créé des centres européens de recherche. Dans l'Antarctique, ils étudient la glace et la couche d'ozone.

25 Depuis 1970, les Européens construisent leur propre fusée Ariane. Ils développent aussi leur propre système de guidage par satellite, Galileo, qui remplacera le GPS américain.

Avions en kit

30 Depuis plus de trente ans, la France, l'Espagne, l'Allemagne et la Grande-Bretagne construisent ensemble les avions Airbus.

35 Chaque pays construit plusieurs «morceaux» qui sont assemblés à Toulouse. Au moins 500 passagers peuvent voyager dans le A-380.

40 C'est le plus grand avion de ligne du monde.

Projet

Les projets de l'Europe vous intéressent? Vous en connaissez d'autres?
Choisissez un projet et trouvez des informations sur Internet. Préparez un exposé: des petits textes et des photos, et présentez-le à votre classe.

LEÇON 4

 d'abord **Carnet de voyage**

Voilà Eric, un jeune étudiant québécois de 24 ans. Il a fait un long voyage dans plusieurs pays francophones. Pendant deux ans, il a travaillé chaque week-end et presque tous les soirs pour réaliser ce grand rêve.
Dans un carnet, il a raconté son voyage et ses rencontres.

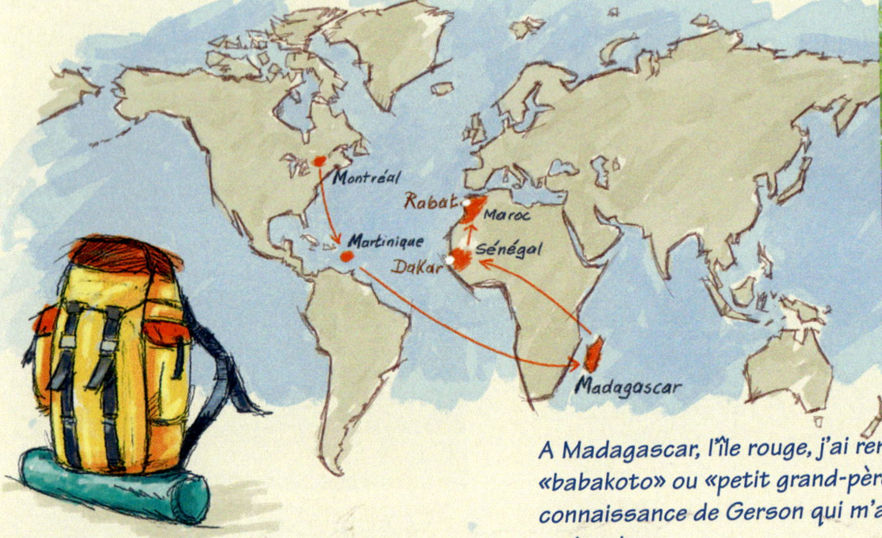

Première étape: les Antilles. Je suis arrivé à la Martinique pour y fêter le carnaval. Pour les Martiniquais et tous les Antillais, c'est un moment très important de l'année. Avec Régine, j'ai découvert la cuisine martiniquaise! 5

A Madagascar, l'île rouge, j'ai rencontré un «babakoto» ou «petit grand-père». Et j'ai fait la connaissance de Gerson qui m'a raconté un conte malgache. 10

En Afrique francophone, je suis allé à Dakar, au Sénégal. Cette ville ne dort jamais, comme beaucoup de capitales africaines.
Babakar, un jeune sénégalais, m'a expliqué sa vie d'enfant des rues. 15

a *Regardez et complétez la grille dans votre cahier.*

Regardez aussi G 19.

le Canada	un(e) Canadien(ne)	le drapeau canadien
le Québec	un(e) **?**	une recette québécoise
les Antilles	un(e) **?**	une spécialité antillaise
la Martinique	un(e) Martiniquais(e)	la cuisine **?**
Madagascar	un(e) Malgach**e**	un conte **?**
l'Afrique	un(e) Africain(e)	une capitale **?**
le **?**	un(e) **?**	un jeune sénégalais

b *Remplacez les mots en gras par les adjectifs corrects.*

1. plusieurs îles **des Antilles**
2. des élèves **du Canada**
3. la cuisine **de Madagascar**
4. des gris-gris **d'Afrique**
5. des copains **du Québec**
6. des filles **de la Martinique**

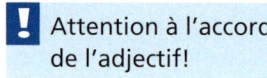 Attention à l'accord de l'adjectif!

Vie et mort de Vaval

Dans les rues de Fort-de-France, tout le monde est déguisé:
on fête le carnaval. Des gens de tous les âges et de toutes les
couleurs chantent et dansent. Pas de doute, les Martiniquais
savent s'amuser. Eric, qui vient d'arriver, a l'air un peu perdu.
5 A côté de lui, une vieille dame lui propose de danser la
biguine.[1]

Régine: Il faut danser! Allez, on y va. C'est la
parade[2] des reines. Aujourd'hui, elles défilent[3]
ensemble. Regarde, voilà la plus belle fille de la
10 Martinique!
Eric: Laquelle? Elles sont toutes jolies.
Régine: Mais c'est la reine de Fort-de-France
dont je parle! C'est ma petite-fille Joséphine.
Eric: Ah, oui! Elle est très belle. Et quelle
15 ambiance!
Régine: Mais mon garçon, le carnaval n'a pas
encore vraiment commencé. Dimanche gras[4],
le roi Vaval descendra dans la rue. La fête va
durer quatre jours, puis on le brûlera!
20 *Eric:* Quoi? Vous allez brûler le roi? La reine
aussi?
Régine: Vaval est une marionnette. Ah, tu ne
connais pas bien la Martinique. Tu n'es ni
béké[5] ni zoreil[6], n'est-ce pas?
25 *Eric:* Quoi? Excusez-moi, mais je ne comprends
rien.
Régine: Je t'expliquerai. Mais tu as un petit
accent, non? Tu viens de France?
Eric: Non, je viens du Québec. Je suis arrivé à
30 Fort-de-France aujourd'hui.
Régine: Et tu as déjà trouvé un hôtel? Lequel?
Eric: Non, je n'ai rien trouvé. Tout était complet.
Régine: Viens chez moi! Je te ferai un prix d'ami.
Pa ni pwoblem!
35 *Eric:* Pardon?
Régine: C'est encore du créole, ça veut dire «pas
de problème». Tu verras, tu apprendras vite!

---

1 **la biguine** *une danse martiniquaise* – 2 **une parade**
hier: ein Umzug – 3 **défiler** marschieren – 4 **Dimanche
gras** Fastnachtsonntag – 5 **un béké** *kreolisch* ein weißer
Antillen-Einwohner – 6 **un zoreil** *kreolisch:* ein Übersee-
Franzose – 7 **enterrer** begraben – 8 **une couronne** eine
Krone

▶ *Avant la lecture*
Regardez la carte p. 203.
Où se trouve la Martinique?
Quel temps fait-il là-bas au
mois de février?

Fort-de-France, 21 février 2007

Aujourd'hui, c'était la dernière, mais
aussi la plus folle journée du carnaval.
Tout le monde s'est habillé en noir
et blanc pour enterrer[7] Vaval. Ce soir,
40 je sens bien que Régine et sa famille
sont un peu tristes. Pendant presque
une semaine, ils ont oublié leurs
problèmes, mais maintenant la vie de
tous les jours recommence. Joséphine,
45 dont le mari est au chômage, ne pense
déjà plus à sa couronne[8].
Et moi, j'ai un peu le blues parce que
je pars déjà demain.
50

1 Comprendre le texte

◀ *Après la lecture*

Répondez aux questions.

1. Qu'est-ce qu'on fête à la Martinique au mois de février?
2. Qui veut danser avec Eric?
3. Qui est-ce qu'on a choisi pour être la reine de Fort-de-France?
4. Qu'est-ce qui se passe avec le roi Vaval?
5. Où va habiter Eric?
6. Comment s'appelle la langue que Régine parle?
7. Que fait le mari de Joséphine?

2 A partir du texte

◀ *Après la lecture*

VOC **a** *Faites un filet de mots avec les expressions du texte qui décrivent l'ambiance de fête.*

b *Trouvez des informations dans le texte sur le déroulement du carnaval martiniquais.*

△ **c** Et vous, est-ce que vous fêtez le carnaval? *Racontez.*

3 Tu as vu les marionnettes? – Lesquelles?* *(G 20)*

Lequel?	Laquelle?
Lesquels?	Lesquelles?

✎ **a** *Dans votre cahier, complétez avec **lequel, laquelle, lesquels et lesquelles**.*

1. Tu viens d'un pays francophone?   – Lequel?
2. Tu connais cette île?   – ? ?
3. Tu as vu les danseurs?   – ? ?
4. Moi, je trouve ces filles très belles. – ? ?

 b *Regardez l'exemple et faites des dialogues avec les phrases suivantes. Utilisez **lequel, laquelle, lesquels, lesquelles**.*

Exemple:
– On fait un voyage sur cette île?
– Laquelle?
– L'île de la Martinique.
– Bonne idée. / Je ne suis pas d'accord. Il y fait trop chaud.

– Vous ne voulez pas danser avec ces filles du carnaval?
– Tu ne veux pas faire un dessert?
– Vous entendez la musique?
– Vous connaissez ces fruits?
Continuez.

W ## 4 J'aime ..., mais je préfère ...* *(G 20)*

 Regardez les images et faites des dialogues.

Exemple:
– Quels pays est-ce que tu aimes?
– J'aime l'Italie et la Grèce.
– Lequel est-ce que tu préfères?
– Je préfère la Grèce.

* ⟨Übung 3+4⟩ fakultativ

5 Un peu d'histoire

Ecoutez le texte et trouvez l'intrus:

1. La Martinique est un département d'Outre-mer, comme:
a) la Guadeloupe.
b) la Guinée.
c) la Guyane.

2. Ces dates sont importantes pour la Martinique:
a) 1848.
b) 1946.
c) 1635.

3. A la Martinique, on parle:
a) le créole.
b) le martiniquais.
c) le français.

6 Dessert à la mangue

Regardez page 197 (Stratégie-Pool)

Vous aimez la crème à la mangue? Voilà une recette de Régine.

Avant de préparer ce dessert, cherchez dans le dictionnaire les mots que vous ne connaissez pas.

Bon appétit!

Ingrédients:
2 mangues mûres
1 citron vert
150 ml de crème fraîche
30 g de sucre glace
145 g de yaourt nature
4-5 cuillères à dessert de lait de coco

1. Couper les mangues en deux dans le sens de la longueur. Enlever les noyaux.

2. Entailler la chair dans les deux sens. Puis, enlever chaque morceau en coupant à la base.

3. Mettre la chair des mangues dans un mixeur ou bien l'écraser à l'aide d'une fourchette dans un saladier.

4. Couper le citron en deux et le presser pour obtenir le jus. Arroser la purée de mangue avec le jus et bien mélanger.

5. Dans un autre saladier, fouetter la crème avec le sucre. La crème doit devenir plus épaisse, mais elle ne doit pas être trop ferme.

6. En remuant, ajouter le yaourt et le lait de coco à la purée de mangue. Puis, mélanger doucement avec la crème fouettée.

Madagascar, l'île rouge

Eric est arrivé tôt le matin sur l'île rouge. Il est midi,
Eric se promène sur le marché d'Antananarivo, la
capitale malgache. Là, on trouve beaucoup d'artisans
et Eric découvre une très jolie petite sculpture[1] en
5   bois. Il demande ce qu'elle représente.

Eric: Qu'est-ce que c'est?
L'artisan: C'est un lémurien. On ne trouve cet
    animal qu'à Madagascar. Les lémuriens vivent ici
    depuis très, très longtemps. Les hommes n'avaient
10   pas encore découvert cette île quand ils sont
    apparus[2] ici.
Eric: C'est intéressant. Est-ce qu'on peut voir ces
    animaux quelque part?
L'artisan: Bien sûr. Vous pouvez aller au Lemurs'
15   Park qui se trouve à 20 kilomètres d'ici.

Peu après, Eric prend place dans un taxi qui le
conduit au Lemurs' Park. Il traverse des jolis villages
et beaucoup de rizières[3]. Le paysage est fantastique.
Eric se dit qu'il a eu raison de venir à Madagascar.

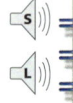

Lemurs' Park, 23 février 2007

20 J'ai fait aujourd'hui plusieurs rencontres
vraiment extraordinaires. Gerson, mon guide,
connaît son île par cœur. Avec lui, j'ai visité
le parc. Et là, il s'est passé un truc génial.
Nous nous étions arrêtés un peu pour faire
25 une pause, quand tout à coup, nous avons
entendu un bruit. Nous n'avons plus bougé.
J'avais gardé dans la main la banane que je
voulais manger. Un grand lémurien qui s'était
caché derrière des bambous géants[4] est alors
30 venu vers moi. Il m'a regardé assez longtemps
avec ses grands yeux marron. Il a pris ma
banane et il est reparti. Moi, j'avais laissé
mon bras en l'air[5] et j'avais sûrement l'air
idiot. Gerson m'a dit: «Je suis sûr que vous
35 n'aviez jamais vu des yeux comme ça.
Les babakotos sont magiques[6], vous savez!»
Et il m'a raconté l'histoire de Maroankatsaka
…

---

1 **une sculpture** eine Skulptur – 2 **sont apparus** sind erschienen – 3 **une rizière** ein Reisfeld – 4 **des bambous géants** Riesenbambus – 5 **en l'air** in der Luft – 6 **magique** magisch

Maroankatsaka et les babakotos

Sur l'île rouge vivait un homme qui s'appelait Maroankatsaka, ce qui veut dire: «l'homme qui a beaucoup de maïs[1]». Ses parents lui avaient donné ce nom car ils possédaient un grand
5 champ de maïs à côté de la forêt.

Tous les jours, Maroankatsaka partait de très bonne heure[2] pour travailler dans son champ. Un jour, il s'est blessé la jambe avec sa machette[3] et a perdu connaissance[4]. Quand il s'est réveillé
10 dans son lit deux jours plus tard, il a vu qu'on avait soigné sa jambe avec des plantes. Il ne sentait même plus la douleur. Ses parents l'avaient trouvé dans cet état[5] et l'avaient porté à la maison.

15 Peu de temps après, Maroankatsaka est retourné dans son champ. Il voulait remercier les gens qui s'étaient occupés de lui. Quand il a commencé à appeler, un petit groupe de lémuriens est sorti de la forêt. Maroankatsaka a alors compris que les
20 babakotos l'avaient sauvé:
«Vous m'avez sauvé, merci. Ce sont nos ancêtres[6] qui vous ont envoyés? Moi aussi, je veux

apprendre à soigner les hommes. Je vous demande de me donner les plantes.»

Alors, les lémuriens sont partis dans la forêt. Ils sont revenus peu après avec neuf plantes
25 différentes qu'ils lui ont données. Pour remercier les babakotos, Maroankatsaka a promis de protéger leur vie et leur forêt.

1 Comprendre le texte

◀ *Après la lecture*

a *Répondez aux questions.*

1. Où se promène Eric à Antananarivo?
2. Qu'est-ce qu'il y découvre?
3. Qui dit à Eric d'aller au Lemurs' Park?
4. Avec qui est-ce qu'Eric visite le parc?
5. Pourquoi est-ce que le lémurien s'approche d'Eric?
6. Les lémuriens ont plusieurs autres noms. Lesquels?

 b *Corrigez les phrases dans votre cahier.*

1. Maroankatsaka possédait une grande forêt où il travaillait tous les jours.
2. Un jour, il s'est blessé le bras avec sa machette.
3. Il s'est réveillé une semaine plus tard dans une maison qu'il ne connaissait pas.
4. Il ne savait pas qui l'avait trouvé.
5. On l'avait soigné, mais il avait encore mal au bras.
6. Deux jours plus tard, Maroankatsaka a rencontré dans la forêt le lémurien qui l'avait sauvé.
7. Le lémurien n'a pas voulu donner à Maroankatsaka les sept plantes qui soignent les hommes.

1 **le maïs** der Mais – 2 **de bonne heure** *tôt* – 3 **une machette** eine Machete – 4 **perdre connaissance** in Ohnmacht fallen – 5 **un état** ein Zustand – 6 **les ancêtres** die Ahnen

2 A partir du texte

Après la lecture

Cherchez sur Internet d'autres informations sur les lémuriens. Qui sont-ils? Où vivent-ils?

Comment vivent-ils?

3 Où est le passeport d'Eric?*   *(G 22)*

a *Regardez l'exemple.*
Quel verbe est au **plus-que-parfait**?

> Le **plus-que-parfait** = **être** ou **avoir** à
> l'imparfait + **participe passé**

b *Cherchez des exemples du plus-que-parfait
dans le texte B.*

Eric,

qui **était arrivé** à
l'aéroport à 10 heures,

se promenait sur
le marché à midi.

c *Mettez les verbes entre parenthèses au plus-que-parfait.*

1. En sortant de l'aéroport, Eric *(prendre)* place dans un taxi.
2. Il était très fatigué parce qu'il *(ne pas dormir)* dans l'avion.
3. Le taxi *(partir)*, quand Eric a remarqué qu'il *(perdre)* son passeport. Il est retourné à l'aéroport.
4. Heureusement, des voyageurs *(trouver)* son passeport.
5. Ils l'*(déposer)* au guichet des renseignements. La dame du guichet lui a montré les touristes.
   Eric a pu les remercier.

4 Voilà les lémuriens que j'ai vus.*   *(G 23)*

R   **a** *Regardez l'exemple et trouvez les phrases qui vont ensemble.*
Exemple: Voilà **les lémuriens** que j'ai vu**s**.

1. Eric a acheté des sculptures
2. Le lémurien a pris la banane
3. Eric a aimé le conte malgache
4. Maroankatsaka a remercié les babakotos

**que
qu'**

a) il a vue dans la main d'Eric.
b) Gerson lui a raconté.
c) il a retrouvés dans la forêt.
d) il a trouvées sur le marché.

△   **b** *Regardez l'exemple et mettez les verbes entre parenthèses au passé composé.*
Exemple: Tu as vu **les lémuriens**? Oui, je **les** ai vu**s**.

1. Sur le marché, Eric a trouvé plusieurs jolies sculptures. Il les *(acheter)*.
2. Le lémurien a pris la banane d'Eric. Il l'*(prendre)*.
3. Au Lemurs' Park, Eric a vu beaucoup d'autres lémuriens. Il les *(trouver)* très beaux.
4. Eric est très content d'avoir rencontré Gerson. Il l'*(trouver)* très sympa.

5 Projet: Présentez votre voyage.

Vous faites un voyage à Madagascar. Pour préparer ce voyage, vous cherchez des informations

sur des sujets qui vous intéressent (p. ex. climat, plages, auberge de jeunesse, camping, loisirs,
shopping / souvenirs, etc.). *Cherchez ces informations sur Internet ou écrivez à l'office de tourisme.*
Présentez ensuite votre voyage à votre classe.

* ⟨Übung 3⟩ außer BY, HH, HE und RP
* ⟨Übung 4⟩ außer BY

Vivre et survivre en Afrique

A l'aéroport de Dakar, beaucoup de jeunes sénégalais essayent d'attirer l'attention[1] des touristes. En devenant guide pendant quelques jours, on peut gagner beaucoup d'argent.

5 «Nanga def[2], bonjour!». Chacun essaye de crier plus fort que son voisin. Un jeune garçon s'approche d'Eric et lui offre son aide. Il s'appelle Babakar.

Autour de l'aéroport, il y a un bidonville où on
10 a construit des maisons en tôle[3]. Des jeunes sans travail, qui ont quitté leurs villages et leurs familles, y vivent. Ils sont chaque année plus nombreux. Babakar et Eric quittent l'aéroport avec un clando, un taxi clandestin[4]. Ici, chacun
15 se débrouille comme il peut pour survivre. Eric demande à Babakar s'il va au collège ou au lycée. Celui-ci répond: «Ça, c'est pour les riches! Moi, j'ai 14 ans et je ne vais plus à l'école depuis longtemps.» Babakar emmène Eric dans un petit
20 hôtel dont il connaît le propriétaire.

Le lendemain matin, Babakar vient chercher Eric pour une visite de Dakar. Il veut lui montrer l'*Ecopole*. C'est un centre qui aide les enfants des rues en leur apprenant à fabriquer des
25 objets avec tout ce qui traîne. Babakar montre à Eric les jouets que les enfants sont en train de construire. «Regarde ceux-ci!», dit un enfant très fier de lui. «Ils sont beaux, non?». Avec des fils de métal[5], il a fait des jolis petits vélos.

30 Dans une autre pièce, des garçons de 9 à 14 ans fabriquent des valises. Amadou, le chef de l'atelier, explique à Eric que ces valises font le tour du monde. «Celle-ci partira peut-être pour
35 le Canada où nous en vendons beaucoup».

---

1 **attirer l'attention de qn** die Aufmerksamkeit von jdm. auf sich lenken – 2 **Nanga def** *bonjour en wolof, une langue du Sénégal* – 3 **la tôle** das Blech – 4 **clando** *Abk. von* clandestin illegal – 5 **des fils de métal** [fil] Drähte

Dakar, 13 mars 2007

En arrivant à Dakar, j'ai eu un peu le cafard.
La vie est très dure ici, surtout pour les jeunes
qui vivent dans les bidonvilles. Mais, grâce
à Babakar, j'ai appris beaucoup de choses
pendant mon séjour.   5
Dans quelques heures, j'arriverai au Maroc.
Je viens de lire quelques informations sur le pays
dans mon guide. Là-bas aussi, le chômage touche
beaucoup de jeunes.
3 Marocains sur 4 ont moins de 25 ans et   10
beaucoup sont encore analphabètes[5] car ce
n'est pas facile d'aller à l'école. Les familles sont
pauvres. Il y a peu de profs et les classes sont
trop pleines.

Au Sénégal, 60 % de la population a moins de vingt ans. Seulement 45 % des enfants sont inscrits[1] en CP[2]. 0,7 % de ces enfants scolarisés[3] arrivent jusqu'au collège, 0,2 % obtiennent[4] le bac

1 Comprendre le texte

◀ *Après la lecture*

Trouvez les phrases qui vont ensemble et mettez-les dans l'ordre du texte.

1. L'école, c'est pour les riches,
2. A l'*Ecopole*, on apprend aux enfants
3. Chacun essaie de crier plus fort que son voisin
4. Au Canada, on trouve beaucoup de valises
5. Dans le bidonville vivent des jeunes

a) pour attirer l'attention des touristes.
b) qui ont quitté leurs villages et leurs familles.
c) Babakar n'y va plus.
d) à construire des objets avec tout ce qui traîne.
e) qui sont fabriquées à l'*Ecopole*.

2 A partir du texte

◀ *Après la lecture*

a *Relisez le texte et répondez:* Quelle est la situation des jeunes sénégalais
qui vivent dans un bidonville? Comment font-ils pour vivre?

b *Cherchez des informations sur les actions d'Ecopole au Sénégal.*
Présentez vos résultats et discutez.

3 Qu'est-ce que tu as dit?

VOC Quand ils parlent arabe, les Marocains utilisent souvent des mots français. Mais les Français
font un peu la même chose …! Vous connaissez déjà le mot *caïd*, mais il y en a d'autres.

Ecoutez les scènes suivantes et trouvez le sens des mots arabes.

la même chose / pareil	le docteur	un peu	le café	beaucoup	c'est mal rangé! c'est le bordel!

1. bézef (?) 2. chouia (?) 3. kif-kif (?) 4. toubib (?) 5. caoua (?) 6. souk (?)

1 **être inscrit(e)** eingeschrieben sein – 2 **le CP (le cours préparatoire)** die erste Klasse –
3 **scolarisé(e)** eingeschult – 4 **obtenir** *arriver à avoir qc* – 5 **un analphabète** ein Analphabet

4   on dit   Demander et donner des informations

So könnt ihr Kontakt aufnehmen:

Dans la rue:

Pardon, monsieur / madame. Pourriez-vous me dire …?

Je cherche un café Internet / Cybercafé. Pourriez-vous m'expliquer le chemin? / me montrer sur le plan?

Au guichet / A l'hôtel:

Excusez-moi, …
Où est-ce que je peux trouver un hôtel pas cher?
Où est-ce que je peux laisser mes valises?
Comment est-ce que je peux aller à … ?
Pourriez-vous me dire à quelle heure part …? / me donner des informations sur les visites?

Auskunft geben:

Dans la rue:

Non, je suis désolé(e), mais je ne peux pas vous aider. / Demandez à l'office de tourisme.

Vous le trouverez au centre-ville. / C'est la première rue à gauche. / Vous pouvez y aller à pied. / C'est loin, mais vous pouvez prendre le taxi / le métro.

Au guichet / A l'hôtel:

Ils sont tous complets.
A la consigne.

Mais, bien sûr. / Voilà nos dépliants / brochures avec tous les renseignements sur les horaires / les prix …

A vous

Imaginez une situation et faites un dialogue.
Exemple: Excusez-moi, madame. Je cherche l'office de tourisme …

5   Celui-ci est très beau.*   (G 24)

celui-ci	celle-ci
ceux-ci	celles-ci

a *Complétez avec **celui-ci**, **celle-ci**, **ceux-ci** ou **celles-ci**.*

1. Lesquels tu veux?   – Ceux-ci.
2. Quelles photos est-ce que tu préfères?   – ?
3. On prend quel taxi?   – ?
4. Tu habites quelle maison?   – ?

b *Lisez bien les phrases et complétez avec **celui-ci**, **celle-ci**, **ceux-ci** ou **celles-ci**.*

1. Ils sont jolis ces petits vélos. – Tu en veux un? Prends ? . Je te l'offre.
2. Je dois aller à l'aéroport. – Il y a deux chemins pour y aller, mais ? va plus vite.
3. Pardon, monsieur. Laquelle de ces deux valises est à vous? – ? , avec le drapeau du Québec.
4. Regarde, il y a deux cafés Internet. – ? a l'air mieux que l'autre.
5. Monsieur, on ferme. Vous avez trouvé des livres qui vous intéressent? – Oui, je prends ? . Ils sont sûrement très bien.
6. Ces photos ne me plaisent pas. – Regarde ? . Elles sont beaucoup mieux.

6 | stratégie — Ecrire un texte

Um einen Text zu verfassen, solltet ihr bestimmte Regeln beachten:

1. Zunächst solltet ihr Ideen sammeln (Schlüssel-wörter, Argumente, Beispiele).

2. Diese könnt ihr in Form einer Mindmap strukturieren.

3. Jeder Text hat eine Einleitung, einen Hauptteil und einen Schluss. In der Einleitung sagt ihr kurz, worum es geht. Im Hauptteil erzählt ihr, was geschehen ist. Den Hauptteil könnt ihr ebenfalls untergliedern und für jeden wichtigen Aspekt einen eigenen Abschnitt vorsehen. Im Schlussteil fasst ihr das Wichtigste zusammen. Ihr könnt auch eure eigene Meinung äußern.

4. Verwendet beim Schreiben das Vokabular aus der Mindmap. Schreibt einfache Sätze und versucht logische Satzverbindungen zu erstellen *(et, puis, après, ensuite …)*. Vermeidet Wiederholungen.

le parcours

le début de la course — le départ

le gagnant

semi-marathon de Dakar

les sportifs — l'ambiance

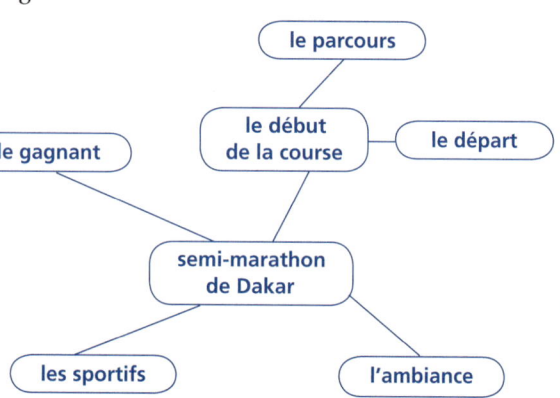

△ *A vous*

Tous les ans au Sénégal, des sportifs de tous les pays d'Afrique participent au semi-marathon[1] de Dakar.

Dans votre carnet de voyage, vous racontez la rencontre sportive. Utilisez les photos, le mind-map et les informations suivantes.

– début de la course: 16 heures
– point de départ: le palais de la République[2]
– les pays représentés: Sénégal, Gabon, Mali, Niger, Tchad, Maroc
– le gagnant: un Tchadien, Adoulaye Abdel Karim
– meilleur temps: 1 heure 08 minutes 47 secondes
– parcours[3]: 21,096 km

1 **un semi-marathon** ein Halbmarathon –
2 **le palais de la République** der Palast der Republik – 3 **un parcours** eine Strecke

⟨Un enfant doit vivre.⟩

L'*Alliance Ethnik* est un groupe de musique français et Youssou N'Dour un chanteur sénégalais.
Ensemble, ils ont écrit une chanson pour les enfants du monde entier.

a *Ecoutez la chanson.*

J'apparais tristement[1],
lâche mon discours décidément[2].
Les conditions d'un enfant
ne vont pas en s'arrangeant[3].

5 Sur les cinq continents[4]
– peu importe le développement[5] –
riches ou pauvres, de toute façon décadents[6],
l'argent passe devant …

Depuis la nuit des temps[7], on utilise l'enfant
10 pour des travaux, pour des tâches[8],
pour des actes rabaissants[9].
…
Et s'il n'y a plus d'enfant, y a plus de vie!

L'Alliance te fait bouger,
15 l'Alliance te fait danser,
l'Alliance te fait penser.

De toute façon, on ne joue pas avec les enfants!
Non, y a pas de raison[10].

Youssou, explique-leur encore!
20 L'enfant doit vivre et non survivre,
l'enfant doit vivre et non …

Tu vois pas qu'autour de toi des gosses[11] n'ont
pas ce qu'on pourrait leur offrir de mieux?

Prends-le dans tes bras,
mais regarde-le dans les yeux:
25 y a quoi de plus précieux[12]?
Y a rien de mieux[13]!

Alors, tu vois que lui faire mal,
c'est plus que mal.
… 30

Dans la chanson, le groupe *L'Alliance Ethnik* fait un discours sur la vie des enfants
dans le monde et Youssou N'Dour explique ce qu'il faut faire pour eux.

b *Trouvez les paroles qui pourraient servir de slogans pour protéger les enfants
dans le monde.*

A vous

Ecrivez, vous aussi, quelques slogans. Vous pouvez les mettre en musique.

1 **j'apparais tristement** traurig erscheine ich – 2 **lâche mon discours décidément** meine Rede ist wirklich feige –
3 **les conditions … ne vont pas en s'arrangeant** die Situation wird nicht besser – 4 **un continent** ein Kontinent –
5 **le développement** die Entwicklung – 6 **décadent(e)** dekadent – 7 **depuis la nuit des temps** *depuis toujours* –
8 **une tâche** eine Aufgabe – 9 **un acte rabaissant** *hier:* eine Missachtung – 10 **y a pas de raison** es gibt keinen
Grund – 11 **un gosse** *fam. un enfant* – 12 **précieux** wertvoll – 13 **y a rien de mieux** es gibt nichts Besseres

LEÇON 5

d'abord Un feu de forêt à Charleval

Depuis presqu'un an, la famille Lebrun habite à Charleval, un petit village près d'Aix-en-Provence. Un soir de juin, la forêt prend feu à quelques kilomètres de chez eux. Les Lebrun doivent vite quitter leur maison. Lorsqu'ils peuvent enfin rentrer chez eux pendant la nuit, Léa, 16 ans, se met tout de suite à raconter leur aventure sur son blog …

Attention, danger!

Hier soir, pendant que nous étions à table pour le dîner, nous avons entendu les sirènes des pompiers: il y avait le feu dans la montagne. On pouvait même voir les flammes! Comme il y avait beaucoup de mistral et que le feu peut aller très vite, les pompiers nous ont fait aller au gymnase du collège. Quand nous y sommes arrivés, il y avait déjà beaucoup de monde, presque tout le village. Nous avions très peur pour notre maison, mais des gens super sympas nous ont rassurés. Vers trois heures du matin, nous avons pu rentrer chez nous parce qu'il n'y avait plus de danger.

Posté le: 23 juin 2006 – 4:05

a **Pendant que** nous étions … et **comme** il y avait … sont des subordonnées de temps et de cause. *Traduisez-les en allemand.*

b *Trouvez dans le texte d'autres subordonnées de temps et de cause et complétez la grille dans votre cahier.*

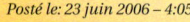

Subordonnées de temps	Subordonnées de cause
Pendant que nous étions à table …, nous avons entendu les sirènes …. = …	**Comme** il y avait beaucoup de Mistral …, les pompiers nous ont fait aller au gymnase …. = …

c *Traduisez les phrases de votre grille en allemand.*

d *Complétez les phrases suivantes avec **lorsque/quand, pendant que, comme, parce que**.*

1. ? les Lebrun étaient à table, la forêt près du village a pris feu.
2. Les Lebrun ont dû quitter leur maison ? le feu peut aller très vite avec le mistral.
3. Il y avait déjà beaucoup de gens dans le gymnase ? les Lebrun sont arrivés.
4. ? il n'y avait plus de danger, les Lebrun ont pu rentrer chez eux vers trois heures du matin.
5. ? ils sont rentrés chez eux, Léa a raconté leur aventure sur son blog.

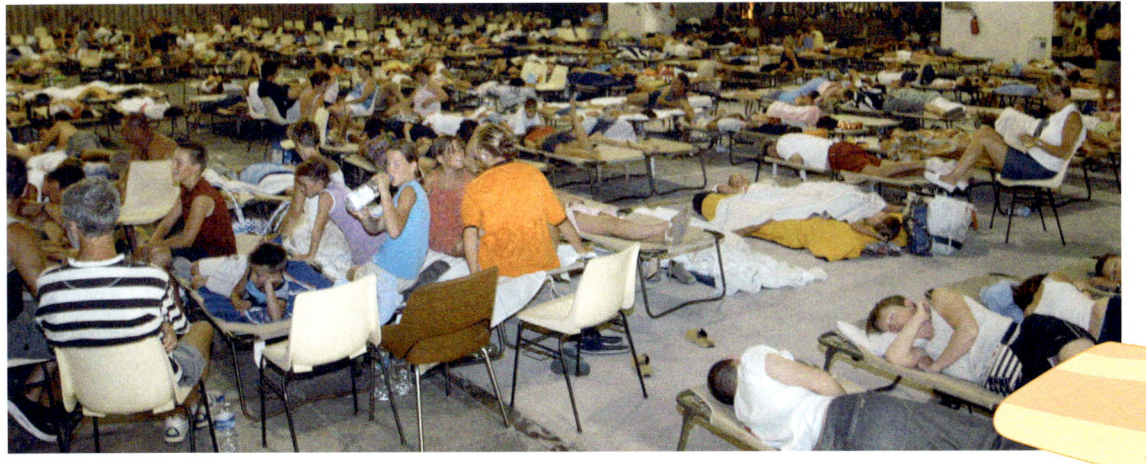 Ça va durer longtemps?

Lorsque Léa et sa famille arrivent au gymnase, il y a déjà beaucoup de monde. Comme un pompier leur donne des couvertures pour la nuit, Bruno, le petit frère de Léa, commence à
5 s'inquiéter.

Bruno: On va rester ici longtemps, maman?

Mme Lebrun: Je ne sais pas. Les pompiers nous diront quand nous pourrons rentrer.

Bruno: Est-ce que notre maison va brûler?

10 *Mme Lebrun:* Mais non, Bruno.

Mme Pagano: N'aie pas peur, mon garçon. Le feu est encore loin. Les pompiers nous ont fait venir ici pour nous protéger.

Mme Lebrun: Vous avez l'habitude des feux de
15 forêt madame?

Mme Pagano: Oh, oui! Il y a des feux de forêt presque tous les ans ici. Et avec le Mistral, le feu peut aller très vite.

Bruno: Et vous savez si on va rester longtemps,
20 alors?

Mme Pagano: Ça peut durer un petit moment. Le moins longtemps, c'était trois-quatre heures.

Bruno: Et le plus longtemps?

25 *Mme Pagano:* Deux jours. C'était l'année dernière. Même quand il n'y a pas vraiment de danger, les pompiers préfèrent que les gens soient en sécurité, pendant qu'ils luttent contre le feu[1].

30 *Léa:* Et votre maison n'a jamais brûlé?

Mme Pagano: Non, heureusement. Notre ferme n'a jamais brûlé, mais nous avons déjà perdu des oliviers …

M. Pagano: Et puis, de la lavande et des ruches …

Mme Pagano: Mais ça fait longtemps déjà. 35 Et vous, vous êtes nouveaux dans la région? Vous n'avez pas l'accent du Midi!

M. Lebrun: Nous sommes arrivés à Charleval il y a moins d'un an.

Mme Pagano: Vous êtes venus pour le travail? 40

Mme Lebrun: Oui, ici mon mari a trouvé un meilleur poste qu'à Paris.

M. Lebrun: Au début, on était une «famille TGV». Je travaillais à Aix, mais je rentrais à Paris en TGV le plus souvent possible. C'est rapide, ça 45 va trois fois plus vite que la voiture, mais ce n'est pas une vie pour une famille. Quand ma femme a enfin obtenu une place d'institutrice à Salon-de-Provence, nous avons déménagé.

M. Pagano: C'est mieux comme ça, c'est sûr. 50

Mme Pagano: Et puis on vit bien ici, n'est-ce pas?

M. Pagano: Quand il n'y a pas de feu …

Tard dans la nuit, les pompiers viennent dire à tous les habitants de Charleval qu'il n'y a plus de danger, alors tout le monde rentre à la 55 maison. Les Pagano, qui aimeraient revoir la famille Lebrun, leur proposent de venir visiter leur ferme le week-end suivant.

1 **lutter contre le feu** das Feuer bekämpfen

1 Comprendre le texte

◀ *Après la lecture*

Répondez aux questions.

1. Pourquoi est-ce que Bruno s'inquiète?
2. Pourquoi est-ce que les habitants de Charleval doivent aller au gymnase?
3. Qu'est-ce que les Pagano ont perdu à cause du feu?
4. D'où viennent les Lebrun?
5. Pourquoi est-ce qu'ils ont déménagé?
6. Quand est-ce qu'ils sont arrivés à Charleval?
7. Que proposent les Pagano?

2 A partir du texte

◀ *Après la lecture*

Vous êtes en vacances en Provence. Il y a le feu près de chez vous et vous devez quitter votre maison. Le lendemain, vous écrivez à votre copine / copain.

3 Quand ils peuvent rentrer chez eux, les Lebrun sont rassurés. *(G 25)*

*Retrouvez les phrases qui vont ensemble et utilisez **comme, parce que, pendant que, lorsque, quand** pour les relier.*

1. **?** il n'y a pas eu de pluie depuis longtemps,
2. **?** les pompiers travaillent,
3. **?** Bruno sera grand,
4. Les Pagano ont invités les Lebrun
5. **?** Mme Lebrun a obtenu un poste,

a) les habitants du village doivent rester en sécurité.
b) toute la famille a déménagé dans le Sud.
c) la forêt a pris feu.
d) **?** ils les trouvent sympas.
e) il sera pompier.

W 4 Une meilleure vie qu'à Paris?

Les Lebrun comparent la vie en Provence avec la vie à Paris.
*Faites des phrases avec le **comparatif** et le **superlatif** de l'**adjectif**.*

Exemple:
M. Lebrun a trouvé un poste **plus intéressant à Aix qu'à Paris**.

AIX-EN-PROVENCE

M. Lebrun	Mme Lebrun	Léa	Bruno
un poste ↗ intéressant à Aix / à Paris	les gens ⇔ sympas à Charleval / à Paris	le collège ↘ grand à Charleval / à Paris	les copains ⇔ sympas ici
une maison ici ↘ chère / un appartement à Paris.	la vie à Paris ↗ chère / la vie ici	ici le danger ⇧ grand, c'est le feu.	mon ⇧ bon copain est resté à Paris.

5 Le plus souvent, j'y vais à pied.* (G 26, 27)

*Complétez les phrases avec un **comparatif** ou un superlatif de l'**adverbe**.*

> plus facilement qu'   moins longtemps
> plus souvent qu'   moins loin   aussi bien

1. A Charleval, Léa et Bruno mettent **?** pour aller à l'école qu'à Paris.
   En plus, il ne prennent plus le métro, ils y vont à pied.
2. Dans leur nouveau lycée, ils ont trouvé des copains **?** à Paris.
3. Et ici, ils peuvent les voir **?** à Paris, parce que tout est **?** .
4. Alors, même si leurs meilleurs amis sont à Paris, Léa et Bruno se sentent **?** dans
   le sud que là-bas. Ils ne regrettent pas leur déménagement.

6 Je vais plus vite en vélo qu'à pied.* (G 26, 27, 28)

Qu'est-ce que vous en pensez? Regardez d'abord G28 et faites des phrases au comparatif.

1. train / TGV / rapide
2. aller à pied / aller en vélo / vite
3. lycée de Charleval / lycée de Paris / bon
4. vivre en Provence / vivre à Paris / bien

7 Quand je pars, ma mère ne dort pas.

> Regardez p. 28 (leçon 2, Stratégie)

Sandrine est pompier volontaire dans la région d'Aix-en-Provence.
Elle raconte pourquoi elle est devenue pompier et explique son activité.

a *Lisez le texte.*

Je suis photographe et je travaille dans un magasin. En plus, j'ai décidé de devenir pompier volontaire.

5 Pendant ma formation, je passais toute la nuit avec les pompiers professionnels.

Parfois j'avais seulement le temps de prendre une douche 10 et de repartir au magasin.

J'ai eu envie de devenir pompier volontaire pour faire quelque chose de bien.

C'est sûr, c'est dangereux. 15 Quand je pars pour 12 ou 24

heures, ma mère ne dort pas et mon mari se fait du souci. J'ai une petite fille. Je pense à elle avant, mais jamais pendant que je travaille. 20

Dans mon équipe, nous sommes quatre, nous nous faisons totalement confiance.

Avec le mistral, le feu peut aller très vite. Lorsque la forêt 25 prend feu en trois secondes, c'est l'horreur. Nos vêtements nous protègent, mais nous avons très chaud. Quand c'est fini, je téléphone à ma famille 30 pour la rassurer.

b *Expliquez:* Pompier volontaire, qu'est-ce que c'est?

c *Jeu de rôles: Vous préparez une interview avec Sandrine. Imaginez des questions, puis jouez le dialogue.*

* ⟨Übung 5⟩ außer BY, Be, BB, HH, HE, SL und TH
* ⟨Übung 6⟩ außer HE und ST

A la ferme des Pagano

Le week-end suivant, les Lebrun sont attendus chez les Pagano vers 17 heures. Quand ils arrivent, les Pagano les embrassent comme s'ils étaient amis depuis 20 ans! Monsieur Lebrun leur demande s'ils ont eu des problèmes à cause du feu. Monsieur Pagano répond que quelques oliviers ont brûlé. Il leur propose ensuite une visite de la ferme. Les Lebrun le suivent.

5   *Bruno:* Pourquoi vos oliviers ne portent pas
    d'olives?
    M. Pagano: Tu sais, Bruno, les olives sont récoltées
    entre septembre et février. On les ramasse
    en automne, quand elles sont vertes pour
10   les manger. Pour faire de l'huile, il faut attendre
    la fin de l'hiver, quand les olives sont bien noires.
    Bruno: Et comment vous faites l'huile?
    M. Pagano: On se sert d'un pressoir[1].
    Je te montrerai plus tard.
15   *Mme Pagano:* Si vous voulez, on va voir nos
    champs de lavande. Suivez-moi.

    Léa: Wouah! C'est beau!
    Mme Pagano: Tiens, tu en veux un bouquet?
    Tu pourras le faire sécher et le mettre dans
20   des petits sacs pour parfumer tes vêtements.
    Léa: Quand est-ce qu'on ramasse la lavande?
    Mme Pagano: La lavande est récoltée en été, au
    début du mois de juillet, quand il commence
    à faire très chaud.
25   *M. Pagano:* Faites attention aux abeilles!
    Elles viennent des ruches au bout du champ.
    Bruno: Vous faites du miel de lavande?
    M. Pagano: Oui, il est récolté au printemps
    et en été. Et mon miel, c'est le meilleur!
30   Il est vendu sur tous les marchés de la région.
    Mme Pagano: Tu es bien du Midi, toi!
    Il faut toujours que tu exagères!

    Quand ils ont fini la visite, les Pagano invitent
    les Lebrun sur leur terrasse. Pendant que
35   les enfants mangent des pêches, les parents
    prennent l'apéritif. Quelle belle journée!
    Les Lebrun racontent qu'ils ont envie de visiter
    Marseille le week-end prochain. Les Pagano leur
    disent ce qu'il faut y voir. Et le meilleur poisson
40   de la région, ils le trouveront sur le Vieux-Port.

    Les Lebrun rentrent à la maison avec du miel,
    de la lavande et de l'huile d'olive.
    La vie en Provence est vraiment agréable!

---

1 **un pressoir** *hier:* eine Ölpresse

1 Comprendre le texte

 *Après la lecture*

a *Complétez les phrases.*

1. A cause du feu, les Pagano ont perdu …
2. M. Pagano se sert d'un pressoir pour …
3. Comme Léa aime la lavande, Mme Pagano lui donne …
4. Les ruches de M. Pagano sont au bout …

5. M. Pagano exagère toujours, il dit …
6. Après la visite de la ferme, …
7. Les Lebrun veulent aller visiter Marseille …
8. Les Lebrun ont été bien reçus, ils repartent chez eux avec …

b *Résumez le texte.*

2 A partir du texte

 *Après la lecture*

A la ferme, il y a toujours beaucoup de travail.

*Cherchez dans le texte les informations que les Pagano donnent aux Lebrun et racontez ce qu'ils font en **été**, en **automne**, en **hiver**, au **printemps**.*

Vous pouvez commencer comme ça:

En été, au début du mois de juillet, les Pagano récoltent …

Continuez.

3 Chez les Pagano

W *Regardez l'exemple et mettez le 3ᵉ paragraphe du texte B (l. 18-33) au discours indirect.*

Exemple:
Bruno: Pourquoi est-ce que vos oliviers ne portent pas d'olives?
→ Bruno **demande pourquoi** les oliviers ne portent pas d'olives.
M. Pagano: … les olives sont récoltées …
→ M. Pagano lui **répond que** les olives sont récoltées …

4 Quand est-ce que le miel est récolté?* *(G 30)*

R

a *Traduisez les phrases suivantes en allemand.*

1. Les Lebrun ont été invités par les Pagano.
2. Ce pressoir est utilisé par M. Pagano pour faire de l'huile d'olive.
3. L'huile d'olive est vendue sur les marchés avec le miel.
4. La lavande est mise dans des petits sacs pour parfumer les vêtements.
5. Le miel est récolté au printemps et en été.

b Les phrases que vous venez de traduire sont à la forme passive.
Mettez-les maintenant à la forme active, comme dans les exemples suivants.

Exemple 1:
Les olives **sont ramassées** **par** les Pagano.

Les Pagano **ramassent** les olives.

Exemple 2:
Les olives **sont récoltées** entre septembre et février.

On **récolte** les olives entre septembre et février.

* ⟨Übung 4⟩ außer HB und TH

Ce qu'il faut voir à Marseille …

▶ *Avant la lecture*

Regardez les photos. Qu'est-ce que vous aimeriez faire à Marseille?

Marseille, porte de l'Orient

Plages et calanques

Le Château d'If

Marseille est le plus grand port de France et le troisième port d'Europe. On l'appelle aussi «la porte de l'Orient».
5 Des bateaux de tous les pays arrivent tous les jours sur ses 20 kilomètres de quais[1]. C'est aussi de Marseille que partent des paquebots[2] pour l'Afrique,
10 l'Italie, la Corse et l'Espagne.

A Marseille, on n'est jamais loin de la mer et des vacances. On peut même aller à la plage en métro!
15 Mais ce qui est fantastique, ce sont les calanques. Là-bas, la mer est magnifique! On peut aussi prendre un bateau pour aller visiter des îles, comme
20 celle du Château d'If.

Le Château d'If a été construit en 1524 par François 1er sur une île en face de Marseille. Il protège la ville contre ses
25 ennemis[3].
En 1634, le château devient une prison[4]. C'est avec le roman d'Alexandre Dumas: *Le Comte de Monte-Christo* que le Château
30 d'If est devenu célèbre.

… et ce qu'il faut y goûter

La soupe au pistou

L'aïoli

Les croquants marseillais

La soupe au pistou est une soupe traditionnelle provençale. La soupe est faite avec tous les légumes du
35 jardin. On y ajoute une sauce: le pistou, qu'on prépare avec de l'ail, de l'huile d'olive et du basilic.

L'aïoli est une mayonnaise à
40 l'ail. «Faire monter l'aïoli» veut dire «mettre l'ambiance». Chaque famille a sa recette et, pendant les repas de fêtes, tout le monde discute pour savoir
45 qui a la meilleure!

Les croquants marseillais sont une spécialité aux amandes ou à la lavande. Ils sont faciles à préparer et font partie des
50 13 desserts que l'on mange à Noël en Provence.

1 **un quai** ein Kai – 2 **un paquebot** ein Passagierschiff – 3 **un ennemi** ein Feind – 4 **une prison** ein Gefängnis

Une journée à Marseille

Le week-end suivant, les Lebrun vont passer
la journée à Marseille. Et pour la soirée, monsieur
Lebrun a une surprise …
Quand ils arrivent à Marseille, les Lebrun
5 commencent leur visite par le Vieux-Port. Les
pêcheurs sont rentrés depuis quelques heures et
vendent leur poisson. Les terrasses sont presque
pleines. Les gens boivent un café au soleil et
discutent. C'est très agréable. Les Lebrun se
10 disent qu'ils reviendront un peu plus tard pour
manger. Les Pagano leur ont dit qu'il y avait un
très bon restaurant. Mais, ils veulent d'abord
aller à l'office de tourisme, sur la Canebière.
C'est la rue la plus connue de Marseille qui part
15 du Vieux-Port.

En sortant de l'office de tourisme, les Lebrun
vont se promener dans les petites rues derrière la
Canebière. On leur a dit qu'il y avait, là-bas aussi,
plein de cafés et de petits magasins typiques.
20 *Léa:* Regardez, une affiche du festival «Métis Ta
Zik»! Mon groupe préféré, Pep's, y joue.
Bruno: Ah, c'est le groupe que tu es allée voir
l'année dernière à Paris! C'est quoi, «Métis Ta
Zik»?
25 *Léa:* Ça veut dire «métisse[1] ta musique». Tous les
ans, un concours et un concert sont organisés
par «Métis Ta Zik» pour des groupes de
musique de Marseille. Le plus souvent, les
groupes ont des styles très différents.

30 *Mme Lebrun:* Le bénéfice[2] du concert va à
Handicap International. C'est sympa, ça!
Tu aurais envie d'y aller?
Léa: C'est une vieille affiche. Le concert était au
mois d'avril.
35 *Mme Lebrun:* C'est dommage.

Bruno: Alors papa, qu'est-ce qu'on fait ce soir?
C'est quoi, ta surprise?
Mme Lebrun: Moi aussi, je suis curieuse!
Dis-nous ce que c'est.
40 *M. Lebrun:* … J'ai des billets pour un match
de foot!
Léa: Pour aller voir l'OM?
M. Lebrun: Oui! Et en plus, ils jouent contre le PSG.
Bruno: Papa, tu es génial!

1 **métisser** mischen – 2 **le bénéfice** die Einnahmen

1 Comprendre le texte

Après la lecture

Qu'est-ce que c'est? *Faites le quiz sur Marseille.*

1. Comment est-ce qu'on appelle le port de Marseille?
2. C'est un endroit dans les rochers où l'eau est très bleue.
3. Cette île en face de Marseille est devenue célèbre grâce à un roman d'Alexandre Dumas.
4. C'est une soupe traditionnelle en Provence.

5. C'est une recette de famille et quand on la fait bien monter, l'ambiance est très bonne.
6. C'est la rue qu'on prend pour aller au Vieux-Port.
7. Ce groupe fait partie du festival Métis Ta Zik.
8. Comment s'appelle l'équipe de foot de Marseille?

2 A partir du texte

Après la lecture

Les Lebrun sont à l'office de tourisme parce qu'ils veulent des informations sur Marseille. Quelles questions peuvent-ils poser (promenades en bateau, visite du château d'If et autres monuments)? *Faites une liste des questions et trouvez les réponses sur Internet, sur le site de l'office de tourisme par exemple.*

3 Visite des calanques   (G 32)

A l'office de tourisme, M. Lebrun demande des informations sur les calanques.

> *Dame:* Vous pouvez partir du Vieux-Port.
> *M. Lebrun:* Est-ce que vous avez les horaires des bateaux?

> *Mme Lebrun:* Qu'est-ce qu'elle a dit?
> *M. Lebrun:* Elle a dit qu'on pouvait partir du Vieux-Port.

Ecoutez le dialogue. Qu'est-ce qu'ils disent? *Ecoutez encore une fois le dialogue et prenez le rôle de M. Lebrun qui raconte à sa femme. Utilisez le **discours indirect au passé:*** 1. Elle **a dit** que nous …   2. Elle **a ajouté / expliqué** que …   3. J'**ai demandé** …   4. Elle **a répondu** que …

4 Olympique de Marseille – Paris Saint-Germain

Jérôme Rothen, joueur du PSG, est fier de rencontrer l'OM samedi soir.

*Ecoutez l'interview et dites si c'est **vrai, faux** ou **pas dans le texte**.*
1. Pour Jérôme Rothen, il faut préparer le match dans sa tête.
2. Le match contre l'OM n'est pas le dernier match avant la coupe d'Europe.
3. Quand on gagne un match, ce n'est pas seulement pour l'équipe, c'est aussi pour la famille.
4. L'OM a perdu peu de matchs pendant cette année et le PSG va avoir des problèmes.
5. Jérome Rothen est content de jouer à Marseille parce que le public est très sympa.

△ 5 Ce qui me plaît le plus à Marseille, c'est la mer!* *(G 31)*

Vous revenez de Marseille et vous racontez ce que vous avez aimé / vu, ce qui vous a impressionnés.

*Utilisez les informations dans le texte et faites des phrases avec **c'est/ce sont … qui, c'est/ce sont … que/qu'**, et **ce qui/ce que …, c'est …**, comme dans l'exemple.*

Exemple:
C'est dans le nouveau port de Marseille **que** j'ai vu les plus gros bateaux.
Continuez.

6 `on dit` ——— Présenter sa ville ou sa région ———

So könnt ihr euren französischen Freunden eure Stadt / eure Region vorstellen:

Pour préparer la visite:

Je vais te / vous montrer …

La ville se trouve au nord / au sud / à l'ouest / à l'est …

Nous allons voir / visiter …

D'abord, nous visiterons … Puis, nous irons … Enfin, nous verrons …

Pour parler de la ville:

En (date), il s'est passé …

Pendant / avant / après la guerre, …

Depuis …, la ville a …

Les spécialités de la région sont …

Cette ville est connue pour …

Pour décrire quelque chose:

Ce monument / cette église / cet immeuble s'appelle …

Il / elle a été construit(e) en … par …

Il / elle fait … mètres de haut / large.

A vous *Préparez la visite de votre ville. Faites le guide!*

7 `stratégie` ——— Expliquer ou paraphraser ———

Oft müsst ihr Wörter, Namen oder Begriffe erklären oder umschreiben, z.B. in einer Prüfung. Dabei helfen euch folgende Ausdrücke:

Personen: C'est une personne qui … / C'est quelqu'un qui …
Plätze / Orte / Städte / Gebäude: C'est un endroit / une ville / un monument où … / qui … / que …
Gegenstände: C'est quelque chose qu'on / que … / Cela ressemble à … (erinnert an)
Tätigkeiten: C'est une activité que / qu' … / C'est un peu comme …
Weitere nützliche Phrasen: C'est le contraire de … / C'est la même chose que … / C'est un autre mot pour dire … / C'est grand / petit / long / court / noir / blanc, etc.

A vous *Utilisez la stratégie pour expliquer les mots suivants: Alexandre Dumas, le Vieux-Port, l'office de tourisme, Métis Ta Zik.*

* ⟨Übung 5⟩ außer BY, ST und TH

⟨Matisse et Nice⟩

76 NICE - Hôtel Ruhl et Promenade des Anglais. RM

Matisse est né en 1869. Au début, il ne pensait pas devenir artiste. Il voulait devenir avocat.
Matisse est souvent malade.
5 La première fois, il doit rester couché pendant un an. Pour s'occuper, il peint son premier tableau. Il découvre alors qu'il adore peindre et décide d'apprendre la peinture à Paris.
10 Là-bas, il rencontre Cézanne, Rodin, Corot et commence à avoir du succès.

En 1917, Matisse passe un mois à Nice. Dans son journal, on peut lire: «J'avais décidé de quitter la ville
15 à cause de la pluie. Le lendemain, le mistral avait chassé les nuages, il faisait un temps magnifique. Quand j'ai compris que chaque matin je reverrais cette lumière,
20 je ne pouvais croire[1] à mon bonheur.

[1]**je ne pouvais croire** = je ne pouvais pas croire

J'ai décidé de ne pas quitter Nice, et j'y suis resté presque toute ma vie».

C'est le début d'un grand amour. Matisse aime se promener à Nice et
25 dans la région. Il peint beaucoup de tableaux et fait des collages avec du papier de couleur. Comme beaucoup de peintres, Matisse voyage dans le monde pour trouver l'inspiration.
30 Mais il revient toujours à Nice, car c'est là, qu'il se sent chez lui. Matisse est le grand poète de la couleur. Vers la fin de sa vie, il est handicapé, mais ses tableaux restent
35 plein de lumière.

Henri Matisse meurt à Nice en 1954.

Projet: Découpages «à la Matisse».

Choisissez d'abord un thème, par exemple: la plage, la forêt, la ville, la mer, le ciel … Prenez des feuilles de couleurs qui vont avec votre thème. Découpez des formes dans ces feuilles, puis posez ces formes sur une grande feuille blanche. Quand vous êtes contents de votre composition, faites votre collage.

Organisez une exposition dans votre classe!

Corneille – sa biographie

«D'où je viens? Très loin. Où je vais?
Personne ne le sait.
En attendant, je vous dis où je suis …»

«J'ai envie de dire aux jeunes qui font de la
musique qu'il ne faut jamais laisser tomber.
La musique qu'on fait seulement pour gagner
beaucoup d'argent n'est celle de la vérité.
Restez sur le chemin que vous avez choisi.
Ne faites jamais de compromis[13].»

Cette voix, c'est celle de Corneille. Il est aujourd'hui une des valeurs sûres[1] de la scène francophone.

Corneille Nyungura est né le 24 mars 1977 à
5 Fribourg en Allemagne où ses parents, d'origine rwandaise, faisaient leurs études. Sept ans plus tard, la famille Nyungura retourne en Afrique, direction Kigali, la capitale du Rwanda. C'est là-bas que Corneille fait ses premières
10 rencontres musicales et qu'il crée son premier groupe de musique.

En 1993, il gagne le concours «Découvertes» de la télévision locale.

La Croix-Rouge[2] canadienne, qui veut montrer
15 aux jeunes que des milliers d'enfants soldats[3] sont victimes de la guerre, lui demande alors d'être le parrain[4] de l'action: «Même la guerre a des limites[5]».

Puis, Corneille chante «Vivre pour soi» avec la chanteuse québécoise Mélanie Renaud pour
20 l'action «Aimer sans violence», soutenue[6] par le gouvernement[7] du Québec.

En 1994, Corneille est «Seul au monde»: toute sa famille meurt[8] dans un génocide[9]. Corneille ne vit alors que par et pour la musique.
25 Il retourne en Allemagne, où, à 17 ans, il passe son bac.

La musique reste sa force[10], son moteur[11].

En 1997, il fait sa valise et prend l'avion pour Montréal où il crée un nouveau groupe de
30 musique: O.N.E. Il obtient un premier succès avec la chanson «Zoukin'».

En 2001, Corneille commence une carrière solo[12].

---

1 **une valeur sûre** *hier:* eine feste Größe – 2 **la Croix-Rouge** das Rote Kreuz – 3 **un enfant soldat** *un enfant qui fait la guerre* – 4 **le parrain** *hier:* der Pate – 5 **une limite** eine Grenze – 6 **soutenir** unterstützen – 7 **un gouvernement** eine Regierung – 8 **sa famille meurt: mourir** sterben – 9 **un génocide** ein Völkermord – 10 **la force** die Stärke – 11 **le moteur** *hier:* die Antriebskraft – 12 **une carrière solo** eine Solokarriere – 13 **un compromis** ein Kompromiss

Laissez-nous vivre

 a *Ecoutez.*

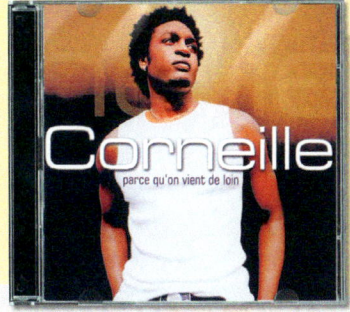

C'est pas parce qu'on est jeune qu'on est confus[1]
C'est pas parce qu'on a la haine[2] qu'on tue[3]
5 C'est pas parce qu'on a mal vécu qu'on parle pas comme il faut[4]
Quoi qu'on[5] écrive et quoi qu'on en dise
C'est pas parce qu'on porte le voile[6] qu'on est soumise[7]
C'est pas parce qu'on porte nos frocs[8] trop
10 bas qu'on vise moins haut[9]
Non non

On vit d'autres temps[10]
Rien n'est comme avant
On est différents on se ressemble[11]
15 On vient d'ici et d'ailleurs en même temps
On vit notre temps pas le vôtre[12] mais grand
On se refait l'histoire[13] on garde l'espoir[14]
Mais avant on vous demande

Refrain:
20 Laissez-nous vivre avec nos risques avec nos rêves
Laissez-nous vivre sans peur et sans haine et sans glaive[15]
25 Laissez-nous vivre avec nos airs[16] naïfs et nos peines[17]
Laissez-nous vivre on fera ensemble tant pis[18] si ça gêne[19]

C'est pas parce qu'on a l'air qu'on est bien
30 C'est pas parce qu'on manque de lettres[20] qu'on est rien
C'est pas parce qu'on a la peau percée[21] qu'on est moins classe (qu'on est moins classe)[22]

C'est pas parce qu'on grandit[23] dans le froid qu'on a le cœur glacé[24] crois-moi
35 C'est pas parce que les pères ont foiré[25] qu'on prend leur place
Non non

On vit d'autres temps
Rien n'est comme avant
On est pareils sans être le même
40 On s'prend la tête[26] et on s'aime en même temps
On vit notre temps pas le vôtre mais grand
On oublie vos histoires mais on garde en mémoire[27]
45 Mais surtout on vous demande

(Refrain)

C'est pas parce qu'on rêve qu'on est plus con[28]
50 C'est pour mieux vivre qu'on fait du son[29]
C'est pas parce qu'on sèche vos larmes[30] trop vite qu'on est moins sincère[31]
C'est pas parce qu'on vous manque de respect[32] c'est juste qu'on en a eu assez[33]
55 Vous et vos guerres faites-en vos prières[34]
On a mieux à faire

Laissez-nous vivre
Oh oh (2 x)
Laissez-nous vivre

(Refrain 2 x)

60 Laissez-nous vivre

b Est-ce que vous avez aimé la chanson de Corneille? Pour vous, quelle est la phrase la plus importante? *Expliquez votre choix.*

1 **être confus** verwirrt sein – 2 **la haine** der Hass – 3 **tuer** töten – 4 **parler comme il faut** korrekt sprechen – 5 **quoi que** was auch immer – 6 **le voile** der Schleier – 7 **être soumis(e)** unterwürfig sein – 8 **un froc** *un pantalon* – 9 **viser haut** nach oben streben – 10 **vivre d'autres temps** in anderen Zeiten leben – 11 **se ressembler** sich ähneln – 12 **pas le vôtre** nicht eure – 13 **se refaire l'histoire** wieder von vorne anfangen – 14 **garder l'espoir** die Hoffnung bewahren – 15 **sans glaive** *sans guerre* – 16 **un air** eine Miene – 17 **la peine** der Schmerz – 18 **tant pis** um so schlimmer – 19 **gêner** stören – 20 **manquer de lettres** ungebildet sein – 21 **avoir la peau percée** *hier:* ein Piercing haben – 22 **être classe** toll sein – 23 **grandir** aufwachsen – 24 **avoir le cœur glacé** gefühllos sein – 25 **foirer** scheitern – 26 **se prendre la tête** *hier:* sich streiten – 27 **garder en mémoire** im Gedächtnis behalten – 28 **con(ne)** *ugs.* dumm – 29 **faire du son** *hier:* Musik machen – 30 **sécher ses larmes** seine Tränen trocknen – 31 **sincère** ernsthaft – 32 **manquer de respect** es an Respekt fehlen lassen – 33 **en avoir assez** *en avoir marre* – 34 **faire ses prières** beten

In Révisions 2 kannst du allein oder mit einem Partner wiederholen, was du in den Lektionen 3, 4 und 5 gelernt hast. Kontrolliere deine Lösungen auf der Seite 201.

1 En français

Grâce au programme Leonardo da Vinci, tu fais une partie de ton apprentissage dans un restaurant à Marseille. Vendredi soir, Marie, ta copine française t'appelle.

Toi	Marie
1. Du meldest dich am Telefon.	Salut, c'est Marie. Je t'appelle pour savoir si tu as envie de sortir samedi soir.
2. Du sagst, dass du keine Zeit hast und arbeiten musst.	Oh, c'est dommage. Et le week-end prochain alors?
3. Du sagst, dass du an allen Wochenenden im Restaurant arbeiten musst.	C'est dur, non?
4. Ja, du bist oft sehr müde, aber es macht dir Spaß.	Alors, tu n'as encore rien vu de Marseille?
5. Du kennst Marseille schon ein bisschen, da du schon einmal deine Ferien in der Provence verbracht hast, zusammen mit deinen Eltern.	Et qu'est-ce que tu fais quand tu ne travailles pas?
6. Wenn du ein bisschen Zeit hast, gehst du oft zum Strand.	Tu aimes nager?
7. Ja. Übrigens würdest du gerne in den Calanques schwimmen gehen.	On pourrait y aller ensemble. Quand est-ce que tu aurais le temps?
8. O.K. Am Montag. Du fragst, ob ihr euch gegen Mittag im Vieux-Port treffen könnt.	Super, il y a un bateau qui part à 13 heures 30. A plus!

2 Heureusement, c'est facile! (G 17)

a *Transformez d'abord les adjectifs en adverbes et les adverbes en adjectifs.*

vrai/e   seul/e (2x)   heureusement   rapide

généralement   malheureux/se   sûr/e   définitivement

b *Maintenant utilisez les **adjectifs** ou les **adverbes** pour compléter les phrases.*

1. Yannick connaît [?] quelques phrases en allemand.
2. En Belgique, on parle [?] trois langues: l'allemand, le français et le néerlandais.
3. Régine et sa famille étaient un peu [?] à la fin du carnaval.
4. A Madagascar, Gerson a raconté à Eric une histoire [?] intéressante.
5. Au Sénégal, Eric était très [?] quand il a rencontré Babakar à l'aéroport.
6. C'était [?] très dur pour Eric de voyager tout [?], mais partout il a rencontré des gens.
7. Les Lebrun et les Pagano se voient très souvent. Ils sont [?] devenus amis.
8. Les Lebrun ne veulent plus déménager, ils ont envie de s'installer [?] en Provence.

3 Le voyage d'Eric   (G 18, 21)

Complétez le texte avec les **pronoms relatifs**.

qui	que	qu'	où	dont
ce qui	ce que	ce qu'		

1. Eric a fait un long voyage ? il a rapporté plein de souvenirs. 2. A la Martinique, il a rencontré Régine ? lui a donné sa recette de crème à la mangue. 3. A Madagascar, ? on appelle aussi «l'île rouge», Eric est d'abord allé au marché ? il a acheté une sculpture en bois. 4. Mais ? il a le plus aimé là-bas, c'est sa visite au Lemurs' Park et sa rencontre avec un babakoto. 5. Au Sénégal, ? lui a donné un peu le cafard au début, ce sont les bidonvilles. 6. Heureusement, il a rencontré Babakar ? lui a montré tout ? l'Ecopole fait pour les enfants des rues comme lui. 7. Il a beaucoup aimé le petit vélo ? lui a offert un jeune garçon.

4 Le premier feu de Sandrine

Sandrine raconte sa première nuit de travail comme pompier volontaire.
Mettez les verbes entre parenthèses au **passé composé** *ou à* **l'imparfait**.

1. La première fois que je *(travailler)* comme pompier, c'*(être)* tard dans la nuit. Le feu avait pris dans un immeuble. 2. Quand je *(arriver)* là-bas avec mon équipe, il y *(avoir)* déjà deux étages qui *(brûler)*. 3. C'*(être)* l'enfer: les familles, qui étaient sorties, *(crier)* que des gens *(se trouver)* encore dans l'immeuble. 4. On *(devoir)* faire très vite. 5. Il *(faire)* chaud! 6. Plus tard, la police *(faire)* une enquête pour savoir ce qui s'était passé. La télé d'un appartement au deuxième étage avait pris feu. 7. L'homme, qui *(vivre)* là, avait essayé d'arrêter le feu avec une couverture, mais il *(être)* déjà trop tard. 8. Heureusement, il avait eu le temps de sortir et d'appeler les voisins. Personne n'*(être)* blessé.

5 Chaque association a son action.

Complétez le texte avec **chacun, chacune** *ou* **chaque**.

1. A ? association, son activité! 2. A ? d'entre nous, son action! 3. Comme Ecopole, beaucoup d'associations sont actives au Sénégal et ailleurs. Elles agissent pour la santé, pour l'école ou encore pour la culture. Donc, si ? prend un chemin différent, elles essaient toutes d'améliorer la vie quotidienne de la population. 4. Mais il serait bien que ? d'entre nous apporte un peu de son aide, en donnant de son temps ou en offrant un peu d'argent. Tout est bon quand il s'agit d'aider les autres. 5. Alors à ? de trouver ce qu'il veut faire!

VOC 6 Devinettes

Qu'est-ce que c'est?

1. C'est de l'argent qu'on reçoit pour étudier dans son pays ou à l'étranger. – C'est …
2. C'est la ville la plus importante d'un pays.
3. On peut y écrire ses aventures, y coller des photos, des tickets, des souvenirs …
4. C'est une langue qu'on parle aux Antilles.
5. Les gens qui y habitent vivent dans des maisons de tôle.
6. On y va pour faire de la rando ou pour faire du ski.
7. C'est un fruit, jaune ou blanc, qu'on mange en été en Provence.
8. Dans des petits sacs, elle parfume les armoires.

7 Où est-ce que tu vas en vacances? *(G 26)*

*Faites des phrases avec le **comparatif de l'adverbe**.*

Exemple:
aller à la mer / aller à la montagne / souvent
> Je vais plus / moins / aussi souvent à la mer qu'à la montagne.

1. lire une BD / lire un livre / facilement
2. aller à la piscine / en été / en hiver / souvent
3. travailler / le matin / le soir / bien
4. faire ses devoirs / en groupe / seul(e) / vite
5. se lever / le week-end / la semaine / tôt

 ## 8 Raconte ce qui s'est passé. *(G 32)*

Une copine de Léa, qui a lu son blog, appelle de Paris pour savoir si tout va bien. Léa lui raconte leur nuit au gymnase. *Prenez le rôle de Léa. Utilisez le **discours indirect au passé** pour raconter la discussion des Lebrun et des Pagano.*

Léa: On a rencontré une dame qui nous a rassurés. Elle **a dit** que le feu était encore loin. Maman **lui a demandé** …

Continuez.

Mme Pagano: Le feu est encore loin.
Mme Lebrun: Vous avez l'habitude des feux de forêt, madame?
Mme Pagano: Il y en a presque tous les ans. Et avec le Mistral, le feu peut aller très vite. ⁵
Léa: Est-ce qu'on va rester longtemps dans le gymnase.
Mme Pagano: Ça peut durer un petit moment. […] Vous êtes nouveaux dans la région? Vous n'avez pas l'accent du Midi. ¹⁰
Mme Lebrun: Nous sommes à Charleval depuis presque un an. Nous venons de Paris.

VOC ## 9 Mots groupés

a *Regardez les mots de la grille et trouvez trois thèmes. Rangez les mots par thème.*

le chômage	une consigne	l'aïoli	un dépliant
la crème à la mangue	un poste	un hôtel	une recette
un apprentissage	un/e guide	un apéritif	un patron
une valise	le poisson	un pêcheur	l'office de tourisme
l'huile d'olive	un artisan	des souvenirs	le miel
un pompier	une rencontre	une pêche	un boulanger-pâtissier

1. ⬚ : le chômage, un artisan, … 2. ⬚ : un dépliant, … 3. ⬚ : le miel, …

 b *Pour chaque thème, choisissez trois mots et faites des phrases. Echangez vos phrases avec votre voisin / votre voisine.*

Auf diesen Seiten könnt ihr euch auf das DELF B1 vorbereiten.

 1 Chocolat　　　　　　　　　　　　　　　　　　　　　**Hören und verstehen**

Vous allez entendre ce document deux fois. Vous avez d'abord une minute pour lire les questions.
Entre chaque écoute, vous aurez une minute de pause pour commencer à répondre.
A la fin de l'écoute, vous aurez encore 30 secondes pour compléter vos réponses.

Répondez en notant la bonne réponse ou en écrivant les informations demandées dans votre cahier.

1. La journaliste se trouve:
a) au salon européen du chocolat.
b) au salon mondial du chocolat.
c) au salon national du chocolat.

2. Le salon a lieu pour la ?　ème **fois à** ? **jusqu'au** ? **.**

3. La journaliste est en train de faire:
a) un reportage sur le salon du chocolat.
b) une interview avec un spécialiste du chocolat.
c) une enquête sur «les Français et le chocolat».

4. Vrai, faux ou on ne sait pas?
a) Une très grande majorité de Français aime le chocolat.
b) 44 % des Français mangent du chocolat tous les jours.
c) Les femmes mangent plus de chocolat que les hommes.
d) Une famille française mange presque 7 kg de chocolat par an.
e) Généralement, on pense que le chocolat n'est pas bon pour la santé.

5. Manger du chocolat peut avoir des effets positifs. Citez-en deux.

6. Que dit M. Dufourré à la journaliste?
a) Vous pouvez manger du chocolat, mais seulement une fois par jour.
b) Lavez-vous les dents après avoir mangé du chocolat.
c) Evitez de manger du chocolat au lait.
d) Offrez du chocolat, cela fait toujours plaisir.

2 Rubrique Info-Santé

«La France s'inquiète de plus en plus de l'obésité chez les jeunes.»

Le problème de l'obésité est bien connu aux Etats-Unis où un Américain sur quatre est déjà concerné. On n'est pas obèse quand on pense avoir quelques kilos en trop. Non, l'obésité est un vrai problème de santé qui concerne les personnes dont le poids dépasse de 25 % celui estimé normal pour leur taille. Même si l'Europe n'est pas encore aussi touchée que les Etats-Unis, on commence
5 à s'inquiéter sérieusement. Tous les ans, on compte 400 000 obèses de plus. Les enquêtes montrent que les jeunes touchés par le problème de l'obésité font très peu de sport. Ils préfèrent en général rester devant la télévision ou l'ordinateur. Ils mangent mal: des produits trop gras ou trop sucrés (frites, hamburgers, glaces …) et ils boivent beaucoup de sodas.

En France, 20 % des jeunes (12−25 ans) ont au moins 15 kilos en trop et sont donc concernés
10 par l'obésité. Chez les moins de 12 ans, le nombre d'obèses a doublé en dix ans. Les statistiques montrent que 70 % des enfants obèses le resteront à l'âge adulte, ce qui veut dire que d'ici 2020, une personne sur cinq pourrait être obèse. Et l'obésité peut avoir des effets très négatifs sur la santé, jusqu'à représenter un vrai risque pour la vie.

Pour faire face au problème, la France a commencé à agir auprès des jeunes.
15 Dans les écoles, les cantines, où mange un jeune sur deux, proposent des repas équilibrés: de la viande ou du poisson avec des légumes, des yaourts et des fruits. Il n'y a plus de distributeurs de boissons sucrées ou de barres chocolatées.

Pour toucher un public plus large, les publicités pour les produits sucrés doivent aussi, depuis le 1er janvier 2006, informer sur les effets négatifs du sucre. Le Ministère de la santé, lui aussi, fait
20 régulièrement passer des messages d'information pour inviter les gens à manger plus de fruits et de légumes.

Répondez en notant la/les bonne(s) réponse(s) ou en donnant les informations demandées dans votre cahier.

1. Ce document veut
a) nous parler de la vie des jeunes européens.
b) nous informer d'un problème de santé qui inquiète la France.
c) nous donner des conseils de santé.

2. Quand est-ce qu'on dit que quelqu'un est obèse? *Citez le passage du texte.*

3. Quelles sont les trois causes les plus importantes de l'obésité?

4. Vrai, faux ou on ne sait pas?
a) Aux Etats-Unis, l'obésité n'est pas encore un vrai problème.
b) En Europe, le problème est aussi important qu'aux Etats-Unis.
c) En Europe, 400 000 nouveaux jeunes sont concernés par an.
d) En Allemagne, la situation est plus mauvaise qu'en France.
e) En France, l'obésité concerne déjà plus de 20 % des jeunes.
f) En France, il y a deux fois plus d'enfants obèses qu'il y a dix ans.

5. En France, on commence à agir surtout auprès des jeunes parce que:
a) 70 % des enfants sont déjà obèses et le resteront si on ne fait rien.
b) si on ne fait rien, 70 % des enfants déjà obèses aujourd'hui le seront encore quand ils seront adultes.
c) une personne sur cinq est déjà concernée, et si on ne fait rien, il y en aura encore plus en 2020.

6. D'après ce texte, quelles sont les actions proposées en France pour lutter contre l'obésité?

a) A l'école, les professeurs doivent apprendre aux enfants à bien manger.

b) Tous les enfants doivent manger à la cantine.

c) Les cantines proposent des repas bons pour la santé.

d) A l'école, il n'y a plus de boissons sucrées et de barres chocolatées dans les distributeurs.

e) II n'y a plus de publicités pour des produits sucrés.

f) Des messages d'information conseillent de manger plus de fruits et de légumes.

3 Qu'en pensez-vous?

Verstehen und schreiben

Les problèmes de poids sont-ils actuels chez les jeunes en Allemagne? Quels sont ces problèmes? Quelles en sont les causes, d'après vous? Des solutions sont-elles déjà proposées? Quelles solutions pourriez-vous proposer? *Donnez votre avis dans un texte construit de 160 mots environ.*

4 Jeu de rôles

Verstehen und sprechen

Un(e) de vos ami(e)s pense qu'il / elle n'a pas un style de vie très bon pour sa santé. Il / elle mange mal: trop, trop gras, trop sucré, à n'importe quel moment de la journée, … il / elle ne fait pas assez de sport, passe trop de temps devant les jeux vidéo, la télé…
Vous en discutez avec lui / elle et vous lui faites des propositions concrètes pour changer certains aspects de sa vie quotidienne. Votre voisin / Votre voisine jouera le rôle de votre ami(e).

5 Exposé

Verstehen und sprechen

Trouvez le(s) thème(s) de ces trois petits documents et présentez votre opinion dans un exposé personnel de quelques minutes. On pourra vous poser quelques questions.

Isa, 1,65 m, 55 kg	Paul, 1,78 m, 70 kg	Maud, 1,68 m, 60 kg
Quand t'es-tu pesée pour la dernière fois?  Hier. Je fais très attention à mon corps et à mes kilos!	*Quand t'es-tu pesé pour la dernière fois?* Ce matin, je fais de la boxe, alors c'est important pour moi de contrôler mon poids pour rester dans la bonne catégorie.	*Quand t'es-tu pesée pour la dernière fois?* Je ne sais même plus! Le poids, ça veut rien dire pour moi. Ce qui est important, c'est comment je me sens dans mon corps!
Ce que tu aimes chez toi? Pas beaucoup de choses …	*Ce que tu aimes chez toi?* Tout.	*Ce que tu aimes chez toi?* Mes yeux et mes mains!
Ce que tu changerais? Tout!	*Ce que tu changerais?* Rien.	*Ce que tu changerais?* Je n'y ai jamais vraiment pensé! Ça ne sert à rien, (de toute façon, c'est impossible!)
As-tu déjà fait un régime? J'en fais souvent. Je me trouve toujours trop grosse …	*As-tu déjà fait un régime?* Non.	*As-tu déjà fait un régime?* Non, bien sûr. J'essaie surtout de bien manger, et de faire du sport assez souvent!

D'après *Phosphore*, janvier 2006

Zoom sur la grammaire

Übersicht über alle wichtigen Grammatikthemen
aus **Tous ensemble 1–3**

Verben auf -er

je regard-**e**
nous regard-**ons**

> -e -es -e
> -ons -ez -ent

Verben auf -dre

j'attend-**s**
nous attend-**ons**

> -s -s -d
> -ons -ez -ent

Verben auf -ir

je dor-**s**
nous dor**m**-**ons**

> -s -s -t
> -ons -ez -ent

Verben auf -ir mit (-ss-)

je réfléchi-**s**
nous réfléchi-**ss**-**ons**

> -s -s -t
> -**ss**ons -**ss**ez -**ss**ent

Verben: Präsens/Imperativ

Reflexive Verben

je	**me**	lève
tu	**te**	dépêches
il / elle / on	**se**	repose
nous	**nous**	habillons
vous	**vous**	débrouillez
ils / elles	**s'**	inquiètent

Impératif

Rest**e** ici, Léo. Tien**s**.
Entr**ons**.
Ecout**ez**.

Ne sor**s** **pas** avec lui.
Téléphone-**moi** ce soir.
Ne me parle **pas** comme ça.

- négation
- avec un pronom
- négation avec un pronom

Présent: unregelmäßige Verben

	je / j'	**il / elle**	**nous**
avoir	ai	a	avons
être	suis	est	sommes
aller	vais	va	allons
faire	fais	fait	faisons
prendre	prends	prend	prenons
mettre	mets	met	mettons
savoir	sais	sait	savons
vouloir	veux	veut	voulons
dire	dis	dit	disons
venir	viens	vient	venons

Verben: Verneinung

Verneinung
ne … pas / ne … rien / ne … pas encore / ne … plus / ne … jamais / ne … personne

présent	**passé composé**	**imparfait**	**futur composé**
Elle **ne** travaille **pas encore**.	Il **n'**a **rien** vu.	On **ne** rigolait **plus**.	Ils **ne** vont **pas** s'énerver.
Elle **ne** ment **jamais**.	Il **n'**a vu **personne**. **Personne n'**a vu Léa.		

Passé composé mit *avoir*

il **a** gagn**é**
elle **a** gagn**é**

avoir + participe passé

Passé composé mit *être*
(*aller, venir, rentrer …* und die reflexiven Verben)

il	**est**	rentré	**elle**	**est**	rentré**e**
ils	**sont**	venu**s**	**elles**	**sont**	venu**es**

il	**s'est**	reposé	**elle**	**s'est**	reposé**e**
ils	**se sont**	levé**s**	**elles**	**se sont**	levé**es**

(me / te / se …) + être + participe passé

**Verben:
Vergangenheit/Futur**

Futur composé

je vais partir

aller + infinitif

Imparfait

demander	je	demand	**ais**
prendre	tu	pren	**ais**
faire	il/elle/on	fais	**ait**
venir	nous	ven	**ions**
être	vous	ét	**iez**
avoir	ils/elles	av	**aient**

commencer	je	commen**ç**	**ais**
	nous	commen**c**	**ions**
ranger	je	ran**ge**	**ais**
	nous	ran**g**	**ions**

Imparfait und *passé composé*	*Imparfait*	*Passé composé*
Didier se lev**ait tous les matins** à sept heures.	**tous les matins, toujours, souvent, chaque jour …**	
Mais **ce matin**, il **s'est réveillé** à dix heures. **D'abord**, il **a pris** son petit-déjeuner. **Tout à coup**, son portable **a sonné** …		**ce matin, d'abord, tout à coup, un jour …**

Bestimmter/Unbestimmter Artikel: *le, la, l', les / un, une, des*

le casting	**un** casting	**la** chanson	**une** chanson
l'acteur	**un** acteur	**l'**actrice	**une** actrice
les castings	**des** castings	**les** chansons	**des** chansons

Demonstrativbegleiter: *ce, cet, cette, ces*

ce théâtre	**cette** scène
cet acteur	
ces théâtres	**ces** scènes

Possessivbegleiter: *mon, ma, mes …*

mon chef	**ma** cliente	**mon** entreprise	**mes** chefs
ton chef	**ta** cliente	**ton** entreprise	**tes** clientes
son chef	**sa** cliente	**son** entreprise	**ses** entreprises
	notre chef		**nos** chefs
	votre cliente		**vos** clientes
	leur entreprise		**leurs** entreprises

Nomen und Begleiter

Teilungsartikel: *du, de la, de l'*

Il mange	**du**	jambon avec
	de la	mayonnaise.
Il boit	**de l'**	eau.

Begleiter: *tout, toute, tous, toutes*

tout le	magasin	**toute la**	maison
tous les	marchés	**toutes les**	épiceries

Fragebegleiter: *quel, quelle, quels, quelles*

quel métro …?		**quelle** station …?
quels trains …?		**quelles** voitures …?

Mengenangaben

Mengenangaben

Il achète	**un kilo de** pommes, **trois bouteilles de** lait et **250 grammes de** café.
Elle prend	**beaucoup d'**oranges et **un peu de** fromage.

Elle adore les kiwis. Elle **en** a mangé deux.

Mengenangaben (Verneinung)

Elle **ne** mange **pas de** céréales parce qu'il **n'**y a **plus de** yaourt.

Objektpronomen (1./2. Person):
me/m', te/t', nous, vous

Tu	**m'**	entends?	mich
Ta mère	**te**	cherche.	dich
Oui, mais Sophie	**me**	montre ses photos.	mir
Elle ne	**t'**	explique pas les maths?	dir
Non, Julien va	**nous**	expliquer les maths.	uns
Tu parles, il va	**vous**	apporter des CD!	euch

Direktes Objektpronomen (3. Person):
le/l', la/l', les

Le couteau?   Je **le** mets à droite de l'assiette.
La fourchette?   Je **la** mets à gauche de l'assiette.
Les cuillères?   Je **les** mets à côté des couteaux,
mais … je **ne les** trouve **pas**.

Indirektes Objektpronomen (3. Person):
lui, leur

Myriam, tu montres la tour Eiffel **à Steve** ?/**à Fatou**?
Je **lui** montre la tour Eiffel dans une heure.
  ihm/ihr

Elle donne un plan de Paris **à ses copains** et **à ses copines**.
Elle **leur** donne aussi des tickets de métro.
  ihnen

Unverbundene Personalpronomen:
moi, toi, lui, elle, nous, vous, eux, elles

Qui prend le jus d'orange? **C'est moi.**
Et qui veut du coca? **Nous!**
Et **pour lui**, j'ai un jus de pomme.
Et **vous, les filles** vous prenez de la glace, non?
Alors **elles**, **elles** doivent attendre 5 petites minutes.

Pronomen

Relativpronomen: *qui, que, où*

Voilà Johnny **qui** arrive avec sa guitare.
On répète les chansons **qu'**on va présenter au festival.
C'est un festival **où** il y a une super ambiance.

Pronomen: *chacun / chacune*

Armelle a invité **des copains** / **des copines**.

Elle dit bonjour à **chacun** / à **chacune**.

Pronomen: *en* (Mengenangaben)

– Tu prends **des citrons**?
– Oui, j'**en** prends trois.

– On a encore **du coca**?
– Non, nous **n'en** avons **plus**.

– Tu veux **un peu de fromage**?
– Oui, j'**en** veux bien.

Pronomen *y* und *en* (Ortsangaben)

Elle va **où**?	Elle revient **d'où**?
Audrey va **à** Berlin, **en** ville, **au** cinéma.	Audrey revient **du** cinéma.
Elle **y** va. ⇨●	Elle **en** revient à 9 heures. ●⇦

Alle Adjektive

Le sac **est** **noir**.
Les jeans **sont** **beaux**.
La jupe **est** **belle**.
Les baskets **sont** trop **grandes**.

Nomen + *être* + Adjektiv

Nachgestellte Adjektive

un **T-shirt** **vert**   une **jupe** **fantastique**
des **jeans** **fantastiques**   des **baskets** **blanches**

Nomen + Adjektiv

Adjektive

Adjektive auf *-eux/-euse* und auf *-if/-ive*

Il est courag**eux**.   Elle est courag**euse**.
Ils sont sport**ifs**.   Elles sont sport**ives**.

Vorangestellte Adjektive *petit/grand*
beau/nouveau/vieux

un **petit** appartement   une **petite** maison
des **grands** appartements   des **grandes** maisons

ebenso: *joli, mauvais, gros, bon …*

un **beau**, **nouveau**, **vieux** bateau   une **belle**, **nouvelle**, **vieille** voiture
un **bel**, **nouvel**, **vieil** avion
des **beaux**, **nouveaux**, **vieux** scooters   des **belles**, **nouvelles**, **vieilles** routes

Adjektiv + Nomen

Komparativ und Superlativ

• **le comparatif: plus … que** ↗, **aussi … que** ⇔, **moins … que** ↘
  Audrey est **plus sportive** que Myriam. Elle est **moins stressée** que Jonathan.

• **le superlatif: le/la/les plus … (de)** ⇧, **le/la/les moins … (de)** ⇩
  Guillaume est **le moins stressé** (**des** quatre).

Komparativ und Superlativ: *bon, bonne*

bon, **bonne** → **le comparatif: meilleur**, **meilleurs**, **meilleure**, **meilleures**
→ **le superlatif: le meilleur**, **les meilleurs**, **la meilleure**, **les meilleures**

Frage mit einem Fragewort

Qui	est-ce?
A qui	**est-ce que** tu parles?
Avec qui	**est-ce que** tu fais du sport?
Comment	tu t'appelles?
Qu'	**est-ce que** c'est?
Que	font les filles?
De quoi	**est-ce qu'**elles parlent?
Où	vont les copains?
Où	**est-ce qu'**ils partent?
Quand	**est-ce qu'**ils partent?
Pourquoi	**est-ce qu'**ils prennent le bus si tôt?
	C'est **parce qu'**ils ont peur de rater leur train.

Fragen

• **Frage ohne** *est-ce que*

Tu vas à Paris? → Oui … / Non …

• **Frage mit** *est-ce que*

Est-ce que tu vas à Paris? → Oui … / Non …

• **Inversionsfrage**

Allez-**vous** souvent à Paris?

• **Indirekte Rede**

Jonathan: «**Je** cherche **mon** CD de Zen Zila.»
↓ ↓
Il **dit qu'** **il** cherche **son** CD de Zen Zila.

• **Indirekte Frage**

Jonathan: «Armelle, est-ce que **tu veux** travailler avec **nous**?»
↓ ↓ ↓
Il **demande si** **Armelle veut** travailler avec **eux**.

LEÇON 1

A G1 *je resterai, tu sortiras …* – Das *futur simple*: die Bildung

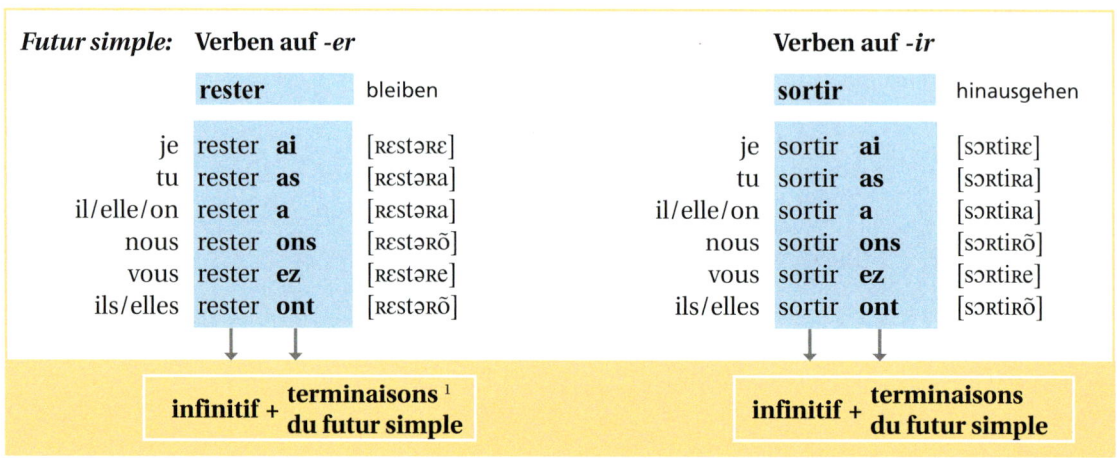

Futur simple:	**Verben auf** *-er*				**Verben auf** *-ir*		
	rester	bleiben			**sortir**	hinausgehen	
je	rester **ai**	[ʀɛstəʀɛ]		je	sortir **ai**	[sɔʀtiʀɛ]	
tu	rester **as**	[ʀɛstəʀa]		tu	sortir **as**	[sɔʀtiʀa]	
il/elle/on	rester **a**	[ʀɛstəʀa]		il/elle/on	sortir **a**	[sɔʀtiʀa]	
nous	rester **ons**	[ʀɛstəʀõ]		nous	sortir **ons**	[sɔʀtiʀõ]	
vous	rester **ez**	[ʀɛstəʀe]		vous	sortir **ez**	[sɔʀtiʀe]	
ils/elles	rester **ont**	[ʀɛstəʀõ]		ils/elles	sortir **ont**	[sɔʀtiʀõ]	

infinitif + **terminaisons** [1] **du futur simple**   **infinitif +** **terminaisons du futur simple**

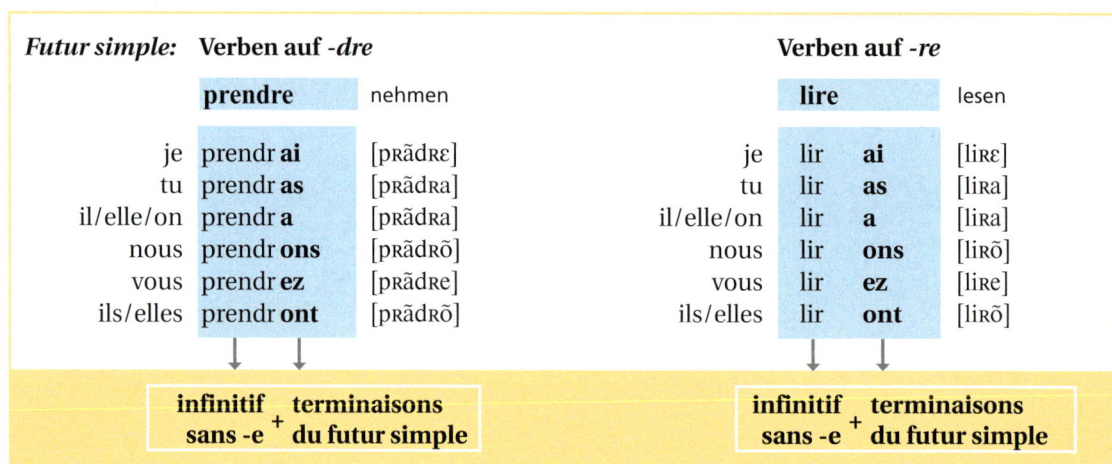

Futur simple:	**Verben auf** *-dre*				**Verben auf** *-re*		
	prendre	nehmen			**lire**	lesen	
je	prendr **ai**	[pʀɑ̃dʀɛ]		je	lir **ai**	[liʀɛ]	
tu	prendr **as**	[pʀɑ̃dʀa]		tu	lir **as**	[liʀa]	
il/elle/on	prendr **a**	[pʀɑ̃dʀa]		il/elle/on	lir **a**	[liʀa]	
nous	prendr **ons**	[pʀɑ̃dʀõ]		nous	lir **ons**	[liʀõ]	
vous	prendr **ez**	[pʀɑ̃dʀe]		vous	lir **ez**	[liʀe]	
ils/elles	prendr **ont**	[pʀɑ̃dʀõ]		ils/elles	lir **ont**	[liʀõ]	

infinitif sans -e **+** **terminaisons du futur simple**   **infinitif sans -e** **+** **terminaisons du futur simple**

Le futur simple, c'est simple.
On met **l'infinitif**
puis les formes du futur:
-ai, -as, -a, -ons, -ez, -ont.

Le verbe discuter au futur simple

je	discuter**ai**
tu	discuter**as**
il/elle/on	discuter**a**
nous	discuter**ons**
vous	discuter**ez**
ils/elles	discuter**ont**

[1] **une terminaison** eine Endung

Futur simple der Verben auf **-er** mit Besonderheiten:

infinitif		présent		futur simple
		1ʳᵉ personne du singulier		
acheter	→	j'achète	→	j'achète**rai** [aʃɛtʀɛ]
appeler	→	j'appelle	→	j'appelle**rai** [apɛlʀɛ]
se lever	→	je me lève	→	je me lève**rai** [lɛvʀɛ]

présent		terminaisons
1ʳᵉ personne du singulier	+ **r** +	du futur simple

! **Futur simple** bei unregelmäßigen Verben

avoir	→	**j'aurai**	[ɔʀɛ]	devoir	→	**je devrai**	[dəvʀɛ]
savoir	→	**je saurai**	[sɔʀɛ]	voir	→	**je verrai**	[vɛʀɛ]
être	→	**je serai**	[səʀɛ]	pouvoir	→	**je pourrai**	[puʀɛ]
faire	→	**je ferai**	[fəʀɛ]	vouloir	→	**je voudrai**	[vudʀɛ]
aller	→	**j'irai**	[iʀɛ]	il faut (falloir)	→	**il faudra**	[fodʀa]
venir	→	**je viendrai**	[vjɛ̃dʀɛ]				

G 2 *Dans deux mois, je serai en vacances.* – Das *futur simple*: der Gebrauch

Maintenant,
nous **sommes** au club journal,
on **écrit** un article,
je **discute** avec les copains,
il **fait** chaud.

Dans deux mois,
nous **serons** en vacances au ski,
on **écrira** des cartes postales,
je **discuterai** avec mes copains,
il **fera** froid.

1 G comme grammaire

G 3 *Si j'arrive en finale, ce sera génial.* – Der reale Bedingungssatz mit *si*

M. Martin:	**Si tu t'entraînes** souvent, Wenn/Falls du oft trainierst, …	**tu auras** des bons résultats.
	Et **si tu as** des bons résultats, Und wenn/falls du …	**tu iras** aux compétitions.
Malia:	Et **si j'arrive** en finale, Und wenn/falls ich …	**je serai** super heureuse.
M. Martin:	Alors, **s'il fait** beau demain, Also, wenn/falls es morgen …	**on s'entraînera**.

> **!** S'**il** fait beau …
Si **e**lle arrive …

| **si + présent** | → | **futur simple** |
| (*si* = wenn/falls) | | |

Nebensatz:
erfüllbare Bedingung　　　　　　Hauptsatz:
wirkliche/mögliche Folge

> **!**
>
> | *si* = **wenn/falls** → **kein** Futur im *si*-Satz | *si* = **ob** → Futur im *si*-Satz möglich |
> | **Si** je **gagne**, je serai super heureuse. | Mais je ne sais pas **si** je **gagnerai**. |

G 4 *Quel âge a-t-il?* – Die Inversionsfrage (II)

W　Où **vas-tu**?
Que **fait-elle**?

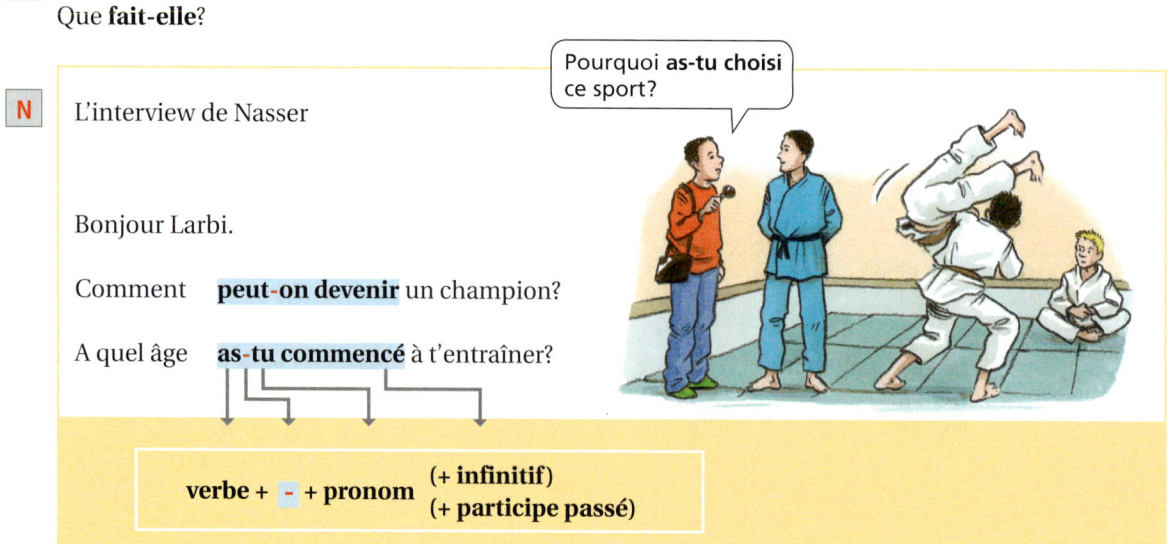

N　L'interview de Nasser

Pourquoi **as-tu choisi** ce sport?

Bonjour Larbi.

Comment **peut-on devenir** un champion?

A quel âge **as-tu commencé** à t'entraîner?

| **verbe + - + pronom** | **(+ infinitif)**
(+ participe passé) |

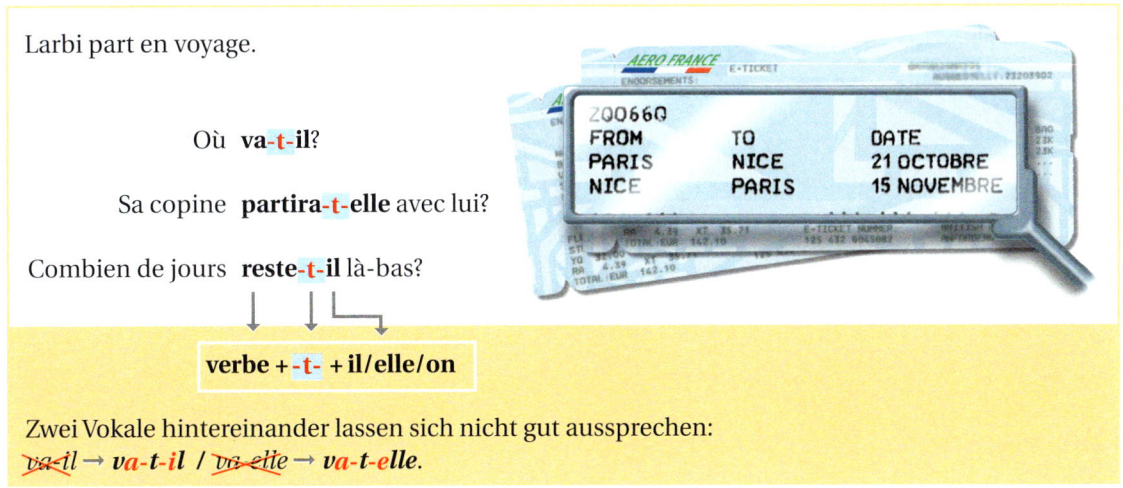

Larbi part en voyage.

Où **va-t-il?**

Sa copine **partira-t-elle** avec lui?

Combien de jours **reste-t-il** là-bas?

verbe + **-t-** + **il/elle/on**

Zwei Vokale hintereinander lassen sich nicht gut aussprechen:
va-il → *va-t-il* / *va-elle* → *va-t-elle*.

G 5 *je reçois, tu reçois …* – Das Verb *recevoir*

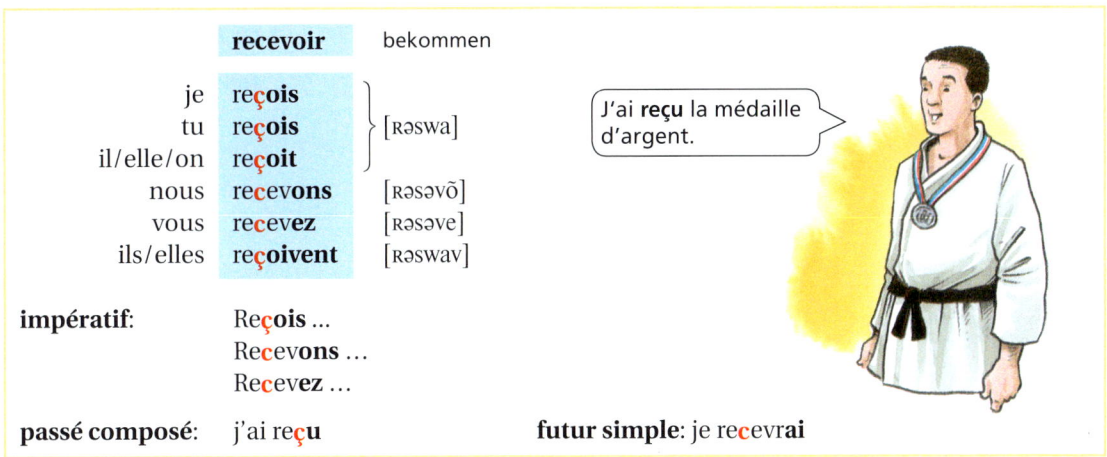

recevoir	bekommen
je	**reçois**
tu	**reçois**	[Rəswa]
il/elle/on	**reçoit**
nous	re**cevons**	[Rəsəvõ]
vous	re**cevez**	[Rəsəve]
ils/elles	re**çoivent**	[Rəswav]

J'ai **reçu** la médaille d'argent.

impératif: Re**çois** …
Re**cevons** …
Re**cevez** …

passé composé: j'ai re**çu**   **futur simple:** je re**cev**rai

B G 6 *Ayez confiance et soyez courageux.* – Der Imperativ von *avoir* und *être*

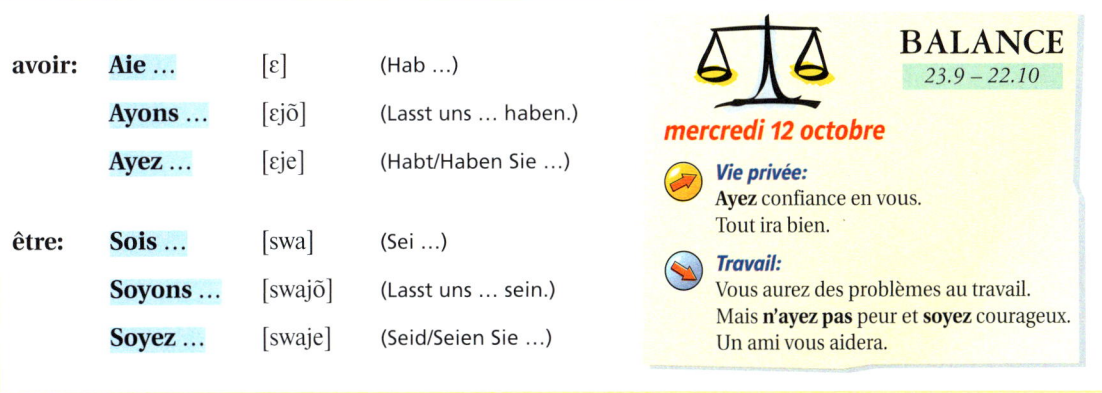

avoir:	**Aie** …	[ɛ]	(Hab …)
	Ayons …	[ɛjõ]	(Lasst uns … haben.)
	Ayez …	[ɛje]	(Habt/Haben Sie …)
être:	**Sois** …	[swa]	(Sei …)
	Soyons …	[swajõ]	(Lasst uns … sein.)
	Soyez …	[swaje]	(Seid/Seien Sie …)

BALANCE
23.9 – 22.10

mercredi 12 octobre

Vie privée:
Ayez confiance en vous.
Tout ira bien.

Travail:
Vous aurez des problèmes au travail.
Mais **n'ayez pas** peur et **soyez** courageux.
Un ami vous aidera.

C G7 *Qui est-ce qui a fait ça?* – Die Frage nach Personen *Qui est-ce qui / que …?* *

W | Qui est-ce? – C'est Malia.

N | Die Frage nach **Personen**: *qui est-ce qui* und *qui est-ce que*

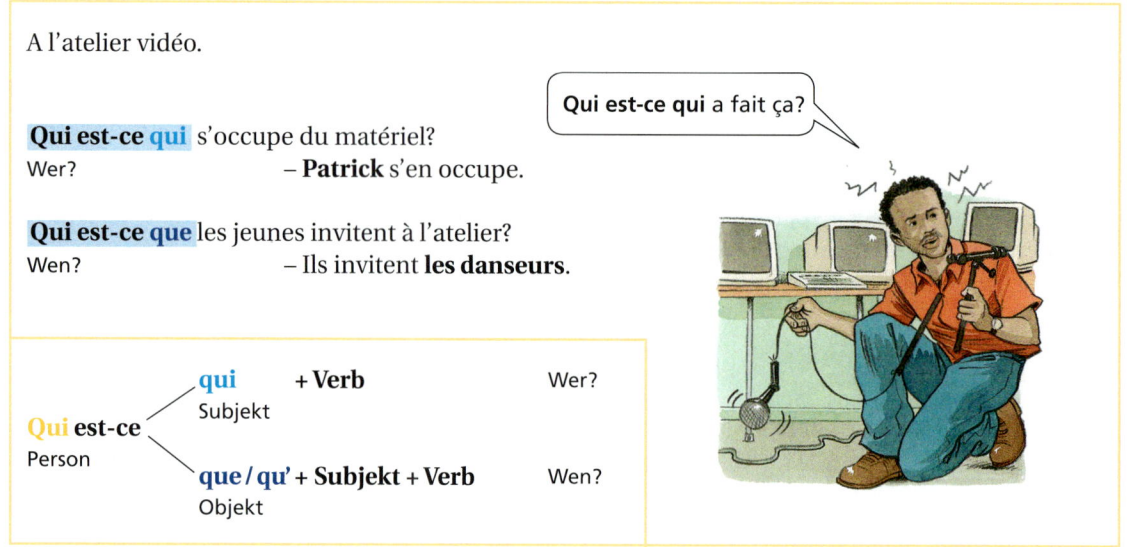

A l'atelier vidéo.

Qui est-ce qui s'occupe du matériel?
Wer?   – **Patrick** s'en occupe.

Qui est-ce que les jeunes invitent à l'atelier?
Wen?   – Ils invitent **les danseurs**.

Qui est-ce qui a fait ça?

	qui + Verb	Wer?
Qui est-ce	Subjekt	
Person	**que / qu'** + Subjekt + Verb	Wen?
	Objekt	

G8 *Qu'est-ce qui se passe ici?* – Die Frage nach Sachen *Qu'est-ce qui / que …?* *

W | Qu'est-ce que c'est? – C'est une surprise.

N | Die Frage nach **Sachen**: *qu'est-ce qui* und *qu'est-ce que*

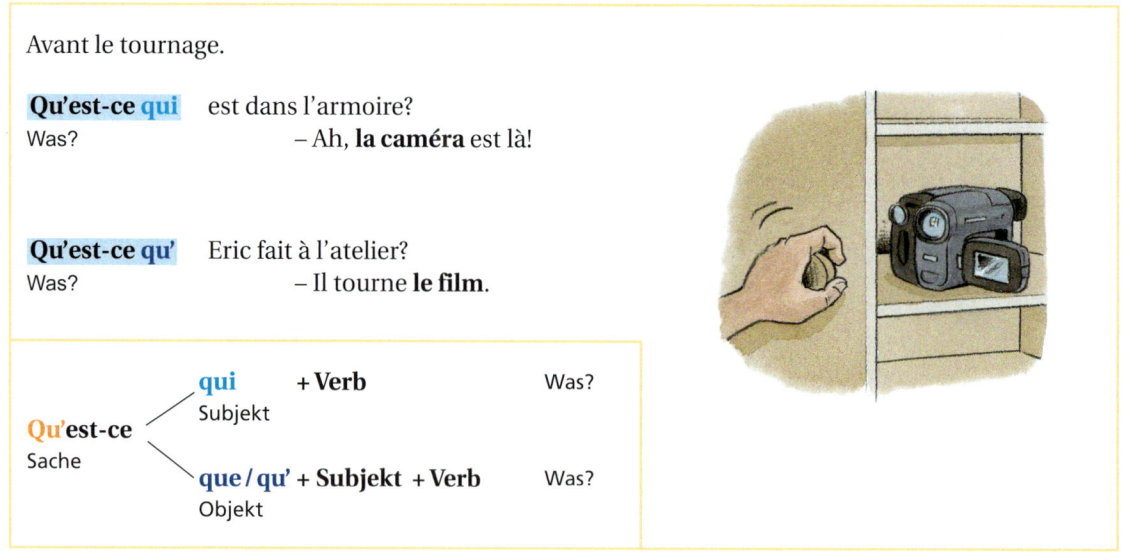

Avant le tournage.

Qu'est-ce qui est dans l'armoire?
Was?   – Ah, **la caméra** est là!

Qu'est-ce qu' Eric fait à l'atelier?
Was?   – Il tourne **le film**.

	qui + Verb	Was?
Qu'est-ce	Subjekt	
Sache	**que / qu'** + Subjekt + Verb	Was?
	Objekt	

* ⟨G7⟩ ⟨G8⟩ fakultativ außer BY, HE, RP

LEÇON 2

A G9 *je resterais, tu sortirais …* – Das *conditionnel*: die Bildung

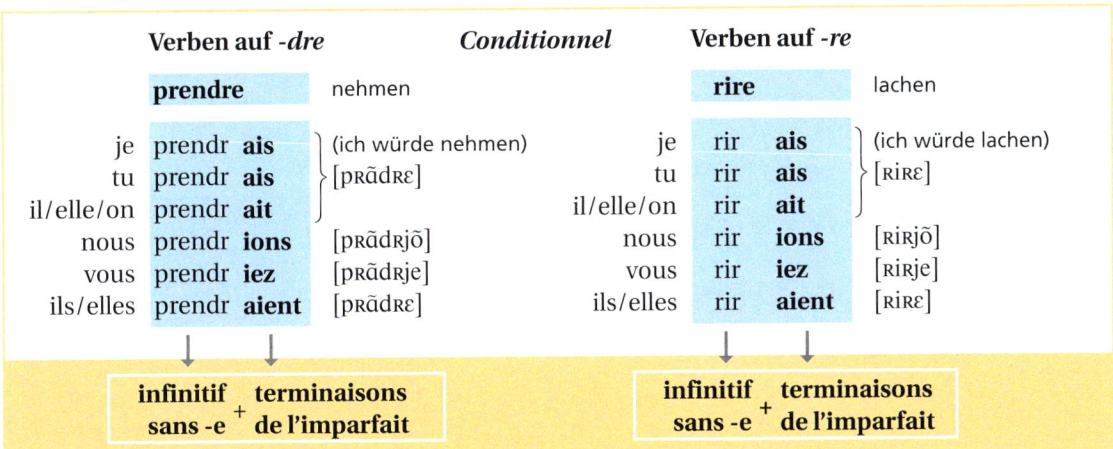

	Verben auf *-er*	*Conditionnel*	
	rester	bleiben	
je	rester **ais**	(ich würde bleiben)	
tu	rester **ais**	[ʀɛstəʀɛ]	
il/elle/on	rester **ait**		
nous	rester **ions**	[ʀɛstəʀjõ]	
vous	rester **iez**	[ʀɛstəʀje]	
ils/elles	rester **aient**	[ʀɛstəʀɛ]	

infinitif + terminaisons[1] de l'imparfait

	Verben auf *-ir*	*Conditionnel*	
	sortir	hinausgehen	
je	sortir **ais**	(ich würde hinausgehen)	
tu	sortir **ais**	[sɔʀtiʀɛ]	
il/elle/on	sortir **ait**		
nous	sortir **ions**	[sɔʀtiʀjõ]	
vous	sortir **iez**	[sɔʀtiʀje]	
ils/elles	sortir **aient**	[sɔʀtiʀɛ]	

infinitif + terminaisons de l'imparfait

	Verben auf *-dre*	*Conditionnel*	
	prendre	nehmen	
je	prendr **ais**	(ich würde nehmen)	
tu	prendr **ais**	[pʀãdʀɛ]	
il/elle/on	prendr **ait**		
nous	prendr **ions**	[pʀãdʀjõ]	
vous	prendr **iez**	[pʀãdʀje]	
ils/elles	prendr **aient**	[pʀãdʀɛ]	

infinitif sans -e + terminaisons de l'imparfait

	Verben auf *-re*	*Conditionnel*	
	rire	lachen	
je	rir **ais**	(ich würde lachen)	
tu	rir **ais**	[ʀiʀɛ]	
il/elle/on	rir **ait**		
nous	rir **ions**	[ʀiʀjõ]	
vous	rir **iez**	[ʀiʀje]	
ils/elles	rir **aient**	[ʀiʀɛ]	

infinitif sans -e + terminaisons de l'imparfait

J'**aimerais** partir en vacances.

Je répète l'imparfait.

j'	aim	ais
tu	aim	ais
il/elle/on	aim	ait
nous	aim	ions
vous	aim	iez
ils/elles	aim	aient

Je conjugue au conditionnel.

j'	aimer	ais
tu	aimer	ais
il/elle/on	aimer	ait
nous	aimer	ions
vous	aimer	iez
ils/elles	aimer	aient

Le conditionnel, c'est simple.
On écrit l'infinitif ou l'infinitif sans -e
et on ajoute les terminaisons de l'imparfait:
-ais, -ais, -ait, -ions, -iez, -aient.

---

[1] **une terminaison** eine Endung

Conditionnel der Verben auf *-er* mit Besonderheiten:

infinitif		**présent**		**conditionnel**
		1ʳᵉ personne du singulier		
acheter	→	j'achète	→	j'achète **r ais** [aʃɛtʀɛ]
préférer	→	je préfère	→	je préfère **r ais** [pʀefɛʀ(ə)ʀɛ]
appeler	→	j'appelle	→	j'appelle **r ais** [apɛlʀɛ]
se lever	→	je me lève	→	je me lève **r ais** [lɛvʀɛ]

> **présent**
> 1ʳᵉ personne **+ r +** **terminaisons**
> du singulier **de l'imparfait**

! ***Conditionnel*** bei unregelmäßigen Verben

avoir	→	j'**aur**ais [ɔʀɛ]		**devoir**	→	je **devr**ais [dəvʀɛ]
savoir	→	je **saur**ais [sɔʀɛ]		**voir**	→	je **verr**ais [vɛʀɛ]
être	→	je **ser**ais [səʀɛ]		**pouvoir**	→	je **pourr**ais [puʀɛ]
faire	→	je **fer**ais [fəʀɛ]		**vouloir**	→	je **voudr**ais [vudʀɛ]
aller	→	j'**ir**ais [iʀɛ]		**il faut** (falloir)	→	il **faud**rait [fodʀɛ]
venir	→	je **viendr**ais [vjɛ̃dʀɛ]				

G 10   *Je voudrais être une star.* – Das *conditionnel:* der Gebrauch

Sophie:
– **J'aimerais** changer beaucoup de choses dans ma vie. **Je voudrais** être chanteuse.

Anne:
– **Tu deviendrais** peut-être une vraie star. **Ce serait** génial.

Eric:
– A ta place, **j'irais** à des castings.

Sophie:
– Anne et toi, **pourriez-vous** m'aider?

Das ***conditionnel*** drückt Folgendes aus:

- **einen Wunsch,**
  (Ich würde gerne …/Ich wäre gerne …)

- **eine Vermutung / Möglichkeit,**
  (Du würdest … werden./Das wäre …)

- **einen Ratschlag,**
  (… würde ich … gehen.)

- **eine höfliche Bitte / Frage.**
  (Könntet ihr mir helfen?)

G11 *Si j'avais son adresse, je lui écrirais.* – Der irreale Bedingungssatz mit *si* *

Si j'**avais** son numéro de portable, je lui **téléphonerais**.

Léo:	**Si j'avais** son adresse, Wenn (falls) ich ihre Adresse hätte, …	**je** lui **écrirais**.	(Mais je n'ai pas son adresse.)
	Et **si elle répondait**, Wenn (falls) sie antworten würde, …	**je** l'**inviterais**.	(Mais elle ne répondra pas.)
	Si j'avais beaucoup d'argent, Wenn (falls) ich viel Geld hätte, …	**nous ferions** un grand voyage.	(Mais je n'ai pas beaucoup d'argent.)

si + imparfait	→	**conditionnel**

Nebensatz:
nicht erfüllbare bzw.
nicht erfüllte Bedingung

Hauptsatz:
irreale Folge

! S' **il** faisait beau …
Si **e**lle arrivait …

! **Im Nebensatz mit** *si* (= Wenn/Falls …) steht **nie** das *conditionnel*,
sondern das *présent* (G3) oder das *imparfait* (G11).

Si j'**ai** assez d'argent, je **ferai** un voyage en France.
(möglich)

Si j'**avais** beaucoup d'argent, je **ferais** un voyage au Canada.
(unwahrscheinlich)

---

* ⟨G11⟩ fakultativ außer BW, BE, HB, ST, TH

G12 *je vis, tu vis …* – Das Verb *vivre*

	vivre	leben
je	**vis**	
tu	**vis**	[vi]
il / elle / on	**vit**	
nous	**vivons**	[vivõ]
vous	**vivez**	[vive]
ils / elles	**vivent**	[viv]

impératif:	Vi**s**	
	Viv**ons**	bien.
	Viv**ez**	

passé composé: j'ai **vécu**
imparfait: je viv**ais**

futur simple: je vivr**ai**
conditionnel: je vivr**ais**

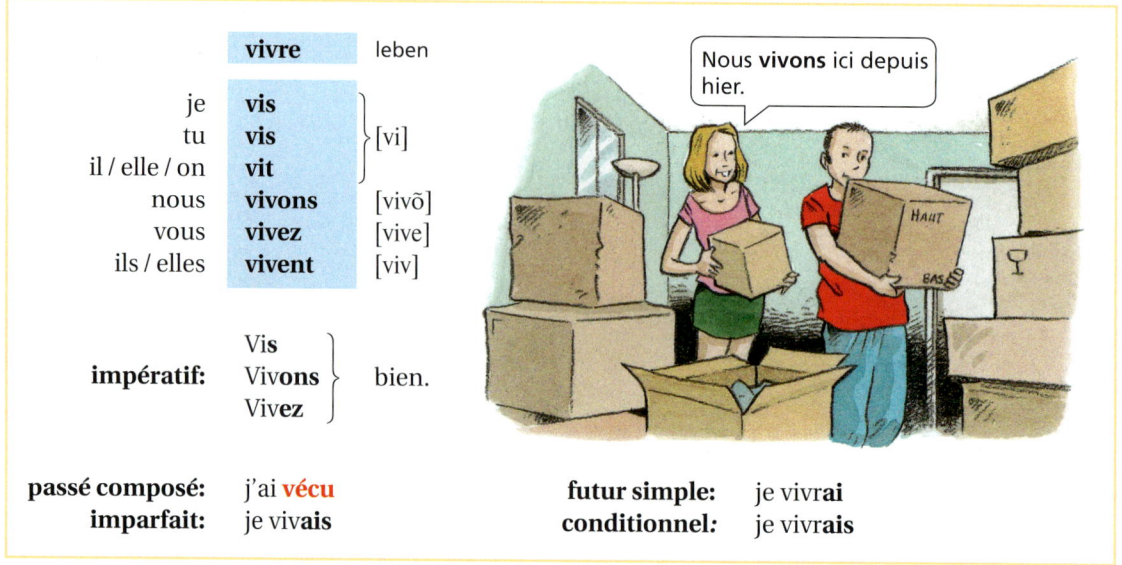

Nous **vivons** ici depuis hier.

G13 *Elle n'aime ni les chiens ni les chats.* – Die Verneinung *ne … ni … ni …*

A la cité des Rosiers à Lille

C'est lourd, et je **n'**ai **ni** vélo **ni** voiture.

Faites comme moi!

Mon voisin **n'**a **ni** vélo **ni** voiture.

… weder … noch …

– Ma voisine	**n'**	aime	**ni**	les chiens	**ni**	les chats.
– Mes voisins	**ne**	sont	**ni**	gentils	**ni**	méchants.

ne/n'	+	**verbe**	+	**ni**	+	**nom adjectif**	+	**ni**	+	**nom adjectif**

B G14 *On a bien ri en jouant au ping-pong.* – Das *gérondif**

1. Die Bildung

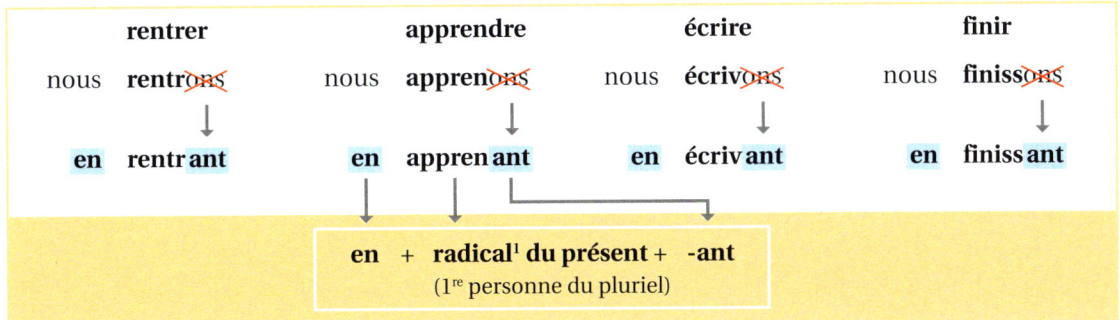

	rentrer		apprendre		écrire		finir
nous	rentr~~ons~~	nous	appren~~ons~~	nous	écriv~~ons~~	nous	finiss~~ons~~
en	rentr**ant**	**en**	appren**ant**	**en**	écriv**ant**	**en**	finiss**ant**

> **en** + **radical¹ du présent** + **-ant**
> (1ʳᵉ personne du pluriel)

2. Der Gebrauch

On a bien ri **en** jou**ant** au ping-pong!

Despadienne passe ses vacances chez Sabine.
Elle découvre des activités qu'elle ne connaissait pas.

En passant** ses vacances chez Sabine,   (Während ...)
Despadienne découvre des activités qu'elle ne connaissait pas.

- **Gleichzeitigkeit zweier Handlungen**

La famille de Sabine invite Despadienne.
Elle offre des vacances sympas à Despadienne.

En invitant** Despadienne,   (Dadurch, dass ...)
la **famille de Sabine** lui offre des vacances sympas.

- **Art und Weise eines Vorgangs / Geschehens**

---

* ⟨G14⟩ fakultativ außer BB, TH   ¹ **le radical** der Verbstamm

G15 *Les copains décident de réagir.* – Verben mit Infinitivergänzung

1. Infinitivanschluss ohne Präposition

Léopoldo **aimerait rester** en France, mais ce n'est pas possible.

Léopoldo **ne veut pas retourner** dans son pays.

Ses copains **veulent faire** une manifestation pour l'aider.

↓   ↓

verbe + infinitif

- Einige Verben schließen einen Infinitiv direkt, d. h. **ohne Präposition,** an.

adorer faire qc – etw. sehr gern tun	préférer faire qc – etw. lieber tun
aimer faire qc – etw. gern tun	pouvoir faire qc – etw. tun können
désirer faire qc – etw. zu tun wünschen	savoir faire qc – etw. tun können (wissen, wie)
espérer faire qc – etw. zu tun hoffen	vouloir faire qc – etw. tun wollen
devoir faire qc – etw. tun müssen	aller faire qc – etw. tun werden
	il faut faire qc – man muss etw. tun

2. Infinitivanschluss mit der Präposition *à*

C'est à toi.
Tu **commences** à jouer.

Sabine **invite** Despadienne **à passer** ses vacances avec elle.

Despadienne et Sabine **se sont mises à jouer** au basket.

Elles **continuent à faire** du basket à Lyon.

↓   ↓   ↓

verbe + à + infinitif

- Einige Verben schließen den Infinitiv mit der **Präposition *à*** an.

apprendre **à** faire qc – lernen etw. zu tun	aider qn **à** faire qc – jdm. helfen etw. zu tun
commencer **à** faire qc – beginnen etw. zu tun	inviter qn **à** faire qc – jdn. einladen etw. zu tun
continuer **à** faire qc – fortfahren etw. zu tun	
se mettre **à** faire qc – anfangen etw. zu tun	

3. Infinitivanschluss mit der Präposition *de*

Quand j'**ai décidé de** courir pour *Action contre la faim*, j'**avais envie d'**aider les gens qui ont faim.

Alex **rêvait de partir** en Afrique.

Alex **a eu la chance de visiter** les programmes d'*Action contre la faim*.

Action contre la faim **a permis** à Alex **de partir** en Sierra Leone.

verbe + de + infinitif

- Die meisten Verben schließen den Infinitiv mit der **Präposition *de*** an.

essayer **de** faire qc	– versuchen etw. zu tun
décider **de** faire qc	– beschließen etw. zu tun
oublier **de** faire qc	– vergessen etw. zu tun
rêver **de** faire qc	– davon träumen etw. zu tun
venir **de** faire qc	– gerade etw. getan haben
avoir envie **de** faire qc	– Lust haben etw. zu tun
avoir la chance **de** faire qc	– Glück haben etw. zu tun
avoir peur **de** faire qc	– Angst haben etw. zu tun
être en train **de** faire qc	– gerade dabei sein etw. zu tun
demander à qn **de** faire qc	– jdn. bitten etw. zu tun
permettre à qn **de** faire qc	– jdm. erlauben etw. zu tun
promettre à qn **de** faire qc	– jdm. versprechen etw. zu tun

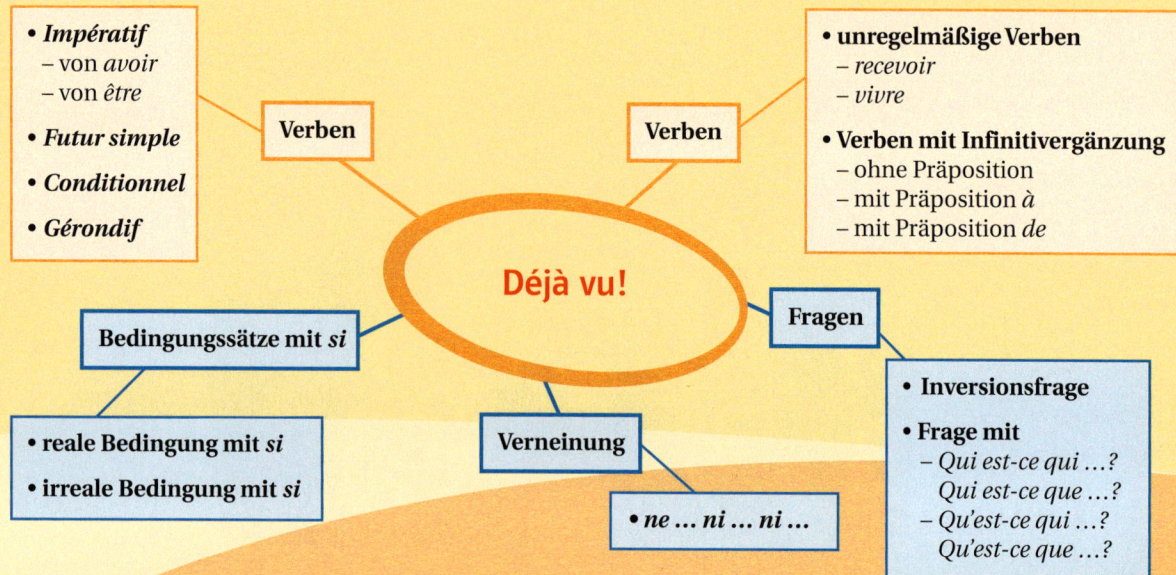

- **Impératif**
  - von *avoir*
  - von *être*
- **Futur simple**
- **Conditionnel**
- **Gérondif**

Verben

Déjà vu!

Verben

- **unregelmäßige Verben**
  - *recevoir*
  - *vivre*
- **Verben mit Infinitivergänzung**
  - ohne Präposition
  - mit Präposition *à*
  - mit Präposition *de*

Bedingungssätze mit *si*

- **reale Bedingung mit *si***
- **irreale Bedingung mit *si***

Verneinung

- ***ne … ni … ni …***

Fragen

- **Inversionsfrage**
- **Frage mit**
  - *Qui est-ce qui …?*
    Qui est-ce que …?
  - *Qu'est-ce qui …?*
    Qu'est-ce que …?

Futur simple		G 1
Verben auf *-er, -ir, -dre* und *-re*		
je	rêver	**ai**
tu	parler	**as**
il / elle / on	ouvrir	**a**
nous	finir	**ons**
vous	descendr	**ez**
ils / elles	lir	**ont**

Conditionnel		G 9
Verben auf *-er, -ir, -dre* und *-re*		
je	rêver	**ais**
tu	parler	**ais**
il / elle / on	ouvrir	**ait**
nous	finir	**ions**
vous	descendr	**iez**
ils / elles	lir	**aient**

Futur simple		G 1
Besondere Formen		
j'	ach**è**te	**r ai**
j'	appe**ll**e	**r ai**
je	me l**è**ve	**r ai**

Conditionnel		G 9
Besondere Formen		
j'	ach**è**te	**r ais**
j'	appe**ll**e	**r ais**
je	me l**è**ve	**r ais**

Futur simple — G1
unregelmäßige Verben

avoir	→	j'	**aur** ai
savoir	→	tu	**saur** as
être	→	il	**ser** a
faire	→	elle	**fer** a
aller	→	on	**ir** a
venir	→	nous	**viendr** ons
devoir	→	vous	**devr** ez
voir	→	vous	**verr** ez
pouvoir	→	ils	**pourr** ont
vouloir	→	elles	**voudr** ont
il faut (falloir)	→	il	**faudr** a

Conditionnel — G9
unregelmäßige Verben

avoir	→	j'	**aur** ais
savoir	→	tu	**saur** ais
être	→	il	**ser** ait
faire	→	elle	**fer** ait
aller	→	on	**ir** ait
venir	→	nous	**viendr** ions
devoir	→	vous	**devr** iez
voir	→	vous	**verr** iez
pouvoir	→	ils	**pourr** aient
vouloir	→	elles	**voudr** aient
il faut (falloir)	→	il	**faudr** ait

Futur simple: Gebrauch — G2

Je te téléphoner**ai** la semaine prochaine.   „ferne" **Zukunft**

Conditionnel: Gebrauch — G10

Je **voudrais** partir en vacances.	• Wunsch
On **pourrait** aller en Suisse.	• Möglichkeit
Est-ce que tu **pourrais** m'aider?	• Höfliche Bitte
Tu **pourrais** chercher sur Internet.	• Ratschlag

Gérondif — G14

En revenant du collège, Sabine a rencontré sa voisine.

Sabine a aidé sa voisine **en portant** son sac.

Reale Bedingung mit *si* — G3

• **Nebensatz:** Erfüllbare Bedingung   • **Hauptsatz:** Tatsächliche/Mögliche Folge

Si tu **pars** à Paris,   j'**irai** avec toi.

si + présent → futur

Irreale Bedingung mit *si* — G11

• **Nebensatz:** Nicht erfüllte Bedingung   • **Hauptsatz:** Nur gedachte Folge

Si je **devais** déménager,   je **serais** super triste.

si + imparfait → conditionnel

recevoir	G 5
je re**çois**	
tu re**çois**	
il / elle / on re**çoit**	
nous recev**ons**	
vous recev**ez**	
ils / elles re**çoivent**	

passé composé: j'ai reçu
imparfait: je recev**ais**
futur simple: je recevr**ai**
conditionnel: je recevr**ais**

vivre	G 12
je vi**s**	
tu vi**s**	
il / elle / on vi**t**	
nous viv**ons**	
vous viv**ez**	
ils / elles viv**ent**	

passé composé: j'ai vé**cu**
imparfait: je viv**ais**
futur simple: je vivr**ai**
conditionnel: je vivr**ais**

Impératif G 6

avoir: aie, ayons, ayez   **Ayez** du courage.
être: sois, soyons, soyez Ne **sois** pas méchant.

Verben mit Infinitivergänzung G 15

Elle **déteste** **sortir** seule.   • sans préposition
Il a **appris**   **à nager**.   • avec **à**
On **essaie**   **de rentrer** avant minuit.   • avec **de**

Verneinung: *ne … ni … ni …* G 13

Il **n'**est **ni** grand **ni** petit.
Il **n'**aime **ni** la danse **ni** la musique pop-rock.

Inversionsfrage G 4

Quelle heure   est-il?
Pourquoi   as-tu pleuré?
Quel âge   **a-t-**il?
Comment   v**a-t-e**lle?

Fragen mit *qui* G 7, G 8
          mit *que*

Qui est-ce **qui** vient?   Qui …?
Qui est-ce **que** tu invites?

Qu'est-ce **qui** sonne?   Qu' …?
Qu'est-ce **que** tu cherches?

LEÇON 3

A G16 *Il faut qu'il fasse des super glaces.* – Der *subjonctif**

1. Die Bildung

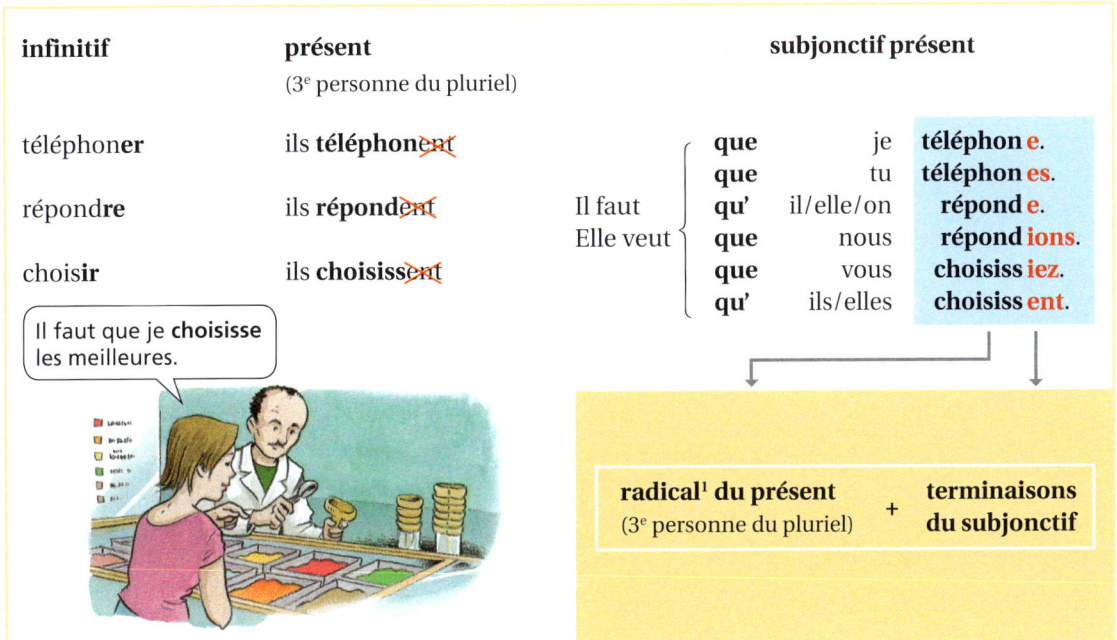

infinitif	présent (3e personne du pluriel)	subjonctif présent		
téléphon**er**	ils **téléphon**ent	que	je	**téléphon e.**
		que	tu	**téléphon es.**
répond**re**	ils **répond**ent	Il faut qu'	il/elle/on	**répond e.**
		Elle veut que	nous	**répond ions.**
chois**ir**	ils **choisiss**ent	que	vous	**choisiss iez.**
		qu'	ils/elles	**choisiss ent.**

Il faut que je **choisisse** les meilleures.

radical¹ du présent (3e personne du pluriel) + **terminaisons du subjonctif**

! **Besondere Formen:**

	avoir		**être**		**aller**	
que je/j'	**aie**	[ɛ]	**sois**	[swɑ]	**aille**	[ɑj]
que tu	**aies**	[ɛ]	**sois**	[swɑ]	**ailles**	[ɑj]
qu'il/elle/on	**ait**	[ɛ]	**soit**	[swɑ]	**aille**	[ɑj]
que nous	**ayons**	[ɛjõ]	**soyons**	[swɑjõ]	**allions**	[ɑljõ]
que vous	**ayez**	[ɛje]	**soyez**	[swɑje]	**alliez**	[ɑlje]
qu'ils/elles	**aient**	[ɛ]	**soient**	[swɑ]	**aillent**	[ɑj]

	faire	**pouvoir**	**apprendre**
que je/j'	**fasse**	**puisse**	**apprenne**
que tu	**fasses**	**puisses**	**apprennes**
qu'il/elle/on	**fasse**	**puisse**	**apprenne**
que nous	**fassions**	**puissions**	**appren**ions
que vous	**fassiez**	**puissiez**	**appren**iez
qu'ils/elles	**fassent**	**puissent**	**apprennent**

---

* ⟨G16⟩ fakultativ außer BW, BE, BB, RP, TH   ¹ **le radical** der Verbstamm

2. Der Gebrauch nach häufig verwendeten Ausdrücken

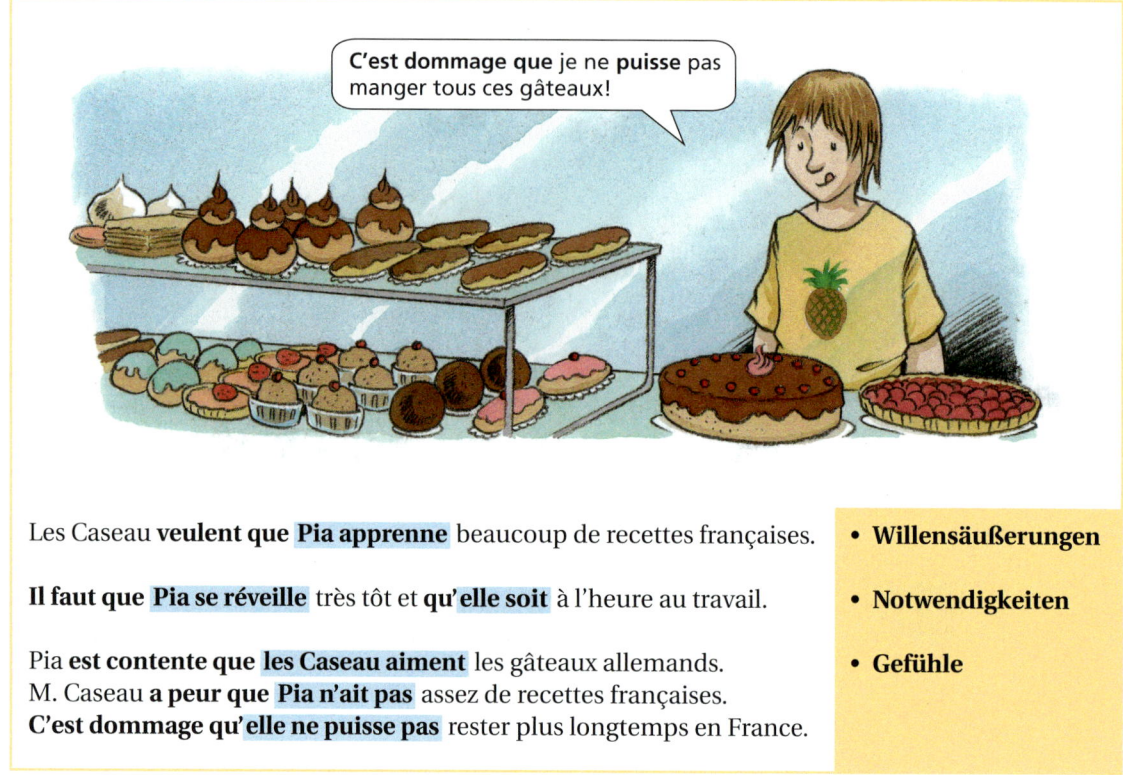

> C'est **dommage** **que** je ne **puisse** pas manger tous ces gâteaux!

Les Caseau **veulent que** **Pia apprenne** beaucoup de recettes françaises.

Il faut que **Pia se réveille** très tôt et **qu'elle soit** à l'heure au travail.

Pia **est contente que** **les Caseau aiment** les gâteaux allemands.
M. Caseau **a peur que** **Pia n'ait pas** assez de recettes françaises.
C'est dommage qu'elle ne puisse pas rester plus longtemps en France.

- **Willensäußerungen**
- **Notwendigkeiten**
- **Gefühle**

G17 *Normalement, je vis en France.* – Die abgeleiteten Adverbien

1. Die Bildung

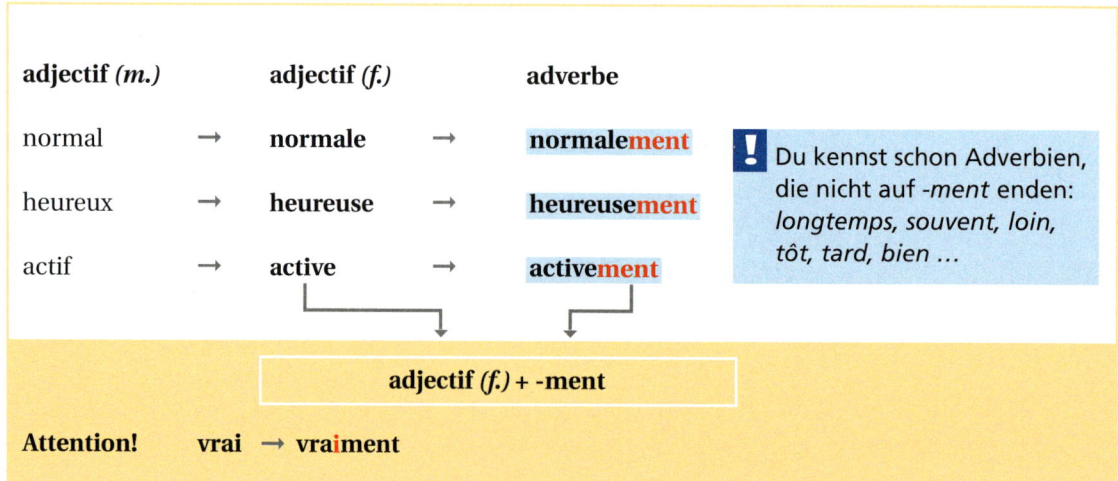

adjectif *(m.)*		adjectif *(f.)*		adverbe
normal	→	**normale**	→	**normale**ment
heureux	→	**heureuse**	→	**heureuse**ment
actif	→	**active**	→	**active**ment

! Du kennst schon Adverbien, die nicht auf -*ment* enden: *longtemps, souvent, loin, tôt, tard, bien …*

adjectif *(f.)* + -ment

Attention!   vrai → vra**i**ment

2. Der Gebrauch

Ich hätte gern …

Malheureusement, je ne sais pas parler l'allemand. Il faut **vraiment** que je l'apprenne.

Normalement , **Yannick vit en France.**
Pendant les vacances, il **travaille activement** au resto de son père.
Son père est **vraiment fier** de lui.

! Du kennst schon:
Yannick **va souvent** en Allemagne.

Adverbien beziehen sich auf
• **einen ganzen Satz,**
• **Verben,**
• **Adjektive.**

B G18 *Dis-nous ce qui t'intéresse.* – Der Gebrauch von *ce qui/ce que*

Isabelle va se présenter aux colocataires. Un peu avant, elle discute avec Xavier.

Isabelle: Tu sais **ce que tes colocataires** vont me demander?

Xavier: Non. Mais **ce qu'ils** veulent savoir, c'est si tu peux t'entendre avec eux.

Isabelle: **Ce qui est** sympa dans votre appartement, c'est qu'il y a des jeunes de plein de pays.

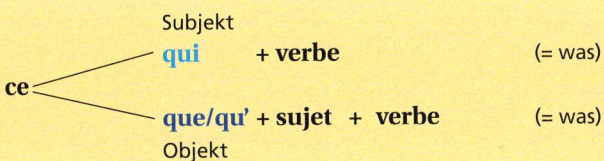

ce ⟨
  Subjekt
  qui + **verbe**   (= was)

  que/qu' + **sujet** + **verbe**   (= was)
  Objekt

Ce que nous cherchons, c'est une fille sympa qui aime la vie de groupe.

Ce qui me plaît, c'est que vous parlez deux ou trois langues étrangères.

LEÇON 4

A G19 *Le Sénégal est un pays africain.* – Nationalitätsbezeichnungen

W Paris est **en France**, on y parle le **français**.
New York est **aux Etats-Unis**, on y parle l'**anglais**.

N

Les noms des pays et des continents	Les noms des habitants	Les adjectifs de nationalité
l'Afrique *(f.)*	les Africains / Africaines	les villages africains
l'Europe *(f.)*	les Européens / Européennes	les villes européennes
le Canada	les Canadiens / Canadiennes	un village canadien
le Sénégal	les Sénégalais / Sénégalaises	une ville sénégalaise
les Antilles *(f.)*	les Antillais / Antillaises	un village antillais
les Pays-Bas *(m.)*	les Néerlandais / Néerlandaises	une ville néerlandaise

Les noms des pays et des habitants

Au **C**anada, **les** **C**anadiens aiment …

Les adjectifs de nationalité

… la musique **c**anadienne.

article + nom

C'est **un** **C**anadien.

être + adjectif

Il **est** **c**anadien.

Attention! Il parle l'**a**nglais et le **f**rançais.

J'adore la cuisine **antillaise**.

Ah, ça me fait plaisir. **Les Antillais** font de la bonne cuisine …

G 20   *Lequel est-ce que tu connais?* – Das Fragepronomen *lequel / laquelle ***

> J'aime beaucoup **les pays d'Afrique**.

> **Lequel** est-ce que tu préfères?

Eric a rencontré une fille sympa:

Eric: J'ai visité **un pays d'Afrique**.
Sarah: **Lequel**?
Eric: **Le Sénégal**.

Eric: Je connais **plusieurs pays africains**.
Sarah: **Lesquels**?
Eric: **Le Sénégal** et **le Maroc**.

Eric: J'adore **une île française**.
Sarah: **Laquelle**?
Eric: **La Corse**.

Eric: J'ai aussi visité **deux îles**.
Sarah: **Lesquelles**?
Eric: **La Martinique** et **Madagascar**.

- Eric, tu connais …
  quel pays?   **quels** villages?   **quelle** région?   **quelles** villes?

- Eric a visité un pays, des villages, une région et des villes.
  Lequel?   **Lesquels**?   **Laquelle**?   **Lesquelles**?

G 21   *La danse dont je te parle.* – Das Relativpronomen *dont ***

Régine a parlé **d'une danse martiniquaise**. Eric aime bien cette danse.

Eric aime bien **la danse dont** Régine a parlé.   (… den Tanz, **von dem** Régine gesprochen hat.)

Les recettes **de Régine** sont fantastiques. Régine adore faire la cuisine.

Régine, dont les recettes sont fantastiques, adore faire la cuisine.   (… Régine, **deren** Rezepte …)

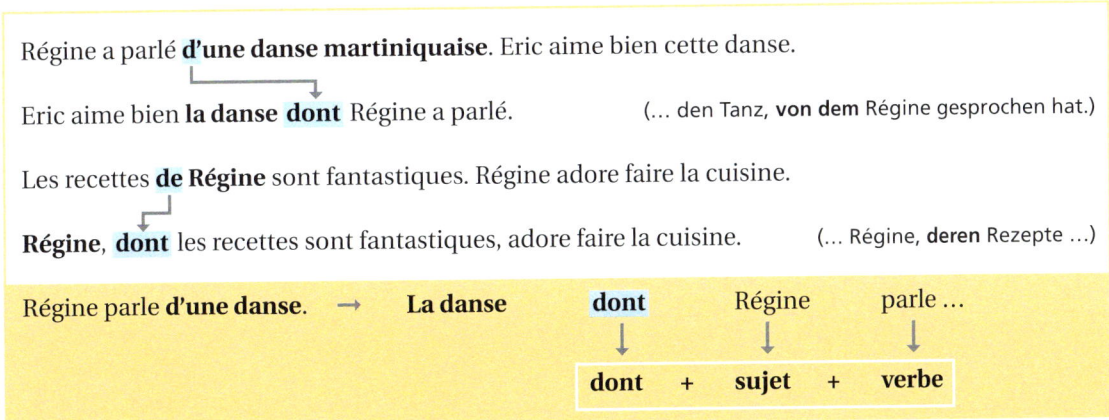

Régine parle **d'une danse**.   →   **La danse**   **dont**   Régine   parle …

dont   +   **sujet**   +   **verbe**

B G 22 *Il avait vu, elle était arrivée.* – Das *plus-que-parfait* *

1. Die Bildung

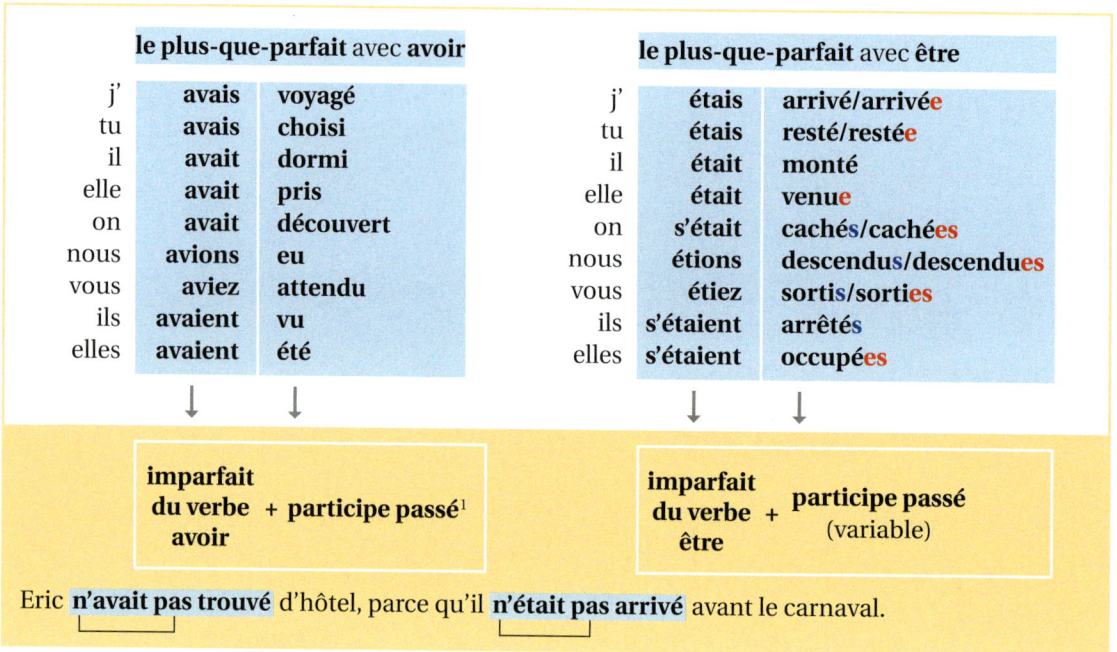

le plus-que-parfait avec **avoir**		
j'	avais	voyagé
tu	avais	choisi
il	avait	dormi
elle	avait	pris
on	avait	découvert
nous	avions	eu
vous	aviez	attendu
ils	avaient	vu
elles	avaient	été

le plus-que-parfait avec **être**		
j'	étais	arrivé/arrivée
tu	étais	resté/restée
il	était	monté
elle	était	venue
on	s'était	cachés/cachées
nous	étions	descendus/descendues
vous	étiez	sortis/sorties
ils	s'étaient	arrêtés
elles	s'étaient	occupées

imparfait du verbe **avoir** + participe passé[1]

imparfait du verbe **être** + participe passé (variable)

Eric **n'avait pas trouvé** d'hôtel, parce qu'il **n'était pas arrivé** avant le carnaval.

2. Der Gebrauch

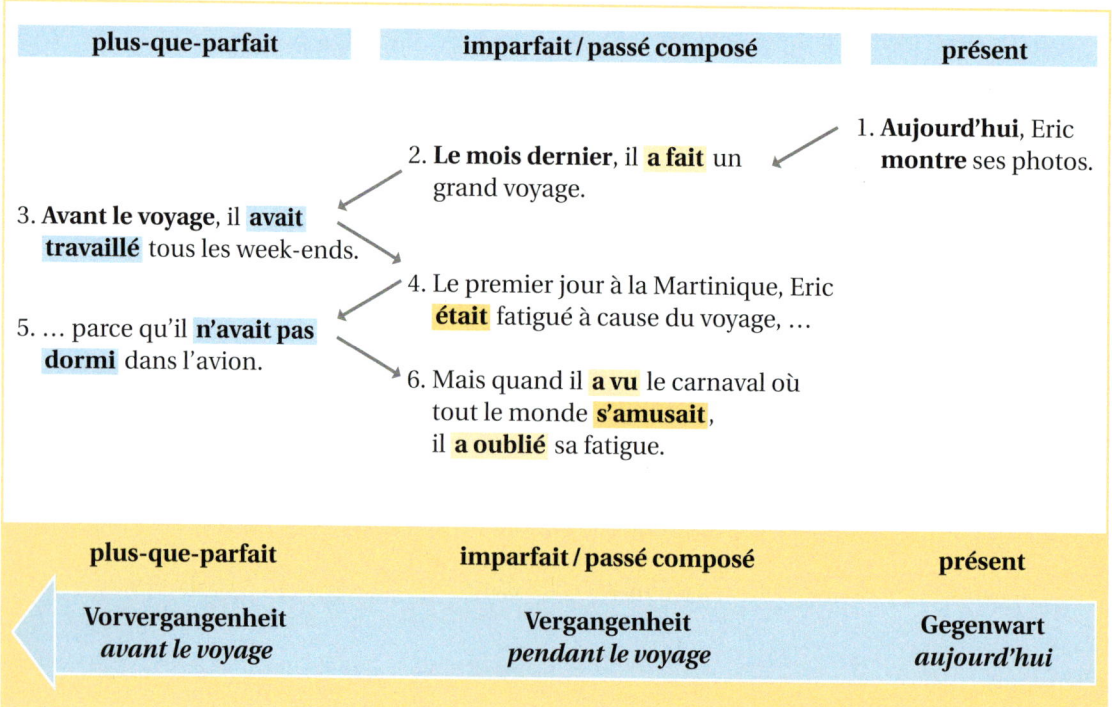

plus-que-parfait	imparfait / passé composé	présent
		1. **Aujourd'hui**, Eric **montre** ses photos.
	2. **Le mois dernier**, il **a fait** un grand voyage.	
3. **Avant le voyage**, il **avait travaillé** tous les week-ends.		
	4. Le premier jour à la Martinique, Eric **était** fatigué à cause du voyage, …	
5. … parce qu'il **n'avait pas dormi** dans l'avion.	6. Mais quand il **a vu** le carnaval où tout le monde **s'amusait**, il **a oublié** sa fatigue.	

plus-que-parfait	imparfait / passé composé	présent
Vorvergangenheit *avant le voyage*	**Vergangenheit** *pendant le voyage*	**Gegenwart** *aujourd'hui*

[1] **le participe passé** das Partizip Perfekt   * ⟨G 22⟩ fakultativ außer BY, HH, HE, RP

G 23 · *Regardez les photos que j'ai prises.* – *passé composé* mit *avoir:* die Veränderlichkeit des Partizips *

W **Ils sont venus** au carnaval.
Elle a invité Eric.

Passé composé mit *être:* Veränderlichkeit des Partizips.
Passé composé mit *avoir:* bisher keine Veränderlichkeit des Partizips.

N Pendant son voyage, Eric téléphone à sa mère qui connaît bien Madagascar:

La mère d'Eric:
– Tu as vu **le Lemurs' Park**?
– Et **les lémuriens**?

– Tu as visité **la capitale malgache**?
– Et aussi **les forêts de bambous**?

Eric:
– Oui, je **l'** **ai trouvé** super.
– Je **les** **ai vus** dans la forêt.

– Je **l'** **ai visitée** avec Gerson.
– Oui, je **les** **ai filmées** .

| objet direct | + | avoir + participe passé[1] (veränderlich) |

– Tu me montreras **les photos** **que** tu **as prises** ?
– Tu me montreras **les souvenirs** **que** tu **as achetés** ?

| objet direct + que … + avoir + participe passé (veränderlich) |

Zusammenfassung: das *passé composé* mit *avoir*

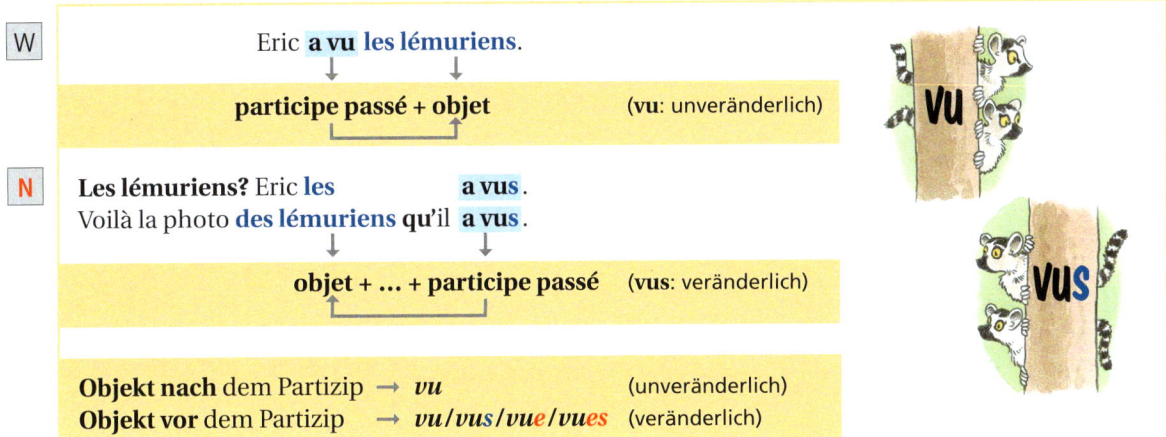

W Eric **a vu les lémuriens**.

| participe passé + objet | (vu: unveränderlich) |

N **Les lémuriens?** Eric **les** **a vus** .
Voilà la photo **des lémuriens** qu'il **a vus** .

| objet + … + participe passé | (vus: veränderlich) |

Objekt nach dem Partizip → *vu* (unveränderlich)
Objekt vor dem Partizip → *vu/vus/vue/vues* (veränderlich)

C G 24 · *Je voudrais celui-ci.* – Das Demonstrativpronomen *celui-ci/celle-ci* *

– Vous voulez **un chapeau**?
– Je voudrais **celui-ci** s'il vous plaît.

– Bonjour monsieur, **deux ananas** pour 2 euros!
– Vous pouvez me donner **ceux-ci**? Ils sentent bon!

– Vous pouvez acheter **une sculpture**.
– **Celle-ci** me plaît. Elle coûte combien?

– Vous voulez aussi **des bananes**?
– Oui, **celles-ci** sont belles. J'en prends un kilo.

| • Il choisit | **ce** chapeau, | **ces** ananas, | **cette** sculpture, | **ces** bananes. |
| • Il choisit | **celui-ci,** | **ceux-ci,** | **celle-ci,** | **celles-ci.** |

[1] **le participe passé** das Partizip Perfekt   *⟨G 23⟩ fakultativ außer BY   *⟨G 24⟩ fakultativ außer HE

LEÇON 5

A G 25   *Quand ils sont arrivés, tout brûlait.* – Nebensätze (Zeit / Grund)

1. Nebensatz der Zeit

1. **Pendant que** la famille Lebrun **est** à table, la forêt **brûle**.
                          présent   présent

2. **Quand** le chien **entendait** les sirènes, il **avait** toujours peur.
              imparfait   imparfait

   Lorsque les pompiers **entendent** les sirènes, ils **s'habillent** vite.
                 présent   présent

3. **Lorsque** | les pompiers **sont arrivés,** il y **avait** des grandes flammes.
   Quand | passé composé   imparfait

1. pendant que	Während …	
2. quand / lorsque	Wenn/Immer wenn/Sobald …	(wiederholte Handlung)
3. quand / lorsque	Als …	(einmalige Handlung)

!   Quand = Wenn (**sobald / als**)   **Quand** j'arrive chez moi, j'écout**e** la radio.
                                        présent   présent

   Si   = Wenn (**falls**)   **Si** j'arrive avant 18 heures, je pourr**ai** regarder le match.
                                        présent   futur

2. Nebensatz des Grundes

Comme la famille doit rester au gymnase, un pompier leur donne des couvertures.   Da …

Bruno ne peut pas dormir **parce qu'**il est trop excité.   …, weil …

Comme …	→ steht am Satzanfang.
… parce que …	→ leitet einen Nebensatz ein.

G 26 *Léa téléphone plus souvent qu'avant.* – **Das Adverb:**
Komparativ und Superlativ *

W Komparativ und Superlativ **des Adjektivs**

Monsieur Lebrun a trouvé un poste **plus intéressant** à Aix **qu'**à Paris.

L'école de Charleval est **moins grande que** le collège d'Aix.

Le climat **le plus chaud** de France est à Marseille.

N Komparativ und Superlativ **des Adverbs**

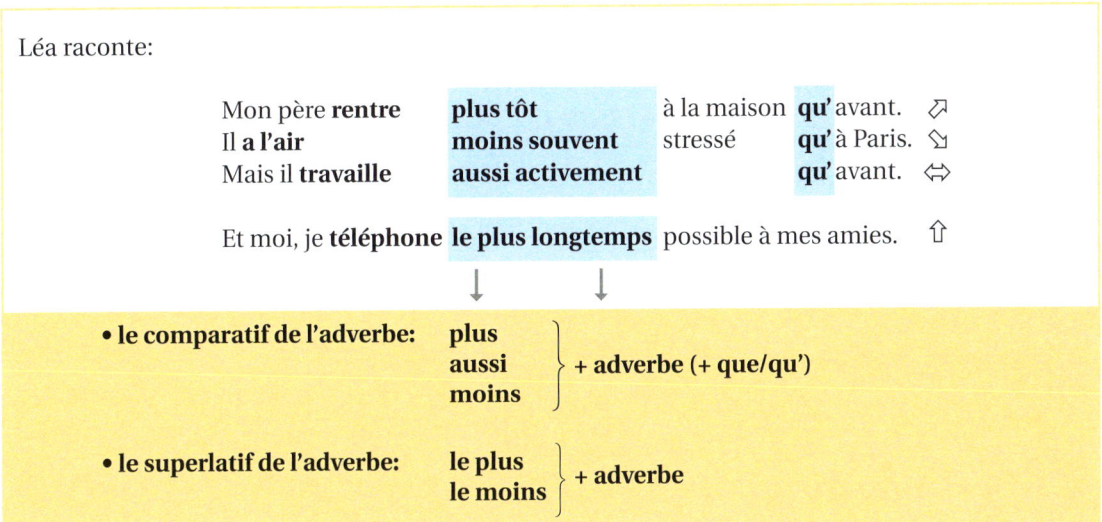

Léa raconte:

Mon père **rentre**	**plus tôt**	à la maison	**qu'**avant. ↗
Il **a l'air**	**moins souvent**	stressé	**qu'**à Paris. ↘
Mais il **travaille**	**aussi activement**		**qu'**avant. ⇔

Et moi, je **téléphone** **le plus longtemps** possible à mes amies. ⇧

- **le comparatif de l'adverbe:** plus
  aussi } + adverbe (+ que/qu')
  moins

- **le superlatif de l'adverbe:** le plus
  le moins } + adverbe

G 27 *Elle travaille bien.* – **Das Adverb** *bien* *

Au collège, Léa **travaille**	**bien.**	
Elle **travaille**	**aussi bien que**	Marie. ⇔
Dans sa nouvelle classe, elle **se sent**	**mieux qu'**	avant. ↗
Marie **écrit**	**le mieux de**	toute la classe. ⇧

	• comparatif	• superlatif
adverbe (invariable)	bien → mieux	→ **le mieux**
adjectif (variable)	bon → **meilleur**	→ **le meilleur**
	bonne → **meilleure**	→ **la meilleure**

* ⟨G 26⟩ fakultativ außer BY, BE, BB, HH, HE, SL, TH   * ⟨G 27⟩ fakultativ außer HE, ST

G 28   *Il est rapide, mais il va moins vite qu'hier.* – Das Adjektiv *rapide*
und das Adverb *vite* *

1. L'adjectif rapide

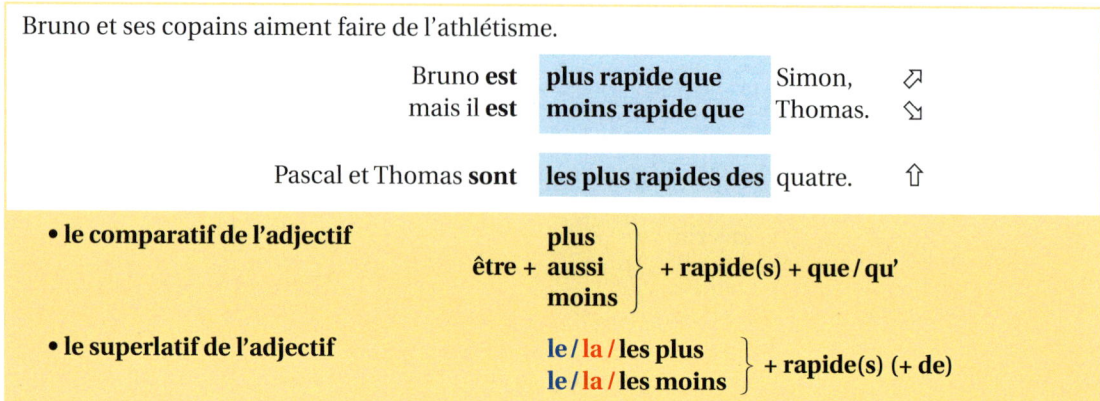

Bruno et ses copains aiment faire de l'athlétisme.

Bruno **est**	**plus rapide que**	Simon, ↗
mais il **est**	**moins rapide que**	Thomas. ↘
Pascal et Thomas **sont**	**les plus rapides des**	quatre. ⇧

- **le comparatif de l'adjectif**

être + { plus / aussi / moins } + **rapide(s) + que / qu'**

- **le superlatif de l'adjectif**

{ **le** / **la** / **les plus** / **le** / **la** / **les moins** } + **rapide(s) (+ de)**

2. L'adverbe vite

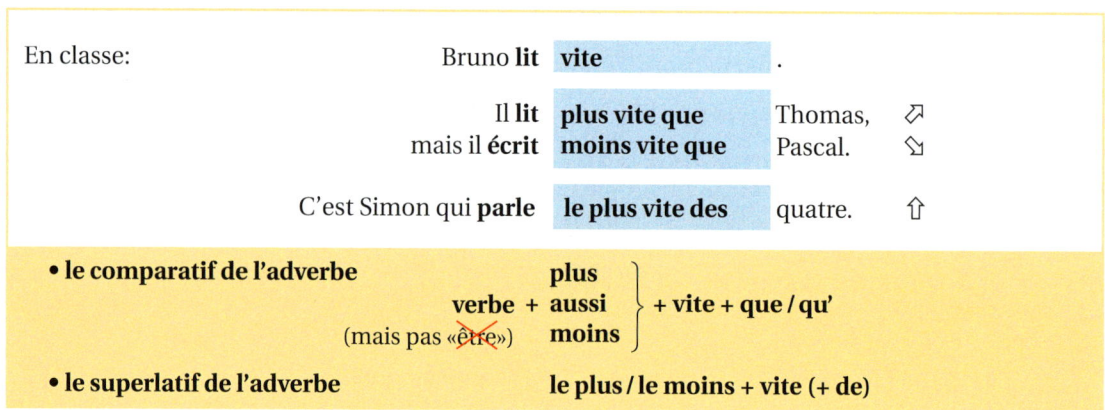

En classe:	Bruno **lit**	**vite** .
	Il **lit**	**plus vite que** Thomas, ↗
	mais il **écrit**	**moins vite que** Pascal. ↘
	C'est Simon qui **parle**	**le plus vite des** quatre. ⇧

- **le comparatif de l'adverbe**

verbe + { plus / aussi / moins } + **vite + que / qu'**
(mais pas «~~être~~»)

- **le superlatif de l'adverbe**

le plus / le moins + vite (+ de)

B **G 29**   *je suis, tu suis …* – Das Verb *suivre*

	suivre	jdm./etw. folgen		impératif:	Suis
je	**suis**				Suiv**ons** } le guide.
tu	**suis**				Suiv**ez**
il/elle/on	**suit**			passé composé:	j'ai suiv**i**
nous	suiv**ons**			imparfait:	je suiv**ais**
vous	suiv**ez**			futur simple:	je suivr**ai**
ils/elles	suiv**ent**			conditionnel:	je suivr**ais**

D/F   **Attention:**   • Je **suis** au collège.   • On **suit** le guide. → Wir **folgen dem** Fremdenführer.
(**être**)   (**suivre qn**)

* ⟨G 28⟩ fakultativ außer HE

G 30 *Nous avons été invités par les Pagano.* – Das Passiv*

1. Die Bildung

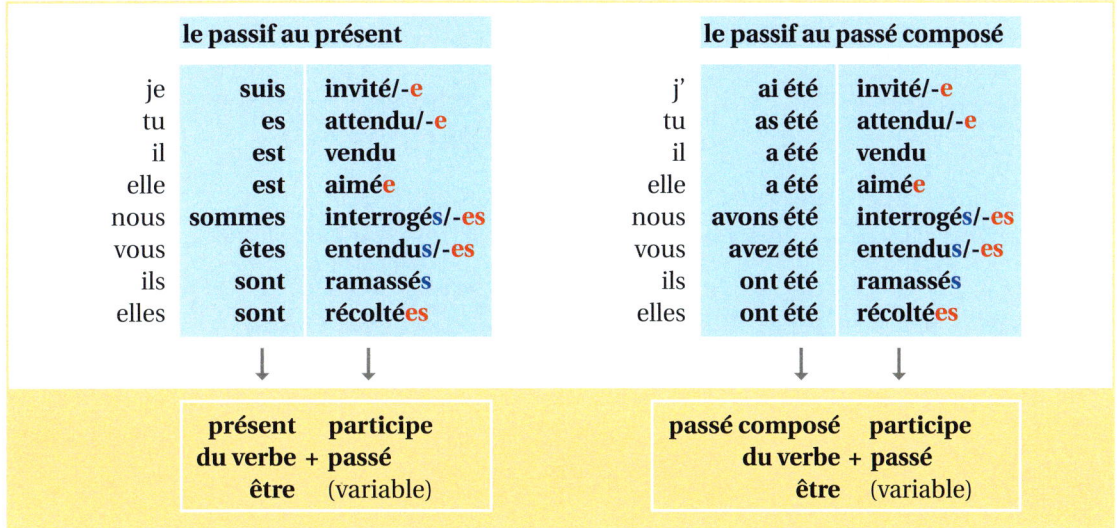

	le passif au présent			le passif au passé composé	
je	suis	invité/-e	j'	ai été	invité/-e
tu	es	attendu/-e	tu	as été	attendu/-e
il	est	vendu	il	a été	vendu
elle	est	aimée	elle	a été	aimée
nous	sommes	interrogés/-es	nous	avons été	interrogés/-es
vous	êtes	entendus/-es	vous	avez été	entendus/-es
ils	sont	ramassés	ils	ont été	ramassés
elles	sont	récoltées	elles	ont été	récoltées

présent du verbe **être** +	participe passé (variable)	passé composé du verbe **être** +	participe passé (variable)

2. Der Gebrauch: Aktivsatz und Passivsatz

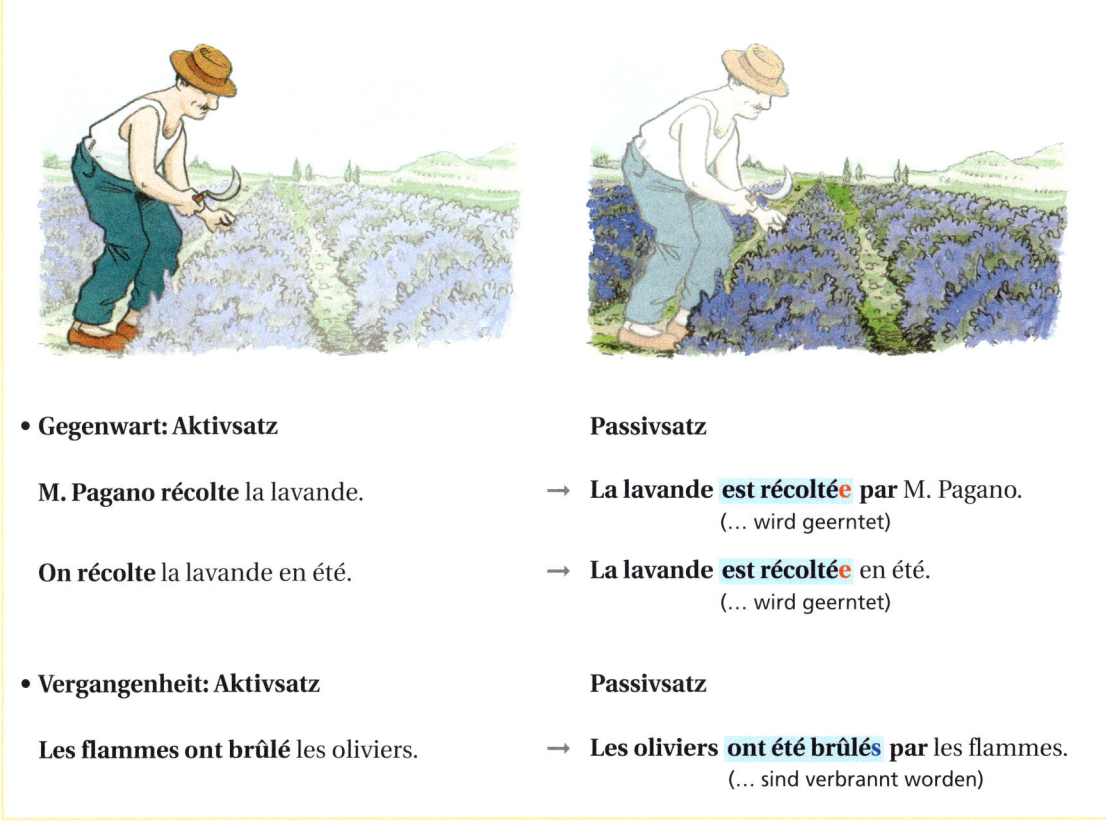

• **Gegenwart: Aktivsatz**

   M. Pagano récolte la lavande.

   On récolte la lavande en été.

Passivsatz

→ **La lavande est récoltée par** M. Pagano.
       (… wird geerntet)

→ **La lavande est récoltée** en été.
       (… wird geerntet)

• **Vergangenheit: Aktivsatz**

   Les flammes ont brûlé les oliviers.

Passivsatz

→ **Les oliviers ont été brûlés par** les flammes.
       (… sind verbrannt worden)

C G 31 *C'est à Marseille qu'il faut aller.* – **Die Hervorhebung mit**
c'est … qui / c'est … que *

1. *C'est … qui*

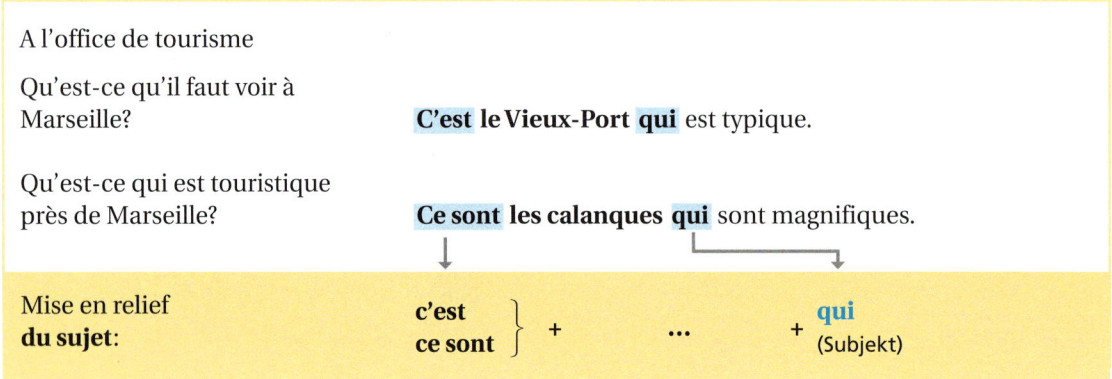

A l'office de tourisme

Qu'est-ce qu'il faut voir à Marseille?	**C'est** le Vieux-Port **qui** est typique.
Qu'est-ce qui est touristique près de Marseille?	**Ce sont** les calanques **qui** sont magnifiques.

Mise en relief **du sujet:**	c'est ce sont } + … + **qui** (Subjekt)

2. *C'est … que*

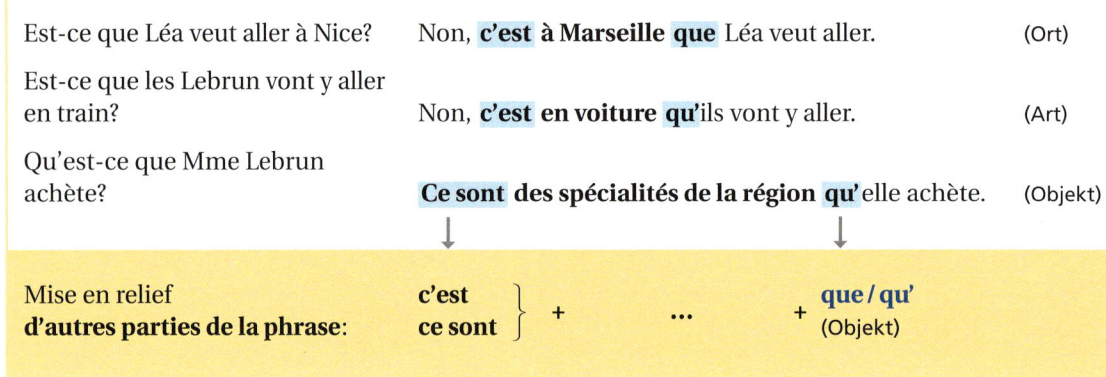

Est-ce que Léa veut aller à Nice?	Non, **c'est** à Marseille **que** Léa veut aller.	(Ort)
Est-ce que les Lebrun vont y aller en train?	Non, **c'est** en voiture **qu'**ils vont y aller.	(Art)
Qu'est-ce que Mme Lebrun achète?	**Ce sont** des spécialités de la région **qu'**elle achète.	(Objekt)

Mise en relief **d'autres parties de la phrase:**	c'est ce sont } + … + **que / qu'** (Objekt)

C'est le Château d'If **qui** m'intéresse le plus.

Moi, **c'est** le Vieux-Port **que** je voudrais voir.

* ⟨G31⟩ fakultativ außer BY, ST, TH

G 32 *Il a dit que … / Il a demandé si …* – Die indirekte Rede / Frage in der Vergangenheit

W **Präsens**

• **Die indirekte Rede**

M. Lebrun dit:
«**Je** ne **connais** pas Marseille.»

Il dit qu'il ne **connaît** pas Marseille.

• **Die indirekte Frage**

Il demande:
«Est-ce que **vous avez** une brochure?»

Il demande s'ils ont une brochure.

N **Vergangenheit**

M. Lebrun a demandé des informations à l'office de tourisme.

• **die indirekte Rede in der Vergangenheit**

M. Lebrun **a dit:** «Je ne **connais** pas Marseille.»

M. Lebrun **a dit qu'**il ne **connaissait** pas Marseille.
(passé composé)   (imparfait)

Il **a ajouté:** «Ma famille **veut** voir les calanques.»

Il **a ajouté** que sa famille **voulait** voir les calanques.
(passé composé)   (imparfait)

Elle m'**a dit** qu'il y **avait** un resto sympa près d'ici.

• **die indirekte Frage in der Vergangenheit**

M. Lebrun **a demandé:** «Est-ce qu'il y **a** un bon restaurant près du Vieux-Port?»

M. Lebrun **a demandé s'**il y **avait** un bon restaurant près du Vieux-Port.
(passé composé)   (imparfait)

La dame **a demandé:** «Est-ce que vous **cherchez** un hôtel?»

La dame **a demandé si** nous **cherchions** un hôtel.
(passé composé)   (imparfait)

passé composé + que / si + … + **imparfait**

Révisions 2

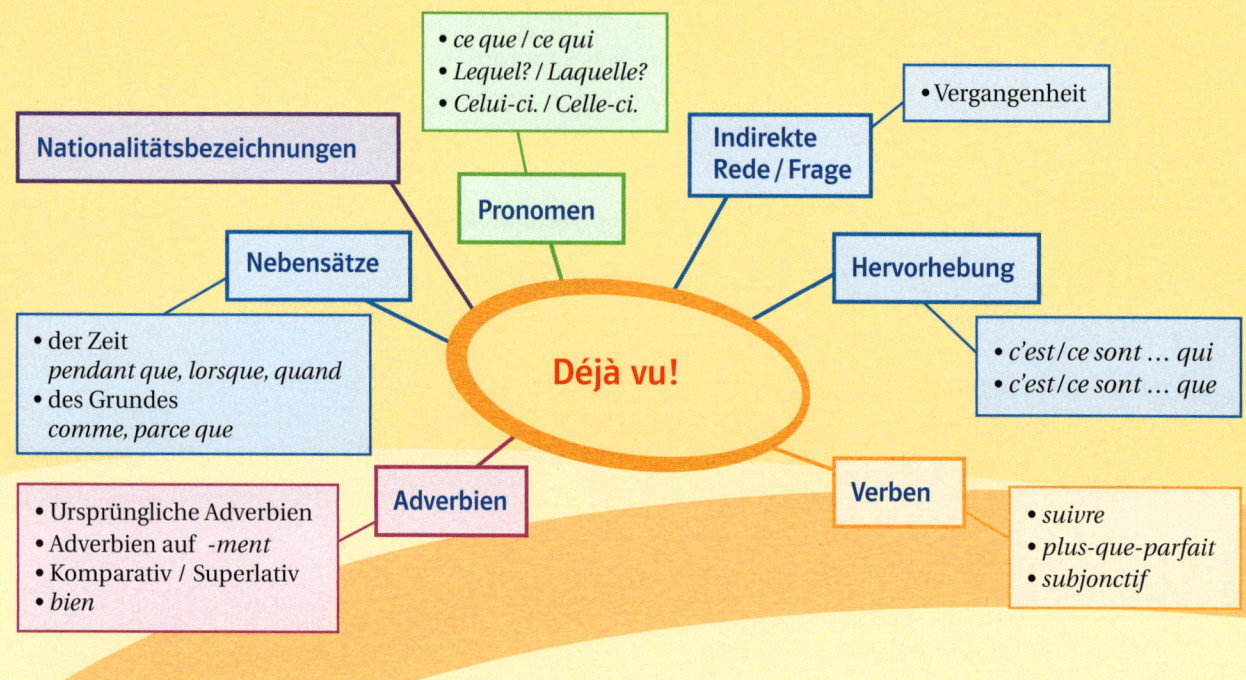

Nationalitätsbezeichnungen

- *ce que / ce qui*
- *Lequel? / Laquelle?*
- *Celui-ci. / Celle-ci.*

Pronomen

Indirekte Rede / Frage

- Vergangenheit

Nebensätze

Hervorhebung

- der Zeit
  pendant que, lorsque, quand
- des Grundes
  comme, parce que

Déjà vu!

- *c'est / ce sont … qui*
- *c'est / ce sont … que*

- Ursprüngliche Adverbien
- Adverbien auf *-ment*
- Komparativ / Superlativ
- *bien*

Adverbien

Verben

- *suivre*
- *plus-que-parfait*
- *subjonctif*

Nationalitätsbezeichnungen   G 19

les noms des habitants   **les adjectifs de nationalité**

les **Africains** / **Africaines**   les capitales **africaines**
les **Canadiens** / **Canadiennes**   les villes **canadiennes**
les **Néerlandais** / **Néerlandaises**   les villages **néerlandais**

C'est **un M**arocain.   Il **est m**arocain.

Nebensätze der Zeit / des Grundes   G 25

- **quand, lorsque, pendant que**   - **comme, parce que**

  Quand / Lorsqu' (= immer wenn) il fait beau,   **Comme** (= da) les Lebrun ont trouvé du travail
  les Lebrun mangent dehors.   en Provence, ils ont déménagé.
  Quand / Lorsqu' (= als) ils sont rentrés, il pleuvait.   Bruno est triste **parce qu'** (= weil) il a quitté
  Pendant que (= während) les parents prennent   ses copains de Paris.
  l'apéritif, les jeunes discutent.

- **Adverbien auf -ment** G 17

adjectif *(m.)*	adjectif *(f.)*	adverbe
courageux	courag**euse**	courag**eusement**
normal	normal**e**	normal**ement**
mais: **vrai** → vr**ai**ment		

- **Ursprüngliche Adverbien**

  longtemps, souvent, loin, vite, bien, tard, tôt, toujours …

- **Gebrauch**

  Normalement, Yannick travaille le soir au resto.
  Il travaille **souvent** dans la cuisine.
  Son père est **vraiment** fier de lui.

  Bezieht sich auf
  - **einen ganzen Satz,**
  - **ein Verb,**
  - **ein Adjektiv.**

Adverb: Komparativ und Superlativ G 26, 28

Marie court **plus** **vite que** Léa. ⤢
Mme Lebrun téléphone **moins** **souvent que** Léa. ⬂
Léa travaille **aussi** **sérieusement que** Marie. ⬄

Léa téléphone **le plus** **longtemps** possible. ⇧
Son père veut qu'elle téléphone **le moins** **longtemps** possible. ⇩

Adverb *bien* G 27

Johnny joue	**bien** de la guitare.	… gut
Aujourd'hui il joue	**mieux qu'**hier.	… besser als …
C'est Estelle qui chante	**le mieux du** groupe.	… am besten …

Fragepronomen *lequel / laquelle* G 20, 24
Demonstrativpronomen *celui-ci / celle-ci*

Tu achètes quel chapeau?
lequel?   **Celui-ci.**
quels ananas?
lesquels?   **Ceux-ci.**
quelle sculpture?
laquelle?   **Celle-ci.**
quelles bananes?
lesquelles?   **Celles-ci.**

Pronomen *ce qui / ce que*   G 18

Xavier: **Ce que** nous cherchons, c'est une fille sympa.
            Was … (= Objekt)
Isabelle: **Ce qui** me plaît ici, c'est l'ambiance géniale.
            Was … (= Subjekt)

Hervorhebung *c'est / ce sont … qui / que*   G 3

C'est Bruno **qui** veut devenir pompier.   • **Hervorhebung des Subjekts**

C'est en été **qu'**on récolte la lavande.   • **Hervorhebung anderer Satzteile**
Ce sont les pêches **que** Léa adore.

Plus-que-parfait: **Bildung**   G 22

	avec **avoir**			avec **être**	
j'	**avais**	**parlé**	j'	**étais**	**arrivé/-e**
tu	**avais**	**cherché**	tu	**étais**	**allé/-e**
il	**avait**	**ramassé**	il	**était**	**tombé**
elle	**avait**	**attendu**	elle	**était**	**venue**
on	**avait**	**fini**	on	**s'était**	**amusés/-es**
nous	**avions**	**eu**	nous	**étions**	**restés/-es**
vous	**aviez**	**dormi**	vous	**étiez**	**sortis/-es**
ils	**avaient**	**vu**	ils	**s'étaient**	**disputés**
elles	**avaient**	**été**	elles	**s'étaient**	**reposées**

Plus-que-parfait: **Gebrauch**   G 22

• **Il y a deux ans:**   • **L'été dernier:**   • **Maintenant:**

Eric **avait travaillé** pour gagner   Il **voulait** faire un voyage.   Eric **raconte** son voyage.
de l'argent.   Alors il **est parti** à Madagascar.

---

suivre   G 29

je	sui**s**	**impératif:** suis, suivons,
tu	sui**s**	suivez
il / elle / on	sui**t**	**passé composé:** j'ai suiv**i**
nous	suivons	**imparfait:** je suiv**ais**
vous	suivez	**futur simple:** je suivr**ai**
ils / elles	suivent	**conditionnel:** je suivr**ais**

Subjonctif: **Bildung**   G 16

présent   ils **parl**ent̶
                                     ils **répond**ent̶
                                     ils **réfléchiss**ent̶

subjonctif

Il faut
que	je	parl**e**.
que	tu	parl**es**.
qu'	il / elle / on	répond**e**.
que	nous	répond**ions**.
que	vous	réfléchiss**iez**.
qu'	ils / elles	réfléchiss**ent**.

Subjonctif: **Gebrauch**   G 16

Les Caseau veulent bien que Pia **fasse** son apprentissage chez eux.   • nach *vouloir que*
Il faut que Pia **travaille** beaucoup.   • nach *il faut que*
Elle a peur que son patron ne **soit** pas content de son travail.   • nach *avoir peur que*

Subjonctif: **besondere Formen**   G 16

	avoir	être	aller	faire	pouvoir	apprendre
que je / j'	aie	sois	aille	fasse	puisse	apprenne
que tu	aies	sois	ailles	fasses	puisses	apprennes
qu'il / elle	ait	soit	aille	fasse	puisse	apprenne
que nous	a**y**ons	so**y**ons	allions	fassions	puissions	appre**n**ions
que vous	a**y**ez	so**y**ez	alliez	fassiez	puissiez	appre**n**iez
qu'ils / elles	aient	soient	aillent	fassent	puissent	apprennent

---

• **indirekte Rede: Vergangenheit**   G 32

M. Pagano **a dit:** «Il y **a** mes ruches au bout du champ.»

M. Pagano **a dit qu'**il y **avait** ses ruches au bout du champ.
                    (imparfait)

• **indirekte Frage: Vergangenheit**

Bruno lui **a demandé:** «Vous **avez** peur des abeilles?»

Bruno **a demandé** si M. Pagano **avait** peur des abeilles.
                    (imparfait)

Vocabulaire

Lautzeichen

Vokale

[a]	madame; wie das deutsche *a*.
[e]	café, manger, regardez; geschlossenes *e*, etwa wie in *geben*.
[ɛ]	il fait, il met, il est, merci; offenes *ä*, etwa wie in *Ärger*.
[i]	il, quiche; geschlossener als das deutsche *i*, Lippen stark spreizen.
[ɔ]	l'école, alors; offenes *o*, offener als in *Loch*.
[ø]	deux, monsieur; geschlossenes *ö*, etwa wie in *böse*.
[o]	photo, allô; geschlossenes *o*, wie in *Rose*.
[œ]	sœur, neuf, heure; offenes *ö*, bei kurzem Vokal, etwa wie in *Röcke*.
[ə]	le, demain; der Laut liegt zwischen [œ] und [ø], näher bei [œ].
[u]	où; geschlossenes *u*, etwa wie in *Ufer*.
[y]	tu, rue; ähnlich dem deutschen *ü* in *Tüte*.

Nasalvokale

[ɛ̃]	un, chien, copain; nasales [ɛ]
[õ]	on, sont, nom; nasales [o]
[ã]	dans, je prends; nasales [ɑ]

Die Nasalvokale haben im Deutschen keine Entsprechung.

Beachte: *un, lundi:* Neben [ɛ̃] hört man in Frankreich auch [œ̃] = nasales [œ].

Konsonanten

[f]	frère; wie das deutsche *f* in *falsch*.
[v]	devant; wie das deutsche *w* in *werden*.
[s]	sœur, c'est, ça, rester, récréation; stimmloses *s*, wie in *Los*; als Anlaut vor Vokal ist *s* immer stimmlos.
[z]	phrase, maison, ils-arrivent, zéro; stimmhaftes *s*, wie in *Esel*; zwischen zwei Vokalen ist *s* stimmhaft.
[ʒ]	je, bonjour, géo; wie *j* in *Journalist*.
[ʃ]	je cherche; stimmloses *sch*, wie in *schön*.
[ɲ]	gagné; etwa wie in *Kognak*.
[ŋ]	in Wörtern aus dem Englischen, z. B. ping-pong.
[ʀ]	regarder; Zäpfchen-Reibelaut; wird auch am Wortende und vor Konsonant deutlich ausgesprochen.

Die nicht erwähnten Konsonanten sind den deutschen sehr ähnlich.
Bei [p], [b], [t], [d], [k], [g] ist jedoch darauf zu achten, dass sie ohne „Hauchlaut" gesprochen werden.

Halbkonsonanten

[j]	quartier; weicher als das deutsche *j* in *ja*.
[w]	oui, toi; flüchtiger [u]-Laut, gehört zum folgenden Vokal.
[ɥ]	cuisine, je suis, huit; flüchtiger [y]-Laut, gehört zum folgenden Vokal.

Das Alphabet, das Buchstabieren und die Zeichensetzung

A [a]	D [de]	G [ʒe]	J [ʒɪ]	M [ɛm]	P [pe]	S [ɛs]	V [ve]	Y [igʀɛk]
B [be]	E [ə]	H [aʃ]	K [ka]	N [ɛn]	Q [ky]	T [te]	W [dubləve]	Z [zɛd]
C [se]	F [ɛf]	I [i]	L [ɛl]	O [o]	R [ɛʀ]	U [y]	X [iks]	

.	le point	der Punkt	,	la virgule	das Komma
?	le point d'interrogation	das Fragezeichen	:	les deux points	der Doppelpunkt
!	le point d'exclamation	das Ausrufezeichen	« »	les guillemets [legijmɛ]	die Anführungszeichen

rue Sorbier	s'écrit	**en deux mots.**	arriver	s'écrit	avec **deux «r».**
rue	s'écrit	avec **une minuscule.**	café	s'écrit	avec **«e» accent aigu.**
Sorbier	s'écrit	avec **une majuscule.**	très	s'écrit	avec **«e» accent grave.**
grand-mère	s'écrit	avec **un trait d'union.**	allô	s'écrit	avec **«o» accent circonflexe.**
l'hôpital	s'écrit	avec **«l» apostrophe.**	ça	s'écrit	avec **«c» cédille.**

Hinweise zum *Vocabulaire*

Am Anfang einer neuen Lektion steht wie bisher ein allgemeiner **Vokabellerntipp**. Überlege dir, ob der Tipp für deine Art zu lernen sinnvoll ist und ob du ihn in deine eigene „Lerntippsammlung" aufnehmen willst.

Am Ende jeder Lektion kannst du im Teil *D'une langue à l'autre* überprüfen, ob du den Sinn französischer Sätze verstehst, ohne Wort für Wort zu übersetzen: Decke die französische und die deutsche Seite abwechselnd zu und überlege.

Das **Vocabulaire** hat wie bisher drei Spalten.
Die **linke Spalte** zeigt die neuen Lernwörter in der Reihenfolge des Auftretens im Buch mit der Aussprache und Angaben zum Sprachgebrauch wie z. B. *fam.* für *familier*.

Die **mittlere Spalte** hilft dir beim Lernen der Vokabeln. Sie zeigt dir in Beispielsätzen eine typische Verwendung des neuen Wortes. Du findest dort auch nützliche Tipps, Erläuterungen, Hinweise.

In der **rechten Spalte** findest du die deutsche Bedeutung des neuen französischen Lernwortes bzw. Ausdrucks.

Decke die linke Spalte ab und versuche, das neue Wort aus den Angaben in der mittleren Spalte zu erschließen. Das französische Wort wird durch eine **Tilde (~)** ersetzt. Sie kann ein einzelnes Wort oder auch mehrere Wörter ersetzen. Verändert sich das Wort im Beispielsatz, so findest du in einer Fußnote die richtige Form.

Ausdrücke, die du schon kennst …

une leçon = eine Lektion. Sie ist in folgende Teile untergliedert:

d'abord = zunächst: Hier wirst du vorab mit grammatischen bzw. lexikalischen Strukturen der Lektion vertraut gemacht,

(le) texte = *(der) Text:* Es folgt der Text des Lektionsteils,

(l')atelier = *(die) Werkstatt:* Hier stehen die Übungen des Lektionsteils,

sur place = *vor Ort:* Auf der Abschluss-Seite der Lektion findest du Informationen über Frankreich, Projektideen und Aufgaben, um das Hörverstehen zu trainieren.
Nach jeweils 2 Lektionen kannst du auswählen:

On fait des révisions. → Hier kannst du Wichtiges wiederholen.

C'est la récré (die Pause). → Hier kannst du interessante Texte außerhalb der Lektionen „schmökern".

On prépare le DELF. → Hier kannst du dich auf die DELF-Prüfung vorbereiten.

In der *Liste des mots* …

findest du leicht alle Wörter und Ausdrücke der Lektionstexte (aus Band 1–4) und der *Sur place*-Seiten (aus Band 4) in alphabetischer Reihenfolge und zwar mit Lautschrift, der deutschen Übersetzung und Angabe der ersten „Fundstelle".

Die deutsch-französische Wortliste …

führt die wichtigsten obligatorischen Lernwörter aus den Bänden 1 bis 4 ebenfalls in alphabetischer Reihenfolge.

Wichtiges Übungsvokabular …

findest du in der Übersicht *Pour faire les exercices du livre* (S. 195) und in der *Liste des mots* (S. 151).

Symbole und Abkürzungen

!	Achtung! Aufgepasst!	*ugs.*	umgangssprachlich
→	Vergleiche mit …	*vulg.*	*vulgaire* (= vulgär)
←→	Achte auf den Unterschied zwischen …	*m.*	*masculin* (= maskulin)
=	Bedeutet …/Ist gleich …	*f.*	*féminin* (= feminin)
≠	Ist das Gegenteil von …	*sg.*	*singulier* (= Singular)
F	Französisch	*pl.*	*pluriel* (= Plural)
D	Deutsch	*qc*	*quelque chose* (= etwas)
E	Englisch	*qn*	*quelqu'un* (= jemand)
✎	Achte auf die Schreibung.	*jdn.*	jemanden
◡	Achte auf die Aussprache.	*jdm.*	jemandem
fam.	*familier* (= umgangssprachlich)	*jds.*	jemandes
frz.	französisch	⟨ ⟩	fakultativ

LEÇON 1

TiPP Du lernst leichter, wenn du **Wörter** aus **einer Wortfamilie** zusammen lernst: In dieser Lektion gibt es viele Wörter, bei denen du schon mindestens ein „Familienmitglied" kennst.
Der Pfeil → gibt dir dazu den Hinweis. Lerne sie zusammen und achte auf Unterschiede.
Beispiel:
un **jeu**/des **jeux** → **jouer**

d'abord Bienvenue à la MJC *Monplaisir*

un **tableau**/des **tableaux** [ɛ̃tablo/detablo]		eine Tafel/Tabelle
une **activité** [ynaktivite]	Le mercredi après-midi, la MJC propose beaucoup d'~[1]: le judo, le club journal, la vidéo …	eine Aktivität
un **champion**/une **championne** [ɛ̃ʃɑ̃pjɔ̃/ynʃɑ̃pjɔn]	→ E̲ a champion	ein Meister/eine Meisterin
un **invité**/une **invitée** [ɛ̃nɛ̃vite/ynɛ̃vite]	→ inviter	ein Gast
un **animateur**/une **animatrice** [ɛ̃nanimatœʀ/ynanimatʀis]	Les personnes qui organisent les activités des jeunes sont des ~[2].	ein Betreuer/eine Betreuerin
un **organisateur**/une **organisatrice** [ɛ̃nɔʀganizatœʀ/ynɔʀganizatris]	→ organiser	ein Organisator/eine Organisatorin
une **rencontre** [ynʀɑ̃kɔ̃tʀ]	→ rencontrer	ein Treffen/eine Begegnung
sortir [sɔʀtiʀ]	Le journal de notre collège ~[3] en décembre et en avril.	*hier:* herauskommen/erscheinen *(Zeitung)*
un **vidéoclip** [ɛ̃videɔklip]	Mimi adore la musique. Elle regarde plein de ~[4] à la télé.	ein Videoclip
africain/**africaine** [afʀikɛ̃/afʀikɛn]	Le Sénégal est un pays ~[5].	afrikanisch
un **travail**/des **travaux** [ɛ̃tʀavaj/detʀavo]		eine Arbeit/Arbeiten

> Die Wörter auf -al und -ail bilden den Plural auf -aux:
> un journal → des journaux un travail → des travaux
> un cheval → des chevaux
> génial → géniaux

indiquer qc [ɛ̃dike]	E̲ to indicate	auf etw. hinweisen
souligner qc [suliɲe]	*Tu connais:* sous (unter) + la ligne (die Zeile)	etw. unterstreichen
une **terminaison** [yntɛʀminɛzɔ̃]		eine Endung

---

[1] activités – [2] animateurs – [3] sort
[4] vidéoclips – [5] africain

A Rendez-vous sportif!

Si les résultats viennent,
  tu seras un champion.
  [sileʀezyltavjɛntysəʀaʃɑ̃pjõ]
Larbi Benboudaoud
  [laʀbibɛnbudaud]

Wenn die Ergebnisse stimmen, wirst du Meister sein.

bekannter Judoka

> **Larbi Benboudaoud**
> … wurde 1974 in Algerien geboren. Bereits im Alter von zehn Jahren begann er mit dem Judotraining. In der Gewichtsklasse bis 66 kg wurde er mehrere Male Europameister, 1999 Weltmeister. Bei den Olympischen Spielen 2000 in Sydney gewann er die Silbermedaille.

recevoir qc [ʀəsəvwaʀ]   Pour son anniversaire, Izée a ~[1] beaucoup de cadeaux.   etw. erhalten/bekommen

> **recevoir**
> je reçois, tu reçois, il/elle/on reçoit,
> nous recevons, vous recevez, ils/elles reçoivent
> j'ai reçu

une **médaille** [ynmedaj]   Les Français ont gagné trois ~[2] à la compétition.   eine Medaille

la **date de naissance**
  [ladatdənɛsɑ̃s]   das Geburtsdatum

une **finale** [ynfinal]   → finir
Attention à l'article!   ein Finale

se souvenir de qc [səsuvəniʀdə]   sich an etw. erinnern

> **se souvenir**
> je me souviens, tu te souviens, il/elle/on se souvient,
> nous nous souvenons, vous vous souvenez, ils/elles se souviennent
> je me suis souvenu(e)

une **compétition** [ynkõpetisjõ]   → E a competition   ein Wettkampf
la **Guyane** [laguijan]   Französisch-Guyana
un **choc** [ɛ̃ʃɔk]   ein Schock
un **jeu**/des **jeux** [ɛ̃ʒø/deʒø]   → jouer   ein Spiel/Spiele
les **Jeux Olympiques**
  [leʒøzɔlɛ̃pik]   die Olympischen Spiele

s'entraîner [sɑ̃tʀɛne]   trainieren
l'**argent** *(m.)* [laʀʒɑ̃]   *Du kennst schon dieses Wort in der Bedeutung von* Geld.   das Silber

une **médaille d'argent**
  [ynmedajdaʀʒɑ̃]   eine Silbermedaille

l'**or** *(m.)* [lɔʀ]   Pour son anniversaire, Lolyta a reçu un bracelet **en** ~.   das Gold

une **médaille d'or** [ynmedajdɔʀ]   eine Goldmedaille

---

[1] reçu — [2] médailles

Malia Metella [maljametela]   *bekannte Schwimmerin*

> **Malia Metella**
> … kommt ursprünglich aus Französisch-Guyana. Für ihre Karriere als Schwimmerin trainiert sie seit dem 17. Lebensjahr im Sportinstitut *Insep* in Paris. Im Freistil über 100 Meter gewann sie 2004 die Silbermedaille bei den Olympischen Spielen in Athen.

Cayenne [kajɛn]   *Hauptstadt von Französisch-Guyana*

passer dans une (autre) équipe [pasedãzyn(otʀ)ekip]   in eine (andere) Mannschaft kommen

Eric Coussau [erikkuso]   *frz. Rollstuhlbasketballspieler*

> **Eric Coussau**
> … geboren 1972 in Dax, ist seit einem Sportunfall 1993 an den Rollstuhl gefesselt. Er spielt erfolgreich Rollstuhlbasketball beim *Toulouse Invalides Club* (TIC), der 2006 Dritter in der französischen Meisterschaft wurde.

le **basket** [ləbaskɛt]   **Le** ~ est un sport, mais **une** ~ est une chaussure!   Basketball *(als Sportart)*

depuis [dəpɥi]   Lola n'a pas gagné de médaille. ~, elle ne va plus aux compétitions.   seitdem *(Adv.)*
> **!** *Tu connais la préposition* depuis: depuis lundi (seit Montag).

un **handicapé**/une **handicapée** [ɛ̃ãdikape/ynãdikape]   ein Behinderter/eine Behinderte

> *Bisher kennst du Wörter, die mit einem* **stummen** *h anfangen:*
> **l'h**ôtel / **un** ͜ **h**ôtel.
> *Manche Wörter verhalten sich anders:*
> **le h**andball (l'handball)
> **le h**andicapé (l'handicapé)
> **les h**andicapés *(ohne Bindung)*
> **un h**amburger *(ohne Bindung)*

le **handibasket** [ləãdibaskɛt]   handicapé + basket = ~   Behindertenbasketball *(als Sportart)*

créer qc [kʀee]   etw. schaffen/gründen

> **créer**
> je crée, tu crées, il/elle/on crée,
> nous créons, vous créez, ils/elles créent
> **!** passé composé: j'ai cr**éé**
> futur: je cr**éerai**

un **fauteuil** [ɛ̃fotœj]   ein Sessel

un **fauteuil roulant** [ɛ̃fotœjʀulã]   ein Rollstuhl

les **Jeux Paralympiques** [leʒøpaʀalɛ̃pik]		die Paralympics

Die *Jeux Paralympiques* sind die Olympischen Spiele für Sportler mit einer Behinderung. Die Paralympics finden jeweils kurz nach den Olympischen Spielen statt.

gagner qc [gaɲe]	≠ perdre qc	etw. gewinnen
Dax [daks]		*Stadt in Südwestfrankreich*

B Amis pour la vie!

compter qc [kɔ̃te]		etw. zählen
un **doigt** [ɛ̃dwa]	🥣 On en a cinq à chaque main. Qu'est-ce que c'est? – ~.	ein Finger
la **confiance** [lakɔ̃fjɑ̃s]	E confi**den**ce	das Vertrauen
avoir confiance en qn [avwaʀkɔ̃fjɑ̃s]	On peut avoir ~ **en** ses amis.	Vertrauen in jdn. haben
On se téléphone. [ɔ̃s(ə)telefɔn]		Wir telefonieren miteinander.
être très ami(e/s) [ɛtʀtʀɛzami]	Amélie ~¹ **avec** sa voisine.	gut befreundet sein
fidèle/fidèle [fidɛl]	J'ai les mêmes amis depuis 4 ans: Je suis ~ **à** mes amis.	treu
une **école maternelle** [ynekɔlmatɛʀnɛl]		ein Kindergarten

Die *école maternelle* entspricht dem deutschen Kindergarten bzw. der Vorschule. Sie befindet sich in Frankreich meistens im selben Gebäude wie die Grundschule.

faire de l'escalade [fɛʀdələskalad]	→ un escalier	klettern
une **situation** [ynsityasjɔ̃]		eine Situation

C'est facile!
Les mots en *-tion* sont toujours féminins.

Moi non plus. [mwanɔ̃ply]	Marc **va** au ciné, et toi? – Pas moi. Marc **ne va pas** au ciné, et toi? – ~.	Ich auch nicht.
d'ailleurs [dajœʀ]	🥣	übrigens
plein de … [plɛ̃də]	= beaucoup de	viel/viele
rire [ʀiʀ]		lachen

rire
je ris, tu ris, il/elle/on rit, nous rions, vous riez, ils/elles rient
j'ai **ri**

une **règle** [ynʀɛgl]		eine Regel

¹ est très amie

l'**amitié** *(f.)* [lamitje] → un ami/une amie — die Freundschaft
attentif/attentive [atɑ̃tif/atɑ̃tiv] → attention — aufmerksam

C Vidéoclip

Qui est-ce qui …? [kiɛski] — ~ ne connaît pas la chanson? – C'est Patrick. — Wer …? *(Frage nach dem Subjekt)*

Qui est-ce que …? [kiɛskə] — ~ Marie invite? – Elle invite les danseurs. — Wen …? *(Frage nach dem Objekt)*

un **scénario** [ɛ̃senaʁjo] — ein Drehbuch

les **paroles** *(f.)* [lepaʁɔl] — Pour faire une chanson, il faut écrire la musique et ~. — *hier:* der Liedtext

Qu'est-ce que …? [kɛskə] — ~ fait Eric? – Il filme. — Was …? *(Frage nach dem Objekt)*

Qu'est-ce qui …? [keski] — ~ n'est pas facile? – C'est le français. — Was …? *(Frage nach dem Subjekt)*

en bas de … [ɑ̃badə] — unten/unterhalb von …

une **fenêtre** [ynf(ə)nɛtʁ] — Notre maison a une porte et huit ~[1]. — ein Fenster

le **tournage** [lətuʁnaʒ] → tourner un film — die Dreharbeiten

marcher [maʁʃe] — *hier:* funktionieren

une **caméra** [ynkameʁa] — eine Videokamera

filmer qc [filme] → un film — etw. filmen

avant [avɑ̃] — Le film est à 7 heures. On part une heure ~: à 6 heures. — vorher/zuvor/davor

un **danseur**/une **danseuse** [ɛ̃dɑ̃sœʁ/yndɑ̃søz] → danser / faire de la danse — ein Tänzer/eine Tänzerin

l'**autorisation** *(f.)* [lɔtɔʁizasjɔ̃] — die Genehmigung

réserver qc [ʁezɛʁve] → une réservation — etw. reservieren

atelier

4 le **bruit** [ləbʁɥi] — Chut! Ne fais pas de ~. — der Lärm/das Geräusch

---

D'une langue à l'autre

Cécile et moi, on se connaît depuis l'école maternelle. — Cécile und ich, wir kennen uns seit dem Kindergarten.

Je peux compter sur elle dans toutes les situations. — Ich kann mich in allen Situationen auf sie verlassen.

Elle ne me laissera jamais tomber. — Sie wird mich nie im Stich lassen.

On partage plein de choses. — Wir haben [= teilen] viele Dinge gemeinsam.

Si je vais à Paris, j'irai chez elle. — Wenn ich nach Paris fahre [= gehe], gehe ich zu ihr.

---

[1] fenêtres

LEÇON 2

TiPP Vermeide Fehler von Anfang an: Schreibe die neuen Vokabeln sorgfältig ab und kontrolliere mehrmals, ob du alles richtig geschrieben hast. Dazu gehören natürlich auch die *accents*, z. B. in *elle a déménagé*.

d'abord Vivre ensemble

vivre [vivʀ]	→ la vie	leben

> **vivre**
> je vis, tu vis, il/elle/on vit, nous vivons, vous vivez, ils/elles vivent
> j'ai **vécu**

un **million** [ɛ̃miljõ]		eine Million
un **immeuble** [ɛ̃nimœbl]	Dans les banlieues, il y a souvent des ~[1] de 10 étages.	ein Wohnhaus

> Viele französische Familien wohnen städtisch in Hochhäusern mit vielen Etagen und Wohnungen. Diese Siedlungen nennt man *cités*.

Lille [lil]		*Stadt in Nordfrankreich*

> **Lille**
> Lille ist zusammen mit *Roubaix* und *Tourcoing* das drittgrößte Ballungszentrum Frankreichs. Es liegt an der belgischen Grenze.

une **association** [ynasɔsjasjõ]		ein Verein
Paris d'amis [paʀidami]		*Verein zur Nachbarschaftshilfe*

> **Paris d'amis …**
> … wurde in *Paris* im 17. Arrondissement im Jahre 1990 als Verein zur Nachbarschaftshilfe gegründet. Es werden Patenschaften mit Menschen in sozialer, psychischer oder physischer Not vermittelt.

avoir lieu [avwaʀljø]	Les Jeux Olympiques ~[2] tous les quatre ans.	stattfinden
le **plaisir** [ləplɛziʀ]	→ plaire	das Vergnügen/die Freude
faire plaisir à qn [fɛʀplɛziʀ]		jdm. gefallen
longtemps [lõtɑ̃]	👄	lange

A Dans la cité des Rosiers

se dire qc [sədiʀ]	= penser	sich etw. sagen
ne … ni … ni … [nə…ni…ni]	Ici, les gens **ne** sont ~ gentils ~ méchants. Ils ne s'intéressent pas aux autres, c'est tout.	weder … noch
déménager [demenaʒe]	Mon père a trouvé du travail dans une autre ville. Alors nous ~[3] en juin.	umziehen

---

[1] immeubles − [2] ont lieu − [3] déménageons

regretter qn/qc [ʀəgʀɛte]	La petite épicerie du quartier a fermé. Je la ~[1] beaucoup.	jdn./etw. bedauern/vermissen
au contraire [okõtʀɛʀ]	Tu es fatigué? On arrête le match? – Mais non, ~, j'ai la pêche!	im Gegenteil

atelier

3 un **truc** *(fam.)* [ẽtʀyk]	Quand on ne connaît pas le nom de quelque chose, on peut dire: c'est ~ qui …!	ein Ding *(ugs.)*
5 la **santé** [lasãte]	être en bonne ~ ≠ être malade	die Gesundheit

La fête des voisins

Auf Initiative von *Paris d'amis* wurde im Jahre 1999 ein großes Straßenfest *Immeubles en fête* im 17. Pariser Arrondissement veranstaltet. 10.000 Bewohner aus 800 Hochhäusern nahmen an dem Fest teil.

Seit 2003 ist das Fest ein europäisches Ereignis. Am 30. Mai 2006 wurden über 5 Millionen Teilnehmer gezählt. Das Fest heißt nun *La fête des voisins*.

B Agir … en aidant les autres

agir [aʒiʀ]	→ réagir	handeln
une **année scolaire** [ynaneskɔlɛʀ]		ein Schuljahr
un **lycéen**/une **lycéenne** [ẽliseẽ/ynliseɛn]		ein Gymnasiast/eine Gymnasiastin
unique/unique [ynik]	Il n'y a qu'une tour Eiffel: elle est ~.	einzig/einzigartig
un **fils unique**/une **fille unique** [ẽfisynik/ynfijynik]	De zéro à trois ans, j'étais ~. Ensuite, ma sœur est arrivée.	ein Einzelkind
le **début** [ɬədeby]	≠ la fin	der Anfang
au début de … [odebydə]	≠ à la fin de …	am Anfang von/vom …
la **Centrafrique** [lasãtʀafʀik]	✎	Zentralafrika
permettre à qn de faire qc [pɛʀmɛtʀ]	Ce CD me ~[2] d'apprendre le français.	jdm. erlauben etw. zu tun
une **expulsion** [ynɛkspylsjõ]	En France, on ne peut pas faire d'~ en hiver: du 1er novembre au 15 mars.	eine Ausweisung/Abschiebung
le **Chili** [ɬəʃili]		Chile
Choisy-le-Roi [ʃwazilɔʀwa]		*Stadt in der Nähe von Paris*
un **sans-papiers** [ẽsãpapje]	Ce n'est pas facile quand tu es ~. Tu as toujours peur de la police et tu ne peux trouver ni travail ni appartement.	eine Person ohne Papiere/ein Illegaler

Les sans-papiers
Als *sans-papiers* bezeichnet man in Frankreich diejenigen Einwanderer, die sich ohne amtliche Genehmigung im Land aufhalten. Da sie keine Aufenthaltsgenehmigung besitzen, können sie weder eine legale Arbeit annehmen noch staatliche Hilfe beanspruchen. Mit spektakulären Protesten versuchen die Lehrer und Schüler immer wieder, von der französischen Regierung die offizielle Anerkennung der *sans-papiers* zu erreichen.

---

[1] regrette – [2] permet

apprendre qc [apʀɑ̃dʀ]	En écoutant la radio, j'ai ~[1] que les infirmiers ont fait la grève hier.	etw. erfahren
expulser qn [ɛkspylse]	→ une expulsion	jdn. ausweisen/abschieben
décider de faire qc [desidedəfɛʀ]	→ E to decide to do sth	entscheiden etw. zu tun
se mobiliser [səmɔbilize]	Il faut ~ **contre** la faim dans le monde.	sich mobilisieren/aktiv werden
une **grève** [yngʀɛv]	Dans notre entreprise, il y a des problèmes. Alors nous ne travaillons pas. Nous **faisons** la ~.	ein Streik
participer à qc [paʀtisipe]	Johnny a ~[2] **à** un concours de guitare rock et il a gagné le premier prix.	an etw. teilnehmen
une **manifestation** [ynmanifɛstasjɔ̃]	Les élèves font la grève. Ils font aussi ~ avec des grandes affiches.	eine Demonstration
courir [kuʀiʀ]		laufen/rennen

> **courir**
> je cours, tu cours, il/elle court
> nous courons, vous courez, ils/elles courent
> passé composé: j'**ai** couru; imparfait: je courais
> futur: je courrai; conditionnel: je courrais

Action contre la faim [aksjɔ̃kɔ̃tʀlafɛ̃]		Aktion gegen den Hunger

> **Action contre la faim**
> Jedes Jahr im Mai laufen Schülerinnen und Schüler vieler Klassen bis zu 10 Kilometer. Nicht der Wettbewerb, sondern gemeinsam den Kampf gegen den Hunger in der Welt aufzunehmen, ist das Ziel. Vor dem Lauf suchen sich die Schüler Sponsoren, die bereit sind, die Aktion finanziell zu unterstützen: Geld für die gute Sache zu spenden. 2005 liefen insgesamt 70.000 Kinder und sammelten 820.000 Euro!

une **course** [ynkuʀs]	→ courir	ein Lauf/Wettlauf
demander à qn de faire qc [dəmɑ̃de]	Pierre, tu as entendu? Papa te ~[3] **de** mettre la table.	jdn. bitten etw. zu tun
sécher les cours (fam.) [seʃelekuʀ]	= ne pas aller en cours	Schule schwänzen (ugs.)

> *Le verbe* **sécher** *se conjugue comme* **préférer:**
> Je sèche les cours. – Je préfère la musique.
> Nous séchons … – Nous préférons …
> Nous sècherons … – Nous préfèrerons …

obtenir qc [ɔbtəniʀ]	Grâce aux sponsors, nous avons ~[4] beaucoup d'argent.	etw. erhalten/erreichen

> **obtenir**
> *Le verbe* **obtenir** *se conjugue comme* **venir:**
> j'obtiens, tu obtiens, il/elle obtient,
> nous obtenons, vous obtenez, ils/elles obtiennent
> j'ai **obtenu**

---

[1] appris – [2] participé – [3] demande – [4] obtenu

se rendre compte de qc [səʀãdʀkõt]	*Attention:* **Elle** s'**est** rendu compte. Das *passé composé* mit *être* wird bei diesem Verb nicht angeglichen.	sich einer Sache bewusst werden
avoir la chance de faire qc [avwaʀlaʃãs]	Jonathan ~[1] **de** faire le métier qu'il aime.	das Glück haben etw. zu tun

atelier

2 **lutter** contre qc [lytekõtʀ]	= se battre contre qc	gegen etw. kämpfen
3 **Médecins Sans Frontières** [medsẽsãfʀõtjɛʀ]		Ärzte ohne Grenzen

> **Médecins sans frontières**
> Die unabhängige Hilfsorganisation kümmert sich seit 1972 darum, der Zivilbevölkerung in Kriegsgebieten und den Opfern von Naturkatastrophen schnell und professionell ärztliche Hilfe zu bringen. Sie hilft den Menschen ungeachtet ihrer ethnischen Herkunft oder ihrer politischen und religiösen Überzeugungen.

Emmaüs [ɛmays]	🥄	*soziale Bewegung um den Abbé Pierre*
4 **France Inter** [fʀãsẽtɛʀ]		*französischer nationaler Radiosender*
européen/européenne [øʀɔpeẽ/øʀɔpeɛn]	🥄 → l'Europe *(f.)*	europäisch
le **tourisme** [lətuʀism]		der Tourismus
5 **disponible/disponible** [dispɔnibl]		frei/abkömmlich
libre/libre [libʀ]		frei *(Adverb)*
volontiers [vɔlõtje]	On prend un café? – ~.	gern(e)

C La Loi du plus beau

une **loi** [ynlwa]		ein Gesetz
Marc fait passer des entretiens.		Marc führt Bewerbungsgespräche.
une **pause** [ynpoz]	Entre la 2ème et la 3ème heure de cours, on fait un quart d'heure de ~.	eine Pause
toucher qc [tuʃe]	→ E to touch sth	etw. berühren
faire entrer qn [fɛʀãtʀe]		*hier:* jdn. hereinbitten
le **suivant**/la **suivante** [ləsɥivã/lasɥivãt]		der/die Nächste
long/longue [lõ/lõg]	🥄 → longtemps	lang
bleu-vert [bløvɛʀ]		blaugrün

> **C'est facile!**
> Zusammengesetzte **Farbadjektive** sind **unveränderlich** und **mit Bindestrich verbunden**: les cheveux marron-noir, les yeux bleu-vert …

---

[1] a la chance

les **lèvres** *(f.)* [lelɛvʀ] — die Lippen

revoir qc [ʀəvwaʀ] → voir — etw. noch einmal durchsehen

un **curriculum vitæ** *(= un CV)* [ɛ̃kyʀikylɔmvitɛ] — Karol a répondu à l'annonce avec une lettre et son ~. — ein Lebenslauf

une **image** [ynimaʒ] — ein Bild

au-dessus de qc [od(ə)sydə] — über/oberhalb von etw.

un **bureau**/des **bureaux** [ɛ̃byʀo/debyʀo] — ein Schreibtisch

parfait/parfaite [paʀfɛ/paʀfɛt] — M. Herpoux adore le travail ~. — perfekt

la **connaissance** [lakɔnɛsɑ̃s] → connaître — die Bekanntschaft

faire la connaissance de qn [fɛʀlakɔnɛsɑ̃sdə] — jds. Bekanntschaft machen

J'ai été charmé de faire votre connaissance. — Es hat mich gefreut, Ihre Bekanntschaft zu machen.

serrer la main [seʀəlamɛ̃] — die Hand schütteln

le **nez** [ləne] *Attention à l'article!* — die Nase

celui/celle/ceux/celles [səlɥi/sɛl/sø/sɛl] — derjenige/diejenige/dasjenige/diejenigen

lorsque [lɔʀsk] — als/wenn *(Konjunktion)*

reculer [ʀəkyle] — zurückweichen

le **visage** [ləvizaʒ] — Les lèvres, les yeux et le nez font partie du ~. — das Gesicht

court/courte [kuʀ/kuʀt] ≠ long — kurz

caché/cachée [kaʃe] — versteckt/verborgen

se mettre à faire qc [səmɛtʀafɛʀ] = commencer à faire qc — beginnen etw. zu tun

une **boîte** [ynbwat] — eine Schachtel

Tu parles…! [typaʀl] = Tu rigoles! — Von wegen!/Was du nicht sagst!

atelier

3 **authentique/authentique** [otɑ̃tik] — authentisch

D'une langue à l'autre

Lorsqu'il a appris qu'on voulait expulser Maria, Marc a décidé de réagir. — Als Marc erfuhr, dass man Maria ausweisen wollte, beschloss er, etwas zu tun [= zu reagieren].

Salut, Maria. Je t'invite à notre manifestation qui aura lieu le 20 juin. — Hallo Maria. Ich möchte dich zu unserer Demonstration am 20 Juni einladen.

Si tu pouvais rester en France, ce serait génial! — Wenn du in Frankreich bleiben könntest, wäre es super!

Tu parles! Qui est-ce qui s'intéresserait ici à une fille du Chili? — Was du nicht sagst! Wer sollte sich hier für ein Mädchen aus Chile interessieren?

Personne ne m'aide, ni les profs du lycée ni la directrice. — Niemand hilft mir, weder die Lehrer vom Gymnasium, noch die Direktorin.

Mais si, nous, tes copains. — Aber doch. Wir, deine Freunde!

On va se battre pour toi en faisant des manifestations et en écrivant des lettres. — Wir werden für dich kämpfen, indem wir Demonstrationen veranstalten und Briefe schreiben.

LEÇON 3

d'abord Apprentis européens

un **apprenti**/une **apprentie** [ɛ̃napʀɑ̃ti/ynapʀɑ̃ti]	→ apprendre	ein Auszubildender/eine Auszubildende
grâce à [gʀasa]	Ils ont pu manger dehors ~ **au** beau temps.	dank
Leonardo da Vinci [leɔnaʀdɔdavintʃi]		*Programm zu Unterstützung Auszubildender im Ausland*

> **Leonardo da Vinci**
> Mit dem Programm *Leonardo da Vinci* möchte die Europäische Union Auszubildende und Berufsschüler dazu ermutigen, einen Teil ihrer Ausbildung im europäischen Ausland zu absolvieren. Die Teilnehmer werden dabei von der EU finanziell unterstützt.

une **partie** [ynpaʀti]	~ **de** mes vacances ≠ toutes mes vacances En vacances, ma copine passe une grande ~ **de** son temps sur la plage.	ein Teil/Abschnitt
un **apprentissage** [ɛ̃napʀɑ̃tisaʒ]	→ un/une apprenti(e)	eine Lehre
une **boulangerie-pâtisserie** [ynbulɑ̃ʒʀipatisʀi]	A la boulangerie, on achète du pain, à la pâtisserie, on achète des gâteaux. A la ~, on peut acheter les deux!	eine Bäckerei und Konditorei
un **boulanger**/une **boulangère** [ɛ̃bulɑ̃ʒe/ynbulɑ̃ʒɛʀ]	Dans ma rue, il y a un ~ qui fait du très bon pain.	ein Bäcker/eine Bäckerin
un **pâtissier**/une **pâtissière** [ɛ̃patisje/ynpatisjɛʀ]		ein Konditor/eine Konditorin
un **boulanger-pâtissier** [ɛ̃bulɑ̃ʒepatisje]		ein Bäcker und Konditor
il faut que … [ilfokə]	Je ne peux pas aller au cinéma. ~ je travaille.	man muss/es ist nötig, dass …
Il faut que Pia se réveille tôt.		Pia muss früh aufstehen.
Elle veut que … [ɛlvøkə]		Sie möchte, dass …

> **N'oublie pas!**
> Il faut que … ⎫
> Il veut que … ⎭ + SUBJONCTIF

le **patron**/la **patronne** [ləpatʀɔ̃/lapatʀɔn]	Le ~, c'est le chef de l'entreprise.	der Arbeitgeber/die Arbeitgeberin/der Chef/die Chefin
Elle veut que ses patrons soient contents d'elle.		Sie möchte, dass ihre Chefs mit ihr zufrieden sind.

un **progrès** [ɛ̃pRɔgRɛ]	Jörg est allé à Strasbourg, alors il a **fait** beaucoup de ~ **en** français.	ein Fortschritt
apprendre qc à qn [apRɑ̃dR]	M. Caseau ~¹ plein de recettes **à** Pia.	jdm. etw. beibringen
allemand/allemande [almɑ̃/almɑ̃d]	Hambourg et Berlin sont des villes ~².	deutsch
une **expérience** [ynɛkspeRjɑ̃s]	$\boxed{E}$ an experience	eine Erfahrung
profiter de qc [pRɔfitedə]	Jules ~³ **de** son stage pour apprendre des recettes de gâteaux.	von etw. profitieren
le **courage** [ləkuRaʒ]	Isabelle a du ~: elle travaille pour *Médecins sans frontières*.	der Mut
avoir le courage de faire qc [avwaRləkuRaʒdəfɛR]	Ce matin, Cédric est trop fatigué: il n'~⁴ se lever.	den Mut haben, etw. zu tun
à l'étranger [aletRɑ̃ʒe]	Si vous allez ~, vous ferez des progrès dans la langue du pays.	im/ins Ausland

A Vivre et travailler en Europe

Dijon [diʒɔ̃]		*frz. Stadt*
être **divorcé/divorcée** [ɛtRdivɔRse]	Les parents de Yannick se sont mariés, mais maintenant, il ne vivent plus ensemble: ils sont ~⁵.	geschieden sein
français/française [fRɑ̃sɛ/fRɑ̃sɛz]	Dans le monde, on aime beaucoup la cuisine ~⁶.	französisch
tenir qc [təniR]		etw. halten

> **tenir**
> *Le verbe* **tenir** *se conjugue comme* **venir**:
> je tiens, tu tiens, il/elle/on tient,
> nous tenons, vous tenez, ils/elles tiennent
> j'ai tenu

un **restaurant** = un **resto** *(fam.)* [ɛ̃RɛstɔRɑ̃/ɛ̃Rɛsto]		ein Restaurant *(ugs.)*
tenir un restaurant [təniRɛ̃RɛstɔRɑ̃]	M. Bocuse est un grand cuisinier. Il ~⁷ un grand restaurant près de Lyon.	ein Restaurant führen
par [paR]	Julie fait du sport deux fois ~ semaine.	pro
définitivement [definitivmɑ̃]	Nous déménageons. Nous partons ~.	endgültig *(Adv.)*
pollué/polluée [pɔlɥe]	Les grandes villes ne sont pas propres: elles sont souvent très ~⁸.	verschmutzt
Il faut que je m'y mette. [ilfokəʒəmimɛt]		Ich muss mich daran machen.
heureusement [øRøzmɑ̃]		glücklicherweise *(Adv.)*

> **La formation des mots**
> Im Französischen bildet man viele Adverbien mithilfe der Endung *-ment*.
> Im Deutschen enden manche Adverbien auf *-weise*.

---

¹ apprend/a appris — ² allemandes — ³ profite
⁴ a pas le courage de — ⁵ divorcés — ⁶ française
⁷ tient — ⁸ polluées

généralement [ʒeneʀalmɑ̃]	Les élèves ont ~ 15 ans quand ils sont en troisième.	im Allgemeinen
néerlandais/néerlandaise [neɛʀlɑ̃dɛ/neɛʀlɑ̃dɛz]	Mon voisin adore le fromage ~. Il parle aussi le ~.	niederländisch
espagnol/espagnole [ɛspaɲɔl]	La paëlla est un repas ~.	spanisch
les **études** (f.) [lezetyd]	La formation: on apprend un métier. Les études: on continue d'apprendre après le bac.	das Studium
une **bourse** [ynbuʀs]	~, c'est de l'argent qu'on reçoit pour faire des études.	ein Stipendium
le **programme Socrates/ Erasmus** [ləpʀɔgʀamsɔkʀatɛs/ɛʀasmys]		das Sokrates-/Erasmus-Programm

Socrates

… bietet Schülern und Studenten die Möglichkeit, am Austauschprogramm in Europa teilzunehmen. *Comenius* bietet Unterstützung für Schüleraustausch- und Schulpartnerschaftsaktivitäten an.

Erasmus

… bietet speziell Studenten und Hochschullehrern die Möglichkeit, für ein oder zwei Semester an anderen europäischen Universitäten zu studieren oder zu unterrichten. Auf diese Weise soll die Mobilität der Studenten gefördert und die Lehre an den Universitäten verbessert werden.

une **place de …** [ynplasdə]	Pia a obtenu ~[1] apprentie dans une boulangerie-pâtisserie.	ein Platz/eine Stelle als …
une **place d'assistant(e)** [yneplasdasistɑ̃(t)]	Nadine a ~ de français en Allemagne.	eine Assistentenstelle; *hier:* eine Fremdsprachen-assistentenstelle
la **connaissance** [lakɔnɛsɑ̃s]	→ connaître Quand on connaît plein de choses, on a beaucoup de ~[2].	*hier:* die Kenntnis
facilement [fasilmɑ̃]	→ facile	leicht *(Adv.)*
une **agence de voyages** [ynaʒɑ̃sdəvwajaʒ]	Les ~[3] organisent des voyages pour les touristes.	ein Reisebüro
l'**amour** (m.) [lamuʀ]	→ aimer	die Liebe

atelier

1 **proposer à qn de faire qc** [pʀɔpoze]	Julien ~[4] sa copine d'aller au cinéma.	jdm. vorschlagen etw. zu tun
6 un **travailleur**/une **travailleuse** [ɛ̃tʀavajœʀ/yntʀavajøz]	→ travailler	ein Arbeiter/eine Arbeiterin
un **électronicien**/une **électronicienne** [ɛ̃nelɛktʀɔnisjɛ̃/ynelɛktʀɔnisjen]		ein Elektroniker/eine Elektronikerin
la **sécurité** [lasekyʀite]	E security	die Sicherheit
7 **exprimer qc** [ɛkspʀime]		etw. ausdrücken

---

[1] une place d' – [2] connaissances – [3] agences de voyages – [4] propose à

B L'Europe et la paix

la **paix** [lapɛ]	☐E peace	der Friede
un **symbole** [ɛ̃sɛ̃bɔl]		ein Symbol
ce **que** [səkə]	Le patron explique à l'apprentie ~¹ elle doit faire.	was *(neutrales Relativprono-men, Objekt)*
	Les nuages sont noirs. Ça ~² qu'il va pleuvoir.	
signifier qc [siɲifie]		etw. bedeuten
un **drapeau**/des **drapeaux** [ɛ̃dʀapo/dedʀapo]		eine Fahne/Flagge
une **étoile** [ynetwal]		ein Stern
former qc [fɔʀme]		etw. bilden
un **cercle** [ɛ̃sɛʀkl]	☐E a circle	ein Kreis
représenter qc [ʀəpʀezɑ̃te]	Les 12 étoiles du drapeau ~³ les 12 premiers pays de l'Union européenne.	etw. darstellen
l'**unité** *(f.)* [lynite]	→ un	die Einheit
la **solidarité** [lasɔlidaʀite]	Quand on aide les autres et que les autres nous aident, on parle de ~.	die Solidarität
l'**harmonie** *(f.)* [laʀmɔni]		die Harmonie
un **passeport** [ɛ̃paspɔʀ]	Pour sortir de l'Union européenne, on doit montrer son ~.	ein Pass/Reisepass
l'**Union européenne** [lynjɔ̃øʀɔpeɛn]		die Europäische Union/Gemeinschaft
en dessous [ɑ̃d(ə)su]	≠ au-dessus	darunter
le **pays d'origine** [ləpeidɔʀiʒin]	Je suis européen et mon ~, c'est la France.	das Herkunftsland
la **République française** [laʀepyblikfʀɑ̃sɛz]	Le vrai nom de la France, c'est ~.	die Französische Republik/Frankreich
la **monnaie** [lamɔnɛ]	Dans beaucoup de pays d'Europe, la ~, c'est l'euro: la Belgique, l'Allemagne, la Grèce, l'Espagne, la France, l'Irlande, l'Italie, le Luxembourg, les Pays-Bas, l'Autriche, le Portugal, la Finlande et la Slovénie.	die Währung
la **monnaie unique** [lamɔnɛynik]		die einheitliche Währung
l'**hymne** *(m.)* [limn]	L'~ français s'appelle «La Marseillaise».	die Hymne
le **Conseil de l'Europe** [ləkɔ̃sɛjdələʀɔp]		der Europarat

Le Conseil de l'Europe
Der Rat der Europäischen Union ist das wichtigste Entscheidungs-gremium der EU: Er vertritt die Mitgliedstaaten. An seinen Tagungen nimmt je ein Minister aus den nationalen Regierungen der EU-Staaten teil.

la **liberté** [lalibɛʀte]	☐E liberty	die Freiheit
un **membre** [ɛ̃mɑ̃bʀ]	☐E a member	ein Mitglied
un **parlement** [ɛ̃paʀl(ə)mɑ̃]	**parler**	ein Parlament
le **Parlement européen** [ləpaʀl(ə)mɑ̃øʀɔpeɛ̃]		das Europaparlament
la **guerre** [lagɛʀ]	≠ la paix	der Krieg

¹ ce qu' – ² signifie – ³ représentent

un **homme politique** [ɛ̃nɔmpɔlitik]	→ une femme politique	ein Politiker
unir qc [yniʀ]	→ l'unité	etw. vereinigen
ce qui [səki]	Les pays européens ont une monnaie unique, ~ est plus facile pour les touristes.	was (neutrales Relativpronomen, Subjekt)
introduire qc [ɛ̃tʀɔdɥiʀ]	[E] to introduce sth	etw. einführen
circuler [siʀkyle]		sich bewegen/im Umlauf sein
librement [libʀəmɑ̃]		frei (Adv.)
seul/seule [sœl/sœl]	= unique	hier: einzig
un **pays membre** [ɛ̃peimɑ̃bʀ]		ein Mitgliedsland
la **réalité** [laʀealite]	[E] reality	die Wirklichkeit/Realität

atelier

1 **être sur le bon chemin** [ɛtʀsyʀləbɔ̃ʃ(ə)mɛ̃]	Malika a bien travaillé au lycée, elle ~[1] pour avoir son bac.	auf dem richtigen Weg sein
3 **améliorer qc** [ameljɔʀe]		etw. verbessern
5 **interpréter** [ɛ̃tɛʀpʀete]	~ un texte, c'est expliquer comment on le comprend.	interpretieren
la **majorité** [lamaʒɔʀite]	~ **des** jeunes s'intéresse à l'Europe.	die Mehrheit
souhaiter qc [swɛte]	Je te ~[2] une bonne journée. [!] Je ~[2] **que** tu **sois** heureux.	etw. wünschen
la **minorité** [laminɔʀite]	≠ la majorité	die Minderheit
d'après [dapʀɛ]	~ la radio, il va pleuvoir demain.	nach/laut
selon [səlɔ̃]	= d'après ~ les journaux, il va faire beau demain.	laut/gemäß
un **graphique** [ɛ̃gʀafik]	~, c'est plus facile à lire qu'une liste de nombres.	ein Schaubild
un **droit** [ɛ̃dʀwa]		ein Recht

C L'Auberge espagnole

une **auberge** [ynobɛʀʒ]		eine Herberge/ein Gasthaus
un **étudiant**/une **étudiante** [ɛ̃netydjɑ̃/ynetydjɑ̃t]	~ fait des études après le bac.	ein Student/eine Studentin
parisien/parisienne [paʀizjɛ̃/paʀizjɛn]	→ Paris	aus Paris
la **fac** (fam.) [lafak] (= la faculté)		die Uni (ugs.)
Barcelone [baʀsəlɔn]		Barcelona
belge/belge [bɛlʒ]		belgisch
se promener [səpʀɔmne]	Le soir, pendant les vacances, nous aimons ~[3] sur la plage.	spazieren gehen
catalan/catalane [katalɑ̃/katalan]	A Barcelone, les gens parlent l'espagnol et le ~.	katalanisch
refuser de faire qc [ʀəfyzedəfɛʀ]	= dire « non »	ablehnen etw. zu tun

Non!

---

[1] est sur le bon chemin – [2] souhaite – [3] nous promener

flamand/flamande [flamɑ̃/flamɑ̃d]		flämisch
wallon/wallonne [walɔ̃/walɔn]	En Belgique, on parle le ~ et le flamand.	wallonisch
Ça n'a rien à voir. [sanaʀjɛ̃navwaʀ]		Das hat nichts damit zu tun!
la Flandre [laflɑ̃dʀ]		Flandern
Je me fais passer pour une Française.		Ich gebe mich als Französin aus.
employer qn [ɑ̃plwaje]	→ un employé	jdn. beschäftigen
une jeune fille au pair [ynʒœnfijopɛʀ]		ein Aupairmädchen
un baby-sitter/une baby-sitter [ɛ̃bɛbisitœʀ/ynbɛbisitœʀ]		ein Babysitter
une colocation [ynkɔlɔkasjɔ̃]	Xavier habite en ~ dans un appartement de Barcelone.	eine Mietgemeinschaft/Wohngemeinschaft
la nationalité [lanasjɔnalite]		die Nationalität/Staatsangehörigkeit
un Danois/une Danoise [ɛ̃danwa/yndanwaz]	~ a une carte d'identité danoise.	ein Däne/eine Dänin
le propriétaire/la propriétaire [ləpʀɔpʀijetɛʀ/lapʀɔpʀijetɛʀ/]		der Eigentümer/Besitzer/die Eigentümerin/Besitzerin
augmenter qc [ɔgmɑ̃te]	Chaque année, les vendeurs ~[1] leurs prix.	etw. erhöhen
le loyer [ləlwaje]		die Miete

L'Auberge espagnole

Der Erfolgsfilm aus dem Jahr 2002 erzählt die Geschichte von sechs Studenten, die ein Auslandssemester an der Universität von Barcelona verbringen und gemeinsam in einer Wohnung leben. Jeder stammt aus einem anderen europäischen Land, so dass es in der WG oft nicht nur sprachlich drunter und drüber geht...

La Belgique: la Flandre et la Wallonie

In Belgien gibt es seit langem zwei Volksgruppen: die französisch sprechenden Wallonen und die flämisch sprechenden Flamen. Jede der Gruppen hat ihr eigenes Gebiet, eigene Medien und eigene Parteien. Man interessiert sich kaum für die Belange der anderen.

In Flandern ist es verpönt, Französisch zu sprechen, genauso wie in Wallonien kein Flämisch gesprochen wird. Ein Sonderfall ist die Hauptstadt Brüssel: Sie gehört sprachlich weder zu Flandern noch zu Wallonien. In Brüssel, Hauptstadt der Europäischen Union, spricht man neben vielen anderen europäischen Sprachen sowohl Flämisch als auch Französisch.

---

[1] augmentent

atelier

1 un **colocataire**/une **colocataire** → la colocation ein Mitbewohner/eine
   [ɛ̃kɔlɔkatɛʀ/ynkɔlɔkatɛʀ] Mitbewohnerin
2 une **capitale** [ynkapital] Madrid est la ~ de l'Espagne. eine Hauptstadt
4 un **interprète**/une **interprète** Naïma veut faire des études de langues, ein Dolmetscher/eine
   [ɛ̃nɛ̃tɛʀpʀɛt/ynɛ̃tɛʀpʀɛt] parce qu'elle veut devenir ~. Dolmetscherin

---

D'une langue à l'autre

Il faut que plus d'élèves aient la chance de connaître la vie professionnelle en faisant un stage pendant les vacances. Ce n'est pas facile de se lever le matin.

Marine: Je veux que les gens du journal soient contents de moi. J'ai envie de devenir journaliste, alors il faut que je me mette sérieusement au travail. Donc, je n'ai pas refusé d'écrire un article pour eux.

Es müssen mehr Schüler die Möglichkeit haben das Berufsleben kennen zu lernen, indem sie in den Ferien ein Praktikum machen. Es ist nicht leicht, morgens aufzustehen.
Marine: Ich will, dass die Zeitungsleute mit mir zufrieden sind. Ich möchte Journalistin werden, also muss ich mich ernsthaft an die Arbeit machen. Deshalb habe ich es nicht abgelehnt, einen Artikel für sie zu schreiben.

LEÇON 4

TiPP Wörter, die mit Ländernamen oder anderen geografischen Bezeichnungen zu tun haben, lernst du am besten gebündelt und verankerst jede Wortgruppe im Gehirn durch einen Blick auf den Globus: Madagascar, la langue malgache, un/une Malgache

d'abord Carnet de voyage

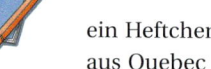

un **carnet** [ɛ̃kaʀnɛ] Un petit cahier, c'est ~. ein Heftchen
québécois/québécoise Montréal est une ville ~[1]. aus Quebec
   [kebekwa/kebekwaz]
francophone/francophone Dans les pays ~[2], on parle le français. französischsprachig
   [fʀɑ̃kɔfɔn]
réaliser qc [ʀealize] Audrey ~[3] son rêve d'enfant: devenir actrice. etw. wahr machen/
   verwirklichen

une **étape** [ynetap] ✏ -p- eine Etappe
les **Antilles** [lezɑ̃tij] die Antillen *(Inselgruppe in
   der Karibik)*

la **Martinique** [lamaʀtinik] Martinique *(frz. Antillen-
   insel)*

le **carnaval** [ləkaʀnaval] ✏ -a- der Karneval
un **Martiniquais**/une *Bewohner der Insel*
   Martiniquaise *Martinique*
   [ɛ̃maʀtinike/ynmaʀtinikɛz]

---

[1] québécoise — [2] francophones — [3] a réalisé

un **Antillais**/une **Antillaise** [ɛ̃nɑ̃tijɛ/ynɑ̃tijɛz]	Les Martiniquais sont des ~[1].	*Bewohner der Antillen*
martiniquais/martiniquaise [maʀtinikɛ/maʀtinikɛz]		aus Martinique

> **C'est facile!**
> Du hast bestimmt schon beobachtet, dass viele Namen für
> die Bewohner eines Landes und die entsprechenden Adjektive
> im Singular auf *-ais/-aise* und im Plural auf *-ais/-aises* enden.

Madagascar [madagaskaʀ]

une **île** [ynil]
un **babakoto** [babakɔtɔ]

un **conte** [ɛ̃kɔ̃t]

→ ra**conter**
Le soir, quand il est dans son lit, Antoine
adore lire des histoires ou des ~[2].

Madagaskar *(Inselstaat im Indischen Ozean)*
eine Insel
ein Babakoto *(madagassisch für Lemur)*
ein Märchen

malgache/malgache [malgaʃ]
Dakar [dakaʀ]
sénégalais/sénégalaise [senegalɛ/senegalɛz]
une **spécialité** [ynspesjalite]

madagassisch/aus Madagaskar
Hauptstadt Senegals
senegalesisch

eine Spezialität

 **Les Antilles/La Martinique**

Kleine Antillen nennt man eine Inselkette in der Karibik, bestehend aus *La Martinique, La Guadeloupe, Dominica, St. Lucia, St. Vincent, Grenada, Trinidad, Tobago, Aruba, Bonaire, Curaçao, Isla Margarita. La Martinique* ist ein französisches Überseedepartement. Die Amtssprache ist Französisch. Die Muttersprache der Bevölkerungsmehrheit ist Kreolisch, d. h. hier eine Mischung aus Französisch und der ursprünglichen Einheimischensprache der Bewohner von *La Martinique*. Als erster Europäer entdeckte Kolumbus 1502 *La Martinique*. Die Insel wurde 1635 von Frankreich kolonialisiert und gehört seitdem bis auf kurze Unterbrechungen zu Frankreich.

 Madagascar

Der Name *Madagascar* bedeutet „Große Insel". Wegen ihrer bis zu 20 m dicken roten Erdschicht wird sie auch „Rote Insel" genannt. Die viertgrößte Insel der Welt im Indischen Ozean hat eine Landfläche von 587.041 km² und ist damit so groß wie Deutschland, Holland, Belgien, Österreich und die Schweiz zusammen. Durch seine geografische Isolation besitzt *Madagascar* eine einzigartige Fauna. Urtümliche Tiergruppen wie die Lemuren und andere Halbaffen kommen nur hier vor. 1885 wurde *Madagascar* Frankreich als Interessengebiet zugesprochen. 1896 konnte sich Frankreich gegen den Widerstand der Madagassen etablieren. Nach mehreren Aufständen wurde *Madagascar* 1958 Republik in der *Communauté Française* und erlangte 1960 schließlich die Unabhängigkeit. Bis heute wird hier Französisch gesprochen.

---

[1] Antillais – [2] contes

A Vie et mort de Vaval

la **mort** [lamɔʀ]	≠ la vie	der Tod
Vaval [vaval]		*Karnevalsfigur auf Martinique*
Fort-de-France [fɔʀdəfʀɑ̃s]		*Hauptstadt von La Martinique*
être déguisé/déguisée [ɛtʀdegize]	Pour le carnaval, les habitants de Fort-de-France sont ~[1].	verkleidet sein
fêter qc [fɛte]	→ la fête	etw. feiern
un **doute** [ɛ̃dut]	Je ne suis pas sûr/sûre. = J'ai ~.	ein Zweifel
Pas de doute. [padədut]	= C'est sûr.	Kein Zweifel.
On y va! [ɔ̃niva]		Auf geht's!/Los!
un **roi** [ɛ̃ʀwa]		ein König
une **reine** [ynʀɛn]	La femme du roi, c'est la ~.	eine Königin
lequel/laquelle/lesquels/lesquelles [ləkɛl/lakɛl/lekɛl/lekɛl]	Voilà des vêtements pour le carnaval. Tu veux ~[2]?	welcher/welche/welches
dont [dɔ̃]	Cécile a reçu le cadeau ~ elle rêvait.	von der/von dem/von denen *(Relativpronomen)*
un **petit-fils/**une **petite-fille** [ɛ̃p(ə)tifis/ynp(ə)titfij]	Mon grand-père a 10 petits-enfants: 5 petites-filles et 5 petits-fils.	ein Enkel/eine Enkelin

> [!] N'oublie pas le trait d'union parce que: *une petite fille* ce n'est pas *une petite-fille!*

durer [dyʀe]	Pour Amélie, une vraie amitié ~[3] plusieurs années.	dauern/andauern
brûler (qc) [bʀyle]	✎ -û-	brennen/etw. verbrennen
une **marionnette** [ynmaʀjɔnɛt]	✎ -nn-	eine Marionette
complet/complète [kɔ̃plɛ/kɔ̃plɛt]	Les hôtels sont ~[4], il n'y a plus de chambre.	ausgebucht/voll
un **prix d'ami** [ɛ̃pʀidami]		ein Freundschaftspreis
le **créole** [ləkʀeɔl]		Kreolisch/die kreolische Sprache

> Kreolisch ist eine Sprache, die aus einer Mischung verschiedener Sprachen entstanden ist.

s'habiller en noir [sabijeɑ̃nwaʀ]		sich schwarz kleiden
sentir qc [sɑ̃tiʀ]		*hier:* etw. spüren/fühlen
recommencer [ʀəkɔmɑ̃se]	→ commencer	wieder beginnen/anfangen
le **mari** [ləmaʀi]	→ se marier, ≠ la femme	der Ehemann
le **chômage** [ləʃomaʒ]		die Arbeitslosigkeit
être au chômage [ɛtʀoʃomaʒ]	Quand on n'a plus de travail, on est au ~.	arbeitslos sein

---

[1] déguisés — [2] lesquels — [3] dure — [4] complets

atelier

2 le **déroulement** [ləderulmã]   der Ablauf
5 un **département d'Outre-mer**   ein Überseedepartement
   [ɛ̃departmãdutrəmɛr]

> **Les départements d'Outre-mer**
> Die *départements d'Outre-mer* (= DOM) entstanden 1946 aus den ehema-
> ligen Kolonien. Es sind *La Réunion, La Guadeloupe, La Martinique* und
> *La Guyane.*

la **Guadeloupe** [lagwad(ə)lup]   Guadeloupe
                                                              (frz. Überseedepartement)

la **Guinée** [lagine]   Guinea *(afrikanisches Land,*
                                                              ehemalige frz. Kolonie)

6 une **mangue** [ynmãg]   La ~ est un fruit des pays chauds.   eine Mango
   une **crème** [ynkrɛm]   eine Creme

Le carnaval

Der Karnevalsdienstag beginnt auf den Antillen mit morgendlichen Umzügen der Bevölkerung im Pyjama, gefolgt von prächtigen Paraden den ganzen Tag über und ausgelassenen Feiern am Abend. Am Aschermittwoch stürmen die Menschen als weiße und schwarze Teufel und Teufelinnen verkleidet die Straßen. Am Abend nähert sich das Ende des *carnaval* mit der Verbrennung des Karnevalkönigs *Vaval* unter den Zurufen und Klagen der Menge. Der Tag endet mit großen Volksfesten.

B Madagascar, l'île rouge

Antananarivo [ãtananarivo]   *Hauptstadt von Madagaskar*
un **artisan** / une **artisane**   ein Handwerker /
   [ɛ̃nartizã / ynartizan]   eine Handwerkerin /
                                                              ein Kunsthandwerker /
                                                              eine Kunsthandwerkerin

le **bois** [ləbwa]   das Holz
en bois [ãbwa]   Au Canada, il y a beaucoup d'arbres.   aus Holz
                             Alors les maisons sont ~.

un **lémurien** [ɛ̃lemyrjɛ̃]   ein Lemur *(in Madagaskar*
                                                              lebende Affenart)

ne … que   On **ne** trouve les lémuriens **qu'**à Madagascar.   nur
                       = On trouve les lémuriens **seulement** à
                       Madagascar.

quelque part [kɛlk(ə)par]   Nous ne savons pas où nous irons en vacan-   irgendwo
                                    ces. ~ où il y a du soleil.

se trouver [sətruver]   Où ~¹ le marché, s'il vous plaît?   sich befinden
                                    - Il est à 100 mètres d'ici.

un **taxi** [ɛ̃taksi]   ein Taxi
un **paysage** [ɛ̃peizaʒ]   Les ~² de Madagascar sont fantastiques.   eine Landschaft

---

¹ se trouve — ² paysages

extraordinaire/extraordinaire
[ɛkstʀaɔʀdinɛʀ]

Quelque chose qu'on ne voit pas souvent, c'est quelque chose d'~.

außergewöhnlich

par cœur [paʀkœʀ]   E by heart   auswendig

garder qc [gaʀde]   etw. (fest-)halten/behalten

se cacher [səkaʃe]   Quand les lémuriens ont peur, ils ~¹ dans les arbres.   sich verstecken

marron [maʀõ]

braun

! **Manche Farbadjektive sind unveränderlich:**

Les yeux *marron*   Les yeux *bleu-vert*

Aber:

Les yeux *bleus*   Les yeux *verts*

---

repartir [ʀəpaʀtiʀ]   *hier:* wieder verschwinden

car [kaʀ]   denn/weil

posséder qc [pɔsede]   Quand tu es propriétaire d'une maison, tu la ~².   etw. besitzen

un champ [ɛ̃ʃɑ̃]   Le vendeur du marché a ~ de salades.   ein Feld

une forêt [ynfɔʀɛ]   ein Wald

La formation des mots

Im Laufe der Entwicklung der französischen Sprache wurde

aus „-es-" → „-ê-"   E a forest → F une forêt

D ein Fest → F une fête

E a question → F une enquête

---

une plante [ynplɑ̃t]   En Afrique, on soigne souvent les malades avec des ~³.   eine Pflanze

la douleur [ladulœʀ]   J'ai mal au dos. = J'ai des ~⁴ dans le dos.   der Schmerz

peu de temps après
[pødətɑ̃apʀɛ]   kurze Zeit darauf

remercier qn [ʀəmɛʀsje]   Tu m'as vraiment aidé. Je te ~⁵ **de** ton aide.   jdm. danken/sich bei jdm. bedanken

sauver qn [sove]   E to save sb   jdn. retten

envoyer qc/qn [ɑ̃vwaje]   etw./jdn. schicken

---

envoyer

j'envoie, tu envoies, il/elle/on envoie,

nous envoyons, vous envoyez, ils/elles envoient

j'ai envoyé

---

protéger qn/qc [pʀɔteʒe]   E to protect   jdn./etw. schützen

atelier

3 **un aéroport** [ɛ̃naeʀɔpɔʀ]   Pour prendre l'avion, on va à l'~

ein Flughafen

---

¹ se cachent − ² possèdes − ³ plantes
⁴ douleurs − ⁵ remercie

5 un **dépliant** [ɛ̃depliɑ̃]   ein Faltblatt

un **dépliant touristique**   Dans ~, on trouve des informations sur   ein Tourismus-Infoblatt
[ɛ̃depliɑ̃tuʀistik]   une ville ou une région.

un **climat** [ɛ̃klima]   A Madagascar, il y a ~ chaud de novembre à   ein Klima
                                  avril.

un **souvenir** [ɛ̃suvəniʀ]   Eric garde plein de ~[1] dans sa tête. Mais il a   eine Erinnerung/ein Souve-
                              aussi acheté une sculpture **en** ~ de son   nir
                              voyage.

l'**office de tourisme**   On peut aller à l'~ pour trouver des dépliants   die Touristeninformation
[lɔfisdətuʀism]   sur la ville ou la région.

C Vivre et survivre en Afrique

survivre [syʀvivʀ]   → vivre   überleben
                              Il a eu de la chance. Il a ~[2] **à** la catastrophe.

un **guide**/une **guide**   Un ~, c'est **une personne** qui s'occupe des   ein Reise-/Fremdenführer
[ɛ̃gid/yngid]   groupes de touristes.
                              Mais c'est aussi **un livre** pour les touristes.

un **bidonville** [ɛ̃bidõvil]   ein Elendsviertel
construire qc [kõstʀɥiʀ]   Gustave Eiffel ~[3] la tour Eiffel.   etw. bauen
nombreux/**nombreuse**   → un nombre   zahlreich
[nõbʀø/nõbʀøz]

celui-ci/**celle-ci**/**ceux-ci**/   Tu achètes quelle robe? – ~[4].   dieser/diese/dieses
celles-ci [səlɥisi/sɛlsi/søsi/sɛlsi]

riche/**riche** [ʀiʃ]   E rich   reich
un **riche**/une **riche**   Un ~, c'est quelqu'un qui a beaucoup   ein Reicher/eine Reiche
[ɛ̃ʀiʃ/ynʀiʃ]   d'argent.

Ecopole [ekopɔle]   *Zentrum für Straßenkinder*
                                                    in Dakar

> **Ecopole: Hilfe zur Selbsthilfe**
> In vielen ärmeren Vierteln afrikanischer Großstädte ist Einfallsreichtum und Erfindergeist gefragt, um das Überleben zu sichern. Die Menschen sammeln, was andere weggeworfen haben, und verwandeln diese Abfälle in neue Produkte. Aus Getränkedosen werden Spielzeugautos, Lampen und Koffer. Eine Entwicklungshilfeorganisation hat die Schule *Ecopole* in *Dakar* gegründet, in der Kinder und Jugendliche in verschiedenen Recycling-Handwerken ausgebildet werden.

un **centre** [ɛ̃sɑ̃tʀ]   E a centre   ein Zentrum
fabriquer qc [fabʀike]   etw. herstellen
un **objet** [ɛ̃nɔbʒɛ]   Au marché, un artisan vend les ~[5] qu'il a   ein Gegenstand
                              fabriqués.

traîner [tʀɛne]   herumliegen
un **jouet** [ɛ̃ʒwɛ]   → jouer   ein Spielzeug
une **valise** [ynvaliz]   ein Koffer
un **atelier** [ɛ̃natəlje]   Dans *Tous ensemble*, la partie avec   eine Werkstatt
                           les exercices, c'est ton ~.

---

[1] souvenirs – [2] survécu – [3] a construit
[4] Celle-ci – [5] objets

le **tour du monde** [lətuʀdymõd] — die Weltreise

faire le tour du monde [fɛʀlətuʀdymõd] — *hier:* in die ganze Welt verkauft werden

la **population** [lapɔpylasjõ] — En France, ~ est de 61 millions d'habitants. — die Bevölkerung

le **Maroc** [ləmaʀɔk] — Marokko

toucher qn [tuʃe] — La faim ~[1] des millions de personnes dans le monde. — *hier:* jdn. betreffen

un **Marocain**/une **Marocaine** [ɛ̃maʀɔkɛ̃/ynmaʀɔkɛn] — La mère de ma copine est ~[2]. Elle fait un couscous super. — ein Marokkaner/eine Marokkanerin

atelier

3 **arabe/arabe** [aʀab] — arabisch

4 le **centre-ville** [ləsãtʀəvil] — Il y a Notre-Dame dans ~ de Paris. — das Stadtzentrum

la **consigne** [lakõsiɲ] — A la gare, Frédéric met sa valise à la ~. — die Gepäckaufbewahrung

une **brochure** [ynbʀɔʃyʀ] — A l'office de tourisme, on trouve des dépliants touristiques et des ~[3]. — eine Broschüre

6 le **Gabon** [ləgabõ]
le **Mali** [ləmali]
le **Niger** [ləniʒɛʀ]
le **Tchad** [lətʃad] } *afrikanische Länder*

un **gagnant**/une **gagnante** [ɛ̃gaɲã/yngaɲãt] — → gagner — ein Gewinner/eine Gewinnerin

un **Tchadien**/une **Tchadienne** [ɛ̃tʃadjɛ̃/yntʃadjɛn] — → le Tchad — ein Mann/eine Frau aus dem Tschad

une **seconde** [yns(ə)gõd] — Il y a 60 ~[4] dans une minute. — eine Sekunde

 **Le Sénégal**

Le Sénégal ist das westlichste Land Afrikas. Es liegt im Übergang der Sahelzone zu den Tropen. Östliches Nachbarland ist *le Mali*. 1845 wurde *le Sénégal* offiziell französische Kolonie. In zwei Stufen errreichte das Land seine Unabhängigkeit. 1958 wurde *le Sénégal* innerhalb der Französischen Gemeinschaften als autonome Republik ausgerufen, 1960 dann, wie fast alle französischen Kolonien, unabhängig.

Die Bevölkerung zählt etwa 11 Millionen Menschen. Die Mehrheit lebt an der Westküste, dort vor allem im Einzugsgebiet der Hauptstadt *Dakar*. Offizielle Amtssprache ist Französisch. Die Muttersprache von 80 % aller Senegalesen ist jedoch das *Wolof*.

---

[1] touche — [2] Marocaine — [3] brochures
[4] secondes

D'une langue à l'autre

En arrivant à Dakar, Eric rencontre Babakar.

Grâce à lui, Eric apprend beaucoup de choses
pendant son séjour.

Beaucoup de jeunes ont quitté leur famille et vivent
dans les bidonvilles.

Maintenant, ils sont au chômage et ils se débrouillent
pour survivre.

Ils apprennent à fabriquer des objets avec tout ce qui
traîne.

Als Eric in Dakar ankommt, trifft er Babakar.

Wegen ihm [= dank] lernt er während seines Aufent-
halts viele Dinge (kennen).

Viele Jugendliche haben ihre Familie verlassen und
wohnen in den Elendsvierteln.

Jetzt sind sie arbeitslos und schlagen sich so durch,
um zu überleben.

Sie lernen Gegenstände herzustellen aus allem, was
zu finden ist [= herumliegt].

LEÇON 5

TiPP **Entspanne dich** vor dem Vokabellernen.
Am besten „sitzen" die Vokabeln übrigens,
wenn du sie innerhalb von 24 Stunden drei-
mal **wiederholst!**

d'abord **Un feu de forêt à Charleval**

un **feu** [ɛ̃fø]   ein Feuer

> **C'est facile!**
> Die Nomen auf *-eu* bilden den Plural auf *-eux*.
> un **feu** – des **feux**
> un chev**eu** – des chev**eux**
> un **jeu** – des **jeux**

un **feu de forêt** [ɛ̃fødəfɔʀɛ]   ein Waldbrand
Aix-en-Provence [ɛksɑ̃pʀɔvɑ̃s]   *Stadt in Südfrankreich*

> **Aix-en-Provence**
> Die südfranzösische Stadt *Aix-en-Provence*, in der ungefähr 140.000
> Menschen leben, gilt wegen ihres großen kulturellen Angebots als sehr
> attraktiv. An der Universität sind ca. 30.000 Studenten eingeschrieben,
> die der Stadt ein jugendliches und lebendiges Flair verleihen.

prendre feu [pʀɑ̃dʀ(ə)fø]	La maison en bois a ~.[1]	Feuer fangen
une **aventure** [ynavɑ̃tyʀ]	**E** an a**d**venture	ein Abenteuer
un **blog** [ɛ̃blɔg]		ein Blog/Weblog
un **danger** [ɛ̃dɑ̃ʒe]	→ dangereux	eine Gefahr
pendant que [pɑ̃dɑ̃kə]	~ les Lebrun mangeaient, les pompiers sont arrivés.	während *(+ Verb)*
	→ pendant le repas *(+ Nomen)*	
le **dîner** [lədine]	Les trois repas sont: le petit-déjeuner, le déjeuner (ou repas de midi), et le soir ~.	das Abendessen

---

[1] pris feu

une **sirène** [ynsiʀɛn]	Tu entends la ~? Il y a sûrement le feu quelque part.	eine Sirene
un **pompier** [ɛ̃põpje]	Il y a le feu. Vite, appelons les ~[1]!	ein Feuerwehrmann
une **montagne** [ynmõtaɲ]	 **E** a moun**tain**	ein Berg
une **flamme** [ynflam]		eine Flamme
le **mistral** [ləmistʀal]		der Mistral
faire + *infinitif* [fɛʀ]	Les parents de Léa ne sont pas là. Alors Léa ~[2] manger son frère.	veranlassen, dass …
Les pompiers nous ont fait aller au gymnase.		Die Feuerwehrleute haben uns in die Turnhalle geschickt.
avoir peur pour qn/qc [avwaʀpœʀpuʀ]	Ma fille fait de l'escalade. Je me fais du souci: j'~[3] elle.	Angst um jdn./etw. haben
rassurer qn [ʀasyʀe]	Les Lebrun se font du souci. Alors les pompiers les ~[4] en disant: «Vous n'êtes pas en danger».	jdn. beruhigen
poster qc [pɔste]	→ la poste	etw. (bei der Post) aufgeben; *hier:* ins Internet stellen

---

 **Le mistral**

Der *mistral* ist ein starker Wind, der mit bis zu 100 km/h aus nord- bis nordwestlicher Richtung über den frz. Mittelmeerraum weht. Typisch ist ein wolkenloser dunkelblauer Himmel, gute Fernsicht, nachts ein beeindruckender Sternenhimmel.

Der *mistral* kann tagelang wehen und tritt so häufig auf, dass die Bäume im Rhônetal oft in Windrichtung nach Süden hin gebogen sind. Der trockene *mistral* entzieht dem Boden die letzte Feuchtigkeit und ist dadurch für die erhöhte Waldbrandgefahr in der *Provence* mitverantwortlich.

A   Ça va durer longtemps?

une **couverture** [ynkuvɛʀtyʀ]	Il fait froid la nuit en montagne. Tu veux encore ~ sur ton lit?	eine Decke
une **habitude** [ynabityd]	Monsieur Lebrun se lève tous les jours à 6 heures. C'est ~.	eine Gewohnheit
avoir l'habitude de faire qc	Le samedi, les Lebrun ~[5] aller au marché.	die Gewohnheit haben, etw. zu tun
très vite [tʀɛvit]	Le train va **vite**, le TGV va **très vite**, mais c'est l'avion qui va **le plus vite**.	sehr schnell
le moins longtemps [ləmwɛ̃lõtɑ̃]		am kürzesten
le plus longtemps [ləplylõtɑ̃]		am längsten
une **ferme** [ynfɛʀm]		ein Bauernhof
un **olivier** [ɛ̃ɔlivje]		ein Olivenbaum
la **lavande** [lalavɑ̃d]	C'est bleu et ça sent très bon. C'est ~.	der Lavendel
une **ruche** [ynʀyʃ]		ein Bienenstock/Bienenkorb
un **accent** [ɛ̃naksɑ̃]		ein Akzent

---

[1] pompiers — [2] fait — [3] ai peur pour
[4] rassurent — [5] ont l'habitude d'

l'**accent du Midi** [laksãdymidi]	En Provence, les gens ont ~. Ils disent «J'achèteu le paing.» pour «J'achète le pain.»!	der *Accent du Midi (typischer Akzent der Südfranzosen)*
meilleur/meilleure (que …) [mɛjœʀ(kə)]	Le miel de montagne est bon, mais le miel de monsieur Pagano est ~[1]!	besser (als …)
un **poste** [ɛ̃pɔst]	Monsieur Lebrun a **un** bon ~ dans son entreprise.	eine Stelle/Arbeitsstelle
rapide/rapide [ʀapid]		schnell *(Adjektiv)*

> **!** Le TGV **va** très **vite**. *(adverbe)*
> Le TGV **est** très **rapide**. *(adjectif)*

un **instituteur**/une **institutrice** [ɛ̃nɛ̃stitytœʀ/ynɛ̃stitytʀis]	= un/une professeur des écoles	ein Grundschullehrer/eine Grundschullehrerin
Salon-de-Provence [salõdəpʀovɑ̃s]		*Stadt in Südfrankreich*

> **Salon-de-Provence**
> Die Kleinstadt *Salon-de-Provence* liegt zwischen *Aix-en-Provence* und *Marseille* und hat ca. 34.000 Einwohner. Aus *Salon-de-Provence* stammt der Arzt *Nostradamus*, der im 16. Jahrhundert lebte und durch seine Prophezeiungen bekannt geworden ist.

… **n'est-ce pas?** [nɛspa]	**E** isn't it?	… , nicht?/ … oder?
revoir qn [ʀəvwaʀ]	→ au revoir	jdn. wiedersehen

atelier

7 un **photographe**/une **photographe** [ɛ̃fɔtɔgʀaf/ynfɔtɔgʀaf]	→ une **photo**	ein Fotograf/eine Fotografin
totalement [tɔtalmɑ̃]		vollständig/völlig

B A la ferme des Pagano

comme si [kɔmsi]	Marie est triste, mais elle fait ~ elle était contente.	als ob
suivre qn [sɥivʀ]		jdm. folgen

> **suivre**
> je suis, tu suis, il/elle/on suit,
> nous sui**vons**, vous sui**vez**, ils/elles sui**vent**
> j'ai sui**vi**

une **olive** [ynɔliv]	→ un olivier	eine Olive
récolter qc [ʀekɔlte]	Les Pagano ~[2] les olives vertes en octobre.	etw. ernten
l'**automne** *(m.)* [lotɔn]		der Herbst

---

[1] meilleur − [2] récoltent

l'**hiver** *(m.)* [livɛʀ] | **En** ~, il y a de la neige. | der Winter
un **bouquet** [ɛ̃bukɛ] | | ein Strauß; *hier:* ein Bund

sécher [seʃe] | Les vêtements ~¹ au soleil. | trocknen
faire sécher qc [fɛʀseʃe] | Ton pull est tout mouillé! Il faut le ~². | etw. trocknen lassen
parfumer qc [paʀfyme] | | etw. parfümieren

une **abeille** [ynabɛj] | | eine Biene
au bout de qc [obudə] | Les Lebrun habitent ~ la rue. | am Ende von etw.
le **miel** [ləmjɛl] | Les abeilles font ~³ dans leur ruche. | der Honig
le **printemps** [ləpʀɛ̃tɑ̃] | Il y a quatre saisons: ~, l'été, l'automne et | der Frühling
| l'hiver.
une **pêche** [ynpɛʃ] | E̲ a peach | ein Pfirsich
un **apéritif** [ɛ̃napeʀitif] | | ein Aperitif
prendre l'apéritif | | einen Aperitif nehmen
  [pʀɑ̃dʀlapeʀitif]
Marseille [maʀsɛj] | | *Hafenstadt in Südfrankreich*

Marseille
Marseille ist mit 800.000 Einwohnern nach *Paris* die zweitgrößte Stadt Frankreichs. Die Stadt ist nicht nur wegen ihres großen Mittelmeerhafens und der vielen Sehenswürdigkeiten bekannt, sondern auch aufgrund ihres erfolgreichen Fußballvereins *L'Olympique de Marseille*.

---

un **poisson** [ɛ̃pwasɔ̃] |  | ein Fisch
le **Vieux-Port** [ləvjøpɔʀ] | | *Hafenviertel von Marseille*
agréable/agréable [agʀeabl] | Au printemps, il ne fait ni trop | angenehm
| chaud, ni trop froid: c'est très ~.

atelier

1 **recevoir qn** [ʀəsəvwaʀ] | | jdn. empfangen

C Ce qu'il faut voir à Marseille …/Une journée à Marseille

l'**Orient** [lɔʀjɑ̃] | | der Osten/Orient
un **port** [ɛ̃pɔʀ] | Les bateaux s'arrêtent au ~. | ein Hafen
partir de … [paʀtirdə] | Le TGV ~⁴ Paris pour aller à Marseille. | abfahren/starten in …
la **Corse** [lakɔʀs] | | Korsika
les **calanques** *(f.)* [lekalɑ̃k] | | *zerklüftete Felsküste*

Les calanques
Östlich von *Marseille* befinden sich in einer zerklüfteten Felslandschaft malerische Buchten, die man nur zu Fuß oder per Boot erreichen kann.

---

magnifique/magnifique | | großartig
  [maɲifik]
un **château**/des **châteaux** | | ein Schloss/Schlösser; eine
  [ɛ̃ʃato/deʃato] | | Burg/Burgen

---

¹ sèchent — ² faire sécher — ³ du miel — ⁴ part de

le **Château d'If** [ləʃatodif]

Festung auf einer kleinen Insel vor Marseille

Le Château d'If
Auf einer kleinen Insel vor *Marseille* befindet sich die Festung *Château d'If*, die zuerst als Verteidigungsanlage und später als Gefängnis diente. Berühmt wurde sie vor allem als einer der Handlungsorte des Romans *Der Graf von Monte Christo* von *Alexandre Dumas*.

François Ier [fʀɑ̃swapʀəmje]
un **roman** [ɛ̃ʀomɑ̃]
Alexandre Dumas
   [alɛksɑ̃dʀdyma]
Le Comte de Monte-Christo
   [ləkõtdəmõtekʀisto]

frz. König von 1515–1547
ein Roman
frz. Schriftsteller (1802–1870)

berühmer Roman von Alexandre Dumas

Der Graf von Monte Christo
Dieser spannende Abenteuerroman von *Alexandre Dumas* spielt zum Teil in der Gefängnisfestung *Château d'If* vor *Marseille*.
Der junge Offizier *Edmont Dantès* aus *Marseille* kommt durch üble Intrigen in das berüchtigte Insel-Gefängnis *Château d'If*. Nach Jahren gelingt ihm die Flucht und durch den Schatz von *Monte Christo* der gesellschaftliche Aufstieg. Besessen von Rachegedanken, verfolgt er einen früheren Intriganten nach dem anderen …

célèbre/célèbre [selɛbʀ]
goûter qc [gute]

la **soupe au pistou** [lasupopistu]

traditionnel/traditionnelle
   [tʀadisjɔnɛl/tʀadisjɔnɛl]
provençal/provençale [pʀɔvɑ̃sal]
un **jardin** [ɛ̃ʒardɛ̃]
une **sauce** [ynsɔs]
l'**ail** [laj]
le **basilic** [ləbazilik]

l'**aïoli** *(m.)* [lajɔli]
un **croquant** [ɛ̃kʀɔkɑ̃]
marseillais/marseillaise
   [maʀsɛjɛ/maʀsɛjɛz]
une **amande** [ynamɑ̃d]
commencer qc par qc
   [kɔmɑ̃se]
un **pêcheur** [ɛ̃peʃœʀ]
la **Canebière** [lakan(ə)bjɛʀ(ə)]
typique/typique [tipik]

= très connu(e)
Au restaurant, Léa adore ~ les spécialités
   de chaque région.

✎ -nn-

→ la Provence
Devant leur maison, les Lebrun ont un grand ~.
✎
🥄

En langue provençale, on dit
   «le pistou» pour ~.

Léa adore le chocolat aux ~[1].
On ~[2] le repas **par** la soupe, puis on mangera
   du poisson.

berühmt
etw. probieren/kosten

Gemüsesuppe mit Basilikum und Knoblauch

traditionell

provenzalisch
ein Garten
eine Soße
der Knoblauch
das Basilikum

Knoblauchmajonäse
knackiger Mandelkeks
aus Marseille

eine Mandel
etw. mit etw. beginnen

ein Fischer/Angler
Prachtstraße in Marseille
typisch

---
[1] amandes – [2] commence

Métis Ta Zik [metistazik] — *frz. Musikfestival*

> **Métis ta Zik** (= Métisse ta musique)
> … ist ein Wohltätigkeitsmusikfestival, das jährlich in *Marseille* stattfindet.

Pep's [pɛps] — *frz. Musikband*

> **Pep's**
> … ist eine frz. Musikband aus *Grenoble*, die verschiedene Musikrichtungen von Jazz über Reggae bis Pop vor allem bei Live-Konzerten verbindet.

un **style** [ɛ̃stil] — ein Stil
Handicap International — *Verein zur Wiedereingliederung behinderter Menschen*
[ɑ̃dikapɛ̃tɛrnasjɔnal]

> **Handicap International**
> Seit 20 Jahren kümmert sich die Organisation um die Wiedereingliederung Behinderter in die Gesellschaft, vorrangig in Krisenregionen.

curieux/curieuse [kyrjø/kyrjøz] — E curious — neugierig
l'OM [lɔɛm] — (= **O**lympique de **M**arseille) — *Fußballclub in Marseille*
le PSG [ləpeɛsʒe] — (= **P**aris **S**aint-**G**ermain) — *Fußballclub in Paris*

atelier

2 une **promenade** [ynprɔmnad] — → se promener — ein Ausflug/Spaziergang
un **monument** [ɛ̃mɔnymɑ̃] — E a monument — ein Bauwerk
5 **impressionner qn** [ɛ̃prɛsjɔne] — jdn. beeindrucken
6 le **nord** [lənɔr] — der Norden
l'**ouest** *(m.)* [lwɛst] — der Westen
l'**est** *(m.)* [lɛst] — der Osten
un **mètre** [ɛ̃mɛtr] — La tour Montparnasse est à 500 ~¹ d'ici. — ein Meter
haut/haute [o/ot] — La tour Eiffel est la plus ~² tour de Paris. — groß/hoch
large/large [larʒ] — breit
7 **ressembler à qc** [rɛsɑ̃ble] — etw. ähneln

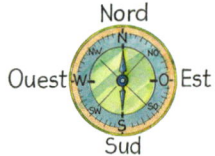

> **D'une langue à l'autre**
>
> Je suis arrivé ici, il y a moins d'un an. — Vor knapp einem Jahr bin ich hierher gekommen.
> J'ai déménagé parce que j'ai trouvé un meilleur poste en Provence qu'à Paris. — Ich bin umgezogen, weil ich in der Provence einen besseren Job als [den] in Paris gefunden habe.
> J'ai enfin obtenu le poste dont je rêvais. — Endlich habe ich die Arbeitsstelle gefunden, von der ich geträumt habe.
>
> Et ici, on vit mieux qu'à Paris, n'est-ce pas? — Und hier lebt es sich [doch] besser als in Paris, oder?
> Mais je rentre le plus souvent possible à Paris pour revoir mes amis. — Aber ich fahre so oft wie möglich nach Paris, um meine Freunde wiederzusehen.

---

¹ mètres — ² haute

Liste des mots

Die Zahlen verweisen auf das erstmalige Vorkommen der Wörter, z. B. une **adresse** [ynadʀɛs] eine Adresse **I 4B** = Band **1**, Lektion **4**, Lektionsteil **B**.

Steht nach der Lektionsteilangabe ein Komma und eine Zahl, so erfolgt die Einführung in der betreffenden Übung, Beispiel: une **information** eine Information **I 4B**,1: also Übung 1 des Lektionsteils 4 B in Band 1.

A = Lektionsteil, **B** = Lektionsteil, **C** = Lektionsteil, **E** = Einstiegsteil *d'abord*, **M** = Module, **Z** = zusätzlicher Lektionsteil *sur place*.

〈 〉 Das Zeichen bedeutet, dass das Wort an dieser Stelle nur fakultativ eingeführt und in den folgenden Lektionen nicht als bekannt vorausgesetzt wird. Fakultative Wörter bzw. Wendungen aus den Bänden 1, 2 und 3 werden wie der Wortschatz der Modules aus Band 1, 2 und 3 nicht mehr aufgelistet.

Grammatische Basiswörter wie z. B. die Subjektpronomen *je, tu* … usw. werden in der folgenden Liste in der Regel nicht aufgeführt. Grau gedruckte Vokabeln beziehen sich auf die Übungsanweisungen und gehören nicht zum Lernvokabular.

A

à *verschiedene Bedeutungen, z. B. räumlich:* in, nach *(+ Ziel); zeitlich:* bis, um [a] nach **I 5E**

A propos du texte [apʀɔpodytɛkst] Zum Text **I 2A,** 1

A vous. [avu] Jetzt seid ihr dran. **I 2B,** 2

A lundi! [alɛ̃di] Bis Montag! **I 4C**

C'est à qui? [sɛtaki] Wer ist dran? **I 7A**

à midi [amidi] mittags **I 5A**

à la fin [alafɛ̃] am Ende/zum Schluss **I 7B**

à côté de [akotedə] neben **I 8B**

à … km de … … km entfernt von … **I 9**

à 30 euros [atʀɑ̃tøʀo] zu 30 Euro **II 3E**

A plus! *(fam.)* [aplys] Bis dann! *(ugs.)*/ Tschüs! **II 4B,** 5

à droite [adʀwat] (nach) rechts **II 5B**

à gauche [agoʃ] (nach) links **II 5B**

à pied [apje] zu Fuß **II 5C**

A qui est-ce que… ? [akiɛskə] Wem …? **II 6A**

C'est à moi. [sɛtamwa] Das gehört mir. **III 6B**

à partir du texte [apaʀtiʀdytɛkst] vom Text ausgehend **III 1A,** 2

à cause de qn/qc [akozdə] wegen jdm./etw. **II 2C**

à ce moment-là [asəmɔmɑ̃la] in diesem Augenblick **III 6B**

à l'étranger [aletʀɑ̃ʒe] im Ausland **IV 3E**

grâce à [gʀasa] dank **IV 3E**

une **abeille** [ynabɛj] eine Biene **IV 5B**

un **accent** [ɛ̃naksɑ̃] ein Akzent **IV 5A**

l'**accent du Midi** [laksɑ̃dymidi] der *Accent du Midi (typischer Akzent der Südfranzosen)* **IV 5A**

un **accident** [ɛ̃naksidɑ̃] ein Unfall **II 4A,** 4

être d'accord pour faire qc [ɛtʀdakɔʀpuʀfɛʀ] damit einverstanden sein, etw. zu tun **III 6A**

l'**accord du participe passé** [lakɔʀdypaʀtisippase] die Angleichung des participe passé **III 2C,** 4

accuser qn [akyze] jdn. beschuldigen/ anklagen **II 2C**

acheter qc [aʃte] etw. kaufen/einkaufen **I 7A**

s'**acheter qc** [saʃte] sich etw. kaufen **III 3A**

un **acteur**/une **actrice** [ɛ̃naktœʀ/ ynaktʀis] ein Schauspieler/eine Schauspielerin **III 3E**

actif/active [aktif/aktiv] aktiv **III 4A,** 4

une **activité** [ynaktivite] eine Aktivität **IV 1E**

l'**actualité** *(f.)* [laktɥalite] das Tagesgeschehen **III 5E**

un **adjectif** [ɛ̃nadʒɛktif] ein Adjektiv **IV 3A,** 4

une **administration** **IV 2B**

adorer qn/qc [adɔʀe] jdn./etw. (sehr) lieben/am liebsten haben/mögen **I 4B**

une **adresse** [ynadʀɛs] eine Adresse **I 4B**

une adresse e-mail [ynadʀɛsimel] eine E-Mail-Adresse **I 4C,** 2

adroit/adroite [adʀwa/adʀwat] geschickt **III 5E**

un **adverbe** [ɛ̃nadvɛʀb] ein Adverb **IV 3A,** 4

un **aéroport** [ɛ̃naeʀɔpɔʀ] ein Flughafen **IV 4B,** 3

les **affaires** *(f., pl.)* [lezafɛʀ] die Sachen **II 3A**

faire une affaire/des affaires [fɛʀynafɛʀ/dezafɛʀ] ein Schnäppchen machen/etw. günstig einkaufen **II 3A**

une **affiche** [ynafiʃ] ein Plakat **I 8E**

africain/africaine [afʀikɛ̃/afʀikɛn] afrikanisch **IV 1E**

l'**âge** *(m.)* [laʒ] das Alter **I 4B**

Elles ont quel âge? [ɛlzɔ̃kelaʒ] Wie alt sind sie? **I 4C,** 2

les garçons de mon âge [legaʀsɔ̃dəmɔ̃naʒ] die Jungen in meinem Alter **II 7E**

à ton âge [atɔ̃naʒ] in deinem Alter **III 4B**

une **agence** [ynaʒɑ̃s] eine Agentur **III 4A**

une agence de pub *(fam.)* [ynaʒɑ̃sdəpyb] eine Werbeagentur *(ugs.)* **III 4A**

une agence de voyages [ynaʒɑ̃sdəvwajaʒ] ein Reisebüro **IV 3A**

un **agent** [ɛ̃naʒɑ̃] ein Polizist **I 2A**

agir [aʒiʀ] handeln **IV 2B**

agréable/agréable [agʀeab] angenehm **IV 5B**

agressif/agressive [agʀɛsif/agʀɛsiv] aggressiv/angriffslustig **III 4A**

l'**aide** *(f.)* [lɛd] die Hilfe **II 7**

offrir son aide à qn [ɔfʀiʀsɔ̃nɛd] jdm. seine Hilfe anbieten **II 7**

aider qn [ɛde] jdm. helfen **II 4C**

Aïe! [aj] Aua! **II 2A**

l'**ail** [laj] der Knoblauch **IV 5C**

l'**aïoli** *(m.)* [lajɔli] die Aïoli *(Knoblauchmajonäse)* **IV 5C**

ailleurs [ajœʀ] woanders **III 4C,** 4

Va voir ailleurs. *(fam.)* [vavwaʀajœʀ] Hau ab. *(ugs.)* **III 4C,** 4

d'ailleurs [dajœʀ] übrigens **IV 1B**

aimer qn/qc [ɛme] jdn./etw. gern mögen/lieben **I 3E**

aimer faire qc [ɛmefɛʀ] etw. gern tun **I 4C**

avoir l'air *(m.)* [avwaʀlɛʀ] aussehen/ scheinen **III 3B**

une **aire d'autoroute** [ynɛʀdotoʀut] eine Autobahnraststätte **III 6A**

ajouter qc [aʒute] etw. hinzufügen **II 4A**

l'**allemand** *(m.)* [lalmɑ̃] das Deutsche/ die deutsche Sprache **I 4C**

un/une prof d'allemand *(fam.)* [ɛ̃/ ynpʀɔfdalmɑ̃] ein Deutschlehrer/eine Deutschlehrerin *(ugs.)* **I 4E**

avoir allemand [avwaʀalmɑ̃] Deutsch/ Deutschunterricht haben **I 4C**

Liste des mots

allemand/allemande [almã/almãd]
deutsch **IV 3E**

un Allemand/une Allemande [ɛ̃almã/ynalmãd] ein Deutscher/eine Deutsche **II 6A, 5**

aller [ale] gehen/fahren **I 5E**
Ça va. [sava] Es geht (mir) gut. **I 1**
Ça va? [sava] Wie geht's? **I 1**
aller aux toilettes [aleotwalɛt] auf die Toilette gehen **I 5E**
Tu vas où? [tyvau] Wohin gehst du? **I 5A, 2**
aller faire qc [alefɛʀ] etw. tun werden **I 8E**
aller à qn [ale] jdm. passen/stehen **II 3A**
Elles te vont super bien. *(fam.)* [ɛltəvõsypɛʀbjɛ̃] Sie passen/stehen dir supergut. *(ugs.)* **II 3A**
Je vais t'expliquer! [ʒəvɛtɛksplike] Ich kann's dir erklären! **II 3C**
aller voir qn [alevwaʀ] zu jdm. gehen/jdn. besuchen **II 6A**
Ça ne va pas, non? *(fam.)* [san(ə)vapanõ] Du spinnst wohl! *(ugs.)* **III 1A**
Va voir ailleurs. *(fam.)* [vavwaʀajœʀ] Hau ab. *(ugs.)* **III 4C, 4**
Où vas-tu? [uvaty] Wohin gehst du? **III 6C**
On y va! [õniva] Auf geht's!/Los! **IV 4A**

aller chercher qc [aleʃɛʀʃe] etw. holen (gehen)/suchen **II 1**

un aller-retour [ɛ̃naleʀətuʀ] eine Rückfahrkarte **II 5B, 5**

un aller simple [ɛ̃nalesɛ̃pl] eine (einfache) Fahrkarte **II 5B, 5**

Allez! [ale] Los! **I 7E**

Allô? [alo] Hallo? *(am Telefon)* **I 4C**

alors [alɔʀ] also **I 3A**
Et alors? [ealɔʀ] Na/Ja und? **II 3C**
Ça alors! [saalɔʀ] Das gibt's doch nicht!/Also sag mal! *(Ausdruck des Erstaunens/der Entrüstung)* **II 4B**

une amande [ynamãd] eine Mandel **IV 5C**

une ambiance [ynãbjãs] eine Stimmung **I 8B**
une ambiance d'enfer [ynãbjãsdãfɛʀ] eine Superstimmung **I 8B**
mettre de l'ambiance *(f.)* [mɛtʀdəlãbjãs] für Stimmung sorgen **III 1A**

l'ambition *(f.)* [lãbisjõ] der Ehrgeiz/die Ambition **III 5B**
avoir de l'ambition *(f.)* [avwaʀdəlãbisjõ] ehrgeizig sein **III 5B**

améliorer qc [ameljɔʀe] etw. verbessern **IV 3B, 3**

américain/américaine [ameʀikɛ̃/ameʀikɛn] amerikanisch ⟨**IV 3Z**⟩

un ami/une amie [ɛ̃nami/ynami] ein Freund/eine Freundin **II 2B**
être très ami(e/s) [ɛtʀtʀɛzami] gut befreundet sein **IV 1B**
un prix d'ami [ɛ̃pʀidami] ein Freundschaftspreis **IV 4A**

l'amitié *(f.)* die Freundschaft **IV 1B**

l'amour *(m.)* [lamuʀ] die Liebe **IV 3A**

s'amuser [samyze] Spaß haben/sich amüsieren **III 2B**

un an [ɛ̃nã] ein Jahr **I 4B**

un ananas [ɛ̃nanana(s)] eine Ananas **I 7E**

en anglais [ãnãglɛ] auf Englisch **III 2A**

un animal/des animaux [ɛ̃nanimal/dezanimo] ein Tier/Tiere ⟨**IV 3Z**⟩

un animateur/une animatrice [ɛ̃nanimatœʀ/ynanimatʀis] ein Fernsehmoderator/eine Fensehmoderatorin/ein Radiosprecher/eine Radiosprecherin **III 5E**; ein Betreuer/eine Betreuerin **IV 1E**

une année [ynane] ein Jahr **II 6C**
une année scolaire [ynaneskɔlɛʀ] ein Schuljahr **IV 2B**

un anniversaire [ɛ̃naniveʀsɛʀ] ein Geburtstag **I 3A**
un cadeau d'anniversaire [ɛ̃kadodaniveʀsɛʀ] ein Geburtstagsgeschenk **I 3B**
une fête d'anniversaire [ynfɛtdaniveʀsɛʀ] eine Geburtstagsfete/Geburtstagsparty **I 8B, 5**

une annonce [ynanõs] eine Anzeige **III 3E**

anonyme [anɔnim] anonym; *hier:* ohne Absender **II 2B**

un anorak [ɛ̃nanɔʀak] ein Anorak **II 3E**

un Antillais/une Antillaise [ɛ̃nãtijɛ/ynãtijɛz] ein Mann/eine Frau von den Antillen **IV 4E**

août *(m.)* [ut] August **I 8A, 4**

un apéritif [ɛ̃napeʀitif] ein Aperitif **IV 5B**
prendre l'apéritif [pʀãdʀlapeʀitif] einen Aperitif nehmen **IV 5B**

un appareil [ɛ̃napaʀɛj] ein Apparat **III 5B, 4**
un appareil photo [ɛ̃napaʀɛjfoto] ein Fotoapparat **II 5A**
à l'appareil [alapaʀɛj] am Telefon/Apparat **III 5B, 4**

un appartement [ɛ̃napaʀtəmã] eine Wohnung **I 3A, 8**

s'appeler [sap(ə)le] heißen **III 3C**
appeler qn [aple] jdn. anrufen **III 1B**; *hier:* jdn. aufrufen **III 3A**

l'appétit *(m.)* [lapeti] der Appetit **I 6C**
Bon appétit! [bɔnapeti] Guten Appetit! **I 6C**

applaudir qn [aplodiʀ] jdm. applaudieren/(Beifall) klatschen **III 1A**

apporter qc [apɔʀte] etw. bringen/mitbringen **I 7C**

apprendre qc [apʀãdʀ] etw. lernen **I 7C**
Apprenez par cœur. [apʀəneparkœʀ] Lernt auswendig. **I 9, 4**

apprendre qc [apʀãdʀ] etw. erfahren **IV 2B**

apprendre qc à qn [apʀãdʀ] jdm. etw. beibringen **IV 3E**

un apprenti/une apprentie [ɛ̃napʀãti/ynapʀãti] ein Auszubildender/eine Auszubildende **IV 3E**

un apprentissage [ɛ̃napʀãtisaʒ] eine Lehre **IV 3E**

s'approcher de qn [sapʀɔʃe] sich jdm. nähern **III 6A**

après [apʀɛ] nach *(zeitlich)* **I 5A**

après (ça) [apʀɛ(sa)] danach/dann **II 6C, 4**

un après-midi [ɛ̃napʀɛmidi] ein Nachmittag **I 5B**
cet après-midi [sɛtapʀɛmidi] heute Nachmittag **II 3B**

arabe/arabe [aʀab] arabisch **IV 4C, 3**

un arbre [ɛ̃naʀbʀ] ein Baum **III 6C**

l'argent *(m.)* [laʀʒã] das Geld **II 4A**
l'argent de poche *(m.)* das Taschengeld **II 7**
l'argent *(m.)* [laʀʒã] das Silber **IV 1A**

arrêter [aʀɛte] aufhören **I 6C**
arrêter la musique [aʀɛtelamyzik] die Musik ausmachen **I 7C**
s'arrêter [saʀɛte] anhalten **III 6A**

arrêter qn [aʀɛte] *hier:* jdn. festnehmen **II 2B**

l'arrivée *(f.)* [laʀive] die Ankunft **II 5A**

arriver [aʀive] (an)kommen **I 5A**

un article [ɛ̃naʀtikl] ein Artikel/Zeitungsartikel **I 4E**

un artisan/une artisane [ɛ̃naʀtizã/ynaʀtizan] ein Handwerker/eine Handwerkerin/ein Kunsthandwerker/eine Kunsthandwerkerin **IV 4B**

un artiste/une artiste [ɛ̃naʀtist/ynaʀtist] ein Künstler/eine Künstlerin **III 6B**

un ascenseur [ɛ̃nasãsœʀ] ein Fahrstuhl/Aufzug **I 6A**

assemblé/assemblée [asãble] zusammengesetzt ⟨**IV 3Z**⟩

Liste des mots

assez [ase] genug **II 7**
  assez de … [asedə] genug … **II 7**
  assez *(+ adj.)* [ase] ziemlich **III 6B**
une **assiette** [ynasjɛt] ein Teller **II 4C**
un **assistant**/une **assistante** [ɛ̃nasistɑ̃/ynasistɑ̃t] ein Assistent/eine Assistentin **III 5B**
une **place d'assistante** [yneplasdasistɑ̃t] eine Assistentenstelle; *hier:* eine Fremdsprachenassistentenstelle **IV 3A**
une **association** [ynasɔsjasjɔ̃] ein Verein **IV 2E**
un **atelier** [ɛ̃natəlje] ein Club **III 4A**; eine Werkstatt/ein Atelier **I 1**; **IV 4C**
l'**athlétisme** *(m.)* [latletism] (die) Leichtathletik **II 1E**
  faire de l'athlétisme *(m.)* [fɛʁdəlatletism] Leichtathletik machen **II 1E**
attendre qn/qc [atɑ̃dʁ] auf jdn./etw. warten **II 5C**
attentif/attentive [atɑ̃tif/atɑ̃tiv] aufmerksam **IV 1B**
Attention! [atɑ̃sjɔ̃] Achtung! **II 5A**
  Attention au départ! [atɑ̃sjɔ̃odepaʁ] Vorsicht bei der Abfahrt! **II 5A**
au lieu de [oljødə] (an)statt **III 5C**
au-dessus de qc [od(ə)sydə] über/oberhalb von etw. **IV 2C**
une **auberge** [ynobɛʁʒ] eine Herberge/ein Gasthaus **IV 3C**
  une auberge de jeunesse [ynobɛʁʒdəʒœnɛs] eine Jugendherberge **III 3A**
une **audition** [ynodisjɔ̃] ein Vorsprechen **III 3E**
augmenter qc [ɔgmɑ̃te] etw. erhöhen **IV 3C**
aujourd'hui [oʒuʁdɥi] heute **I 7E**
aussi [osi] auch **I 2A**
aussi … que [osi … kə] so … wie **III 6E**
un **auteur** [ɛ̃notœʁ] ein Autor **IV 2A, 4**
authentique/authentique [otɑ̃tik] authentisch **IV 2C, 3**
un **autographe** [ɛ̃nɔtɔgʁaf] ein Autogramm **III 5C**
l'**automne** *(m.)* [lotɔn] der Herbst **IV 5B**
l'**autorisation** *(f.)* die Genehmigung **IV 1C**
une **autoroute** [ynotoʁut] eine Autobahn **III 6A**
autour de … [otuʁdə] um … herum **III 1B**
autre [otʁ(ə)] anderer/andere/anderes **II 6C**
  d'autres [dotʁ] andere **III 2C**
avant [avɑ̃] vorher/zuvor/davor **IV 1C**

avant [avɑ̃] vor *(zeitlich)* **I 8A**
avec [avɛk] mit **I 1**
  avec moi [avɛkmwa] mit mir **I 3E**
  avec qui [avɛk(k)i] mit wem **I 5B, 4**
une **aventure** [ynavɑ̃tyʁ] ein Abenteuer **IV 5E**
un **avion** [ɛ̃navjɔ̃] ein Flugzeug **III 6A**
un **avion de ligne** [ɛ̃navjɔ̃dəliɲ] ein Linienflugzeug ⟨**IV 3Z**⟩
un **avis** [ɛ̃navi] eine Meinung/Ansicht **II 6C, 2**
  à mon avis [amɔnavi] meiner Meinung nach **II 6C, 2**
  donner son avis [dɔnesɔnavi] seine Meinung sagen **II 6C, 2**
un **avocat**/une **avocate** [ɛ̃navɔka] ein Anwalt ⟨**IV 5Z**⟩
avoir [avwaʁ] haben **I 4C**
  Elles ont quel âge? [ɛlzɔ̃kɛlaʒ] Wie alt sind sie? **I 4C, 2**
  avoir allemand [avwaʁalmɑ̃] Deutsch/Deutschunterricht haben **I 4C**
  avoir rendez-vous avec qn [avwaʁʁɑ̃devu] eine Verabredung mit jdm. haben/sich mit jdm. treffen **I 4C**
  avoir mal à la tête [avwaʁmalalatɛt] Kopfschmerzen haben **I 5B**
  avoir envie *(f.)* [avwaʁɑ̃vi] Lust haben **I 6A**
  avoir faim *(f.)* [avwaʁfɛ̃] Hunger haben **I 6B**
  avoir de la chance [avwaʁdəlaʃɑ̃s] Glück haben **I 7C**
  avoir soif [avwaʁswaf] Durst haben **I 8B**
  J'ai mal! [ʒemal] Das tut mir weh! **II 2A**
  avoir peur de qn/qc [avwaʁpœʁ] Angst vor jdm./etw. haben **II 2C**
  avoir peur pour qn/qc [avwaʁpœʁpur] Angst um jdm./etw. haben **IV 5E**
  avoir raison [avwaʁʁɛzɔ̃] Recht haben **II 3B**
  avoir tort [avwaʁtɔʁ] Unrecht haben **III 1B, 6**
  avoir zéro [avwaʁzeʁo] Null Punkte haben **III 2B**
  avoir le cafard *(fam.)* [avwaʁləkafaʁ] schlecht drauf sein/Trübsal blasen *(ugs.)* **III 3A**
  avoir l'air *(m.)* [avwaʁlɛʁ] aussehen/scheinen **III 3B**
  avoir la pêche *(fam.)* [avwaʁlapɛʃ] sehr gut drauf sein *(ugs.)* **III 3C, 3**
  J'en ai ras le bol! *(fam.)* Ich habe die Nase voll. *(ugs.)* **III 4C, 4**

  avoir envie de faire qc [avwaʁɑ̃vidəfɛʁ] Lust haben etw. zu tun **III 5A**
  avoir confiance en qn [avwaʁkɔ̃fjɑ̃s] Vertrauen in jdn. haben **IV 1B**
  avoir lieu [avwaʁljø] stattfinden **IV 2E**
  avoir de la chance de faire qc [avwaʁdəlaʃɑ̃s] das Glück haben etw. zu tun **IV 2B**
  avoir besoin de qn/qc [avwaʁbəswɛ̃də] jdn./etw. brauchen ⟨**IV 2Z**⟩
  avoir le courage de faire qc [avwaʁləkuʁaʒdəfɛʁ] den Mut haben, etw. zu tun **IV 3E**
  avoir l'habitude de faire qc [avwaʁlabityddəfɛʁ] die Gewohnheit haben, etw. zu tun **IV 5A**
avril *(m.)* [avʁil] April **I 8A, 4**

B

un **babakoto** [babakɔtɔ] ein Babakoto *(madagassisch für Lemur)* **IV 4E**
un **baby-sitter**/une **baby-sitter** [ɛ̃bebisitœʁ/ynbebisitœʁ] ein Babysitter **IV 3C**
le **bac** *(= le baccalauréat) (fam.)* [ləbak] das Abi *(ugs.)* **III 5E**
un **bac pro** [ɛ̃bakpʁo] *(enspricht der Fachochschulreife/dem Fachabitur)* **III 5E**
les **bagages** *(m., pl.)* [lebagaʒ] das Gepäck **III 6A**
une **baguette** [ynbagɛt] ein Baguette *(frz. Stangenweißbrot)* **I 2A**
une **banane** [ynbanan] eine Banane **I 2E**
la **banlieue** [labɑ̃ljø] der Vorort **III 4E**
la **banque** [labɑ̃k] die Bank **III 5E**
barrer qc [baʁe] etw. (durch)streichen **II 4A**
en bas de … [ɑ̃badə] unten/unterhalb von … **IV 1C**
le **basilic** [ləbazilik] das Basilikum **IV 5C**
le **basket** [ləbaskɛt] Basketball *(als Sportart)* **IV 1A**
des **baskets** *(f., pl.)* [debaskɛt] Turnschuhe **II 5E**
un **bateau** [ɛ̃bato] ein Schiff/Boot **I 9**
la **batterie** [labatʁi] das Schlagzeug **III 1A**
se battre [səbatʁ] kämpfen **III 4C**
une **BD**/des **BD** [ynbede] ein Comic/Comicheft **I 2E**
  la BD préférée [labedepʁefeʁe] der Lieblingscomic **II 5B**
beau/bel/belle/beaux/belles [bo/bɛl/bɛl/bo/bɛl] schön/hübsch **II 3B**

Il fait beau. [ilfɛbo] Es ist schönes Wetter. III 6A

beaucoup [boku] viel I 7B

beaucoup de … [bokudə] viel *(bei Mengen)* I 7B

belge/belge [bɛlʒ] belgisch IV 3C

Ben oui. [bɛ̃wi] Na klar! I 7C

le **BEP** [ləbeəpe] *enspricht dem Fachoberschulabschluss* III 5E

avoir besoin de qn/qc [avwaʀbəswɛ̃də] jdn./etw. brauchen IV 2Z

Beurk! [bœʀk] Äh! *(Ausdruck des Ekels)* II 4A

le **beurre** [ləbœʀ] die Butter III 2A

un **bidonville** [ɛ̃bidõvil] ein Elendsviertel IV 4C

Bien sûr! [bjɛ̃syʀ] Natürlich! II 5E

bien [bjɛ̃] gut *(Adverb)* I 8B

Ça marche bien. [samaʀʃbjɛ̃] Es geht/klappt gut. III 1A

Je veux bien. [ʒəvøbjɛ̃] Ich möchte gern. III 5B

bientôt [bjɛ̃to] bald I 7A, 6

A bientôt! [abjɛ̃to] Bis bald! I 7A, 6

un **billet** [ɛ̃bijɛ] eine Fahrkarte II 5A

un billet de train [ɛ̃bijɛdətʀɛ̃] eine Bahnfahrkarte II 5A

bizarre/bizarre [bizaʀ] komisch/seltsam II 2A

blanc/blanche [blɑ̃/blɑ̃ʃ] weiß II 3E

un **blessé/une blessée** [ɛ̃blɛse/ynblɛse] ein Verletzter/eine Verletzte II 2E

se blesser [səblɛse] sich verletzen III 2C

bleu/bleue [blø/blø] blau II 3E

bleu-vert [bløvɛʀ] blaugrün IV 2C

un **blog** [ɛ̃blɔg] ein Blog/Weblog IV 5E

blond/blonde [blõ/blõd] blond II 6A

un **blouson** [ɛ̃bluzõ] eine Jacke II 6E

Bof! *(fam.)* [bɔf] Na ja! *(ugs.)* I 4C

boire qc [bwaʀ] etw. trinken III 2A

en bois [ɑ̃bwa] aus Holz IV 4B

le bois [ləbwa] das Holz IV 4B

une **boîte** [ynbwat] eine Schachtel IV 2C

bon/bonne [bõ/bɔn] gut II 4C

Bon appétit! [bɔnapeti] Guten Appetit! I 6C

le bon ordre [ləbɔnɔʀdʀə] die richtige Reihenfolge I 5B, 2

Bon week-end! [bõwikɛnd] Schönes Wochenende! I 7A

Bonne nuit! [bɔnnɥi] Gute Nacht! III 2A

être sur le bon chemin [ɛtʀsyʀləbõʃ(ə)mɛ̃] auf dem richtigen Weg sein IV 3B, 1

C'est bon! [sɛbõ] Das schmeckt gut! I 7C

Ça sent bon. [sasɑ̃bõ] Das riecht (aber) gut. II 4C

C'est bon. [sɛbõ] Das ist (schon) gut./o.k. III 1A

Bon, … [bõ] Gut, …/Also, … II 1, 2

le **bonheur** [ləbɔnœʀ] das Glück ⟨IV 5Z⟩

Bonjour! [bõʒuʀ] Guten Tag!/Guten Morgen! I 1

Bonjour, madame! [bõʒuʀmadam] Guten Tag! *(zu einer Frau)* I 1

Bonjour, monsieur! [bõʒuʀməsjø] Guten Tag! *(zu einem Mann)* I 1

au bord de … [obɔʀdə] am Ufer (der/des …) I 1

C'est le bordel. *(fam.)* [sɛləbɔʀdɛl] Das ist das totale Chaos. *(ugs.)* II 4B

une **botte** [ynbɔt] ein Stiefel; *hier:* ein Reitstiefel III 6C

la **bouffe** *(fam.)* [labuf] das Essen/Futtern *(ugs.)* III 2E

bouger [buʒe] sich bewegen; *hier:* schaukeln I 9

un **boulanger/une boulangère** [ɛ̃bulɑ̃ʒe/ynbulɑ̃ʒɛʀ] ein Bäcker/eine Bäckerin IV 3E

un boulanger-pâtissier [ɛ̃bulɑ̃ʒepatisje] ein Bäcker und Konditor IV 3E

une **boulangerie** [ynbulɑ̃ʒʀi] eine Bäckerei I 6B

une **boulangerie-pâtisserie** [ynbulɑ̃ʒʀipatisʀi] eine Bäckerei und Konditorei IV 3E

un **boulot** *(fam.)* [ɛ̃bulo] ein Job *(ugs.)* III 3B

un **bouquet** [ɛ̃bukɛ] ein Strauß; *hier:* ein Bund IV 5B

une **bourse** [ynbuʀs] ein Stipendium IV 3A

au bout de qc [obudə] am Ende von etw. IV 5B

une **bouteille** [ynbutɛj] eine Flasche I 7A

une bouteille d'huile *(f.)* [ynbutɛjdɥil] eine Flasche Öl I 7A

un **bracelet** [ɛ̃bʀaslɛ] ein Armband I 7C

un **bras/des bras** [ɛ̃bʀa/debʀa] ein Arm/Arme II 2A, 4

Bravo! [bʀavo] Bravo! I 7A, 3

une **brochure** [ynbʀɔʃyʀ] eine Broschüre IV 4C, 4

le **bruit** [ləbʀɥi] der Lärm/das Geräusch IV 1C, 4

brûler *(qc)* [bʀyle] brennen/etw. verbrennen IV 4A

brun/brune [bʀɛ̃/bʀyn] braun *(Haarfarbe)* II 6A, 3

un ours brun [ɛ̃nuʀsbʀyn] ein Braunbär ⟨IV 3Z⟩

le **BTS** *(= le brevet de technicien supérieur)* [ləbeteɛs] *Abschlusszeugnis nach 2-jähriger Fachausbildung nach dem Abitur (= BAC +2)* III 5E

le **buffet** [ləbyfɛ] das Büfett III 2C

une **bulle** *(ugs.)* [ynbyl] eine Blase; *hier:* eine Null *(als Note)* *(ugs.)* III 2B

avoir une bulle *(fam.)* Null Punkte haben *(ugs.)* III 2B

le **bulletin de notes** [ləbyltɛ̃dənɔt] das Zeugnis III 2B

le bulletin météo [ləbyltɛ̃meteo] der Wetterbericht III 6C, 6

un **bureau/des bureaux** [ɛ̃byʀo/debyʀo] ein Büro III 5A; ein Schreibtisch IV 2C

un **bus** [ɛ̃bys] ein Bus III 2E

C

ça [sa] das hier/das da I 3E

Ça va. [sava] Es geht (mir) gut. I 1

Ça, c'est moi. [sasɛmwa] Das hier, das bin ich. I 3E

Ça fait … [safɛ] Das macht … I 6B

Ça fait combien? [safɛkõbjɛ̃] Was macht das? I 7A

Et avec ça? [eavɛksa] Sonst noch etwas? I 7A

comme ça [kɔmsa] so/auf diese Weise I 7C

Ça alors! [saalɔʀ] Das gibt's doch nicht!/Also sag mal! *(Ausdruck des Erstaunens/der Entrüstung)* II 4B

Ça marche bien. [samaʀʃbjɛ̃] Es geht/klappt gut. III 1A

Ça vaut la peine. [savolapɛn] Es lohnt sich./Es ist die Mühe wert. III 5B

une **cabine** [ynkabin] eine Umkleidekabine II 3C, 3

caché/cachée [kaʃe] versteckt/verborgen IV 2C

se cacher [səkaʃe] sich verstecken IV 4B

un **cadeau** [ɛ̃kado] ein Geschenk I 3E

des cadeaux *(m., pl.)* [dekado] Geschenke II 3B, 4

un cadeau d'anniversaire [ɛ̃kadodaniveʀsɛʀ] ein Geburtstagsgeschenk I 3B

avoir le cafard *(fam.)* [avwaʀləkafaʀ] schlecht drauf sein/Trübsal blasen *(ugs.)* III 3A

le **café** [ləkafe] der Kaffee II 4E

un **café** [ɛ̃kafe] ein Café/eine (kleine) Kneipe III 6C

un **cahier** [ɛ̃kaje] ein Heft I 3B, 1

un **caïd** *(fam.)* [ɛ̃kaid] ein Anführer/ Bandenchef *(ugs.)* III 4A

jouer au caïd [ʒweokaid] sich als Chef aufspielen III 4A

une **caisse** [ynkɛs] eine Kasse II 3C, 3

les **calanques** *(f.)* [lekalɑ̃k] zerklüftete Felsenlandschaft bei Marseille IV 5C

se **calmer** [səkalme] sich beruhigen III 2C

une **caméra** [ynkameʀa] eine Videokamera IV 1C

un **camp de vacances** [ɛ̃kɑ̃dəvakɑ̃s] ein Ferienlager II 1E

un **camping** [ɛ̃kɑ̃piŋ] ein Campingplatz II 1

faire du camping [fɛʀdykɑ̃piŋ] campen/zelten II 1

canadien/canadienne [kanadjɛ̃/ kanadjɛn] kanadisch III 6A

le **canoë** [ləkanɔe] das Kanu/der Kanusport II 1E

faire du canoë [fɛʀdykanɔe] Kanu fahren II 1E

en canoë [ɑ̃kanɔe] mit dem Kanu II 1

une **cantine** [ynkɑ̃tin] eine Kantine I 5E

le **CAP** [ləseape] *enspricht dem Facharbeiterbrief* III 5E

une **capitale** [ynkapital] eine Hauptstadt IV 3C, 2

car [kaʀ] denn/weil IV 4B

le **caractère** [ləkaʀaktɛʀ] der Charakter III 4B, 2

le **carnaval** [ləkaʀnaval] der Karneval IV 4E

un **carnet** [ɛ̃kaʀnɛ] ein Heftchen IV 4E

une **carotte** [ynkaʀɔt] eine Karotte/ Möhre I 7E

une **carte** [ynkaʀt] eine Karte/Karteikarte I 3A, 5; eine Karte II 3B, 4

un jeu de cartes [ɛ̃ʒød(ə)kaʀt] ein Kartenspiel I 4A, 5

une **carte d'identité** [ynkaʀtdidɑ̃tite] ein Personalausweis II 5A

un **carton** [ɛ̃kaʀtɔ̃] ein Karton I 3A

une **casquette** [ynkaskɛt] eine Baseballkappe I 2E

Tu me casses les pieds. *(fam.)* [tyməkaslepje] Du gehst mir (echt) auf die Nerven. *(ugs.)* III 4C, 4

un **casting** [ɛ̃kastiŋ] ein Casting III 3E

se présenter à un casting [səpʀezɑ̃teaɛ̃kastiŋ] sich um ein Casting bewerben III 3A

catalan/catalane [katalɑ̃/katalan] katalanisch IV 3C

une **catastrophe** [ynkatastʀɔf] eine Katastrophe I 8B

C'est la cata! *(fam.)* [sɛlakata] Das ist die reinste Katastrophe! *(ugs.)* I 8B

un **CD**/des **CD** [ɛ̃sede/desede] eine CD I 3E

un **CD-ROM**/des **CD-ROM** [ɛ̃sedeʀɔm/ desedeʀɔm] eine CD-ROM I 3B

le **CDI** [ləsedei] das CDI *(Informationszentrum für Schüler)* I 5A

ce/cet/cette/ces [sə/sɛt/sɛt/se] dieser/ diese/dieses II 3B

cet après-midi [sɛtapʀɛmidi] heute Nachmittag II 3B

ce/c' [sə/s] das *(z. B. in «c'est …» = das ist)* I 1

C'est où? [sɛu] Wo ist das? I 2A

C'est bon! [sɛbɔ̃] Das schmeckt gut! I 7C

Ce n'est pas grave. [sənɛpagʀav] Das ist (doch) nicht schlimm. I 9

c'est pour ça que … *(fam.)* deshalb *(ugs.)* III 6E

célèbre/célèbre [selɛbʀ] berühmt IV 5C

celui/celle/ceux/celles [səlɥi/sɛl/sø/sɛl] derjenige/diejenige/dasjenige/diejenigen IV 2C

celui-ci/celle-ci [səlɥisi/sɛlsi] dieser/ diese/dieses IV 4C

un **centime** [ɛ̃sɑ̃tim] ein Cent I 7A

un **centre** [ɛ̃sɑ̃tʀ] ein Zentrum IV 4C

un centre de vacances [ɛ̃sɑ̃tʀdəvakɑ̃s] ein Ferienlager/Urlaubscenter III 6C

un centre de recherche [ɛ̃sɑ̃tʀdəʀəʃɛʀʃ] ein Forschungszentrum ⟨IV 3Z⟩

le **centre-ville** [ləsɑ̃tʀvil] das Stadtzentrum IV 4C, 4

ce que [səkə] was *(neutrales Relativpronomen, Objekt)* IV 3B

ce qui [səki] was *(neutrales Relativpronomen, Subjekt)* IV 3B

un **cercle** [ɛ̃sɛʀkl] ein Kreis IV 3B

des **céréales** *(f., pl.)* [deseʀeal] Cornflakes/Müsli II 4E

un certain/une certaine/certains/certaines … [ɛ̃sɛʀtɛ̃/ynsɛʀtɛn] ein gewisser/eine gewisse/gewisse/einige … III 2C

chacun/chacune [ʃakɛ̃/ʃakyn] jeder/ jede (einzelne) III 6C

une **chaîne** (de télévision) [ynʃɛn(dətelevizjɔ̃)] ein Fernsehsender ⟨IV 3Z⟩

une **chambre** [ynʃɑ̃bʀ] ein (Schlaf-)Zimmer I 2E

un **champ** [ɛ̃ʃɑ̃] ein Feld IV 4B

un **champignon** [ɛ̃ʃɑ̃piɲɔ̃] ein Pilz I 7E

un **champion**/une **championne** [ɛ̃ʃɑ̃pjɔ̃/ynʃɑ̃pjɔn] ein Meister/eine Meisterin IV 1E

une **chance** [ynʃɑ̃s] eine (gute) Gele-

genheit III 4B

avoir de la chance [avwaʀdəlaʃɑ̃s] Glück haben I 7C

avoir la chance de faire qc [avwaʀlaʃɑ̃s dəfɛʀkɛlkʃoz] das Glück haben etw. zu tun IV 2B

changer qc [ʃɑ̃ʒe] etw. ändern/verändern II 6C

changer (de train) [ʃɑ̃ʒe] umsteigen II 5A

Changez de rôle. [ʃɑ̃ʒedəʀol] Wechselt euch ab. IV 2A, 3

se changer les idées [səʃɑ̃ʒelezide] auf andere Gedanken kommen III 3A

une **chanson** [ynʃɑ̃sɔ̃] ein Lied II 5C

chanter [ʃɑ̃te] singen I 3A

un **chanteur**/une **chanteuse** [ɛ̃ʃɑ̃tœʀ/ ynʃɑ̃tøz] ein Sänger/eine Sängerin III 1A

un **chapeau**/des **chapeaux** [ɛ̃ʃapo/ deʃapo] ein Hut/Hüte III 3C

enlever son chapeau [ɑ̃ləvesɔ̃ʃapo] den Hut abnehmen/ziehen III 3C

chaque/chaque [ʃak] jeder/jede/jedes II 6C

pour chaque partie [puʀʃakpaʀti] für jeden Abschnitt I 6C, 1

un **char** [ɛ̃ʃaʀ] ein Panzer III 6A

la **charcuterie** [laʃaʀkytʀi] der Aufschnitt/die Wurstwaren III 2A

chasser qc [ʃase] etw. vertreiben ⟨IV 5Z⟩

un **chat** [ɛ̃ʃa] eine Katze II 4B, 3

un **château**/des **chateaux** [ɛ̃ʃato/deʃato] ein Schloss/Schlösser; eine Burg/ Burgen IV 5C

chaud/chaude [ʃo/ʃod] warm; *hier:* heiß III 2A

Il fait chaud. [ilfɛʃo] Es ist warm. *(Wetter)* III 6B

une **chaussette** [ynʃosɛt] ein Strumpf/ eine Socke II 3E

une **chaussure** [ynʃosyʀ] ein Schuh II 3E

le **chef** [ləʃɛf] der Chef; *hier:* der Bandleader III 1A

un **chemin** [ɛ̃ʃəmɛ̃] ein Weg III 4C

cher/chère [ʃɛʀ/ʃɛʀ] teuer II 3A

cher [ʃɛʀ] teuer I 6A

C'est trop cher! [sɛtʀoʃɛʀ] Das ist zu teuer! I 6B

coûter cher [kuteʃɛʀ] teuer sein/viel (Geld) kosten II 7

Cher/Chère … [ʃɛʀ/ʃɛʀ] Lieber/Liebe … *(in der Anrede)* II 6A, 5

chercher qc [ʃɛʀʃe] etw. suchen I 3E

Cherchez des mots avec … [ʃɛʀʃedemoavɛk] Sucht Wörter mit … I 1, 6

un **cheval**/des **chevaux** [ɛ̃ʃ(ə)val/ deʃ(ə)vo] ein Pferd/Pferde II 1E

Liste des mots

faire du cheval [fɛʀdyʃ(ə)val] reiten
II 1E

un **cheveu**/des **cheveux** [ɛ̃ʃ(ə)vø/
deʃ(ə)vø] ein Haar/Haare II 6A

un **chewing-gum** [ɛ̃ʃwiŋɡɔm] ein Kaugummi II 4B, 4

chez [ʃe] zu *(+ Personen)* I 5E; bei
(+ Personen) I 4C

chez moi [ʃemwa] bei mir I 4C

sonner chez qn [sɔneʃe] bei jdm. klingeln I 4C

un **chien** [ɛ̃ʃjɛ̃] ein Hund I 1

des **chips** *(f., pl.)* (Kartoffel-)Chips I 8E

un **choc** [ɛ̃ʃɔk] ein Schock IV 1A

le **chocolat** [ləʃɔkɔla] der Kakao/die
Schokolade II 4E

choisir qc [ʃwaziʀ] etw. wählen/aussu-
chen III 1A

Choisissez. [ʃwazise] Wählt aus. I 6C, 2

un **choix** [ɛ̃ʃwa] eine Wahl III 4C

le **chômage** [ləʃomaʒ] die Arbeitslosigkeit IV 4A

être au chômage [ɛtroʃomaʒ] arbeitslos sein IV 4A

une **chose** [ynʃoz] eine Sache III 3A, 4
Elle ne dit pas grand-chose.
[ɛlnədipaɡʀɑ̃ʃoz] Sie sagt nicht viel.
III 6C

Chut! [ʃyt] Psst!/Still! I 5A

le **ciel** [ləsjɛl] der Himmel III 6A

le **cinéma** [ləsinema] das Kino I 4B

circuler [siʀkyle] sich bewegen/im
Umlauf sein IV 3B

la **cité** [lasite] die Siedlung III 4E

citer qc [site] etw. nennen/zitieren
II 6A, 1

un **citron** [ɛ̃sitʀõ] eine Zitrone I 7E
le jus de citron [ləʒydsitʀõ] der Zitronensaft I 7B

une **classe** [ynklas] eine Klasse I 4E

le **clavier** [ləklavje] *hier:* das Keyboard
III 1A

une **clé** [ynkle] ein Schlüssel II 6B

Clic! [klik] Klick! II 5C

un **client**/une **cliente** [ɛ̃klijɑ̃/ynklijɑ̃t]
ein Kunde/eine Kundin I 7A, 6

un **climat** [ɛ̃klima] ein Klima IV 4B, 5

cliquer sur qc [klikesyʀ] auf etw. kli-
cken/etw. anklicken I 4B

un **clown** [ɛ̃klun] ein Clown II 3B

un **club** [ɛ̃klœb] ein Club/Verein I 8E
un club de roller [ɛ̃klœbdəʀɔlœʀ] ein
Skaterclub I 8E

un **coca** [ɛ̃kɔka] eine Cola I 6C

Cochez. [kɔʃe] Kreuzt an. II 2E

par cœur [paʀkœʀ] auswendig IV 4B

un **coiffeur**/une **coiffeuse** [ɛ̃kwafœʀ/
ynkwaføz] ein Friseur/eine Friseurin
III 3A

la **colère** [lakɔlɛʀ] die Wut II 4B
être en colère [ɛtʀɑ̃kɔlɛʀ] wütend sein
II 4B

avoir une heure de colle
[avwaʀynœʀdəkɔl] eine Stunde nachsitzen (müssen) III 2B

un **collège** [ɛ̃kɔlɛʒ] ein Collège I 5E

un **collègue**/une **collègue** [ɛ̃kɔlɛɡ/
ynkɔlɛɡ] ein Kollege/eine Kollegin
II 2A

un **colocataire**/une **colocataire**
[ɛ̃kɔlɔkatɛʀ/ynkɔlɔkatɛʀ] ein Mitbe-
wohner/eine Mitbewohnerin
IV 3C, 1

une **colocation** [ynkɔlɔkasjõ] eine Miet-
gemeinschaft/Wohngemeinschaft
IV 3C

combien [kõbjɛ̃] wie viel I 7A
C'est combien, l'ananas *(m.)* ? Was
kostet die Ananas? I 7A
Ça fait combien? [safɛkõbjɛ̃] Was
macht das? I 7A
combien de … [kõbjɛ̃də] wie viel(e)
… I 7A

combiner qc [kõbine] etw. verbinden
II 3B, 1

commander qc [kɔmɑ̃de] etw. bestellen
II 4C

comme [kɔm] wie I 4B
comme toi [kɔmtwa] wie du I 4B
comme chien et chat [kɔmʃjɛ̃eʃa] wie
Hund und Katze II 4C, 4
comme ça [kɔmsa] so/auf diese
Weise I 7C
Comme ça. [kɔmsa] *hier:* Nur so.
I 8B

comme [kɔm] als I 7E; da *(Konjunktion)* III 5B

comme si [kɔmsi] als ob IV 5B

commencer qc [kɔmɑ̃se] etw. anfan-
gen/beginnen I 8A
commencer à faire qc [kɔmɑ̃seafɛʀ]
anfangen/beginnen etw. zu tun
III 3A
commencer qc par qc [kɔmɑ̃se] etw.
mit etw. beginnen IV 5C

Comment … ? [kɔmɑ̃] Wie … ? I 1

un/une **commissaire** [ɛ̃/ynkɔmisɛʀ] ein
Kommissar/eine Kommissarin II 2E

un **commissariat de police**
[ɛ̃kɔmisaʀjadəpɔlis] ein Polizeirevier/
eine Polizeistation II 2B

le **comparatif** [ləkõpaʀatif] der Komparativ III 6E

Comparez. [kõpaʀe] Vergleicht. I 6E

une **compétition** [ynkõpetisjõ] ein Wettkampf IV 1A

complet/**complète** [kõplɛ/kõplɛt] aus-
gebucht/voll IV 4A

Complétez. [kõplete] Ergänzt. I 1, 6

compliqué/**compliquée** [kõplike/
kõplike] kompliziert III 5C

composter qc [kõpɔste] etw. entwerten
II 5A

comprendre qc [kõpʀɑ̃dʀ] etw. verstehen I 6C

compter qc [kõte] etw. zählen IV 1B

compter sur qn [kõtesyʀ] auf jdn. zäh-
len/sich auf jdn. verlassen III 1B

concerner qn [kõsɛʀne] jdn. angehen/
betreffen II 6B

un **concert** [ɛ̃kõsɛʀ] ein Konzert III 1B

la **conclusion** [lakõklyzjõ] der Schluss/
die Schlussfolgerung II 6C, 4

un **concours** [ɛ̃kõkuʀ] ein Wettbewerb
III 5A
passer un concours [paseɛ̃kõkuʀ] an
einem Wettbewerb teilnehmen III 5A

conduire [kõdɥiʀ] fahren III 6E

la **confiance** [lakõfjɑ̃s] das Vertrauen
IV 1B
avoir confiance en qn [avwaʀkõfjɑ̃s]
Vertrauen in jdn. haben IV 1B

la **confiture** [lakõfityʀ] die Konfitüre
II 4E

conjuguer [kõʒyge] konjugieren
II 4A, 1; III 2E
une forme conjuguée [ynfɔʀmkõʒyge]
eine konjugierte Form II 4B, 2

la **connaissance** [lakɔnɛsɑ̃s] die Bekanntschaft IV 2C; die Kenntnis
IV 3A
faire la connaissance de qn
[fɛʀlakɔnɛsɑ̃sdə] jds. Bekanntschaft
machen IV 2C

connaître qn/qc [kɔnɛtʀ] jdn./etw. kennen II 6A

être **connu**/**connue** pour qc [ɛtʀkɔny/
kɔnypuʀ] für etw. bekannt sein
II 6A, 5

un **conseil** [ɛ̃kõsɛj] ein Rat III 4A

la **consigne** [lakõsiɲ] die Gepäckaufbewahrung IV 4C, 4

construire qc [kõstʀɥiʀ] etw. bauen/
konstruieren ⟨IV 3Z⟩; IV 4C

un **contact** [ɛ̃kõtakt] ein Kontakt II 6A, 4
prendre contact avec qn
[pʀɑ̃dʀkõtaktavɛk] mit jdm. Kontakt
aufnehmen II 6A, 4

un **conte** [ɛ̃kõt] ein Märchen IV 4E

content/**contente** [kõtɑ̃/kõtɑ̃t] glück-
lich/zufrieden II 6C

être content de qn/qc [ɛtʀkõtɑ̃də] mit jdm./etw. zufrieden sein **II 6C**

continuer [kõtinɥe] fortfahren **I 4B**
Continuez. [kõtinɥe] Macht weiter. **I 2A, 4**

le **contraire** (de) [ləkõtʀɛʀ] das Gegenteil (von) **III 2C, 5**
au contraire [okõtʀɛʀ] im Gegenteil **IV 2A**

contre [kõtʀ] gegen **II 6A**

cool (fam.) [kul] cool (ugs.) **I 2B**
super cool (fam.) [sypɛʀkul] supercool (ugs.) **I 8B**

un **copain**/une **copine** [ɛ̃kɔpɛ̃/ynkɔpin] ein Freund/eine Freundin **I 1**

copier sur qn [kɔpjesyʀ] hier: bei jdm. abgucken/abschauen/abschreiben **III 2B**

un **correspondant**/une **correspondante** [ɛ̃kɔʀɛspõdɑ̃/ynkɔʀɛspõdɑ̃t] ein Brieffreund/eine Brieffreundin/ein Austauschpartner/eine Austauschpartnerin **I 4E**
un/une corres (fam.) [ɛ̃/ynkɔʀɛs] ein Brieffreund/eine Brieffreundin (ugs.) **I 4A**

Corrigez ... [kɔʀiʒe] Korrigiert ... **I 4B, 2**

à côté de [akotedə] neben **I 8B**

une **couche** [ynkuʃ] eine Schicht ⟨**IV 3Z**⟩
la couche d'ozone [lakuʃdozon] die Ozonschicht ⟨**IV 3Z**⟩

se coucher [səkuʃe] ins/zu Bett gehen **III 2A**

la **couleur** [lakulœʀ] die Farbe **II 3A**

un **couloir** [ɛ̃kulwaʀ] ein Flur **I 3A**

un **coup** [ɛ̃ku] ein Schlag **II 6E**
le coup de foudre [ləkudfudʀ] hier: Liebe auf den ersten Blick **I 8B**

le **courage** [ləkuʀaʒ] der Mut **IV 3E**
avoir le courage de faire qc [avwaʀləkuʀaʒdəfɛʀ] den Mut haben, etw. zu tun **IV 3E**

courageux/**courageuse** [kuʀaʒø/kuʀaʒøz] mutig **III 4B**

le **courant** [ləkuʀɑ̃] der Strom **III 1B**

courir [kuʀiʀ] laufen/rennen **IV 2B**

un **cours** [ɛ̃kuʀ] eine Unterrichtsstunde **II 6A**
avoir cours (sg.) Unterricht haben **III 2C**

les **courses** (f.) [lekuʀs] die Einkäufe **I 7A**
une liste des courses [ynlistdekuʀs] eine Einkaufsliste/ein Einkaufszettel **I 7A, 5**
faire les courses [fɛʀlekuʀs] einkaufen **I 7A**
une course [ynkuʀs] ein Lauf/Wettlauf **IV 2B**

court/**courte** [kuʀ/kuʀt] kurz **IV 2C**

le **couscous** [ləkuskus] der Couscous (nordafrikanisches Gericht) **III 3A**

un **cousin**/une **cousine** [ɛ̃kuzɛ̃/ynkuzin] ein Cousin/eine Cousine **II 5E**

un **couteau**/des **couteaux** [ɛ̃kuto/dekuto] ein Messer/Messer **II 4C**

coûter [kute] kosten **II 3C, 3**
coûter cher [kuteʃɛʀ] teuer sein/viel (Geld) kosten **II 7**

une **couverture** [ynkuvɛʀtyʀ] eine Decke **IV 5A**

craquer [kʀake] zusammenbrechen; hier: ausrasten/ausflippen **III 3B**

créatif/**créative** [kʀeatif/kʀeativ] kreativ **III 5E**

créer qc [kʀee] etw. schaffen/gründen **IV 1A**

une **crème** [ynkʀɛm] eine Creme **IV 4A, 6**

le **créole** [ləkʀeɔl] Kreolisch/die kreolische Sprache **IV 4A**

crier [kʀije] schreien **II 5C**

croire (que ...) [kʀwaʀ] glauben (, dass ...) **III 1B**

un **croissant** [ɛ̃kʀwasɑ̃] ein Croissant **III 6B**

un **croquant** [ɛ̃kʀɔkɑ̃] ein Mandelkeks **IV 5C**

une **cuillère** [ynkɥijɛʀ] ein Löffel **II 4C, 2**

une **cuisine** [ynkɥizin] eine Küche **I 3A**
faire la cuisine [fɛʀlakɥizin] kochen **II 4C**

un **cuisinier**/une **cuisinière** [ɛ̃kɥizinje/ynkɥizinjɛʀ] ein Koch/eine Köchin **III 5E**

la **culture** [lakyltyʀ] die Kultur ⟨**IV 3Z**⟩

culturel/**culturelle** [kyltyʀɛl/kyltyʀɛl] Kultur- ⟨**IV 3Z**⟩

curieux/**curieuse** [kyʀjø/kyʀjøz] neugierig **IV 5C**

un **curriculum vitae** (= un CV) [ɛ̃kyʀikylɔmvite] ein Lebenslauf **IV 2C**

D

d'abord [dabɔʀ] zunächst/zuerst **I 2E; I 5A**

D'accord. [dakɔʀ] Einverstanden./O.k. **I 2B**

d'ailleurs [dajœʀ] übrigens **IV 1B**

un **danger** [ɛ̃dɑ̃ʒe] eine Gefahr ⟨**IV 3Z**⟩; **IV 5E**

dangereux/**dangereuse** [dɑ̃ʒ(ə)ʀø/dɑ̃ʒ(ə)ʀøz] gefährlich **II 7**

un **Danois**/une **Danoise** [ɛ̃danwa/yndanwaz] ein Däne/eine Dänin **IV 3C**

dans [dɑ̃] in **I 2A**

la **danse** [ladɑ̃s] der Tanz/das Tanzen **II 1E**
faire de la danse [fɛʀdəladɑ̃s] tanzen **II 1E**

danser [dɑ̃se] tanzen **I 8A**

un **danseur**/une **danseuse** [ɛ̃dɑ̃sœʀ/yndɑ̃søz] ein Tänzer/eine Tänzerin **IV 1C**

d'après [dapʀɛ] nach/laut **IV 3B, 5**

la **date de naissance** [ladatdənɛsɑ̃s] das Geburtsdatum **IV 1A**

de/d' [də] von **I 1**
de [də] von ... aus **I 6A**
d'où [du] woher **I 2B**
de loin [dəlwɛ̃] von weitem **II 5C**
de quoi [dəkwa] wovon **II 6B**

un **dé** [ɛ̃de] ein Würfel **I 3A, 5**

un **dealer** [ɛ̃dilœʀ] ein Dealer/Drogenverkäufer **III 4C**

Debout! [dəbu] Aufstehen! **II 3A, 3**

se débrouiller [sədebʀuje] zurecht kommen **III 3A**

le **début** [lədeby] der Anfang **IV 2B**
au début de ... [odebydə] am Anfang von/vom ... **IV 2B**

décembre (m.) [desɑ̃bʀ] Dezember **I 8A, 4**

décider de faire qc [deside dəfɛʀ] entscheiden etw. zu tun **IV 2B**

une **décision** [yndesizjõ] eine Entscheidung **III 1A, 5**
prendre une décision [pʀɑ̃dʀyndesizjõ] eine Entscheidung treffen **III 1A, 5**

On fait des découvertes. [õfɛdedekuvɛʀt] Wir machen Entdeckungen. **I**

découvrir qc [dekuvʀiʀ] etw. entdecken **III 3A**

décrire qn/qc [dekʀiʀ] jdn./etw. beschreiben **II 6A**
décrire qc à qn [dekʀiʀ] jdm. etw. beschreiben **II 6B**

définitivement [definitivmɑ̃] endgültig (Adv.) **IV 3A**

un **degré** [ɛ̃dəgʀe] ein Grad **III 6A**

être déguisé/**déguisée** [ɛtʀdegize] verkleidet sein **IV 4A**

déjà [deʒa] schon **I 4C**

un **petit-déjeuner** [ɛ̃p(ə)tideʒøne] ein Frühstück **II 2E**

demain [dəmɛ̃] morgen **I 4A**

demander qc [dəmɑ̃de] etw. fragen **I 8A**
demander qc à qn [dəmɑ̃de] jdn. (nach) etw. fragen **II 6A**

demander si … [dəmɑ̃de] fragen, ob
… II 6C

se demander si … [sədəmɑ̃desi] sich
fragen, ob … III 2E

demander à qn de faire qc [dəmɑ̃de]
jdn. bitten etw. zu tun IV 2B

déménager [demenaʒe] umziehen
IV 2A

une **dent** [yndɑ̃] ein Zahn II 2A, 4

le **départ** [ledepaʀ] die Abfahrt/Abreise
II 5A

un **département d'Outre-mer**
[ɛ̃depaʀtmɑ̃dutʀmɛʀ] ein Überseedepartement IV 4A, 5

se **dépêcher** [sədepɛʃe] sich beeilen
III 2E

un **dépliant** [ɛ̃depliɑ̃] ein Faltblatt
IV 4B, 5

un dépliant touristique
[ɛ̃depliɑ̃tuʀistik] ein Tourismus-
Infoblatt IV 4B, 5

déposer qc/qn [depoze] etw. abstellen/
jdn. absetzen III 6A

déprimé/déprimée [deprime] III 3C, 3

être déprimé/déprimée [ɛtʀdeprime]
deprimiert sein III 3C, 3

depuis [dəpɥi] seit III 1B

depuis la nuit des temps
[dəpɥilanɥidetɑ̃] seit Urzeiten ⟨IV 4Z⟩

depuis [dəpɥi] seitdem *(Adv.)* IV 1A

déranger qn [deʀɑ̃ʒe] jdn. stören II 2A

dernier/dernière [dɛʀnje/dɛʀnjɛʀ]
letzter/letzte/letztes III 1B

le **déroulement** [ledeʀulmɑ̃] der Ablauf
IV 4A, 2

derrière [dɛʀjɛʀ] hinter II 2B

être derrière qn [ɛtʀdɛʀjɛʀ] *hier:* hinter jdm. her sein III 4B

descendre [desɑ̃dʀ] aussteigen/hinun-
tergehen II 5C

descendre du train [desɑ̃dʀdytʀɛ̃] aus
dem Zug aussteigen II 5C

désirer qc [deziʀe] etw. wünschen
II 3C, 3

Désolé!/Désolée! [dezole] Es tut mir
leid! I 7, 10

un **dessert** [ɛ̃desɛʀ] ein Nachtisch I 7A

un **dessin** [ɛ̃desɛ̃] eine Zeichnung
I 7C, 1; II 1E

une **destination** [yndɛstinasjɔ̃] eine
Richtung/ein Ziel II 5A

le TGV à destination de Paris
[ləteʒeveadɛstinasjɔ̃dəpaʀi] der TGV
Richtung Paris II 5A

un **détail** [ɛ̃detaj] eine Einzelheit III 3E

détester qn/qc [detɛste] jdn./etw. überhaupt nicht mögen/hassen I 3A

le/la **deuxième** … [lə/ladøzjɛm] der/
die/das zweite … II 5B, 5

devant [dəvɑ̃] vor *(örtlich)* I 4A, 3

devant [dəvɑ̃] vorn/vorne III 6E

développer qc [devəlɔpe] etw. ent-
wickeln ⟨IV 3Z⟩

devenir [dəvəniʀ] werden III 3E

Devinez. [dəvine] Erratet. I 7A, 3

les **devoirs** *(m., pl.)* [ledəvwaʀ] die
Hausaufgaben I 4A

les devoirs de français *(m., pl.)*
[ledəvwaʀdəfʀɑ̃sɛ] die Französischhausaufgaben I 4A

devoir faire qc [dəvwaʀfɛʀ] etw. tun
müssen II 4A

Cela devrait aller. [s(ə)ladəvʀɛtale] Das
müsste gehen. ⟨IV 1Z⟩

un **dialogue** [ɛ̃djalɔg] ein Dialog I 2B, 2

un **dictionnaire** [ɛ̃diksjɔnɛʀ] ein Wörterbuch III 5C, 5

une **différence** [yndifeʀɑ̃s] ein Unterschied III 2A, 2

différent/différente [difeʀɑ̃/difeʀɑ̃t]
anders/verschieden/unterschiedlich
III 2A

difficile/difficile [difisil] schwierig
III 6B

Ne fais pas la difficile! [nəfɛpaladifisil]
hier: Stell dich (jetzt) nicht so an!
III 6C

dimanche *(m.)* [dimɑ̃ʃ] (am) Sonntag/
am nächsten Sonntag I 4C

le **dîner** [lədine] das Abendessen IV 5E

dire qc à qn [diʀ] jdm. etw. sagen II 6B

Dis donc, … [didɔ̃(k)] Sag mal, …
I 8A

direct/directe [diʀɛkt] direkt II 5B, 5

un **directeur**/une **directrice** [ɛ̃diʀɛktœʀ/
yndiʀɛktʀis] ein Leiter/eine Leiterin;
hier: ein Geschäftsführer/eine
Geschäftsführerin III 5B

la **direction** [ladiʀɛksjɔ̃] die Richtung
II 5B

le **discours (in)direct** [lədiskuʀ(ɛ̃)diʀɛkt]
die (in)direkte Rede III 5B, 3

discuter avec qn [diskyteavɛk] mit jdm.
reden/diskutieren I 8A

disparaître [dispaʀɛtʀ] verschwinden
III 6B

disponible/disponible [disponibl] frei/
abkömmlich IV 2B, 5

une **dispute** [yndispyt] ein Streit/eine
Meinungsverschiedenheit II 2A

se **disputer** [sədispyte] sich streiten
III 4B

un **distributeur** [ɛ̃distʀibytœʀ] ein Automat; *hier:* ein Geldautomat III 6B

être **divorcé/divorcée** [ɛtʀdivɔʀse]
geschieden sein IV 3A

un **documentaliste**/une **documentaliste** [ɛ̃/yndɔkymatalist] ein Schulbib-
liothekar/eine Schulbibliothekarin
I 5A

un **doigt** [ɛ̃dwa] ein Finger IV 1B

C'est **dommage!** [sɛdɔmaʒ] Das ist
(aber) schade! I 8A

donc [dɔ̃k] also III 2C

donner qc [dɔne] etw. geben II 4C

donner son avis [dɔnesɔnavi] seine
Meinung sagen II 6C, 2

donner des ordres à qn [dɔnedezɔʀdʀ]
jdm. Befehle erteilen III 4B

dont [dɔ̃] davon III 5B; von der/von
dem/von denen IV 4A

dormir [dɔʀmiʀ] schlafen II 4B

le **dos** [lədo] der Rücken II 2A

une **douche** [ynduʃ] eine Dusche I 3A

se **doucher** [səduʃe] duschen III 2A

la **douleur** [ladulœʀ] der Schmerz
IV 4B

un **doute** [ɛ̃dut] ein Zweifel IV 4A

un **drapeau**/des **drapeaux** [ɛ̃dʀapo/
dedʀapo] eine Fahne/Flagge IV 3B

un **droit** [ɛ̃dʀwa] ein Recht IV 3B, 5

tout droit [tudʀwa] geradeaus II 5B

à droite [adʀwat] (nach) rechts II 5B

drôle/drôle [dʀol] lustig/witzig III 3C

dur/dure [dyʀ/dyʀ] hart III 5A

durer [dyʀe] dauern/andauern IV 4A

un **DVD** [ɛ̃devede] eine DVD II 5E

E

l'**eau** *(f.)* [lo] das Wasser I 9

un **échange** [ɛ̃eʃɑ̃ʒ] ein Austausch
II 6A, 4

un échange scolaire [ɛ̃eʃɑ̃ʒskɔlɛʀ] ein
Schüleraustausch II 6A, 4

échanger qc [eʃɑ̃ʒe] etw. austauschen
⟨IV 2Z⟩

un **éco-label** [ɛ̃ekolabɛl] ein Okösiegel
⟨IV 3Z⟩

une **école** [ynekɔl] eine Schule I 2A

une école maternelle [ynekɔlmatɛʀnɛl]
ein Kindergarten IV 1B

une école de musique [ynekɔldəmyzik]
eine Musikschule I 4E

écouter qc [ekute] etw. hören I 3B

écouter qn [ekute] jdm. zuhören
II 4B, 4

écrire qc à qn [ekʀiʀ] jdm. etw. schreiben II 6B

Ecrivez. [ekʀive] Schreibt auf. I 3A, 4

s'écrouler [sekʁule] zusammenbrechen; *hier:* zerplatzen **III 3A**

Ça m'est égal. [samɛtegal] Das ist mir egal. **II 1, 4**

une **église** [ynegliz] eine Kirche **I 6B**

un **électronicien**/une **électronicienne** [ɛnelɛktʁɔnisjɛ̃/ynelɛktʁɔnisjɛn] ein Elektroniker/eine Elektronikerin **IV 3A, 6**

un **élément** [ɛnelemɑ̃] ein Element/ Satzteil **II 3B, 1**

un **éléphant** [ɛnelefɑ̃] ein Elefant **I 3A**

un **élève**/une **élève** [ɛnelɛv/ynelɛv] ein Schüler/eine Schülerin **I 4A**

un **e-mail** [ɛnimel] eine E-Mail **I 8B**

embrasser qn [ɑ̃bʁase] jdn. umarmen/ küssen; *hier:* jdn. lieb grüßen **II 4C**

une **émission** (de télévision) [ynemisjɔ̃] eine (Fernseh-)Sendung **III 5E**

emmener qn [ɑ̃m(ə)ne] jdn. mitnehmen **III 6A**

une **émotion** [ynemosjɔ̃] ein Gefühl **III 3C, 3**

un **emploi du temps** [ɛ̃nɑ̃plwadytɑ̃] ein Stundenplan **I 5A**

un **employé**/une **employée** [ɛ̃nɑ̃plwaje/ ynɑ̃plwaje] ein Angestellter/eine Angestellte **III 5E**

employer qn [ɑ̃plwaje] jdn. beschäftigen **IV 3C**

en [ɑ̃] auf, in **I 2B**

en français [ɑ̃fʁɑ̃sɛ] auf Französisch **I 2B**

en Allemagne [ɑ̃nalmaɲ] in Deutschland **I 4B**

en conclusion (f.) [ɑ̃kõklyzjõ] zum Schluss **II 6C, 4**

en vélo [ɑ̃velo] mit dem Fahrrad **II 7**

en plus [ɑ̃plys] und obendrein/dazu/ außerdem **III 5A**

en kit [ɑ̃kit] als Bausatz ⟨**IV 3Z**⟩

en bois [ɑ̃bwa] aus Holz **IV 4B**

en [ɑ̃] davon **III 5C**

en avoir marre de qc (fam.) [ɑ̃navwaʁmaʁdə] die Nase von etw. voll haben (ugs.) **II 3C**

en dessous [ɑ̃d(ə)su] darunter **IV 3B**

en face de [ɑ̃fasdə] gegenüber von **II 5B**

encore [ɑ̃kɔʁ] noch **I 6B**

ne … pas encore [nə…pa(z)ɑ̃kɔʁ] noch nicht **II 2C**

un **endroit** [ɛ̃nɑ̃dʁwa] ein Ort **III 3A, 2**; ein Ort/eine Stelle **III 3C**

énerver qn [enɛʁve] jdn. nerven **II 4C**

énervé/énervée [enɛʁve/enɛʁve] genervt **II 3A**

s'énerver [senɛʁve] sich aufregen **III 4A**

un **enfant** [ɛ̃nɑ̃fɑ̃] ein Kind **II 4B**

une **ambiance d'enfer** [ynɑ̃bjɑ̃sdɑ̃fɛʁ] eine Superstimmung **I 8B**

enfin [ɑ̃fɛ̃] endlich/schließlich **II 1**

Enfin … si. [ɑ̃fɛ̃si] Eigentlich … schon. **II 6A**

enlever qc [ɑ̃ləve] etw. ausziehen **III 4E**

enlever son chapeau [ɑ̃ləvesõʃapo] den Hut abnehmen/ziehen **III 3C**

une **enquête** [ynɑ̃kɛt] eine Untersuchung/Ermittlung **II 2E**

enregistrer qc [ɑ̃ʁəʒistʁe] etw. (auf Band) aufnehmen **III 1B, 5**

enseigner [ɑ̃seɲe] unterrichten **III 5E**

ensemble [ɑ̃sɑ̃bl] zusammen **I 9**

tous ensemble [tusɑ̃sɑ̃bl] alle zusammen **I**

ensuite [ɑ̃sɥit] dann/danach **III 3A**

entendre qc [ɑ̃tɑ̃dʁ] etw. hören **II 2E**; **II 5C**

s'entendre avec qn [sɑ̃tɑ̃dʁavɛk] sich mit jdm. verstehen **III 2B**

s'entraîner [sɑ̃tʁene] trainieren **IV 1A**

entre [ɑ̃tʁ] zwischen **II 2B**

entre toi et moi [ɑ̃tʁətwaemwa] zwischen dir und mir **II 2C**

entre parenthèses [ɑ̃tʁpaʁɑ̃tɛz] in Klammern **III 3E**

une **entreprise** [ynɑ̃tʁəpʁiz] ein Unternehmen/eine Firma **III 5A**

entrer [ɑ̃tʁe] be-/eintreten/hineingehen **I 3B**

entrer en scène [ɑ̃tʁeɑ̃sɛn] auftreten **III 3C**

faire entrer qn [fɛʁɑ̃tʁe] *hier:* jdn. hereinbitten **IV 2C**

un **entretien** [ɛ̃nɑ̃tʁətjɛ̃] ein Gespräch **III 5B**

une **enveloppe** [ynɑ̃vlɔp] ein Umschlag/ Briefumschlag **III 4C**

avoir envie (f.) [avwaʁɑ̃vi] Lust haben **I 6A**

avoir envie de faire qc [avwaʁɑ̃vidəfɛʁ] Lust haben etw. zu tun **III 5A**

l'**environnement** (m.) [lɑ̃viʁɔnmɑ̃] die Umwelt ⟨**IV 3Z**⟩

envoyer qc/qn [ɑ̃vwaje] etw./jdn. schicken **IV 4B**

une **épicerie** [ynepisʁi] ein (kleines) Lebensmittelgeschäft **III 6B**

une **équipe** [ynekip] eine Mannschaft **II 5B**

faire de l'escalade [fɛʁdəlɛskalad] klettern **IV 1B**

l'**escalier** (m.) [lɛskalje] die Treppe **I 6A**

prendre l'escalier [pʁɑ̃dʁlɛskalje] die Treppe nehmen **I 6A**

espagnol/espagnole [ɛspaɲɔl] spanisch **IV 3A**

espérer (que …) [ɛspeʁe] hoffen (, dass …) **III 1B**

l'**espoir** (m.) [lɛspwaʁ] die Hoffnung **III 3A**

essayer qc [ɛsɛje] etw. anprobieren/ versuchen **II 3A**

l'**essence** (f.) [lɛsɑ̃s] das Benzin **III 6A**

l'**est** (m.) [lɛst] der Osten **IV 5C, 6**

Est-ce que … ? [ɛskə] (Frageformel) **I 3A**

et [e] und **I**

Et avec ça? [eavɛksa] Sonst noch etwas? **I 7A**

un **étage** [ɛ̃netaʒ] eine Etage/ein Stockwerk **I 6A**

une **étape** [ynetap] eine Etappe **IV 4E**

l'**été** (m.) [lete] der Sommer **III 1B**

une **étoile** [ynetwal] ein Stern **IV 3B**

à l'étranger [aletʁɑ̃ʒe] im Ausland **IV 3E**

être [ɛtʁ] sein **I 2B**

être de [ɛtʁdə] sein aus/kommen aus **I 2B**

être d'accord [ɛtʁdakɔʁ] einverstanden sein **I 8B**

être jumelé(e) avec… [ɛtʁʒymleavɛk] eine Städte-/Schulpartnerschaft haben mit … **II 5A, 5**

être victime [ɛtʁviktim] Opfer sein **II 6B**

être en train de faire qc [ɛtʁɑ̃tʁɛ̃dəfɛʁ] dabei sein etw. zu tun **III 2B**

être en forme (fam.) gut drauf/(gut) in Form sein (ugs.) **III 3C, 3**

être à qn [ɛtʁa] jdm. gehören **III 6B**

être au chômage [ɛtʁoʃomaʒ] arbeitslos sein **IV 4A**

les **études** (f.) [lezetyd] das Studium **IV 3A**

un **étudiant**/une **étudiante** [ɛ̃netydjɑ̃/ ynetydjɑ̃t] ein Student/eine Studentin **IV 3C**

étudier qc [etydje] etw. untersuchen ⟨**IV 3Z**⟩

Euh … [ø] Äh … (Ausdruck des Zögerns) **I 2B**

un **euro** [ɛ̃nøʁo] ein Euro **I 6A**

européen/européenne [øʁɔpeɛ̃/ øʁɔpeɛn] europäisch **IV 2B, 4**

eux (m., pl.) [ø] sie (betont) (m., pl.) **III 1A**

éviter de faire qc [evitedəfɛʁ] vermeiden etw. zu tun ⟨**IV 2Z**⟩

exactement [ɛgzaktəmɑ̃] genau **II 3C, 3**

exagérer [ɛgzaʒeʁe] übertreiben **III 1B**

Liste des mots

excellent/excellente [ɛkselɑ̃/ɛkselɑ̃t] hervorragend **II 6B**

excité/excitée [ɛksite] aufgeregt **II 6A**

s'excuser [sɛkskuze] sich entschuldigen **III 2C**

Excuse-moi./Excusez-moi. [ɛkskyzmwa/ɛkskyzemwa] Entschuldige./Entschuldigen Sie. **III 5B**

un exemple [ɛ̃nɛgzɑ̃pl] ein Beispiel **I 1, 3; II 6A**

par exemple [paRɛgzɑ̃pl] zum Beispiel **II 6A**

un exercice [ɛ̃nɛgzɛRsis] eine Übung **I 1; II 4A, 4**

une expérience [ynɛkspeRjɑ̃s] eine Erfahrung ⟨**IV 2Z**⟩; **III 3E**

expliquer qc [ɛksplike] etw. erklären **I 8B**

expliquer qc à qn [ɛksplike] jdm. etw. erklären **II 3C**

Je vais t'expliquer! [ʒəvɛtɛksplike] Ich kann's dir erklären! **II 3C**

un exposé [ɛ̃nɛkspoze] ein Referat/Vortrag **II 6B**

une expression [ynɛkspRɛsjɔ̃] ein Ausdruck **II 4A, 1**

exprimer qc [ɛkspRime] etw. ausdrücken **III 3C, 3; IV 3A, 7**

expulser qn [ɛkspyse] jdn. ausweisen/abschieben **IV 2B**

une expulsion [ynɛkspylsjɔ̃] eine Ausweisung/Abschiebung **IV 2B**

extraordinaire/extraordinaire [ɛkstRaɔRdinɛR] außergewöhnlich **IV 4B**

F

fabriquer qc [fabRike] etw. herstellen **IV 4C**

la fac (fam.) [lafak] (= la faculté) die Uni (ugs.) **IV 3C**

facile/facile [fasil] leicht **II 3B**

facilement [fasilmɑ̃] leicht (Adv.) **IV 3A**

de toute façon [dətutfasɔ̃] auf jeden Fall; hier: sowieso **III 1B**

la faim [lafɛ̃] der Hunger **I 6B**

avoir faim (f.) [avwaRfɛ̃] Hunger haben **I 6B**

avoir une petite faim (f.) [avwaRynp(ə)titfɛ̃] ein bisschen Hunger haben/bekommen **II 4A**

faire qc [fɛR] etw. tun/machen **I 4A**

Faites des phrases. [fɛtdefRaz] Bildet Sätze. **I 2E**

Mais que faire? [mɛkəfɛR] Aber was tun? **I 8B**

faire les courses [fɛRlekuRs] einkaufen **I 7A**

faire de l'athlétisme (m.) [fɛRdəlatletism] Leichtathletik machen **II 1E**

faire du cheval [fɛRdyʃ(ə)val] reiten **II 1E**

faire de la voile [fɛRdəlavwal] segeln **II 1E**

faire du sport [fɛRdyspɔR] Sport treiben **II 1E**

faire du VTT [fɛRdyvetete] Mountainbike fahren **II 1E**

faire du camping [fɛRdykɑ̃piŋ] campen/zelten **II 1**

faire une affaire/des affaires [fɛRynafɛR/dezafɛR] ein Schnäppchen machen/etw. günstig einkaufen **II 3A**

faire la vaisselle [fɛRlavɛsɛl] abwaschen **II 4C**

faire la cuisine [fɛRlakɥizin] kochen **II 4C**

faire de la place [fɛRdəlaplas] Platz machen **III 2E**

se faire du souci [səfɛRdysusi] sich Sorgen machen **III 2B**

faire du théâtre [fɛRdyteatR] Theater spielen **III 3C**

faire partie de qc [fɛRpaRtidə] zu etw. gehören **III 5B**

faire du stop [fɛRdystɔp] trampen/per Anhalter fahren **III 6E**

faire le plein [fɛRləplɛ̃] volltanken **III 6A**

Il fait beau. [ilfɛbo] Es ist schönes Wetter. **III 6A**

Il fait chaud. [ilfɛʃo] Es ist warm. (Wetter) **III 6B**

faire de l'escalade [fɛRdəlɛskalad] klettern **IV 1B**

faire entrer qn [fɛRɑ̃tRe] hier: jdn. hereinbitten **IV 2C**

faire une rencontre [fɛRynRɑ̃kɔ̃tR] eine Begegnung haben **IV 4B**

faire + Infinitif [fɛR] veranlassen, dass … **IV 5E**

une famille [ynfamij] eine Familie **II 4E**

un fan/une fan [ɛ̃fan/ynfan] ein Fan **II 5B**

fantastique/fantastique [fɑ̃tastik/fɑ̃tastik] toll/fantastisch **II 3A**

fatigué/fatiguée [fatige] müde **II 4B**

il faut qc [ilfo] man braucht etw./wir brauchen etw. **II 4B**

il faut faire qc [ilfofɛR] man muss etw. tun/wir müssen etw. tun **II 4B**

il ne faut pas faire qc [ilnəfopafɛR] man darf/soll etw. nicht tun **II 4B, 4**

Il faut qu'on soit ici … [ilfokɔ̃swasi] Wir müssen … hier sein. ⟨**IV 1Z**⟩

il faut que … [ilfokə] man muss/es ist nötig, dass … **IV 3E**

un fauteuil [ɛ̃fotœj] ein Sessel **IV 1A**

un fauteuil roulant [ɛ̃fotœjRulɑ̃] ein Rollstuhl **IV 1A**

faux/fausse [fo/fos] falsch **III 2B, 1**

une femme [ynfam] eine Frau **II 5B, 5**

une fenêtre [ynf(ə)nɛtR] ein Fenster **IV 1C**

une ferme [ynfɛRm] ein Bauernhof **IV 5A**

fermer qc [fɛRme] etw. schließen **II 4B**

fermé/fermée [fɛRme] geschlossen **III 1B**

refermer qc [RəfɛRme] etw. wieder schließen **II 3B**

les fesses (f.) [lefɛs] der Po/Hintern **II 2A, 4**

un festival [ɛ̃festival] ein Festival **III 6A**

une fête [ynfɛt] eine Fete/Party **I 8E**

une fête d'anniversaire [ynfɛtdanivɛRsɛR] eine Geburtstagsfete/Geburtstagsparty **I 8B, 5**

une fête d'adieu [ynfɛtdadjø] eine Abschiedsparty **III 2B**

fêter qc [fɛte] etw. feiern **IV 4A**

un feu [ɛ̃fø] ein Feuer **IV 5E**

un feu de forêt [ɛ̃fødəfɔRɛ] ein Waldbrand **IV 5E**

prendre feu [pRɑ̃dR(ə)fø] Feuer fangen **IV 5E**

février (m.) [fevRije] Februar **I 8A, 4**

une fiche [ynfiʃ] ein Blatt/eine Karteikarte **III 5E**

une fiche-métier/des fiches-métier [ynfiʃmetje/defiʃmetje] ein Berufsinformationsblatt **III 5E**

Fiche-moi la paix. (fam.) [fiʃmwalapɛ] Lass mich (bloß) in Ruhe. (ugs.) **III 4C, 4**

fidèle/fidèle [fidɛl] treu **IV 1B**

fier/fière [fjɛR/fjɛR] stolz **II 5C**

être fier de/fière de [ɛtRfjɛR/fjɛR] auf jdn./etw. stolz sein **III 4B**

un filet de mots [ɛ̃filɛdəmo] ein Wortnetz **III 2B, 3**

une fille [ynfij] ein Mädchen **I 4B**; eine Tochter **II 5A, 1**

un film [ɛ̃film] ein Film **I 5B, 4**

filmer qc [filme] etw. filmen **IV 1C**

un fils [ɛ̃fis] ein Sohn **II 2E**

un fils unique/une fille unique [ɛ̃fisynik/ynfijynik] ein Einzelkind **IV 2B**

la fin [lafɛ̃] das Ende **I 3E**

à la fin [alafɛ̃] am Ende/zum Schluss **I 7B**

une **finale** [ynfinal] ein Finale **IV 1A**

finir qc [finiʀ] etw. beenden/mit etw. aufhören **III 1A**

finir le coca [finiʀləkɔka] *hier:* die Cola austrinken **III 1A, 5**

flamand/flamande [flamɑ̃/flamɑ̃d] flämisch **IV 3C**

une **flamme** [ynflam] eine Flamme **IV 5E**

une **fois** [ynfwa] einmal **II 2C**

une **fonction** [ynfɔ̃ksjɔ̃] eine Funktion **III 1E**

le **foot** [ləfut] Fußball *(als Sportart)* **I 4A**

forcé/forcée [fɔʀse] gezwungen ⟨**IV 2Z**⟩

une **forêt** [ynfɔʀɛ] ein Wald **IV 4B**

la **formation** [lafɔʀmasjɔ̃] die Ausbildung **III 5E**

une **forme** [ynfɔʀm] eine Form **I 9, 4**

une forme qui manque [ynfɔʀmkimɑ̃k] eine fehlende Form **II 3E**

être en forme *(fam.)* gut drauf/(gut) in Form sein *(ugs.)* **III 3C, 3**

une forme conjuguée [ynfɔʀmkɔ̃ʒyge] eine konjugierte Form **II 4B, 2**

former qc [fɔʀme] etw. bilden **IV 3B**

formuler qc [fɔʀmyle] etw. formulieren **II 3B, 2**

mettre la radio fort [mɛtʀ(ə)laʀadjofɔʀ] das Radio laut stellen **II 4A**

moins fort [mwɛ̃fɔʀ] leiser **II 4A**

fou/folle/fous/folles [fu/fɔl/fu/fɔl] verrückt **III 6C**

une **fourchette** [ynfuʀʃet] eine Gabel **II 4C**

les **frais** *(m.)* [lefʀɛ] die Kosten ⟨**IV 1Z**⟩

le **français** [ləfʀɑ̃sɛ] das Französische/die französische Sprache **I 2B**

français/française [fʀɑ̃sɛ/fʀɑ̃sɛz] französisch **IV 3A**

en français [ɑ̃fʀɑ̃sɛ] auf Französisch **I 2B**

les devoirs de français [ledəvwaʀdəfʀɑ̃sɛ] die Französischhausaufgaben **I 4A**

francophone/francophone [fʀɑ̃kofon] französischsprachig **IV 4E**

un **frère** [ɛ̃fʀɛʀ] ein Bruder **I 6C**

un **frigo** [ɛ̃fʀigo] ein Kühlschrank **II 4A**

un **frimeur**/une **frimeuse** *(fam.)* [ɛ̃fʀimœʀ/ynfʀimøz] ein Angeber/Schaumschläger/eine Angeberin/Schaumschlägerin *(ugs.)* **III 1A**

les **fringues** *(f., pl., fam.)* [lefʀɛ̃g] die Klamotten *(ugs.)* **III 6B**

des **frites** *(f., pl.)* [defʀit] Pommes frites **I 7C, 2**

froid/froide [fʀwa/fʀwad] kalt **III 2A**

le **fromage** [ləfʀɔmaʒ] der Käse **II 4E**

un **fruit** [ɛ̃fʀɥi] eine Frucht **I 7E**

les fruits *(m., pl.)* [lefʀɥi] das Obst **I 7E**

une salade de fruits [ynsaladdəfʀɥi] ein Obstsalat **I 7B**

furieux/furieuse [fyʀjø/fyʀjøz] wütend **III 4B**

une **fusée** [ynfyze] eine Rakete ⟨**IV 3Z**⟩

le **futur** [ləfytyʀ] das Futur **IV 1E**

G

un **gagnant**/une **gagnante** [ɛ̃gaɲɑ̃/yngaɲɑ̃t] ein Sieger/eine Siegerin; ein Gewinner/eine Gewinnerin ⟨**IV 2Z**⟩; **IV 4C, 6**

gagner qc [gaɲe] etw. gewinnen **IV 1A**

Gagné! [gaɲe] Gewonnen! **I 2B**

gagner de l'argent *(m.)* [gaɲedəlaʀʒɑ̃] Geld verdienen **II 7**

un **garage** [ɛ̃gaʀaʒ] eine Werkstatt/Autowerkstatt **II 7**

un **garçon** [ɛ̃gaʀsɔ̃] ein Junge **I 2B**

garder qc [gaʀde] etw. (fest-)halten/behalten **IV 4B**

une **gare** [yngaʀ] ein Bahnhof **II 5A**

garer qc [gaʀe] etw. parken/abstellen **III 6C**

un **gâteau** [ɛ̃gato] ein Kuchen **III 5C**

un gâteau au chocolat [ɛ̃gatooʃɔkɔla] ein Schokoladenkuchen **III 5C**

à gauche [agoʃ] (nach) links **II 5B**

être **gêné/gênée** [ɛtʀʒene] verlegen sein **III 1A**

généralement [ʒeneʀalmɑ̃] im Allgemeinen **IV 3A**

génial/géniale/géniaux/géniales [ʒenjal/ʒenjal/ʒenjo/ʒenjal] genial/toll/super **II 3A**

les **gens** *(m., pl.)* [leʒɑ̃] die Leute **II 5B**

gentil/gentille [ʒɑ̃ti/ʒɑ̃tij] nett **II 4C**

C'est gentil! [sɛʒɑ̃ti] Das ist (aber) nett! **I 7C**

une **glace** [ynglas] ein Eis **I 9, 2**; ein Spiegel **II 3B**

le **goût** [ləgu] der Geschmack ⟨**IV 2Z**⟩

goûter qc [gute] etw. probieren/kosten **IV 5C**

le **GPS** [ləʒipiɛs] das GPS ⟨**IV 3Z**⟩

grâce à [gʀasa] dank **IV 3E**

grand/grande [gʀɑ̃/gʀɑ̃d] groß **II 3B**

un grand magasin [ɛ̃gʀɑ̃magazɛ̃] ein Kaufhaus **I 6A**

le Grand Huit [ləgʀɑ̃ɥit] die Achterbahn **I 9**

la **grand-mère** [lagʀɑ̃mɛʀ] die Großmutter/Oma **I 7A**

le **grand-père** [ləgʀɑ̃pɛʀ] der Großvater/Opa **II 4B**

les **grands-parents** *(m., pl.)* [legʀɑ̃paʀɑ̃] die Großeltern **II 4B, 1**

le **graphique** [ləgʀafik] das Schaubild **IV 3B, 5**

en gras [ɑ̃gʀa] fett gedruckt **II 6E**

gratuit/gratuite [gʀatɥi/gʀatɥit] kostenlos **II 5B**

C'est gratuit. [sɛgʀatɥi] Der Eintritt ist frei. **II 5B**

grave/grave [gʀav] schlimm **I 9**

Ce n'est pas grave. [sənɛpagʀav] Das ist (doch) nicht schlimm. **I 9**

une **grève** [yngʀɛv] ein Streik **IV 2B**

une **grille** [yngʀij] eine Tabelle **I 9, 1**

gris/grise [gʀi/gʀiz] grau **II 3E**

un **gris-gris** [ɛ̃gʀigʀi] ein Amulett **I 7C**

gros/grosse [gʀo/gʀos] dick **II 6A, 3**

un **groupe** [ɛ̃gʀup] eine Gruppe **II 1**; eine Band/Musikgruppe **II 5B**

la **guerre** [lagɛʀ] der Krieg **IV 3B**

le **guichet** [ləgiʃɛ] der Schalter **II 5B, 5**

le **guidage** [ləgidaʒ] die Navigation ⟨**IV 3Z**⟩

un **guide** [ɛ̃gid] ein Reiseführer/Fremdenführer **IV 4C**

la **guitare** [lagitaʀ] die Gitarre **III 1A**

la guitare basse [lagitaʀbas] die Bassgitarre **III 1A**

un **guitariste**/une **guitariste** [ɛ̃gitaʀist/yngitaʀist] ein Gitarrist/eine Gitarristin **III 1E**

un **gymnase** [ɛ̃ʒimnaz] eine Turnhalle **I 5E**

H

s'habiller [sabije] sich anziehen **III 2B**

s'habiller en noir [sabijeɑ̃nwaʀ] sich schwarz kleiden **IV 4A**

un **habitant**/une **habitante** [ɛ̃nabitɑ̃/ynabitɑ̃t] ein Einwohner/eine Einwohnerin **III 6A, 3**

habiter [abite] wohnen **I 4B**

une **habitude** [ynabityd] eine Gewohnheit **IV 5A**

avoir l'habitude de faire qc [avwaʀlabityddəfɛʀ] die Gewohnheit haben, etw. zu tun **IV 5A**

un **hamburger** [ɛ̃abuʀgœʀ] ein Hamburger **II 4A**

le **handball** [ləɑ̃dbal] Handball/das Handballspiel **II 1E**

le **handibasket** [ləãdibaskɛt] Rollstuhlbasketball *(als Sportart)* IV 1A

un **handicapé**/une **handicapée**
[ɛ̃ãdikape/ynãdikape] ein Behinder-
ter/eine Behinderte IV 1A

l'**harmonie** *(f.)* [laʀmɔni] die Harmonie
IV 3B

haut/haute [o/ot] groß/hoch IV 5C, 6

une **heure** [ynœʀ] eine Stunde I 3B
à quatre heures et quart [akatʀœʀekaʀ]
um Viertel nach vier I 5A
Il est quelle heure? [ilɛkɛlœʀ] Wie
spät ist es? I 5B
A quelle heure? [akɛlœʀ] Wann?/Um
wie viel Uhr? I 5B, 1
une heure de permanence
[ynœʀdəpɛʀmanãs] eine Hohlstunde/
Freistunde II 6B
pendant des heures [pãdãdezœʀ]
stundenlang II 3A
oublier l'heure *(f.)* [ublijelœʀ] die Zeit
vergessen III 2C
un quart d'heure [ɛ̃kaʀdœʀ] eine
Viertelstunde III 1B
avoir une heure de colle
[avwaʀynœʀdəkɔl] eine Stunde nachsitzen (müssen) III 2B

heureusement [øʀøzmã] glücklicherweise *(Adv.)* IV 3A

hier *(f.)* [jɛʀ] gestern II 2E

le **hip-hop** [ləipɔp] der Hip-Hop II 1, 4

histoire *(f.)* [istwaʀ] Geschichte *(als
Schulfach)* I 5B, 2

le **hit-parade** [ləitpaʀad] die Hitparade
III 6A, 4

l'**hiver** *(m.)* [livɛʀ] der Winter IV 5B

le **hobby** [lɔɔbi] das Hobby I 4B

un **homme** [ɛ̃nɔm] ein Mann II 5B, 5
un homme politique [ɛ̃nɔmpɔlitik]
ein Politiker IV 3B

la **honte** [laɔ̃t] die Schande III 5C
La honte! [laɔ̃t] Oh Schande!/Wie
peinlich! III 5C

un **hôpital** [ɛ̃nɔpital] ein Krankenhaus
I 2A

les **horaires** *(m., pl.)* [lezɔʀɛʀ] der Fahrplan II 5B, 5

un **hôtel de ville** [ɛ̃notɛldəvil] ein Rathaus *(einer größeren Stadt)* II 7, 4

un **hôtel-restaurant** [ɛ̃notɛlʀɛstɔʀã] ein
Hotel mit Gaststätte II 7, 2

l'**huile** *(f.)* [lɥil] das Öl/Speiseöl I 7A

le **Grand Huit** [ləgʀãɥit] I 9

l'**hymne** *(m.)* [limn] die Hymne IV 3B

I

ici [isi] hier I 3B

une **idée** [ynide] eine Idee I 4C
Ça, c'est une idée! [sasɛtynide] Das ist
eine (tolle) Idee! I 6B
se changer les idées [səʃãʒelezide] auf
andere Gedanken kommen III 3A

idiot/idiote [idjo/idjɔt] idiotisch/blöd/
doof II 3A

il y a [ilja] es gibt I 2A; vor *(zeitlich)*
III 3E
Il me manque quelque chose.
[ilməmãkkɛlkʃoz] Mir fehlt etwas.
III 5C

une **île** [ynil] eine Insel IV 4E

une **image** [ynimaʒ] ein Bild IV 2C

Imaginez d'abord une suite.
[imaʒinedabɔʀynsɥit] Denkt euch
zunächst eine Fortsetzung aus. I 8B, 1
Imagine … [imaʒin] Stell dir … vor.
II 4B, 5

un **immeuble** [ɛ̃nimœbl] ein Wohnhaus
IV 2E

l'**impératif positif/négatif**
[lɛ̃peʀatifpozitif/negatif] der bejahte/
verneinte Imperativ III 4E

important/importante [ɛ̃pɔʀtã/ɛ̃pɔʀtãt]
wichtig II 6C

impressionner qn [ɛ̃pʀesjone] jdn.
beeindrucken IV 5C, 5

un **inconvénient** [ɛ̃nɛ̃kõvenjã] ein Nach-
teil III 5A, 2

indiquer qc [ɛ̃dike] auf etw. hinweisen
IV 1E

une **infirmerie** [ynɛ̃fiʀməʀi] ein Krankenzimmer *(einer Schule)* I 5E

un **infirmier**/une **infirmière** [ɛ̃nɛ̃fiʀmje/
ynɛ̃fiʀmjɛʀ] ein Krankenpfleger/eine
Krankenschwester III 5E

un **informaticien**/une **informaticienne**
[ɛ̃nɛ̃fɔʀmatisjɛ̃/ynɛ̃fɔʀmatisjɛn] ein
Informatiker/eine Informatikerin
III 5A

une **information** [ynɛ̃fɔʀmasjõ] eine
Information I 4B, 1; II 6A, 4
une information correcte
[ynɛ̃fɔʀmasjõkɔʀɛkt] eine richtige
Information I 8B, 1
les infos *(pl., f.)* (= les informations)
[lezɛ̃fo] die Nachrichten II 4C

informer qn [ɛ̃fɔʀme] jdn. informieren
III 5B

s'inquiéter [sɛ̃kjete] sich Sorgen
machen III 4B

l'**inspiration** *(f.)* [lɛ̃spiʀasjõ] die Inspiration ⟨IV 5Z⟩

installer qc [ɛ̃stale] etw. anschließen/
aufbauen I 3B
s'installer [sɛ̃stale] sich niederlassen
III 3C; Platz nehmen III 6A
être bien installé/ée [ɛtʀbjɛ̃nɛ̃stale]
(es) sich gemütlich gemacht haben
III 6E

un **instant** [ɛ̃nɛ̃stã] ein Augenblick
III 5B, 4

un **instituteur**/une **institutrice**
[ɛ̃nɛ̃stitytœʀ/ynɛ̃stitytʀis] ein Grund-
schullehrer/eine Grunschullehrerin
IV 5A

un **instrument (de musique)**
[ɛ̃nɛ̃stʀymã(dəmyzik)] ein (Musik-)
Instrument III 1A

intelligent/intelligente [ɛ̃teliʒã/ɛ̃teliʒãt]
schlau III 4B

intéressant/intéressante [ɛ̃teʀesã/
ɛ̃teʀesãt] interessant; *hier:* günstig
II 3A

intéresser qn [ɛ̃teʀese] jdn. interessieren II 1
Ça vous intéresse? [savuzɛ̃teʀɛs] Interessiert euch/Sie das? II 1
s'intéresser à qc [sɛ̃teʀesea] sich für
etw. interessieren III 5E

(l')**Internet** *(m.)* [ɛ̃tɛʀnɛt] das Internet
I 3B
sur Internet [syʀɛ̃tɛʀnɛt] im Internet
I 3B

un **interprète**/une **interprète**
[ɛ̃nɛ̃tɛʀpʀɛt/ynɛ̃tɛʀpʀɛt] ein Dolmet-
scher/eine Dolmetscherin IV 3C, 4

interpréter [ɛ̃tɛʀpʀete] interpretieren
IV 3B, 5

une **interro** *(fam.)* (= une interrogation)
[ynɛ̃teʀo] eine Klassenarbeit/Schul-
aufgabe *(ugs.)* I 4C

interroger qn [ɛ̃teʀoʒe] jdn. befragen/
vernehmen II 2A

une **interview** [ynɛ̃tɛʀvju] ein Interview
III 5C

un **journal intime** [ɛ̃ʒuʀnalɛ̃tim] ein
Tagebuch III 4A, 2

introduire qc [ɛ̃tʀodɥiʀ] etw. einführen
IV 3B

une **invitation** [ynɛ̃vitasjõ] eine Einladung I 8A

un **invité**/une **invitée** [ɛ̃nɛ̃vite/ynɛ̃vite]
ein Gast IV 1E

inviter qn [ɛ̃vite] jdn. einladen I 7A
inviter qn à la fête [ɛ̃vitekɛlkɛ̃alafɛt]
jdn. zur Fete/Party einladen I 8E

italien/italienne [italjɛ̃/italjɛn] italienisch III 6A

J

jaloux/jalouse [ʒalu/ʒaluz] eifersüchtig **III 4B**

ne … jamais [nə…ʒamɛ] nie/niemals **II 7**

la jambe [laʒɑ̃b] das Bein **II 2A**

le jambon [laʒɑ̃bõ] der Schinken **II 4E**

janvier *(m.)* [ʒɑ̃vje] Januar **I 8A, 4**

un jardin [ɛ̃ʒardɛ̃] ein Garten **IV 5C**

jaune/jaune [ʒon/ʒon] gelb **II 3E**

un jean [ɛ̃dʒin] eine Jeans **II 3E**

un jeu/des jeux [ɛ̃ʒø/deʒø] ein Spiel/ Spiele **I 1, 7; IV 1A**

  un jeu de dés [ʒødəde] ein Würfel- spiel **I 3A, 5**

  un jeu de nombres [ɛ̃ʒədɔnõbʀ] ein Spiel mit Zahlen **I 3A, 4**

  un jeu de pantomime [ɛ̃ʒədəpɑ̃tɔmim] ein Spiel mit Pantomimen **I 8B, 3**

  un jeu de mots [ɛ̃ʒəd(ə)mo] ein Wort- spiel **I 4E**

  un jeu de sons [ɛ̃ʒəd(ə)sõ] ein Spiel mit Lauten **I 1, 7**

  un jeu de cartes [ɛ̃ʒəd(ə)kaʀt] ein Kar- tenspiel **I 4A, 5**

  les Jeux Olympiques [leʒøzɔlɛ̃pik] die Olympischen Spiele **IV 1A**

jeudi *(m.)* [ʒødi] Donnerstag **I 5B, 4**

un jeune/une jeune/des jeunes [ɛ̃ʒœn/ ynʒœn/deʒœn] ein Jugendlicher/eine Jugendliche/Jugendliche **II 1**

  jeune/jeune [ʒœn] jung **III 3A, 6**

une jeune fille au pair [ynʒœnfijopɛʀ] ein Aupairmädchen **IV 3C**

une auberge de jeunesse [ynobɛʀʒdəʒœnɛs] eine Jugendher- berge **III 3A**

joli/jolie [ʒɔli/ʒɔli] hübsch **III 6B**

un jongleur [ɛ̃ʒõglœʀ] ein Jongleur **I 6C**

jouer avec qn/qc [ʒweavɛk] mit jdm./ etw. spielen **I 4C, 4**

  Jouez à quatre. [ʒweakatʀ] Spielt zu viert. **I 7E**

  jouer de la musique [ʒwedəlamyzik] Musik machen **III 1E**

  jouer au caïd [ʒweokaid] sich als Chef aufspielen **III 4A**

un jouet [ɛ̃ʒwɛ] ein Spielzeug **IV 4C**

un jour [ɛ̃ʒuʀ] ein Tag **II 2C**; eines Tages **III 3E**

un journal/des journaux [ɛ̃ʒuʀnal/ deʒuʀno] eine Zeitung **III 3B**

un journal intime [ɛ̃ʒuʀnalɛ̃tim] ein Tagebuch **II 4C, 3**

une journée [ynʒuʀne] ein Tag *(im Ver- lauf)* **I 9**

une journée portes ouvertes [ynʒuʀnepɔʀtuvɛʀt] ein Tag der offe- nen Tür **II 6C**

Joyeux anniversaire! [ʒwajøzanivɛʀsɛʀ] Herzlichen Glückwunsch zum Geburtstag! **I 3B**

le judo [ləʒydo] Judo/der Judosport **II 1E**

  faire du judo [fɛʀdyʒydo] Judo machen **II 1E**

juillet *(m.)* [ʒɥijɛ] Juli **I 8A, 4**

juin *(m.)* [ʒɥɛ̃] Juni **I 8A, 4**

être jumelé(e) avec… [ɛtʀʒymleavɛk] eine Städte-/Schulpartnerschaft haben mit … **II 5A, 5**

une jupe [ynʒyp] ein Rock **II 1**

le jury [ləʒyʀi] die Jury **III 3A**

un jus [ɛ̃ʒy] ein Saft **I 7B**

  le jus d'orange [ləʒydɔʀɑ̃ʒ] der Oran- gensaft **I 8A, 3**

  le jus de citron [ləʒydsitʀõ] der Zitro- nensaft **I 7B**

K

le karaoké [ləkaʀaɔke] das Karaoke **I 4C**

un kilo [ɛ̃kilo] ein Kilo **I 7E**

  un kilo de … [ɛ̃kilədə] ein Kilo … **I 7A**

un kilomètre [ɛ̃kilɔmɛtʀ] ein Kilometer **I 9**

un kit [ɛ̃kit] ein Fertigbausatz ⟨**IV 3Z**⟩

  en kit [ɑ̃kit] als Bausatz ⟨**IV 3Z**⟩

un kiwi [ɛ̃kiwi] eine Kiwi **I 7E**

L

là [la] da/dort **I 2A**

  là-bas [laba] dort/dorthin **II 5B**

laisser qn/qc [lɛse] jdn./etw. lassen/ zurücklassen **II 2C**

  Bon, je te laisse! [bõʒətəlɛs] Also, so viel für heute! **II 3A, 5**

  laisser tomber qc [lɛsetõbe] etw. fal- len lassen **III 3B**

  Ne vous laissez pas faire! [nəvulɛsepafɛʀ] Lasst euch nicht alles gefallen! **III 4C**

  laisser qc à qn [lɛse] jdm. etw. über- lassen **III 6C**

le lait [ləlɛ] die Milch **II 4E**

lancer qc [lɑ̃se] etw. werfen **III 3B**

une langue [ynlɑ̃g] eine Sprache **II 6C**

large/large [laʀʒ] breit **IV 5C, 6**

la lavande [lalavɑ̃d] der Lavendel **IV 5A**

se laver [səlave] sich waschen **III 6B**

le lundi [ləlɛ̃di] montags/jeden Montag **I 5A**

une leçon [ynləsõ] eine Lektion **I 1**

un lecteur/une lectrice [ɛ̃lɛktœʀ/ ynlɛktʀis] ein Leser/eine Leserin ⟨**IV 2Z**⟩

la lecture [lalɛktyʀ] die Lektüre **III 1A**

  avant la lecture [avɑ̃lalɛktyʀ] vor dem Lesen **III 1A**

un légume [ɛ̃legym] ein Gemüse **I 7E**

un lémurien [ɛ̃lemyʀjɛ̃] ein Lemur **IV 4B**

le lendemain [ləlɑ̃dəmɛ̃] am Tag darauf **II 6E**

lequel/laquelle/lesquels/lesquelles [ləkɛl/lakɛl/lekɛl/lekɛl] welcher/wel- che/welches **IV 1E; IV 4A**

une lettre [ynlɛtʀ] ein Brief **II 2B**

se lever [səlave] aufstehen **III 2A**

les lèvres *(f.)* [lelɛvʀ] die Lippen **IV 2C**

la liaison [laljezõ] die Bindung **I 3B, 6**

la liberté [lalibɛʀte] die Freiheit **IV 3B**

libre/libre [libʀ] frei **IV 2B, 5**

librement [libʀəmɑ̃] frei *(Adv.)* **IV 3B**

une ligne [ynliɲ] eine Zeile **II 3C, 1**; eine Linie **II 5B, 4**; eine Verbindung/ Leitung **III 5B, 4**

lire qc [liʀ] etw. lesen **II 6B**

  Lisez … [lize] Lest … **I 3E**

  Lisez le poème à deux. [lizeləpɔɛmadø] Lest das Gedicht zu zweit. **I 3E**

une liste [ynlist] eine Liste **I 7A, 5**

  une liste des courses [ynlistdekuʀs] eine Einkaufsliste/ein Einkaufszettel **I 7A, 5**

un lit [ɛ̃li] ein Bett **II 4C**

un livre [ɛ̃livʀ] ein Buch **I 8B, 3**

local/locale [lɔkal/lɔkal] örtlich/lokal **III 5A**

une loi [ynlwa] ein Gesetz **IV 2C**

loin [lwɛ̃] weit **II 5C**

  de loin [dəlwɛ̃] von weitem **II 5C**

les loisirs *(m., pl.)* [lelwazir] die Freizeit **II 1, 5**

long/longue [lõ/lõg] lang **IV 2C**

longtemps [lõtɑ̃] lange **IV 2E**

le look [ləluk] der Look **II 3E**

  un look d'enfer [ɛ̃lukdɑ̃fɛʀ] ein Wahn- sinnslook **II 3C**

lorsque [lɔʀsk] als/wenn **IV 2C**

lourd/lourde [luʀ/luʀd] schwer **III 6E**

le loyer [ləlwaje] die Miete **IV 3C**

la lumière [lalymjɛʀ] das Licht ⟨**IV 5Z**⟩

lundi *(m.)* [lɛ̃di] (am) Montag/am nächsten Montag **I 4C**

à lundi [alɛ̃di] Bis Montag! **I 4C**

lundi après-midi [lɛ̃diapʀɛmidi] Montagnachmittag **I 5B**

le lundi [ləlɛ̃di] montags/jeden Montag **I 5A**

lundi matin [lɛ̃dimatɛ̃] am Montagmorgen **I 5A**

des **lunettes** *(f., pl.)* [delynɛt] eine Brille **II 6A,** 3

lutter contre qc [lytekɔ̃tʀ] gegen etw. kämpfen **IV 2B,** 2

un **lycée** [ɛ̃lise] ein Gymnasium/Lycée **III 2A**

un **lycéen**/une **lycéenne** [ɛ̃liseɛ̃/ ynliseɛn] ein Gymnasiast/eine Gymnasiastin **IV 2B**

M

madame ... [madam] Frau ... *(als Anrede)* **I 1**

Mme ... [madam] Frau ...*(Abkürzung von* Madame) **I 3A,** 1

Mademoiselle [madmwazɛl] *Anrede für eine junge Frau* **II 3C,** 3

un **magasin** [ɛ̃magazɛ̃] ein Geschäft/ Laden **II 3A**

un grand magasin [ɛ̃gʀɑ̃magazɛ̃] ein Kaufhaus **I 6A**

un **magazine** [ɛ̃magazin] eine Zeitschrift **II 5B**

magnifique/**magnifique** [maɲifik] großartig **IV 5C**

mai *(m.)* [mɛ] Mai **I 8A,** 4

un **maillot de bain** [ɛ̃majodəbɛ̃] eine Badehose/ein Badeanzug/ein Bikini **II 1**

une **main** [ynmɛ̃] eine Hand **II 2A,** 4

maintenant [mɛ̃t(ə)nɑ̃] jetzt **I 5B**

mais [mɛ] aber **I 3B**

Mais que faire? [mɛkəfɛʀ] Aber was tun? **I 8B**

une **maison** [ynmɛzɔ̃] ein Haus **I 5B**

rentrer à la maison [ʀɑ̃tʀealamɛzɔ̃] nach Hause gehen **I 5B**

la **majorité** [lamaʒɔʀite] die Mehrheit **IV 3B,** 5

avoir **mal à la tête** [avwaʀmalalatɛt] Kopfschmerzen haben **I 5B**

mal [mal] schlecht **III 5A**

Pas mal! [pamal] Ganz gut!/Nicht schlecht! **II 2A,** 4

mal payé/mal payée [malpɛje] schlechtbezahlt **III 5A**

malade [malad] krank **I 5B**

tomber malade [tɔ̃bemalad] krank werden **III 1B**

malgache/**malgache** [malgaʃ] madagassisch/aus Madagaskar **IV 4E**

malheureux/**malheureuse** [maløʀø/ maløʀøz] unglücklich **III 4B**

maman [mamɑ̃] Mama/Mami **I 3A**

mamie *(fam.)* [mami] Oma/Omi *(ugs.) (Anrede für die Oma)* **I 7E**

manger qc [mɑ̃ʒe] etw. essen **I 7C**

une **mangue** [ynmɑ̃g] eine Mango **IV 4A,** 6

une **manifestation** [ynmanifɛstasjɔ̃] eine Demonstration **IV 2B**

manquer [mɑ̃ke] fehlen **III 5C**

un **marché** [ɛ̃maʀʃe] ein Markt **I 7E**

marcher [maʀʃe] *hier:* funktionieren **IV 1C**

Ça marche bien. [samaʀʃbjɛ̃] Es geht/ klappt gut. **III 1A**

mardi *(m.)* [maʀdi] Dienstag **I 5B,** 4

le **mari** [ləmaʀi] der Ehemann **IV 4A**

se **marier** [səmaʀje] heiraten **III 4B**

une **marinade** [ynmaʀinad] eine Marinade **I 7B**

une **marionnette** [ynmaʀjɔnɛt] eine Marionette **IV 4A**

un **Marocain**/une **Marocaine** [ɛ̃maʀɔkɛ̃/ ynmaʀɔkɛn] ein Marokkaner/eine Marokkanerin **IV 4C**

marrant [maʀɑ̃] lustig/witzig **I 4A**

en avoir marre de qc *(fam.)* [ɑ̃navwaʀmaʀdə] die Nase von etw. voll haben *(ugs.)* **II 3C**

marron [maʀɔ̃] braun **IV 4B**

mars *(m.)* [maʀs] März **I 8A,** 4

marseillais/**marseillaise** [maʀsɛje/ maʀsɛjez] aus Marseille **IV 5C**

martiniquais/**martiniquaise** [maʀtinikɛ/ maʀtinikɛz] aus Martinique **IV 4E**

un **Martiniquais**/une **Martiniquaise** [ɛ̃maʀtinikɛ/ynmaʀtinikɛz] ein Mann/ eine Frau aus Martinique **IV 4E**

un **match** [ɛ̃matʃ] ein Spiel/eine Runde/Partie **II 2B**

On fait un match? [ɔ̃fɛɛ̃matʃ] Spielen wir eine Partie? **I 2B**

le **matériel** [ləmateʀjɛl] die Ausrüstung **III 1B**

les **maths** *(f., pl.; fam.)* (= les mathématiques) [lemat] Mathe **I 5A**

un **matin** [ɛ̃matɛ̃] ein Morgen **I 5A;** eines Morgens **III 3A**

mauvais/**mauvaise** [movɛ/movɛz] schlecht **II 6A**

le **maximum** [ləmaksimɔm] das Maximum **II 1,** 5

la **mayonnaise** [lamajɔnɛz] die Majonäse **I 3E**

un **mec**/des **mecs** *(fam.)* [ɛ̃mɛk/demɛk] ein Kerl/Kerle *(ugs.)* **III 4C**

un **mécanicien**/une **mécanicienne** [ɛ̃mekanisjɛ̃/ynmekanisjɛn] ein Kfz-Mechaniker/eine Kfz-Mechanikerin **III 5E**

méchant/**méchante** [meʃɑ̃/meʃɑ̃t] böse **III 4B**

une **médaille** [ynmedaj] eine Medaille **IV 1A**

une médaille d'or [ynmedajdɔʀ] eine Goldmedaille **IV 1A**

une médaille d'argent [ynmedajdaʀʒɑ̃] eine Silbermedaille **IV 1A**

les **médias** *(m., pl.)* [lemedja] die Medien **III 5B**

le **meilleur**/la **meilleure**/les **meilleurs**/ les **meilleures** ... [ləmɛjœʀ/lamɛjœʀ/ lemɛjœʀ/lemɛjœʀ] der beste/die beste/ das beste/die besten ... **III 6A**

meilleur/meilleure (que ...) [mɛjœʀ(kə)] besser (als ...) **IV 5A**

un **membre** [ɛ̃mɑ̃bʀ] ein Mitglied **IV 3B**

un pays membre [ɛ̃peimɑ̃bʀ] ein Mitgliedsland **IV 3B**

le **même**/la **même**/les **mêmes** [ləmɛm/ lamɛm/lemɛm] derselbe/dieselbe/ dasselbe/dieselben **II 3C**

même [mɛm] sogar **III 1A**

être **menacé**/**menacée** [ɛtʀmənase] bedroht sein ⟨**IV 3Z**⟩

un **menteur**/une **menteuse** [ɛ̃mɑ̃tœʀ/ ynmɑ̃tøz] ein Lügner/eine Lügnerin **III 4B**

mentir [mɑ̃tiʀ] lügen **II 4B**

mentir à qn [mɑ̃tiʀ] jdn. anlügen/ belügen **II 7**

la **mer** [lamɛʀ] das Meer **II 2B**

Merci. [mɛʀsi] Danke. **I 1**

mercredi *(m.)* [mɛʀkʀədi] Mittwoch **I 5B,** 4

la **mère** [lamɛʀ] die Mutter **I 6E**

un **message** [ɛ̃mesaʒ] eine Nachricht **II 4B**

la **météo** [lameteo] der Wetterbericht/ die Wettervorhersage **III 5B**

le bulletin météo [ləbyltɛ̃meteo] der Wetterbericht **III 6C,** 6

un **métier** [ɛ̃metje] ein Beruf **III 4B**

un **mètre** [ɛ̃mɛtʀ] ein Meter **IV 5C,** 6

le **métro** [ləmetʀo] die Metro/U-Bahn **I 6A**

prendre le métro [pʀɑ̃dʀləmetʀo] die Metro nehmen **I 6A**

mettre qc [mɛtʀ] etw. setzen/stellen/
legen; *hier:* etw. hineintun I 7B; *hier:*
etw. anziehen/anlegen I 7C
mettre la table [mɛtʀlatabl] den Tisch
decken I 7C
mettre la radio fort [mɛtʀ(ə)laʀadjofɔʀ]
das Radio laut stellen II 4A
se mettre à table [səmɛtʀatabl] zu
Tisch/zum Essen kommen III 2A
mettre de l'ambiance *(f.)*
[mɛtʀdəlãbjãs] für Stimmung sorgen
III 1A
se mettre en place [səmɛtʀãplas] den
Platz einnehmen ⟨IV 1Z⟩
se mettre à faire qc [səmɛtʀafɛʀ]
beginnen etw. zu tun IV 2C
Mettons vers neuf heures.
[mɛtõvɛʀnœvœʀ] Sagen wir um neun
Uhr. ⟨IV 1Z⟩
un micro *(= un microphone)* [ɛ̃mikʀo]
ein Mikrofon III 5B
à midi [amidi] mittags I 5A
midi et demie [midied(ə)mi] halb eins
I 6B
le miel [ləmjɛl] der Honig IV 5B
mieux [mjø] besser II 4C
un million [ɛ̃miljõ] eine Million IV 2E
mince/mince [mɛ̃s] dünn II 6A, 3
un minibus [ɛ̃minibys] ein Kleinbus/
Campingbus/Van III 6A
une minijupe [ynminiʒyp] ein Minirock
II 3E
au minimum [ominimɔm] mindestens
II 1, 5
la minorité [laminɔʀite] die Minderheit
IV 3B, 5
une minute [ynminyt] eine Minute I 3B
Une minute! [ynminyt] Einen
Moment (mal)! I 6A
le mistral [ləmistʀal] der Mistral IV 5E
la MJC *(= la Maison des Jeunes et de la
Culture)* [laɛmʒise] das MJC *(entspricht
dem deutschen Jugendhaus)* III 4A
Mme … [madam] Frau …*(Abkürzung
von Madame)* I 3A, 1
se mobiliser [səmɔbilize] sich mobilisie-
ren/aktiv werden IV 2B
moche/moche [mɔʃ] hässlich II 3B
la mode [lamɔd] die Mode II 3C, 2
être à la mode [ɛtʀalamɔd] modern
sein/sich modisch kleiden II 3C, 2
moi [mwa] ich *(betont)* I
avec moi [avɛkmwa] mit mir I 3E
C'est moi … [sɛmwa] Ich *(betont)* bin
… II 3B, 4
chez moi [ʃemwa] bei mir I 4C
moins [mwɛ̃] weniger I 7A, 3

au moins [omwɛ̃] wenigstens II 4E
moins fort [mwɛ̃fɔʀ] leiser II 4A
le moins longtemps [ləmwɛ̃lõtã] am
kürzesten IV 5A
moins … que [mwɛ̃ … kə] weniger …
als III 6E
un mois [ɛ̃mwa] ein Monat III 1E
un moment [ɛ̃mɔmã] ein Moment
III 3A
en ce moment [ãsəmɔmã] zurzeit
II 3C, 3
le monde [ləmõd] die Welt II 7
un tour du monde [ɛ̃tuʀdymõd] eine
Weltreise IV 4C
la monnaie [lamɔnɛ] die Währung IV 3B
la monnaie unique [lamɔnɛynik] die
einheitliche Währung IV 3B
monsieur … [məsjø] Herr … *(als
Anrede)* I 1
M. … [məsjø] Herr … *(Abkürzung
von Monsieur)* I 3A, 1
une montagne [ynmõtaɲ] ein Berg
IV 5E
monter [mõte] hinaufgehen/hinaufs-
teigen II 2B
monter (dans qc) [mõte] (in etw.)
einsteigen II 5A
monter une pièce [mõteynpjɛs] ein
Bühnenstück vorbereiten III 3C
monter qc [mõte] *hier:* etw. aufstel-
len/aufbauen III 6B
une montre [ynmõtʀ] eine Armbanduhr III 6C
montrer qc [mõtʀe] etw. zeigen I 4E
un monument [ɛ̃mɔnymã] ein Bauwerk
IV 5C, 2
un morceau/des morceaux [ɛ̃mɔʀso/
demɔʀso] ein Stück/Stücke III 1A
la mort [lamɔʀ] der Tod IV 4A
un mot [ɛ̃mo] ein Wort II 6B; I 1, 6
un mot-clé/des mots-clés [ɛ̃mokle/
demokle] ein Schlüsselwort/Schlüs-
selwörter II 6B
mouillé [muje] nass I 9
mourir [muʀiʀ] sterben ⟨IV 5Z⟩
une mousse au chocolat
[ynmusoʃɔkɔla] eine Mousse au chocolat III 2A
un musicien [ɛ̃myzisjɛ̃] ein Musiker
I 6C
la musique [lamyzik] die Musik I 4E
une école de musique
[ynekɔldəmyzik] eine Musikschule
I 4E
la musique pop-rock [lamyzikpɔpʀɔk]
die Rock-Pop-Musik III 1E

N

nager [naʒe] schwimmen II 1
naïf/naïve [naif/naiv] naiv III 4A, 4
la natation [lanatasjõ] das Schwimmen
II 1E
faire de la natation [fɛʀdəlanatasjõ]
schwimmen II 1E
la nationalité [lanasjɔnalite] die Natio-
nalität/Staatsangehörigkeit IV 3C
ne … pas [nə…pa] nicht I 4B
ne … pas encore [nə…pa(z)ãkɔʀ]
noch nicht II 2C
ne … rien [nə… ʀjɛ̃] nichts II 2C
ne … plus [nə…ply] nicht mehr II 3C
ne … pas de … [nə…padə] kein/
keine/keinen … II 4A
ne … plus de … [nə…plydə] kein/
keine/keinen … mehr II 4A
ne … pas du tout [ne…padytu] überhaupt nicht II 6C, 2
ne … jamais [nə…ʒamɛ] nie/niemals
II 7
ne … pas non plus [nə…panõply]
auch nicht II 7
ne … toujours pas [nətuʒuʀpa] immer
noch nicht III 3B; III 3B
ne … même pas [nəmɛmpa] nicht
einmal III 3B
ne … personne [nə…pɛʀsɔn] niemand III 5B
Ne quittez pas. [nəkitepa] Bitte bleiben Sie am Apparat. III 5B, 4
Ne fais pas la difficile! [nəfɛpaladifisil]
hier: Stell dich (jetzt) nicht so an!
III 6C
ne … ni … ni … [nə…ni…ni] weder
… noch IV 2A
… n'est-ce pas? [nɛspa] … , nicht?/ …
oder? IV 5A
n'importe quoi [nɛ̃pɔʀt(ə)kwa] *hier:*
Quatsch/Blödsinn III 4B
ne … que [nə … kə] nur IV 4B
je suis né/née [ʒəsɥine] ich bin geboren
III 4A
la nécessité [lanesɛsite] die Notwendigkeit IV 3E
néerlandais/néerlandaise [neɛʀlãdɛ/
neɛʀlãdɛz] niederländisch IV 3A
la neige [lanɛʒ] der Schnee III 6C, 5
neiger [nɛʒe] schneien III 6C, 5
nerveux/nerveuse [nɛʀvø/nɛʀvøz] auf-
geregt/nervös III 5B
le nez [ləne] die Nase IV 2C
noir/noire [nwaʀ/nwaʀ] schwarz II 3E
s'habiller en noir [sabijeãnwaʀ] sich
schwarz kleiden IV 4A

Liste des mots

un **nom** [ɛ̃nõ] ein Name I 4B

un **nombre** [ɛ̃nõbʀ] eine Zahl I 3E

nombreux/nombreuse [nõbʀø/nõbʀøz] zahlreich IV 4C

Non. [nõ] Nein. I 1

  … , non? [nõ] … , nicht wahr/oder? I 2B

  Moi non plus. [mwanõply] Ich auch nicht. IV 1B

un **non-fumeur** [ɛ̃nõfymœʀ] ein Nichtraucher II 5B, 5

le **nord** [lənɔʀ] der Norden IV 5C, 6

normal/normale [nɔʀmal/nɔʀmal] normal III 6B

une **note** [ynnɔt] eine Note I 7C

  une super note [ynsypɛʀnɔt] eine Supernote I 7C

  prendre des notes [pʀɑ̃dʀdenɔt] sich Notizen machen II 6B

noter qc [nɔte] etw. notieren III 3A

un **nouveau** [ɛ̃nuvo] ein Neuer/neuer Schüler I 5E

nouveau/nouvel/nouvelle/nouveaux/nouvelles [nuvo/nuvɛl/nuvɛl/nuvo/nuvɛl] neu II 3B

novembre *(m.)* [nɔvɑ̃bʀ] November I 8A, 4

un **nuage** [ɛ̃nɥaʒ] eine Wolke III 6A

la **nuit** [lanɥi] die Nacht III 2A

  Bonne nuit! [bɔnnɥi] Gute Nacht! III 2A

  depuis la nuit des temps [dəpɥilanɥidetɑ̃] seit Urzeiten ⟨IV 4Z⟩

nul/nulle [nyl/nyl] blöd/doof/öde/schlecht II 4B

  C'est nul. *(fam.)* [sɛnyl] Das ist doof/blöd/öde. *(ugs.)* II 1

  C'est trop nul! [sɛtʀonyl] Das ist zu/total doof! II 3E

un **numéro** [ɛ̃nymeʀo] eine Nummer I 5A, 6

  un numéro de téléphone [ɛ̃nymeʀodətelefɔn] eine Telefonnummer I 5A, 6

  un numéro de portable [ɛ̃nymeʀod(ə)pɔʀtabl] eine Handynummer I 8A

  le numéro de ligne directe [lənymeʀodəliɲədiʀɛkt] die Durchwahl(nummer) III 5B, 4

O

un **objet** [ɛ̃nɔbʒɛ] ein Gegenstand IV 4C

obligé/obligée [ɔbliʒe] verpflichtet ⟨IV 2Z⟩

obtenir qc [ɔbtəniʀ] etw. erhalten/erreichen IV 2B

s'occuper de qn/qc [sɔkypedə] sich um jdn./etw. kümmern III 2E

  s'occuper [sɔkype] sich beschäftigen ⟨IV 5Z⟩

octobre *(m.)* [ɔktɔbʀ] Oktober I 5B, 4

un **œil**/des **yeux** [ɛ̃nœj/dezjø] ein Auge/Augen II 6A, 3

  Mon œil! *(fam.)* [mõnœj] Wer's glaubt, wird selig!/Von wegen! *(ugs.)* II 4B

l'**office de tourisme** [lɔfisdətuʀism] die Touristeninformation IV 4B, 5

une **offre** [ynɔfʀ] ein Angebot III 3E

offrir qc à qn [ɔfʀiʀ] jdm. etw. anbieten/schenken II 7

  offrir un verre à qn [ɔfʀiʀɛ̃vɛʀ] jdn. auf ein Glas einladen II 7, 5

  offrir son aide à qn [ɔfʀiʀsɔ̃nɛd] jdm. seine Hilfe anbieten II 7

Oh là là! [ɔlala] Ah! *(Ausdruck der Überraschung)* I 8B

un **oignon** [ɛ̃nɔɲõ] eine Zwiebel I 7E

O.K. [ɔke] o.k. I 8E

une **olive** [ynɔliv] eine Olive IV 5B

un **olivier** [ɛ̃nɔlivje] ein Olivenbaum IV 5A

On sonne. [õsɔn] Es *(= jemand)* klingelt. II 4A

un **oncle** [ɛ̃nõkl] ein Onkel II 5C, 3

l'**or** *(m.)* [lɔʀ] das Gold IV 1A

un **orage** [ɛ̃nɔʀaʒ] ein Gewitter III 6C, 5

une **orange** [ynɔʀɑ̃ʒ] eine Orange/Apfelsine I 2A

un **ordinateur** [ɛ̃nɔʀdinatœʀ] ein Computer I 3B

un **ordre** [ɛ̃nɔʀdʀ] ein Befehl III 4B

un **organisateur**/une **organisatrice** [ɛ̃nɔʀganizatœʀ/ynɔʀganizatʀis] ein Organisator/eine Organisatorin IV 1E

organiser qc [ɔʀganize] etw. organisieren I 8E

  s'organiser [sɔʀganize] sich organisieren III 2E

le **pays d'origine** [ləpeidɔʀiʒin] das Herkunftsland IV 3B

ou [u] oder I 3A, 3

où [u] wo/wohin I 2A

  C'est où? [sɛu] Wo ist das? I 2A

  d'où [du] woher I 2B

  Tu vas où? [tyvau] Wohin gehst du? I 5A, 2

où [u] *(Relativpronomen: Ort)* III 1E

Ouah! [wa] Wau! I

Ouais! *(fam.)* [wɛ] Ja! *(ugs.)* II 3E

oublier qc [ublije] etw. vergessen II 4A

  oublier l'heure *(f.)* [ublijelœʀ] die Zeit vergessen III 2C

l'**ouest** *(m.)* [lwɛst] der Westen IV 5C, 6

Ouf! [uf] Uff! I 9

oui [wi] Ja. I 1

  Ben oui. [bɛ̃wi] Na klar! I 7C

un **ours** [ɛ̃nuʀs] ein Bär ⟨IV 3Z⟩

  un ours brun [ɛ̃nuʀsbʀyn] ein Braunbär ⟨IV 3Z⟩

ouvert/ouverte [uvɛʀ/uvɛʀt] offen II 6C

  une journée portes ouvertes [ynʒuʀnepɔʀtuvɛʀt] ein Tag der offenen Tür II 6C

ouvrir qc [uvʀiʀ] etw. öffnen II 7

l'**ozone** *(m.)* das Ozon ⟨IV 3Z⟩

P

une **page** [ynpaʒ] eine Seite I 4E

  une page Internet [ynpaʒɛ̃tɛʀnɛt] eine Internetseite I 4E

le **pain** [ləpɛ̃] das Brot II 4E

la **paix** [lapɛ] der Friede IV 3B

paniquer [panike] in Panik geraten II 2C

un **pantalon** [ɛ̃pɑ̃talõ] eine Hose II 1

un **jeu de pantomime** [ɛ̃ʒødəpɑ̃tomim] ein Spiel mit Pantomimen I 8B, 3

papa [papa] Papa I 3A

papi *(fam.)* [papi] Opa *(Anrede für den Opa)* II 4B

Pâques *(f., pl.)* [pak] Ostern II 5E

un **paquet** [ɛ̃pakɛ] ein Paket/Stapel I 4A, 5

par [paʀ] pro IV 3A

  par exemple [paʀɛgzɑ̃pl] zum Beispiel II 6A

  par terre [paʀtɛʀ] auf den/dem Boden III 3B

  par cœur [paʀkœʀ] auswendig IV 4B

un **paragraphe** [ɛ̃paʀagʀaf] ein Abschnitt III 3A, 5; III 6C, 4

un **parc** [ɛ̃paʀk] ein Park I 2B

  un parc naturel [ɛ̃paʀknatyʀɛl] ein Naturschutzgebiet ⟨IV 3Z⟩

parce que [paʀskə] weil I 8A

Pardon. [paʀdõ] Entschuldigung. I 7A

(être) pareil/pareille [paʀɛj/paʀɛj] gleich (sein) III 2A

  C'est toujours pareil avec toi. Es ist immer dasselbe mit dir. III 6C

entre parenthèses *(f., pl.)* [ɑ̃tʀpaʀɑ̃tɛz] in Klammern III 4B, 3

les **parents** *(m.)* [lepaʀɑ̃] die Eltern I 8B

parfait/parfaite [paʀfɛ/paʀfɛt] perfekt IV 2C

parfois [paʀfwa] manchmal III 3C

parfumer qc [paʀfyme] etw. parfümieren IV 5B

parisien/parisienne [paʀizjɛ̃/paʀizjɛn] aus Paris IV 3C

un **parlement** [ɛ̃paʀl(ə)mɑ̃] ein Parlament IV 3B

le Parlement européen [ləpaʀl(ə)mɑ̃øʀɔpeɛ̃] das Europaparlament IV 3B

parler (de qc) à qn/avec qn [paʀle] mit jdm. (über etw.) sprechen II 6B

Tu parles…! [typaʀl] Von wegen!/Was du nicht sagst! IV 2C

parmi eux/elles [paʀmiø/ɛl] unter ihnen *(bei Personen)* III 3C

les **paroles** *(f.)* [lepaʀɔl] die Wörter; *hier:* der Liedtext IV 1C

partager qc [paʀtaʒe] etw. teilen II 2B

un **partenaire**/une **partenaire** [ɛ̃paʀtənɛʀ/ynpaʀtənɛʀ] ein Partner/ eine Partnerin IV 3B, 4

participer à qc [paʀtisipe] an etw. teilnehmen IV 2B

une **partie** [ynpaʀti] ein Teil/Abschnitt I 6C, 1; IV 3E

une partie soulignée [ynpaʀtisuliɲe] ein unterstrichener Satzteil III 4C, 3

faire partie de qc [fɛʀpaʀtidə] zu etw. gehören III 5B

partir [paʀtiʀ] weggehen II 4B

partir en vacances *(f., pl.)* [paʀtiʀɑ̃vakɑ̃s] in (die) Ferien/in (den) Urlaub fahren II 5E

partir de qc [paʀtiʀdə] abfahren in … IV 5C

partout [paʀtu] überall II 6C

ne … pas [nə…pa] nicht I 4B

Pas de problème! [pad(ə)pʀɔblɛm] Kein Problem! I 7A, 2

Pas mal! [pamal] Ganz gut!/Nicht schlecht! II 2A, 4

Oh non, pas elle! *(fam.)* [ɔnɔ̃paɛl] Oh nein, bloß nicht die schon wieder! *(ugs.)* II 3A

ne … pas de … [nə…padə] kein/ keine/keinen … II 4A

Pas de souci! [padsusi] Keine Sorge! III 2A

ne … toujours pas [nətuʒuʀpa] immer noch nicht III 3B

ne … même pas [nəmɛmpa] nicht einmal III 3B

Pas comme toi. [pakɔmtwa] Nicht wie du. III 5A

Pas de doute. [padədut] Kein Zweifel. IV 4A

un **passager**/une **passagère** [ɛ̃pasaʒe/ ynpasaʒɛʀ] ein Passagier ⟨IV 3Z⟩

le **passé** [ləpase] die Vergangenheit III 3E

le passé composé [ləpasekɔ̃poze] das Passé composé II 2E

un **passeport** [ɛ̃paspɔʀ] ein Pass/Reisepass IV 3B

passer qc [pase] etw. geben/reichen II 4C, 2

Je vous le/la passe. [ʒəvulə/lapas] Ich gebe ihn/sie Ihnen. III 5B, 4

se passer [səpase] sich ereignen III 2C

passer (les/ses vacances) [pasele/ sevakɑ̃s] (die Ferien) verbringen II 1

passer un concours [paseɛ̃kɔ̃kuʀ] an einem Wettbewerb teilnehmen III 5A

passer dans une (autre) équipe [pasedɑ̃zyn(otʀ)ekip] in eine (andere) Mannschaft kommen IV 1A

passif/passive [pasif/pasiv] passiv III 4A, 4

patient/patiente [pasjɑ̃/pasjɑ̃t] geduldig III 4B

un **pâtissier**/une **pâtissière** [ɛ̃patisje/ ynpatisjɛʀ] ein Konditor/eine Konditorin IV 3E

le **patron**/la **patronne** [ləpatʀɔ̃/ lapatʀɔn] der Arbeitgeber/die Arbeitgeberin/der Chef/die Chefin IV 3E

une **pause** [ynpoz] eine Pause IV 2C

payer [peje] bezahlen III 5A

un **pays** [ɛ̃pei] ein Land III 6B

le pays d'origine [ləpeidɔʀiʒin] das Herkunftsland IV 3B

un pays membre [ɛ̃peimɑ̃bʀ] ein Mitgliedsland IV 3B

un **paysage** [ɛ̃peizaʒ] eine Landschaft IV 4B

une **pêche** [ynpɛʃ] ein Pfirsich IV 5B

avoir la **pêche** *(fam.)* [avwaʀlapɛʃ] sehr gut drauf sein *(ugs.)* III 3C, 3

un **pêcheur** [ɛ̃pɛʃœʀ] ein Fischer/ Angler IV 5C

peindre qc [pɛ̃dʀ] etw. malen ⟨IV 5Z⟩

la **peine** [lapɛn] die Mühe III 5B

un **peintre** [ɛ̃pɛ̃tʀ] ein Maler I 6B

la **peinture** [lapɛ̃tyʀ] die Malerei ⟨IV 5Z⟩

pendant [pɑ̃dɑ̃] während II 3A

pendant des heures [pɑ̃dɑ̃dezœʀ] stundenlang II 3A

pendant ce temps [pɑ̃dɑ̃s(ə)tɑ̃] währenddessen II 6B

pendant que [pɑ̃dɑ̃kə] während *(+ Verb)* III 3B; IV 5E

penser à qn/qc [pɑ̃sea] an jdn./etw. denken I 8B

penser de qc [pɑ̃sedə] über etw. denken II 6C

pensif/pensive [pɑ̃sif/pɑ̃siv] nachdenklich III 4A

un **perdant**/une **perdante** [ɛ̃pɛʀdɑ̃/ ynpɛʀdɑ̃t] Verlierer ⟨IV 2Z⟩

perdre qc [pɛʀdʀ] etw. verlieren II 5C

le **père** [ləpɛʀ] der Vater I 6E

permettre à qn de faire qc [pɛʀmɛtʀ] jdm. erlauben etw. zu tun IV 2B

une **personnalité** [ynpɛʀsɔnalite] Persönlichkeit ⟨IV 2Z⟩

une **personne** [pɛʀsɔn] eine Person I 6A

Personne ne … [pɛʀsɔnnə] Niemand … *(am Satzanfang)* III 3B

une **petite peste** [ynp(ə)titpɛst] eine Nervensäge II 3B

petit/petite [p(ə)ti/p(ə)tit] klein II 3B

un petit-déjeuner [ɛ̃p(ə)tideʒøne] ein Frühstück II 2E

le petit copain/la petite copine [ləp(ə)titkɔpɛ̃/lap(ə)titkɔpin] der Freund/die Freundin (mit dem/der man „geht") II 3B, 4

un petit/une petite/des petits/des petites [ɛ̃p(ə)ti/ynp(ə)tit/dep(ə)ti/ dep(ə)tit] ein Kleiner/eine Kleine/ Kleine III 4E

les petits-enfants *(m., pl.)* [leptizɑ̃fɑ̃] die Enkel(kinder) II 5A, 1

un petit-fils/une petite-fille [ɛ̃p(ə)tifis/ ynp(ə)titfij] ein Enkel/eine Enkelin IV 4A

un **peu** [ɛ̃pø] ein bisschen/wenig I 6C, 3

un peu de … [ɛ̃pødə] ein wenig/bisschen … *(bei Mengen)* I 7B

peu de … [pødə] wenig/wenige III 1B

peu de temps après [pødətɑ̃apʀɛ] kurze Zeit darauf IV 4B

la **peur** [lapœʀ] die Angst II 2C

avoir peur de qn/qc [avwaʀpœʀ] Angst vor jdm./etw. haben II 2C

avoir peur pour qn/qc [avwaʀpœʀpuʀ] Angst um jdm./etw. haben IV 5E

peureux/peureuse [pøʀø/pøʀøz] ängstlich III 6C

peut-être [pøtɛtʀ] vielleicht II 4B

un **phoque** [ɛ̃fɔk] ein Seehund/eine Robbe ⟨IV 3Z⟩

une **photo** [ynfɔto] ein Foto I 4E

prendre des photos [pʀɑ̃dʀdefɔto] Fotos machen/fotografieren I 6A

une **photocopie** [ynfɔtɔkɔpi] eine Fotokopie III 5A

Liste des mots

un **photographe**/une **photographe** [ɛ̃fɔtograf/ynfɔtograf] ein Fotograf/eine Fotografin **IV 5A, 8**
une **phrase** [ynfʀaz] ein Satz **I 2E**
une **pièce** [ynpjɛs] eine Münze/ein Geldstück **III 3B**
une pièce (de théâtre) [ynpjɛs] ein (Theater-)Stück **III 3C**
monter une pièce [mõteynpjɛs] ein Bühnenstück vorbereiten **III 3C**
un **pied** [ɛ̃pje] ein Fuß **II 2A, 4**
à pied [apje] zu Fuß **II 5C**
un **piercing** [ɛ̃pɛrsiŋ] ein Piercing **II 6A, 3**
le **ping-pong** [ləpiŋpõg] (das) Tischtennis *(als Sportart)* **I 4B**
un **pique-nique** [ɛ̃piknik] ein Picknick **I 9**
une **pizza** [ynpidza] eine Pizza **I 6A, 3**
une **place** [ynplas] ein Platz **I 6B**
prendre place [pʀɑ̃dʀplas] Platz nehmen **II 5B**
faire de la place [fɛrdəlaplas] Platz machen **III 2E**
se mettre en place [səmɛtrɑ̃plas] den Platz einnehmen ⟨**IV 1Z**⟩
une place de … [ynplasdə] ein Platz/eine Stelle als … **IV 3A**
une place d'assistante [yneplasdasistɑ̃t] eine Assistentenstelle; *hier:* eine Fremdsprachenassistentenstelle **IV 3A**
une **plage** [ynplaʒ] ein Strand **II 2B**
plaire à qn [plɛʀ] jdm. gefallen **II 3A**
Le sketch m'a plu. [ləskɛtʃmaply] Der Sketsch hat mir gefallen. **II 6C**
le **plaisir** [ləplɛziʀ] das Vergnügen **IV 2E**
faire plaisir à qn [fɛrplɛziʀ] jdm. gefallen **IV 2E**
s'il te plaît [siltəplɛ] bitte *(zu jemandem, den man duzt)* **I 5B**
s'il vous plaît [silvuplɛ] bitte *(zu jemandem, den man siezt)* ⟨**IV 1Z**⟩
un **plan** [ɛ̃plɑ̃] ein Plan; *hier:* ein Stadtplan **I 2E**; ein Plan; *hier:* ein Übersichtsplan **I 9**
le premier plan [ləpʀəmjeplɑ̃] der Vordergrund **III 3B, 3**
le second plan [ləsəgõplɑ̃] der Hintergrund **III 3B, 3**
une **plante** [ynplɑ̃t] eine Pflanze **IV 4B**
plein/**pleine** [plɛ̃/plɛn] voll **III 6A**
faire le plein [fɛrləplɛ̃] volltanken **III 6A**
plein de … [plɛ̃də] viel/viele **IV 1B**
pleurer [plœʀe] weinen **III 3B**
Il **pleut**. [ilplø] Es regnet. **III 6A**
Plouf! [pluf] Platsch! **I 9**
la **pluie** [laplɥi] der Regen **III 6A**

en plus [ɑ̃plys] und obendrein/dazu/außerdem **III 5A**
Moi non plus. [mwanõply] Ich auch nicht. **IV 1B**
plus [plys] mehr **I 7A, 3**
le plus longtemps [ləplylõtɑ̃] am längsten **IV 5A**
A plus! *(fam.)* [aplys] Bis dann! *(ugs.)*/Tschüs! **II 4B, 5**
ne … plus [nə…ply] nicht mehr **II 3C**
ne … plus de … [nə…plydə] kein/keine/keinen … mehr **II 4A**
plusieurs [plyzjœʀ] mehrere **II 6C**
le **plus-que-parfait** [ləplyskəparfɛ] das Plusquamperfekt **IV 4B, 3**
plus tard [plytaʀ] später **I 3B**
plutôt [plyto] eher **III 4A**
une **poche** [ynpɔʃ] eine (Hosen-)Tasche **II 7**
un **poème** [ɛ̃pɔɛm] ein Gedicht **I 3E**
un **poète** [ɛ̃pɔɛt] ein Dichter ⟨**IV 5Z**⟩
un **point commun** [ɛ̃pwɛ̃kɔmɛ̃] eine Gemeinsamkeit ⟨**IV 2Z**⟩
la **pointure** [lapwɛ̃tyʀ] die (Schuh-)Größe **II 3C, 3**
Quelle est votre pointure? [kɛlɛvɔtʀ(ə)pwɛ̃tyʀ] Welche Schuhgröße haben Sie? **II 3C, 3**
un **poisson** [ɛ̃pwasõ] ein Fisch **IV 5B**
le **poivre** [ləpwavʀ] der Pfeffer **I 7B**
la **police** [lapɔlis] die Polizei **II 2E**
pollué/**polluée** [pɔlɥe] verschmutzt **IV 3A**
une **pomme** [ynpɔm] ein Apfel **I 7E**
pomper *(fam.)* [põpe] abschreiben *(ugs.)* **III 2B**
un **pompier** [ɛ̃põpje] ein Feuerwehrmann **IV 5E**
la **population** [lapɔpylasjõ] die Bevölkerung **IV 4C**
un **port** [ɛ̃pɔʀ] ein Hafen **IV 5C**
un **portable** [ɛ̃pɔʀtabl] ein Handy **I 8A**
une **porte** [ynpɔʀt] eine Tür **II 2B**
un **porte-bonheur**/des **porte-bonheurs** [ɛ̃pɔʀtbɔnœʀ/depɔʀtbɔnœʀ] ein Glücksbringer **I 7C**
un **portefeuille** [ɛ̃pɔʀt(ə)fœj] eine Brieftasche **I 9**
porter qc [pɔʀte] etw. tragen **II 3E**
un **portrait** [ɛ̃pɔʀtʀɛ] ein Porträt/Bild *(einer Person)* **I 6B**
poser des questions à qn [pozedekɛstjõa] jdm. Fragen stellen **II 6E**
posséder qc [pɔsede] etw. besitzen **IV 4B**
possible/**possible** [pɔsibl] möglich **III 1B**
Ce n'est pas possible! [sənɛpapɔsibl] Das darf doch (wohl) nicht wahr sein! **III 1B**

la **poste** [lapɔst] die Post **II 7, 10**
un **poste** [ɛ̃pɔst] eine Stelle/Arbeitsstelle **IV 5A**
poster qc [pɔste] etw. (bei der Post) aufgeben; *hier:* ins Internet stellen **IV 5E**
un **poulet** [ɛ̃pulɛ] ein Hähnchen **I 1**
pour [puʀ] für **I 3E**
pour qui [puʀki] für wen **I 4A, 3**
pour moi [puʀmwa] für mich **I 6C**
pour trouver … [puʀtʀuve] um … zu finden **I 7C**
pour … [puʀ] was … angeht **II 6A**
pour rien [puʀʀjɛ̃] wegen nichts; *hier:* wegen jeder Kleinigkeit **III 3E**
un **pour cent** [ɛ̃puʀsɑ̃] ein Prozent **II 6C**
Pourquoi …? [puʀkwa] Warum …? **I 8A**
pousser qn [puse] jdn. stoßen/schubsen **II 2A**
pouvoir [puvwaʀ] können **I 9**
pouvoir faire qc [puvwaʀfɛʀ] etw. tun können **I 9**
le **sport préféré** [ləspɔʀpʀefeʀe] die Lieblingssportart **II 1E**
préféré/préférée [pʀefeʀe/pʀefeʀe] Lieblings- **II 5B**
préférer faire qc [pʀefeʀefɛʀ] vorziehen etw. zu tun/etw. lieber tun **I 7C**
le **premier**/la **première**/les **premiers**/les **premières**… [ləpʀəmje/lapʀəmjɛʀ/lepʀəmje/lepʀəmjɛʀ] der erste/die erste(n)/das erste … **II 5B**
le premier mars [ləpʀəmjemaʀs] der erste März **I 8A, 4**
le premier plan [ləpʀəmjeplɑ̃] der Vordergrund **III 3B, 3**
prendre qc [pʀɑ̃dʀ] etw. nehmen **I 6A**
prendre des photos [pʀɑ̃dʀdefoto] Fotos machen/fotografieren **I 6A**
prendre l'escalier [pʀɑ̃dʀlɛskalje] die Treppe nehmen **I 6A**
prendre le métro [pʀɑ̃dʀləmetʀo] die Metro nehmen **I 6A**
Qu'est-ce que vous prenez? [kɛskəvupʀəne] Was darf es sein? **I 6C**
prendre son petit-déjeuner [pʀɑ̃dʀsõp(ə)tideʒøne] frühstücken **II 2E**
Prenez des notes. [pʀənedenɔt] Macht euch Notizen. **II 4B, 5**
prendre place [pʀɑ̃dʀplas] Platz nehmen **II 5B**
prendre qc à qn [pʀɑ̃dʀ] *hier:* jdm. etw. wegnehmen **II 6E**
prendre contact avec qn [pʀɑ̃dʀkõtaktavɛk] mit jdm. Kontakt aufnehmen **II 6A, 4**
prendre une décision [pʀɑ̃dʀyndesizjõ] eine Entscheidung treffen **III 1A, 5**

se prendre pour … [səpʀɑ̃dʀpuʀ] sich für … halten **III 4A**

prendre de l'essence [pʀɑ̃dʀdələsɑ̃s] tanken **III 6A**

prendre feu [pʀɑ̃dʀ(ə)fø] Feuer fangen **IV 5E**

prendre l'apéritif [pʀɑ̃dʀlapeʀitif] einen Aperitif nehmen **IV 5B**

un **prénom** [ɛ̃pʀenõ] ein Vorname **I 4B**

préparer qc [pʀepaʀe] etw. vor-/zubereiten **I 3A**

se préparer [səpʀepaʀe] sich vorbereiten **III 2B**

une **préposition** [ynpʀepozisjõ] eine Präposition **II 2B, 4**

près [pʀɛ] nahe **II 5C**

près de qc [pʀɛdə] nahe bei/neben etw. **II 5C**

le **présent** [ləpʀezɑ̃] die Gegenwart/das Präsens **II 2E**

présenter qc [pʀezɑ̃te] etw. vorstellen/präsentieren **II 1E**; etw. vorstellen **II 5B**

se présenter [səpʀezɑ̃te] sich vorstellen **III 3A**

se présenter à un casting [səpʀezɑ̃teaɛ̃kastiŋ] sich bei einem Casting bewerben **III 3A**

présenter qn à qn [pʀezɑ̃te] jdn. jdm. vorstellen **III 5B**

presque [pʀɛsk] fast/beinahe **III 1B**

être pressé(s)/pressée(s) [ɛtʀpʀese] es eilig haben **II 5C**

prêt/prête [pʀɛ/pʀɛt] fertig/bereit **III 1B**

prêter qc [pʀɛte] etw. leihen **III 6B**

une **preuve** [ynpʀœv] ein Beweis **II 3C, 1**

un **principal**/une **principale** [ɛ̃pʀɛ̃sipal/ynpʀɛ̃sipal] ein Rektor/eine Rektorin *(am Collège)* **II 6A**

le **printemps** [ləpʀɛ̃tɑ̃] der Frühling **IV 5B**

un **prix**/des **prix** [ɛ̃pʀi/depʀi] ein Preis/Preise **II 3A**

un prix d'ami [ɛ̃pʀidami] ein Freundschaftspreis **IV 4A**

un **problème** [ɛ̃pʀɔblɛm] ein Problem **I 3B**

prochain/prochaine [pʀɔʃɛ̃/pʀɔʃɛn] nächster/nächste/nächstes **II 5C**

un **produit** [ɛ̃pʀɔdɥi] ein Produkt/Präparat ⟨**IV 3Z**⟩

un/une **professeur** [ɛ̃/ynpʀɔfesœʀ] ein Lehrer/eine Lehrerin **I 4E**

un/une prof d'allemand *(fam.)* [ɛ̃/ynpʀɔfdalmɑ̃] ein Deutschlehrer/eine Deutschlehrerin *(ugs.)* **I 4E**

le professeur principal/la professeur principale [ləpʀɔfesœʀpʀɛ̃sipal/lapʀɔfesœʀpʀɛ̃sipal] der Klassenlehrer/die Klassenlehrerin **II 6A**

un professeur des écoles [ɛ̃pʀɔfesœʀdezekɔl] ein Grundschullehrer **III 5E**

profiter de qc [pʀɔfitedə] von etw. profitieren **IV 3E**

un **programme** [ɛ̃pʀɔgʀam] ein Programm **III 5A**

programmer qc [pʀɔgʀame] etw. programmieren **III 5C**

un **progrès** [ɛ̃pʀɔgʀɛ] ein Fortschritt **IV 3E**

un **projet** [ɛ̃pʀɔʒɛ] ein Projekt **I 4E**

une **promenade** [ynpʀɔmnad] ein Ausflug/Spaziergang **IV 5C, 2**

se promener [səpʀɔmne] spazieren gehen **IV 3C**

promettre à qn de faire qc [pʀɔmɛtʀ] jdm. versprechen etw. zu tun **II 3A** Promis! [pʀɔmi] Versprochen! **II 3A**

un **pronom tonique** [ɛ̃pʀɔnõtɔnik] ein betontes Personalpronomen **III 1A, 4**

proposer à qn de faire qc [pʀɔpoze] jdm. vorschlagen etw. zu tun **IV 3A, 1**

la **propreté** [lapʀɔpʀəte] die Sauberkeit **III 5E**

le **propriétaire**/la **propriétaire** [ləpʀɔpʀijetɛʀ/lapʀɔpʀijetɛʀ/] der Eigentümer/Besitzer/die Eigentümerin/Besitzerin **IV 3C**

protéger qn/qc [pʀɔteʒe] jdn./etw. schützen ⟨**IV 3Z**⟩; **IV 4B**

provençal/provençale [pʀɔvɑ̃sal] provenzalisch **IV 5C**

le **public** [ləpyblik] das Publikum/die Öffentlichkeit **III 3C**

la **publicité** [lapyblisite] die Werbung **III 4A** la pub *(fam.)* [lapyb] die Werbung *(ugs.)* **III 4A**

puis [pɥi] dann/danach **I 4B**

un **pull** [ɛ̃pyl] ein Pulli **I 2E**

la **purée** [lapyʀe] das Püree **II 4A**

un **pyjama** [ɛ̃piʒama] ein Schlafanzug **III 2A**

Q

la **qualité** [lakalite] die Qualität; *hier:* die (gute) Eigenschaft **III 5E**

quand [kɑ̃] wann **I 6C, 4**

quand [kɑ̃] wenn/als **II 7**

quand même [kɑ̃mɛm] trotzdem **III 2B**

un **quart d'heure** [ɛ̃kaʀdœʀ] eine Viertelstunde **III 1B**

un **quartier** [ɛ̃kaʀtje] ein Stadtviertel **I 2A**

moins … que [mwɛ̃ … kə] weniger … als **III 6E** aussi … que [osi … kə] so … wie **III 6E**

que [kə] dass *(Konjunktion)* **II 6C** (il explique) que … [ilɛksplikə] er erklärt, dass … **II 6C**

que [kə] *(Relativpronomen, Objekt)* **III 1E** Qu'est-ce qu'il y a? [kɛskilja] *hier:* Was ist los/Was gibt es? **I 5B**

Que …? [kə] Was … ? **I 3A** Qu'est-ce que …? [kɛskə] Was …? **I 2B; IV 1C** Qu'est-ce que c'est? [kɛskəsɛ] Was ist das? **I 2B** Qu'est-ce que c'est en français? [kɛskəsɛɑ̃fʀɑ̃sɛ] Was heißt das auf Französisch? **I 2B** Qu'est-ce qu'il y a … ? [kɛskilja] Was ist/gibt es … ? **I 3B** Qu'est-ce qui …? [kɛski] Was …? *(Frage nach dem Subjekt)* **IV 1C**

québécois/québécoise [kebekwa/kebekwaz] aus Quebec **IV 4E**

quel/quelle/quels/quelles [kɛl/kɛl/kɛl/kɛl] welcher/welche/welches **II 5B** Elles ont quel âge? [ɛlzõkelaʒ] Wie alt sind sie? **I 4C, 2** Quel titre va avec quelle partie du texte? Welcher Titel passt zu welchem Textteil? **I 6A, 1** Quelle est votre pointure? [kɛlevɔtʀ(ə)pwɛ̃tyʀ] Welche Schuhgröße haben Sie? **II 3C, 3** Quelle journée! [kɛlʒuʀne] Was für ein Tag! **II 5C, 5**

quelques [kɛlkə] einige/ein paar **II 5B**

quelque chose [kɛlk(ə)ʃoz] etwas **II 6A**

quelque part [kɛlk(ə)paʀ] irgendwo **IV 4B**

quelqu'un [kɛlkɛ̃] jemand **III 5B, 5**

une **question** [ynkɛstjõ] eine Frage **I 2B, 4** poser des questions à qn [pozedekɛstjõa] jdm. Fragen stellen **II 6E**

qui [ki] *(Relativpronomen, Subjekt)* **III 1E**

Qui …? [ki] Wer …? *(Fragepronomen)* **I 3B** pour qui [puʀki] für wen **I 4A, 3**

Liste des mots

avec qui [avɛk(k)i] mit wem **I 5B, 4**

C'est à qui? [sɛtaki] Wer ist dran?
I 7A

Qui a bien pu téléphoner?
[kiabjɛ̃pytelefone] Wer hat wohl angerufen? **II 4B**

Qui est-ce? [kiɛs] Wer ist das? **I 1**

Qui est-ce que …? [kiɛskə] Wen …?
(Frage nach dem Objekt) **I 1**

Qui est-ce qui …? [kiɛski] Wer …?
(Frage nach dem Subjekt) **IV 1C**

une **quiche** [ynkiʃ] eine Quiche *(Speck-
kuchen)* **I 1**

quitter qn [kite] jdn. verlassen; *hier:*
sitzen lassen **II 2C**

Tu m'as quitté. [tymakite] Du hast
mich sitzen lassen. **II 2C**

se quitter [səkite] sich trennen/
Abschied nehmen **III 2C**

Quoi? [kwa] Was? **II 3C**

Vous savez quoi? [vusavekwa] Wisst
ihr was? **II 3C**

de quoi [dəkwa] wovon **II 6B**

R

un **racket** [ɛ̃rakɛt] eine Erpressung
II 6E

un **racketteur**/une **racketteuse**
[ɛ̃rakɛtœr/ynrakɛtøz] ein Erpresser/
eine Erpresserin **II 6A**

raconter qc [rakõte] etw. erzählen **II 2C**
Racontez. [rakõte] Erzähl. **I 5B, 2**

la **radio** [laradjo] das Radio **II 4A**
mettre la radio fort
[mɛtr(ə)laradjofɔr] das Radio laut
stellen **II 4A**

le **raï** [ləraj] **III 1B**

une **raison** [ynrɛzõ] ein Grund **II 3C, 1**
avoir raison [avwarrɛzõ] Recht haben
II 3B

ramasser qc [ramase] etw. aufsammeln
III 3B

une **rando** (= une randonnée) *(fam.)*
[ynrãdo] eine Tour/Wanderung *(ugs.)*
I 8B

une rando roller [ynrãdorɔlœr] eine
Skatertour **I 8B**

ranger qc [rãʒe] etw. aufräumen
II 4A

le **rap** [lərap] der Rap **I 3E**

rapide/**rapide** [rapid] schnell **IV 5A**

rappeler [raple] zurückrufen/wieder
anrufen **III 5B, 4**

rapporter qc [rapɔrte] etw. mitbringen/
zurückbringen **III 6B**

rassurer qn [rasyre] jdn. beruhigen
IV 5E

rater qc [rate] etw. verpassen **II 5C, 3**

réagir [reaʒir] reagieren **III 3B**

réaliser qc [realize] etw. wahr machen/
verwirklichen **IV 4E**

la **réalité** [larealite] die Wirklichkeit/
Realität **IV 3B**

une **recette** [ynrəsɛt] ein Kochrezept
I 7A

recevoir qc [rəsəvwar] etw. erhalten/
bekommen **IV 1A**
recevoir qn [rəsəvwar] jdn. empfangen **IV 5B, 1**

une **recherche** [ynrəʃɛrʃ] eine Recher-
che/Nachforschung **I 4A**
Recherchez … [rəʃɛrʃe] Sucht …/
Recherchiert **II 5B, 1**

récolter qc [rekɔlte] etw. ernten **IV 5B**

recommencer [rəkɔmãse] wieder
beginnen/anfangen **IV 4A**

reconnaître qn [rəkɔnɛtr] jdn. wiedererkennen **III 3C**

la **récré** *(fam.)* (= la récréation) [larekre]
die (Schul-)Pause *(ugs.)* **II 4E**

reculer [rəkyle] zurückweichen **IV 2C**

une **réduction** [ynredyksjõ] eine Ermä-
ßigung/ein Rabatt **II 5B, 5**

refermer qc [rəfɛrme] etw. wieder
schließen **II 3B**

réfléchir [refleʃir] (sich) überlegen/
nachdenken **III 1A**

refuser de faire qc [rəfyzedəfɛr] ablehnen etw. zu tun **IV 3C**

regarder qc [rəgarde] etw. ansehen/
anschauen/betrachten **I 4E**

une **région** [ynreʒjõ] eine Region/
Gegend **I 4B**

une **règle** [ynrɛgl] eine Regel **I 4E;
IV 1B**

réglé/réglée [regle] geregelt **II 6B**

regretter qn/qc [rəgrɛte] etw. bedau-
ern/etw./jdn. vermissen **IV 2A**

une **reine** [ynrɛn] eine Königin **IV 4A**
Relisez. [rəlize] Lest noch einmal. **I 9, 1**

une **remarque** [ynrəmark] eine Bemerkung **III 4A**

remarquer qc [rəmarke] etw. bemerken **II 4E**; etw. (be-)merken **III 1A**

remercier qn [rəmɛrsje] jdm. danken/
sich bei jdm. bedanken **IV 4B**

remplacer qn/qc [rãplase] jdn./etw.
ersetzen **II 6E**

une **rencontre** [ynrãkõtr] ein Treffen/
eine Begegnung **IV 1E**
faire une rencontre [fɛrynrãkõtr]
eine Begegnung haben **IV 4B**

rencontrer qn [rãkõtre] jdn. treffen
I 7A

un **rendez-vous** [ɛ̃rãdevu] eine Verabre-
dung/ein Treffen **I 4C**
avoir rendez-vous avec qn
[avwarrãdevu] eine Verabredung mit
jdm. haben/sich mit jdm. treffen
I 4C

rendre qc à qn [rãdr] jdm. etw. zurückgeben **III 3B**

se rendre compte de qc [sərãdrkõt]
sich einer Sache bewusst werden
IV 2B

un **renseignement** [ɛ̃rãsɛɲəmã] eine
Information/Auskunft **III 3E**

rentrer [rãtre] zurückkehren/zurück-
kommen **I 5B**
rentrer à la maison [rãtrealamezõ]
nach Hause gehen **I 5B**

réparer qc [repare] etw. reparieren **III 5E**

repartir [rəpartir] wieder anfahren
III 3B; wieder verschwinden **IV 4B**

le **repas** [lərəpa] das Essen/die Mahlzeit **III 2A**

répéter qc [repete] etw. wiederholen;
hier: proben **III 1E**

une **répétition** [ynrepetisjõ] eine Wie-
derholung/Probe **III 1A**

un **répondeur** [ɛ̃repõdœr] ein Anrufbeantworter **II 4B**

répondre [repõdr] antworten **II 5C**
répondre que … [repõdrkə] antworten, dass … **II 6C**

une **réponse** [ynrepõs] eine Antwort **I 8E**
la bonne réponse [labɔnrepõs] die
richtige Antwort **II 2E**

un **reportage** [ɛ̃rəpɔrtaʒ] eine Reportage **III 1B, 5**

un **reporter**/une **reporter** [ɛ̃rəpɔrtɛr/
ynrəpɔrtɛr] ein Reporter/eine Reporterin **I 3B, 2**

se reposer [sərəpoze] sich ausruhen
III 2C

représenter qc [rəprezãte] etw. darstellen **IV 3B**

une **réservation** [ynrezɛrvasjõ] eine
Reservierung **II 5B, 5**

réserver qc [rezɛrve] etw. reservieren
IV 1C

le **respect** [lərɛspɛ] die Rücksichtnahme **II 6C**

respecter qn/qc [rɛspɛkte] jdn./etw.
respektieren/achten **II 6C**

ressembler à qc [rəsãble] etw. ähneln
IV 5C, 7

un **restaurant** = un **resto** *(fam.)* [ɛ̃rɛstɔrã/
ɛ̃rɛsto] ein Restaurant *(ugs.)* **IV 3A**

tenir un restaurant [tənirɛ̃rɛstɔrã] ein Restaurant führen IV 3A

rester [rɛste] bleiben I 5B

il me/te/lui/nous/vous/leur reste qc [ilnurɛst] uns bleibt etw./wir haben (noch) etw. III 1B

un **résultat** [ɛ̃rezylta] ein Ergebnis/Resultat I 8E; II 6C

un **résumé** [ɛ̃rezyme] eine Zusammenfassung I 7A, 1

Résumez. [rezyme] Fasst zusammen. I 6C, 1

le **retard** [lərətar] die Verspätung II 5A

être en retard [ɛtrãrətar] spät dran sein/zu spät kommen II 5A

retourner [rəturne] zurückkehren II 4A

se retourner [sərəturne] sich umdrehen III 4C

retrouver qn [rətruve] jdn. (wieder) treffen II 2C

se retrouver [sərətruve] sich treffen III 2E

une **réunion** [ynreynjõ] eine Besprechung/ein Treffen III 5A

un **rêve** [ɛ̃rɛv] ein Traum III 2B, 3

se réveiller [səreveje] aufwachen/wach werden III 2E

revenir [rəvənir] zurückkommen/zurückkehren III 3E

rêver de qc [rɛvedə] von etw. träumen I 5B, 3

réviser qc [revize] etw. wiederholen; *hier:* lernen III 2B

revoir qn [rəvwar] jdn. wiedersehen IV 5A

Au revoir! [ɔrvwar] Auf Wiedersehen! I 1

revoir qc [rəvwar] etw. noch einmal durchsehen IV 2C

un **riche**/une **riche** [ɛ̃riʃ/ynriʃ] ein Reicher/eine Reiche IV 4C

riche/riche [riʃ] reich IV 4C

ne ... rien [nə... rjɛ̃] nichts II 2C

pour rien [purrjɛ̃] wegen nichts; *hier:* wegen jeder Kleinigkeit III 3E

Ça n'a rien à voir. [sanarjɛ̃avwar] Das hat nichts damit zu tun! IV 3C

rigoler [rigɔle] Spaß haben/herumalbern I 9

Tu veux rigoler un peu? *(fam.)* [tyvørigɔleɛ̃pø] Willst du mal was zu lachen haben? *(ugs.)* II 3C

Tu rigoles! *(fam.)* [tyrigɔl] Du spinnst wohl! *(ugs.)* II 4B

rire [rir] lachen IV 1B

le **riz** [ləri] der Reis I 7A

une **robe** [ynrɔb] ein Kleid II 3A

un **rocher** [ɛ̃rɔʃe] ein Fels/Felsen II 2E

un **roi** [ɛ̃rwa] ein König IV 4A

un **rôle** [ɛ̃rol] eine Rolle II 1, 6; III 3C, 1

le **roller** [lerɔlœr] das Inlineskaten *(als Sportart)* I 4B

un club de roller [ɛ̃klœbdərɔlœr] ein Skaterclub I 8E

un **roman** [ɛ̃rɔmã] ein Roman IV 5C

rouge/rouge [ruʒ/ruʒ] rot II 3E

la **route** [larut] die Straße; *hier:* der Weg/die Route III 6E

une **ruche** [ynryʃ] ein Bienenstock/Bienenkorb IV 5A

une **rue** [ynry] eine Straße I 2A

le **rugby** [lərygbi] das Rugby(-Spiel) II 1E

une équipe de rugby [ynekipdərygbi] eine Rugbymannschaft II 5B

S

un **sac** [ɛ̃sak] eine Tasche/Tüte/ein Rucksack I 2E

un **sac à dos** [ɛ̃sakado] ein Rucksack II 3A, 4

une **salade** [ynsalad] ein Salat I 7B

une salade de fruits [ynsaladdəfrɥi] ein Obstsalat I 7B

un **salaire** [ɛ̃salɛr] ein Lohn/Gehalt III 5B

une **salle** [ynsal] ein Saal/Raum I 5A

une salle vidéo [ynsalvideo] ein Videoraum I 5A

la salle de bains [lasaldəbɛ̃] das Bad/Badezimmer III 2A

un **salon** [ɛ̃salõ] ein Wohnzimmer I 3A

Salut! *(fam.)* [saly] Hallo! *(ugs.)* I; Tschüs! *(ugs.)* I 1

samedi *(m.)* [samdi] (am) Samstag/am nächsten Samstag I 4C

un **sandwich** [ɛ̃sãdwitʃ] ein Sandwich/belegtes Brot I 6B

sans [sã] ohne II 2B

sans lui [sãlɥi] ohne ihn III 1B

sans *(+ infinitif)* [sã] ohne zu *(+ Infinitiv)* III 3A

un **sans-papiers** [ɛ̃sãpapje] eine Person ohne Papiere/ein Illegaler IV 2B

la **santé** [lasãte] die Gesundheit IV 2A, 5

un **satellite** [ɛ̃satelit] ein Satellit ⟨IV 3Z⟩

une **sauce** [ynsɔs] eine Soße IV 5C

sauf [sof] außer II 7

sauf moi [sofmwa] außer mir II 7

sauver qn [sove] jdn. retten IV 4B

savoir [savwar] wissen III 5B

Je ne sais pas. [ʒənəsɛpa] Keine Ahnung./Ich weiß (es) nicht. I 4C

Je sais. [ʒəsɛ] Ich weiß (es). II 2E

Vous savez quoi? [vusavekwa] Wisst ihr was? II 3C

un **scénario** [ɛ̃senarjo] ein Drehbuch IV 1C

une **scène** [ynsɛn] eine Szene I 2B, 4; II 6C; *hier:* eine Bühne III 3C

la **science** [lasjãs] die Wissenschaft ⟨IV 3Z⟩

un **scooter** [ɛ̃skutœr] ein Roller/Motorroller II 7E

un/une **SDF** *(= un/une sans domicile fixe)* [ɛ̃/ynɛsdeɛf] ein Obdachloser/eine Obdachlose III 3B

faire sécher qc [fɛrseʃe] etw. trocknen lassen IV 5B

sécher les cours *(fam.)* [seʃelekur] Schule schwänzen *(ugs.)* IV 2B

sécher qc [seʃe] etw. trocknen IV 5B

une **seconde** [ynsgõd] eine Sekunde IV 4C, 6

un **secrétaire**/une **secrétaire** [ɛ̃səkretɛr/ynsəkretɛr] ein Sekretär/eine Sekretärin III 5A

la **sécurité** [lasekyrite] die Sicherheit IV 3A, 6

se dire qc [sədir] sich etw. sagen IV 2A

un **séjour** [ɛ̃seʒur] ein Aufenthalt III 2B

le **sel** [ləsɛl] das Salz I 7B

selon [səlõ] laut/gemäß IV 3B, 5

une **semaine** [ynsmɛn] eine Woche I 8E

sénégalais/sénégalaise [senegalɛ/senegalɛz] senegalesisch IV 4E

le **sentiment** [ləsãtimã] das Gefühl IV 3E

sentir [sãtir] riechen II 4C

Ça sent bon. [sasãbõ] Das riecht (aber) gut. II 4C

se sentir (bien) [səsãtir(bjɛ̃)] sich (wohl-/gut) fühlen III 3A

sentir qc [sãtir] etw. spüren/fühlen ⟨IV 2Z⟩; IV 4A

septembre *(m.)* [sɛptãbr] September I 5A

une **série** [ynseri] eine Serie III 3E

sérieux/sérieuse [serjø/serjøz] ernst(haft)/seriös III 4B

serrer la main [sɛrelamɛ̃] die Hand schütteln IV 2C

se servir [səsɛrvir] sich bedienen III 2A

seul/seule [sœl] allein III 1A

seul/seule [sœl/sœl] einzig IV 3B

tout seul/toute seule [tusœl/tutsœl] ganz allein III 3A

seulement [sœlmã] nur III 3B

sévère/sévère [sevɛʀ] streng **III 2B**

le **shopping** [ləʃɔpiŋ] das Shoppen/Einkaufen **II 1E**

faire du shopping *(fam.)* [fɛʀdyʃɔpiŋ] einkaufen gehen/shoppen gehen *(ugs.)* **II 1E**

si [si] wenn/falls **I 9**

s'il te/vous plaît [siltə/vuplɛ] bitte **I 5B**

Si. [si] Doch. *(auf eine verneinte Frage)* **II 3C**

si so *(+ Adverb)* **III 2A**

si [si] ob **III 5B**

siffler [sifle] pfeifen **III 6A**

signer qc [siɲe] etw. unterschreiben; *hier:* etw. signieren/mit Autogramm versehen **II 5C**

signifier qc [siɲifie] etw. bedeuten **IV 3B**

sincère/sincère [sɛ̃sɛʀ] ehrlich/aufrichtig ⟨**IV 2Z**⟩

une **sirène** [ynsiʀɛn] eine Sirene **IV 5E**

un **site (Internet)** [ɛ̃sit(ɛ̃tɛʀnɛt)] eine Website **5C**

une **situation** [ynsityasjɔ̃] eine Situation **I 6C, 2**

une **situation** [ynsityasjɔ̃] eine Situation **IV 1B**

un **sketch** [ɛ̃skɛtʃ] ein Sketsch **II 6C**

le **ski** [ləski] der Ski/das Skifahren **II 1E**

faire du ski [fɛʀdyski] Ski fahren **II 1E**

une **sœur** [ynsœʀ] eine Schwester **I 4C**

avoir soif [avwaʀswaf] Durst haben **I 8B**

soigner qn [swaɲe] jdn. pflegen **III 5E**

un **soir** [ɛ̃swaʀ] ein Abend **I 7B**

une **soirée** [ynswaʀe] ein Abend *(im Verlauf); hier:* eine Party/Fete **I 4C**

les **soldes** *(m., pl.)* [lesɔld] der Ausverkauf/Schlussverkauf **II 3A**

le **soleil** [ləsɔlɛj] die Sonne **III 6C**

sous le soleil [suləsɔlɛj] in der Sonne **III 6C**

la **solidarité** [lasɔlidaʀite] die Solidarität **IV 3B**

une **solution** [ynsɔlysjɔ̃] eine Lösung **III 1B**

sonner [sɔne] klingeln/läuten **I 4C**

sonner chez qn [sɔneʃe] bei jdm. klingeln **I 4C**

sortir [sɔʀtiʀ] hinausgehen/weggehen **II 4B;** *hier:* herauskommen/erscheinen **IV 1E**

le **souci** [ləsusi] die Sorge **III 2A**

Pas de souci! [padsusi] Keine Sorge! **III 2A**

se faire du souci [səfɛʀdysusi] sich Sorgen machen **III 2B**

souhaiter qc [swɛte] etw. wünschen **IV 3B, 5**

souligner qc [suliɲe] etw. unterstreichen **IV 1E**

une partie soulignée [ynpaʀtisuliɲe] ein unterstrichener Satzteil **III 4C, 3**

la **soupe** [lasup] die Suppe **II 4A**

sous [su] unter **II 5E**

sous le soleil [suləsɔlɛj] in der Sonne **III 6C**

un **souvenir** [ɛ̃suvəniʀ] eine Erinnerung/ein Souvenir **IV 4B, 5**

se souvenir de qc [səsuvəniʀdə] sich an etw. erinnern **IV 1A**

souvent [suvɑ̃] oft **I 7C, 3**

une **spécialité** [ynspesjalite] eine Spezialität **IV 4E**

un **spectacle** [ɛ̃spɛktakl] eine Vorführung **III 3C**

un **sponsor** [ɛ̃spɔnsɔʀ] **IV 2B**

le **sport** [ləspɔʀ] (der) Sport/die Sportart **II 1E**

faire du sport [fɛʀdyspɔʀ] Sport treiben **II 1E**

sportif/sportive [spɔʀtif/spɔʀtiv] sportlich **III 4A, 2**

un **stage** [ɛ̃staʒ] ein Praktikum **III 4A**

une **star** [ynstaʀ] ein Star **III 1B**

une **station** [ynstasjɔ̃] eine Haltestelle/Station **I 6A**

les **statistiques** *(f., pl.)* [lestatistik] die Statistik **II 6C, 4**

faire du stop [fɛʀdystɔp] trampen/per Anhalter fahren **III 6E**

une **stratégie** [ynstʀateʒi] eine Strategie/Lerntechnik **I 1, 5**

stressé/stressée [stʀɛse] gestresst **III 3C, 3**

un **studio** [ɛ̃stydjo] ein Studio **III 3E**

un **style** [ɛ̃stil] ein Stil **IV 5C**

le **subjonctif** [ləsybʒɔ̃ktif] der Subjonctif **IV 3E**

une **subordonnée de cause** [ynsybɔʀdɔnedəkoz] ein kausaler Nebensatz **IV 5E**

une **subordonnée de temps** [ynsybɔʀdɔnedətɑ̃] ein temporaler Nebensatz **IV 5E**

le **succès** [ləsyksɛ] der Erfolg **III 3C**

le **sucre** [ləsykʀ] der Zucker **IV 4C, 2**

Ça suffit! [sasyfi] Das reicht! **III 2E**

il suffit de faire qc [ilsyfidəfɛʀ] es reicht aus, etw. zu tun/man muss nur etw. tun **III 5A**

Imaginez d'abord une suite. [imaʒinedabɔʀynsɥit] Denkt euch zunächst eine Fortsetzung aus. **I 8B, 1**

le **suivant**/la **suivante** [ləsɥivɑ̃/lasɥivɑ̃t]

der/die Nächste **IV 2C**

suivre qn [sɥivʀ] jdm. folgen **IV 5B**

un **sujet** [ɛ̃syʒɛ] ein Thema **II 6C, 4**

super *(fam.)* [sypɛʀ] super/toll *(ugs.)* **I 2A**

une super note [ynsypɛʀnɔt] eine Supernote **I 7C**

super cool *(fam.)* [sypɛʀkul] supercool *(ugs.)* **I 8B**

un **supermarché** [ɛ̃sypɛʀmaʀʃe] ein Supermarkt **I 2A**

une **superstar** [ynsypɛʀstaʀ] ein Superstar **I 4A**

sûr/sûre [syʀ/syʀ] sicher **III 3A**

être sûr/sûre de … [ɛtʀsyʀdə] selbstsicher sein **III 3A**

sur [syʀ] auf **I 2A**

sur le plan [syʀləplɑ̃] auf dem Stadtplan **I 2A**

cliquer sur qc [klikesyʀ] auf etw. klicken/etw. anklicken **I 4B**

sur [syʀ] über **I 6A, 4**

sur Internet [syʀɛ̃tɛʀnɛt] im Internet **I 3B**

avoir un 19 sur 20 en maths [avwaʀdiznœfsyʀvɛ̃] (ein) Sehr gut *(= 19 von 20 Punkten)* in Mathe haben **II 2A, 3**

sur ce ton [syʀsətɔ̃] in diesem Ton **III 4E**

sûrement [syʀmɑ̃] bestimmt/gewiss **III 6B**

le **surf** [ləsœʀf] das Surfen **II 1E**

faire du surf [fɛʀdysœʀf] surfen **II 1E**

surfer [sœʀfe] surfen **I 4A**

une **surprise** [ynsyʀpʀiz] eine Überraschung **III 2C**

surtout [syʀtu] vor allem/besonders **II 6C**

survivre [syʀvivʀ] überleben **IV 4C**

s.v.p. = **s'il vous plaît.** [silvuplɛ] bitte **II 3C, 3**

un **symbole** [ɛ̃sɛ̃bɔl] ein Symbol **IV 3B**

sympa/sympa *(fam.)* [sɛ̃pa/sɛ̃pa] nett *(ugs.)* **I 2B;** toll/schön **II 3A**

un **système** [ɛ̃sistɛm] ein System ⟨**IV 3Z**⟩

le système de guidage par satellite [ləsistɛmdəgidaʒpaʀsatelit] ein satellitengesteuertes Navigationssystem ⟨**IV 3Z**⟩

T

une **table** [yntabl] ein Tisch **I 3B**

mettre la table [mɛtʀlatabl] den Tisch decken **I 7C**

se mettre à table [səmɛtʀatabl] zu Tisch/zum Essen kommen **III 2A**

un **tableau** [ɛ̃tablo] eine Tafel/Tabelle **IV 1E**; ein Bild ⟨**IV 5Z**⟩

la **taille** [lataj] die (Körper-)Größe **II 3C, 3**

Quelle est votre taille? [kɛlevɔtʀtaj] Welche Größe haben Sie? **II 3C, 3**

le **talent** [latalɑ̃] das Talent **III 3C**

une **tante** [yntɑ̃t] eine Tante **II 5C, 3**

tard [taʀ] spät **I 3B**

un **taxi** [ɛ̃taksi] ein Taxi **IV 4B**

un **Tchadien**/une **Tchadienne** [ɛ̃tʃadjɛ̃/ yntʃadjɛn] ein Mann/eine Frau aus dem Tschad **IV 4C, 6**

un **technicien**/une **technicienne** [ɛ̃tɛknisjɛ̃/yntɛknisjɛn] ein Techniker/ eine Technikerin **III 5B**

la **technique** [latɛknik] die Technik **III 5C;** ⟨**IV 3Z**⟩

la **télé** *(fam.)* (= la télévision) [latele] das Fernsehen *(ugs.)* **II 4B**

le **téléphérique** [latelefeʀik] die Seilbahn **III 2B**

le **téléphone** [latelefɔn] das Telefon **I 4C**

téléphoner à qn [telefone a] jdn. anrufen/mit jdm. telefonieren **I 8A**

On se téléphone. [ɔ̃sətelefɔn] Wir telefonieren miteinander. **IV 1B**

tellement [tɛlmɑ̃] so (sehr) **III 5C**

le **temps** [lətɑ̃] die Zeit **I 6B**

avoir le temps [avwaʀlətɑ̃] Zeit haben **I 6B**

un temps du passé [ɛ̃tɑ̃dypase] eine Vergangenheitszeit **III 3E**

le temps [lətɑ̃] das Wetter **III 6A**

tenir qc [təniʀ] etw. halten **IV 3A**

Tiens. [tjɛ̃] Sieh mal einer an. **II 3A**

tenir un restaurant [təniʀɛ̃ʀɛstɔʀɑ̃] ein Restaurant führen **IV 3A**

le **tennis** [lətɛnis] das Tennis/der Tennissport **II 1E**

faire du tennis [fɛʀdytenis] Tennis spielen **II 1E**

une **tente** [yntɑ̃t] ein Zelt **II 1**

une **terminaison** [yntɛʀminɛzɔ̃] eine Endung **IV 1E**

une **terrasse** [yntɛʀas] eine Terrasse/ Aussichtsplattform **I 6A**

par terre [paʀtɛʀ] auf den/dem Boden **III 3B**

terrible [tɛʀibl] schrecklich ⟨**IV 1Z**⟩

C'est pas terrible *(fam.)* [sɛpatɛʀibl] Das ist nicht so toll. *(ugs.)* ⟨**IV 1Z**⟩

une **tête** [yntɛt] ein Kopf **I 5B**

avoir mal à la tête [avwaʀmalalatɛt] Kopfschmerzen haben **I 5B**

un **texte** [ɛ̃tɛkst] ein Text **I 3A, 1**

un texte en rythme [ɛ̃tɛkstɑ̃ʀitm] ein rhythmisierter Text **III 4C, 2**

un **TGV** [ɛ̃teʒeve] ein TGV *(frz. Hochgeschwindigkeitszug)* **II 5A**

le **thé** [ləte] der Tee **II 4E**

un **théâtre** [ɛ̃teatʀ] ein Theater **III 3E**

faire du théâtre [fɛʀdyteatʀ] Theater spielen **III 3C**

un **thème** [ɛ̃tɛm] ein Thema **II 1, 5**

un **ticket** [ɛ̃tikɛ] eine Eintrittskarte; *hier:* eine Metrofahrkarte **II 5C**

un **titre** [ɛ̃titʀ] ein Titel **II 6A**

Quel titre va avec quelle partie du texte? Welcher Titel passt zu welchem Textteil? **I 6A, 1**

toi [twa] du *(betont)* **I**

… et toi? [etwa] … und du? **I**

comme toi [kɔmtwa] wie du **I 4B**

A toi! [atwa] Du *(betont)* bist dran! **II 3B, 5**

les **toilettes** *(f., pl.)* [letwalɛt] die Toiletten **I 5E**

aller aux toilettes [aleotwalɛt] auf die Toilette gehen **I 5E**

une **tomate** [yntɔmat] eine Tomate **I 7E**

tomber [tɔ̃be] fallen **I 9**

tomber malade [tɔ̃bemalad] krank werden **III 1B**

laisser tomber qc [lɛsetɔ̃be] etw. fallen lassen **III 3B**

tôt [to] früh **III 2A**

totalement [tɔtalmɑ̃] vollständig/völlig **IV 5A, 7**

toucher [tuʃe] etw. berühren **IV 2C**

toucher qn [tuʃe] jdn. betreffen **IV 4C**

toujours [tuʒuʀ] immer/immer noch **I 8B**

une **tour** [yntuʀ] ein Turm **I 6A**

un **tour du monde** [ɛ̃tuʀdymɔ̃d] eine Weltreise **IV 4C**

faire le tour du monde [fɛʀlətuʀdymɔ̃d] eine Weltreise machen **IV 4C**

le **tourisme** [lətuʀism] der Tourismus **IV 2B, 4**

un **touriste**/une **touriste** [ɛ̃tuʀist/yntuʀist] ein Tourist/eine Touristin **I 6B**

un **dépliant touristique** [ɛ̃depliɑ̃tuʀistik] ein Tourismus-Infoblatt **IV 4B, 5**

le **tournage** [lətuʀnaʒ] die Dreharbeiten **IV 1C**

tourner qc [tuʀne] etw. drehen/umdrehen **II 3C**

tous ensemble [tusɑ̃sɑ̃bl] alle zusammen **I**

tout [tu] alles **I 7A**

C'est tout? [sɛtu] Ist das alles? **I 7A**

tout seul/toute seule [tusœl/tutsœl] ganz allein **III 3A**

tout le, **toute la**, **tous les**, **toutes les** [tulə/tutla/tule/tutle] (der/die/das) ganz(e)/alle … *(Begleiter)* **II 7E**

toute la journée [tutlaʒuʀne] den ganzen Tag **II 7E**

tous les garçons [tulegaʀsɔ̃] alle Jungen **II 7E**

tout le monde [tul(ə)mɔ̃d] jeder/alle (Leute) **II 7**

de toute façon [dətutfasɔ̃] auf jeden Fall; *hier:* sowieso **III 1B**

tout à coup [tutaku] plötzlich **I 6C**

tout de suite [tutsɥit] sofort **I 7C**

tout droit [tudʀwa] geradeaus **II 5B**

traditionnel/traditionnelle [tʀadisjɔnɛl/ tʀadisjɔnɛl] traditionell **IV 5C**

Traduisez. [tʀadɥize] Übersetzt. **I 4E**

un **train** [ɛ̃tʀɛ̃] ein Zug **I 9**

descendre du train [desɑ̃dʀdytʀɛ̃] aus dem Zug aussteigen **II 5C**

être en train de faire qc [ɛtʀɑ̃tʀɛ̃dəfɛʀ] dabei sein etw. zu tun **III 2B**

traîner *(fam.)* [tʀene] sich herumtreiben *(ugs.)* **III 4A**

traîner [tʀene] herumliegen **IV 4C**

tranquille/tranquille [tʀɑ̃kil] ruhig; *hier:* in Ruhe **III 4E**

transformer qc [tʀɑ̃sfɔʀme] etw. umwandeln **IV 1A, 5**

le **travail** [lətʀavaj] die Arbeit **II 4A**

un travail/des travaux [ɛ̃tʀavaj/ detʀavo] eine Arbeit/Arbeiten **IV 1E**

travailler [tʀavaje] arbeiten **II 4B, 2; II 6A, 2**

un **travailleur**/une **travailleuse** [ɛ̃tʀavajœʀ/yntʀavajøz] ein Arbeiter/ eine Arbeiterin **IV 3A, 6**

traverser qc [tʀavɛʀse] etw. überqueren **II 5C**

très [tʀɛ] sehr **I 4A**

Pas très bien. [patʀɛbjɛ̃] Nicht sehr gut. **II 2A**

très vite [tʀɛvit] sehr schnell **IV 5A**

triste/triste [tʀist] traurig **II 7**

trop [tʀo] zu/zu viel **I 6B**

C'est trop cher! [sɛtʀoʃɛʀ] Das ist zu teuer! **I 6B**

une **troupe** (de théâtre) [yntʀup(dəteatʀ)] eine (Theater-)Truppe **III 6E**

trouver qc [tʀuve] etw. finden **I 3E**

pour trouver … [puʀtʀuve] um … zu finden **I 7C**

Trouvez les phrases qui vont ensemble. Findet die Sätze, die zusammenpassen. **I 9, 5**

se trouver [sətʀuveʀ] sich befinden
IV 4B
un truc *(fam.)* [ɛ̃tʀyk] ein Ding *(ugs.)*
IV 2A, 3
un T-shirt [ɛ̃tiʃœʀt] ein T-Shirt II 3E
typique/typique [tipik] typisch IV 5C

U

unique/unique [ynik] einzig/einzigar-
tig IV 2B
la monnaie unique [lamɔnɛynik] die
einheitliche Währung IV 3B
unir qc [yniʀ] etw. vereinigen IV 3B
l'unité *(f.)* [lynite] die Einheit IV 3B
usé/usée [yze] alt/abgenutzt III 3B
utile/utile [ytil] nützlich II 6C
Utilisez … [ytilize] Gebraucht … II 4A, 4

V

Va voir ailleurs. *(fam.)* [vavwaʀajœʀ]
Hau ab. *(ugs.)* III 4C, 4
les vacances *(f., pl.)* [levakɑ̃s] die
Ferien/der Urlaub II 1E
partir en vacances *(f., pl.)*
[paʀtiʀɑ̃vakɑ̃s] in (die) Ferien/in (den)
Urlaub fahren II 5E
un centre de vacances [ɛ̃sɑ̃tʀdəvakɑ̃s]
ein Ferienlager/Urlaubscenter III 6C
la vaisselle [lavɛsɛl] das Geschirr II 4C
faire la vaisselle [fɛʀlavɛsɛl] abwaschen II 4C
une valise [yvnaliz] ein Koffer IV 4C
un vélo [ɛ̃velo] ein Fahrrad II 1E
en vélo [ɑ̃velo] mit dem Fahrrad II 7
un vendeur/une vendeuse [ɛ̃vɑ̃dœʀ/
ynvɑ̃døz] ein Verkäufer/eine Verkäuferin I 7A, 6
une vendeuse [yvnɑ̃døz] eine Verkäuferin I 6C
vendre qc [vɑ̃dʀ] etw. verkaufen II 7
vendredi *(m.)* [vɑ̃dʀədi] Freitag I 5B, 4
venir (à) [vəniʀ] kommen (nach) II 5B
venir de [vəniʀdə] kommen aus/von
II 5B
venir de faire qc [vəniʀdəfɛʀ] etw.
gerade getan haben III 2B
le vent [ləvɑ̃] der Wind III 6B
le ventre [ləvɑ̃tʀ] der Bauch II 2A, 4
un verbe [ɛ̃vɛʀb] ein Verb II 5B, 1
un verbe pronominal [ɛ̃vɛʀbpʀɔnɔ
minal] ein reflexives Verb III 2E
vérifier qc   IV 2E
la vérité [laveʀite] die Wahrheit II 2B

un verre [ɛ̃vɛʀ] ein Glas I 8B
un verre de coca [ɛ̃vɛʀdəkɔka] ein
Glas Cola I 8B
offrir un verre à qn [ɔfʀiʀɛ̃vɛʀ] jdn.
auf ein Glas einladen II 7, 5
vers [vɛʀ] gegen *(zeitlich)* II 2B; zu *(in
Richtung von …)* III 3B
vert/verte [vɛʀ/vɛʀt] grün II 3E
un vêtement/des vêtements [ɛ̃vɛtmɑ̃/
devɛtmɑ̃] ein Kleidungsstück/Kleider
II 3A
être vexé/vexée [ɛtʀvɛkse] gekränkt/
beleidigt sein II 7
une victime [yvniktim] ein Opfer II 6B
être victime [ɛtʀviktim] Opfer sein
II 6B
une vidéo [yvnideo] ein Videofilm I 5A
un vidéoclip [ɛ̃videoklip] ein Videoclip
IV 1E
la vie [lavi] das Leben III 3B
Vie de classe *(f.)* [vidəklas] (eine) Verfü-
gungs-/Klassen(lehrer)stunde II 6A
vieux/vieil/vieille/vieux/vieilles
[vjø/vjɛj/vjɛj/vjø/vjɛj] alt III 6C
un village [ɛ̃vilaʒ] ein Dorf I 9
une ville [yvnil] eine Stadt II 3E
en ville [ɑ̃vil] in der/die Stadt II 3E
le vin [ləvɛ̃] der Wein III 2A
la violence [lavjɔlɑ̃s] die Gewalt II 6A
le visage [ləvizaʒ] das Gesicht IV 2C
une visite [yvnizit] eine Besichtigung/
ein Besuch I 6B
visiter qc [vizite] etw. besichtigen I 9
vite [vit] schnell I 5A
une vitrine [yvnitʀin] ein Schaufenster
II 3C, 3
vivre [vivʀ] leben IV 2E
une voie [yvnwa] ein Gleis II 5A
de quelle voie [dəkɛlvwa] von welchem Gleis II 5A
voilà … [vwala] da(s) ist/sind … I
La/Le voilà! [la/ləvwala] Da ist sie/er
(ja)! II 5A
Te voilà! [təvwala] Da bist du ja! II 6B
faire de la voile [fɛʀdəlavwal] segeln
II 1E
voir qn/qc [vwaʀ] jdn./etw. sehen II 3A
Ça n'a rien à voir. [sanaʀjɛ̃avwaʀ] Das
hat nichts damit zu tun! IV 3C
un voisin/une voisine [ɛ̃vwazɛ̃/ynvwazin]
ein Nachbar/eine Nachbarin II 4A
une voiture [yvnwatyʀ] ein Auto II 2A
une voiture (de train/métro)
[ynvwatyʀ] *hier:* ein Waggon III 3B
voler qc [vɔle] etw. stehlen II 2E
un voleur/une voleuse [ɛ̃vɔlœʀ/
ynvɔløz] ein Dieb/eine Diebin II 2C

le volley [ləvɔlɛ] Volleyball *(als Sportart)*
I 4B
vouloir qc [vulwaʀ] etw. wollen I 9
je voudrais [ʃəvudʀɛ] ich möchte I 7E
je voudrais bien … *(+ infinitif)*
[ʒəvudʀɛbjɛ̃] ich möchte gern …
(+ Infinitiv) I 8B
vouloir faire qc [vulwaʀfɛʀ] etw. tun
wollen I 9
vouloir dire qc [vulwaʀdiʀ] *hier:* etw.
meinen III 2A
Je veux bien. [ʒəvøbjɛ̃] Ich möchte
gern. III 5B
la volonté [lavɔlõte] der Wille IV 3E
volontiers [vɔlõtje] gern(e) IV 2B, 5
un voyage [ɛ̃vwajaʒ] eine Reise II 5A
voyager [vwajaʒe] reisen III 6A
un voyageur/une voyageuse
[ɛ̃vwajaʒœʀ/ynvwajaʒøz] ein Reisen-
der/eine Reisende II 5B, 5
vrai/vraie [vʀɛ/vʀɛ] wahr III 3C
C'est vrai. [sɛvʀɛ] Das ist wahr./Das
stimmt. I 6E
Ce n'est pas vrai! [s(ə)nepavʀɛ] Das
darf doch wohl nicht wahr sein! II 3C
vraiment [vʀɛmɑ̃] wirklich *(Adv.)* I 8B
un VTT [ɛ̃vetete] ein Mountainbike II 1E
une vue [yvny] eine Aussicht/ein Blick
I 6A

W

wallon/wallonne [walõ/walɔn] wallonisch IV 3C
Waouh! [waɔ] Wow! *(Ausdruck der
Begeisterung)* I 8B
un week-end [ɛ̃wikɛnd] ein Wochenende I 6E

Y

y [i] dort/dorthin III 6B
un yaourt [ɛ̃jauʀt] ein Jogurt II 4E
un yassa [ɛ̃jasa] ein Yassa I 7A
le yassa au poulet [ləjasaopulɛ] Yassa
mit Huhn I 7B
un œil/des yeux [ɛ̃nœj/dezjø] ein Auge/
Augen II 6A, 3

Z

avoir zéro [avwaʀzero] Null Punkte
haben III 2B
Zut! *(fam.)* [zyt] Mist!/Verflixt! *(ugs.)* I 1

Prénoms masculins

Abdou [abdu] I 7B
Alex [alɛks] II 2A
Alexandre [alɛksɑ̃dRə] I 1, 3
Alexis [alɛksis] I 1, 3
Amadou [amadu] I 7C
Antoine [ɑ̃twan] II 5B
Arthur [aRtyR] II 6A
Aziz [aziz] III 4E
Babakar [babakaR] IV 4E
Benoît [bənwa] I 1, 3
Bruno [bRyno] IV 5A
Cédric [sedRik] II 5C, 3
Christian [kRistjɑ̃] II 6A, 3
Clément [klemɑ̃] I 1, 3
David [david] I 4C
Didier [didje] III 3E
Diego [djego] III 5A
Eric [erik] II 6B, 5
Farid [faRid] I 1, 3
Frédéric [fRedeRik] I 1, 3
Gerson [ʒɛRsɔ̃] IV 4E
Grégory [gRegɔRi] III 3A, 5
Guillaume [gijom] III 5B
Hakim [hakim] II 5C
Hugo [ygo] II 3A, 3
Jean [ʒɑ̃] I 9
Jean-Pierre [ʒɑ̃pjɛR] II 4A
Jérémy [ʒeRemi] II 6A, 3
Johnny [dʒɔni] III 1E
Jonathan [ʒɔnatɑ̃] III 5B
Julien [ʒyljɛ̃] I 1, 3
Karim [kaRim] I 1, 3
Kévin [kevin] II 1, 6
Laurent [lɔRɑ̃] III 5C
Leopoldo IV 2B
Loïc [loik] II 6A
Louis [lui] II 7E
Luc [lyk] III 6A
Lucas [lyka] I 1, 3
Marc [maRk] I 1, 3
Marcel [maRsɛl] II 5C, 3
Mathieu [matjø] I 1, 3
Maurice [mɔRis] II 3B, 4
Max [maks] II 3B, 4
Maxime [maksim] I 1, 3
Mehdi [medi] II 6A, 3
Michel [miʃɛl] I 6C
Nasser [nasɛR] IV 1A
Nicolas [nikɔla] I 1, 3
Pablo [pablo] III 1A, 4
Pascal [paskal] II 5C
Patrick [patRik] II 1
Paul [pɔl] II 6A, 3
Pierre [pjɛR] I
Rémi [Remi] I 1, 3

Roland [Rɔlɑ̃] III 1A
Sébastien [sebastjɛ̃] I 8A, 2
Simon [simɔ̃] I 4B
Stanislas [stanislas] II 6C
Steve [stiv] III 6E
Théo [teɔ] I 1, 3
Thomas [tɔma] II 5E
Victor [viktɔR] I 7A, 2
Wahid [waid] III 5C
Xavier [ksavje] IV 3C
Yann [jan] II 2E
Yannick [janik] IV 3A

Prénoms féminins

Aïcha [aiʃa] II 2A, 3
Alice [alis] I 1, 3
Aline [alin] III 3E
Amélie [ameli] I
Amina [amina] I 1, 3
Anabelle [anabɛl] II 3A, 3
Anne [an] II 2B
Armelle [aRmɛl] III 5A
Audrey [ɔdRɛj] III 5B
Camille [kamij] II 3B, 4
Céline [selin] I 1, 3
Charlotte [ʃaRlɔt] I
Chloé [klɔe] II 3A, 3
Claire [klɛR] I 1, 3
Coralie [kɔRali] II 6A
Dany [dani] III 1A
Despadienne [dɛspadjɛn] IV 2B
Emma [ɛma] II 5B
Estelle [ɛstɛl] III 1E
Fanny [fani] II 6A
Fatima [fatima] I 1, 3
Fatou [fatu] III 4E
Florence [flɔRɑ̃s] IV 3A
Isabelle [izabɛl] I 1, 3
Izée [ize] IV 1E
Joséphine [ʒɔzefin] IV 4A
Julie [ʒyli] I 1, 3
Justine [ʒystin] II 6C
Karine [kaRin] II 2A, 3
Laïla [laila] III 4E
Lara [laRa] II 1, 4
Lauretta [lɔRɛta] III 3C
Léa [lea] I 1, 3
Léonie [leoni] III 2E
Lisa [liza] II 7, 4
Lolyta [lɔlita] IV 1A
Lorie [lɔRi] II 5C, 3
Lucie [lysi] II 4E
Malia [malja] IV 1E
Malika [malika] I 1, 3
Manon [manɔ̃] I 1, 3

Manu [manu] III 4A
Marie [maRi] I 8B
Marine [maRin] I 1, 3
Morgane [mɔRgan] I 1, 3
Myriam [mirjam] III 5B
Naïma [naima] II 6E
Naomie [naɔmi] I 1, 3
Régine [Reʒin] IV 4E
Sarah [saRa] I 1, 3
Sophie [sofi] I 8E
Valérie [valeRi] I 5A, 7

Noms de famille

Bernac [bɛRnak] II 7E
Boussac [busak] II 6A
Boutal [butal] I 5A, 6
Brunet [bRynɛ] I 4B
Carré [kaRe] I 6A, 4
Caseau IV 3E
Cassepieds [kaspje] II 4A
Costa [kɔsta] I 7A, 7
Coussau [kuso] IV 1A
Dufour [dyfuR] I 7A, 2
Dupont [dypɔ̃] I 5E
Durand [dyRɑ̃] III 2C
Duroc [dyRɔk] III 3A, 5
Garcia [gaRsia] II 6C, 3
Garnier [gaRnje] I 3A
Gauthier [gotje] III 3E
Joli [ʒɔli] I 8A
Khadra [kadRa] III 4B
Labadi [labadi] II 6A, 3
Lacoste [lakɔst] II 6E
Lacour [lakuR] I 5A
Lebrun [ləbRɛ̃] IV 5E
Le Gall [ləgal] II 2E
Legrand [ləgRɑ̃] III 5A
Lepic [ləpik] II 2B
Lopez [lɔpɛz] III 2E
Marot [maRo] II 4E
Martin [maRtɛ̃] II 6A, 3
Mercier [mɛRsje] II 3A
Metella [metela] IV 1A
Moulin [mulɛ̃] II 2A
Pagano [pagano] IV 5A
Pelat [pəla] II 7, 2
Philippe [filip] I 5B
Pommier [pɔmje] I 7A
Portadonnez [pɔRtadɔne] II 4B, 1
Ravel [Ravɛl] II 5E
Renaud [Rəno] I 1
Roques [Rɔk] II 6A, 3
Rousseau [Ruso] III 4A
Sakho [sako] I 7A
Sireau [siRo] I 5B

Liste des mots

Vanel [vanɛl] **II 2A**
Vidal [vidal] **II 6A, 3**

Noms de villes

Aix-en-Provence [ɛksɑ̃pʁɔvɑ̃s] **IV 5E**
Antananarivo [ɑ̃tananaʁivo] **IV 4B**
Argelès(-sur-Mer) [aʁʒəlɛs] **III 6E**
Arras [aʁas] **III 3E**
Avignon [aviɲɔ̃] **III 6E**
Barcelone [baʁsəlɔn] **IV 3C**
Belfort [bɛlfɔʁ] **III 1E**
Berlin [bɛʁlɛ̃] **I 2B**
Berne [bɛʁn] **II 5A, 5**
Biarritz [bjaʁits] **II 1**
Bologne [bɔlɔɲ] **II 5A, 5**
Bordeaux [bɔʁdo] **II 5B**
Bordj-Zemmourah [bɔʁdʒizɛmuʁa]
  IV 1A
La Bresse [labʁɛs] **II 1**
Bruxelles [bʁyksɛl] **II 5E**
Calais [kalɛ] **I 2B, 2**
Cayenne [kajɛn] **IV 1A**
Charleval [ʃaʁləval] **IV 5E**
Choisy-le-Roi [ʃwazilɔʁwa] **IV 2B**
Dakar [dakaʁ] **IV 4E**
Dax [daks] **IV 1A**
Dijon [diʒɔ̃] **IV 3A**
Donneville [dɔnvil] **II 7**
Fort-de-France [fɔʁdəfʁɑ̃s] **IV 4A**
Grenoble [gʁənɔbl] **II 1**
Hambourg [ɑ̃buʁ] **II 6A, 4**
Kiev [kjɛf] **II 5A, 5**
Lille [lil] **IV 2E**
Lyon [ljɔ̃] **III 5A**
Marseille [maʁsɛj] **IV 5B**
Méribel [meʁibɛl] **II 1**
Munich [mynik] **II 6A, 5**
Narbonne [naʁbɔn] **III 6B**
Nice [nis] ⟨**IV 5Z**⟩
Paris [paʁi] **I**
Pont d'Arc [pɔ̃daʁk] **II 1**
Pont de Sèvres-Mairie de Montreuil
  [pɔ̃dəsɛvʁ(ə)meʁidəmɔ̃tʁœj] **III 3B**
Prades [pʁad] **III 6C**
Prague [pʁag] **II 5A, 5**
Saint-Malo [sɛ̃malo] **II 1**
Saint-Martin [sɛ̃maʁtɛ̃] **II 1**
Salon-de-Provence [salɔ̃dəpʁɔvɑ̃s]
  IV 5A
Salzbourg [saltsbuʁ] **II 5A, 5**
Toulon [tulɔ̃] **I 5E**
Toulouse [tuluz] **I 2B, 2**
Tours [tuʁ] **III 3A, 5**

Noms géographiques

l'Allemagne *(f.)* **I 4B**
l'Angleterre *(f.)* [lɑ̃glətɛʁ] **III 6B, 3**
l'Antarctique *(m.)* ⟨**IV 3Z**⟩
les Antilles [lezɑ̃tij] **IV 4E**
l'Ardèche *(f.)* [laʁdɛʃ] **II 1**
l'Autriche *(f.)* [lotʁiʃ] **III 6B, 3**
la Belgique [labɛlʒik] **II 6B**
la Bretagne [labʁətaɲ] **II 2C, 7**
la Centrafrique [lasɑ̃tʁafʁik] **IV 2B**
le Chili [ləʃili] **IV 2B**
la Corse [lakɔʁs] **IV 5C**
le Danemark [lədanmaʁk] **III 6B, 3**
l'Espagne *(f.)* [lɛspaɲ] **III 6B, 3**
les Etats-Unis *(m., pl.)* [lezetazyni]
  III 6A
l'Europe *(f.)* [løʁɔp] **III 6B, 3**
la Flandre [laflɑ̃dʁ] **IV 3C**
la France [lafʁɑ̃s] **I 4B**
le Gabon [ləgabɔ̃] **IV 4C, 6**
la Grande-Bretagne [lagʁɑ̃dbʁətaɲ]
  ⟨**IV 3Z**⟩
la Grèce [lagʁɛs] **III 6B, 3**
la Guadeloupe [lagwad(ə)lup] **IV 4A, 5**
la Guinée [lagine] **IV 4A, 5**
la Guyane [laguijan] **IV 1A**
la Hongrie [laɔ̃gʁi] **III 6B, 3**
l'Irlande *(f.)* [liʁɑ̃d] **III 6B, 3**
l'Italie *(f.)* [litali] **III 6A**
Madagascar [madagaskaʁ] **IV 4E**
le Mali [ləmali] **IV 4C, 6**
le Maroc [ləmaʁɔk] **IV 4C**
la Martinique [lamaʁtinik] **IV 4E**
le Niger [ləniʒeʁ] **IV 4C, 6**
l'Orient [lɔʁjɑ̃] **IV 5C**
les Pays-Bas *(m., pl.)* [lepɛiba] **III 6B, 3**
la Pologne [lapɔlɔɲ] **III 6B, 3**
le Portugal [ləpɔʁtygal] **III 6B, 3**
le Québec [ləkebɛk] **III 6A**
la République Tchèque [laʁepybliktʃɛk]
  III 6B, 3
Seine-Saint-Denis [sɛnsɛ̃dəni] **III 4E**
le Sénégal [ləsenegal] **I 7A**
Sierra Leone **IV 2B**
la Suisse [lasɥis] **III 6B, 3**
le Tchad [lətʃad] **IV 4C, 6**
le Vercors [ləvɛʁkɔʁ] **III 2B**

Noms divers

Action contre la faim [aksjɔ̃kɔ̃tʁlafɛ̃]
  IV 2B
Airbus [ɛʁbys] **II 6A, 5**
l'Arc de Triomphe [laʁkdətʁijɔ̃f] **II 5C**
ARIANE [aʁjan] ⟨**IV 3Z**⟩

ARTE [aʁte] ⟨**IV 3Z**⟩
Astérix [asteʁiks] **I 4C**
  le Parc Astérix [ləpaʁkasteʁiks] **I 9**
A-380 ⟨**IV 3Z**⟩
le fort de la Bastille [ləfɔʁdəlabastij]
  III 2B
  Bastille [bastij] **III 3B, 3**
la rue de Belfort [laʁydəbɛlfɔʁ] **III 1E**
la rue Belgrand [laʁybɛlgʁɑ̃] **I 5A, 6**
le collège Bellevue [ləkɔlɛʒbɛlvy]
  II 5B, 3
la rue Brunel [laʁybʁynɛl] **III 3A**
Bruxelles-Midi [bʁyksɛlmidi] **II 5C, 2**
Cadix [kadiks] **III 6A**
la Canebière [lakan(ə)bjɛʁ(ə)] **IV 5C**
la place du Capitole [laplasdykapitɔl]
  III 1B
Casino [kazino] **I 2A, 4**
les Catacombes *(f., pl.)* [lekatakɔ̃b]
  III 3A
les Champs-Elysées [leʃɑ̃zelize] **II 5B**
la rue de Charonne [laʁydəʃaʁn]
  III 3B, 3
le Château d'If [ləʃatɔ̃dif] **IV 5C**
Château-Rouge [ʃatoʁuʒ] **III 3A**
Châtelet [ʃatlɛ] **II 5C**
la rue de la Chine [laʁydəlaʃin] **I 2A**
Le Comte de Monte-Christo
  [ləkɔ̃tdəmɔ̃tekʁisto] **IV 5C**
le Conseil de l'Europe [ləkɔ̃sɛjdəløʁɔp]
  IV 3B
le parc Debrousse [ləpaʁkdəbʁus]
  I 2B
Ecopole [ekopɔle] **IV 4C**
la tour Eiffel [latuʁɛfɛl] **I 6A**
Elephant [elefɑ̃] **II 5B, 3**
Emmaüs [ɛmays] **IV 2B, 3**
la Fête de la Musique [lafɛtdəlamyzik]
  II 7
France Inter [fʁɑ̃sɛ̃tɛʁ] **IV 2B, 4**
Galileo [galileo] ⟨**IV 3Z**⟩
le quartier Gambetta [ləkaʁtjegɑ̃bɛta]
  I 2A
le Grand Splatch [ləgʁɑ̃splatʃ] **I 9**
les Halles [leal] **I 6C**
Handicap International
  [ɑ̃dikapɛtɛʁnasjɔnal] **IV 5C**
Immeubles en fête [imœblɑ̃fɛt] **IV 2A**
le Jardin de Ville [ləʒaʁdɛ̃dəvil] **III 2B**
Jeunes-Lyon [ʒœnljɔ̃] **III 5B**
les Jeux Paralympiques [leʒøpaʁalɛ̃pik]
  IV 1A
Lemurs' Park **IV 4B**
Leonardo da Vinci [leɔnaʁdɔdavintʃi]
  IV 3E
les Loustiks [lelustik] **III 1E**
Maroankatsaka **IV 4B**

Médecins Sans Frontières [medsɛ̃sɑ̃fʀɔ̃tjɛʀ] **IV 2B, 3**

«Mékefer» [mekəfɛʀ] **I 8B**

Métis Ta Zik [metistazik] **IV 5C**

Milou [milu] **I 4E**

Minette [minɛt] **I 3A**

Monplaisir [mɔ̃plɛziʀ] **IV 1E**

Montmartre [mɔ̃maʀtr(ə)] **I 2B, 3**

la gare Montparnasse [lagaʀmɔ̃paʀnas] **II 5A**

Montparnasse-Bienvenüe [mɔ̃paʀnasbjɛ̃vəny] **II 5C**

Natura 2000 ⟨**IV 3Z**⟩

la gare du Nord [lagaʀdynɔʀ] **II 5A**

Notre-Dame [nɔtʀədam] **I 6A**

Obélix [ɔbeliks] **I 4C**

l'OM *(= l'Olympique de Marseille)* [lɔɛm] **IV 5C**

la rue Orfila [laʀyɔʀfila] **I 5A, 6**

les pages jaunes [lepaʒʒɔn] **II 4C**

la rando Pari Roller [laʀɑ̃dopaʀiʀɔlœʀ] **I 8B**

Paris d'amis [paʀidami] **IV 2E**

Paris Nord [paʀinɔʀ] **II 5C, 2**

Pep's [pɛps] **IV 5C**

la rue Peyrolières [laʀypeʀɔljɛʀ] **III 1B**

le Centre Pompidou [ləsɑ̃tʀəpɔ̃pidu] **I 6A**

le PSG *(= Paris Saint-Germain)* [ləpeɛsʒe] **IV 5C**

Radio Nova [ʀadjonova] **III 3E**

l'école Maurice Ravel [lekɔlmɔʀisʀavɛl] **I 4B**

la rue du Renard [laʀydyʀənaʀ] **I 6B**

la place de la République [laplasdəlaʀepyblik] **III 3A**

la République française [laʀepyblikfʀɑ̃sɛz] **IV 3B**

la Cité des Rosiers [lasitedeʀɔzje] **IV 2E**

le Sacré-Cœur [ləsakʀekœʀ] **I 6A**

Saint-Michel [sɛ̃miʃɛl] **III 3C**

la Samaritaine [lasamaʀitɛn] **I 6A**

la rue Sorbier [laʀysɔʀbje] **I 4C**

la soupe au pistou [lasupopistu] **IV 5C**

Superbus [sypɛʀbys] **III 1A**

l'hôpital Tenon [lɔpitaltənɔ̃] **I 2A, 4**

la place du Tertre [laplasdytɛʀtʀ] **I 6B**

le Théâtre du Renard [ləteatʀdyʀənaʀ] **III 3C**

Titeuf [titœf] **II 7, 7**

Toulouse Invalides Club **IV 1A**

le Tour de France [tuʀdəfʀɑ̃s] **II 1**

Tragédie [tʀaʒedi] **IV 1C**

Trocadéro [tʀɔkadeʀo] **III 3B**

l'Union européenne [lynjɔ̃øʀɔpeɛn] **IV 3B**

Vaval [vaval] **IV 4A**

le Parc du Vercors [ləpaʀkdyvɛʀkɔʀ] **III 2B**

le Vieux-Port [ləwjøpɔʀ] **IV 5B**

le Virgin [ləvœʀʒin] **II 5B**

Zarbi [zaʀbi] **I 3E**

Zay, la pêche! [zelapɛʃ] **III 5B**

Zen Zila [zɛnzila] **III 5C**

Noms de personnes connues

Beethoven [betɔvɛn] **IV 3B**

Larbi Benboudaoud [laʀbibɛnbudaud] **IV 1E**

Geva Caban [ʒevakabɑ̃] **II 6B, 5**

Cézanne [sezan] ⟨**IV 5Z**⟩

Corot [koʀo] ⟨**IV 5Z**⟩

Alexandre Dumas [alɛksɑ̃dʀdyma] **IV 5C**

François Ier [fʀɑ̃swapʀəmje] **IV 5C**

Charles de Gaulle [ʃaʀldəgol] **II 5B**

Matisse [matis] ⟨**IV 5Z**⟩

Malia Metella [maljametela] **IV 1A**

Maurice Ravel [mɔʀisʀavɛl] **I 4B**

Rodin [ʀɔdɛ̃] ⟨**IV 5Z**⟩

Hélène Ségara [elɛnsegaʀa] **III 3C, 2**

Zebda [zɛbda] **II 5E**

Wortliste

A

ein **Abend** un soir I 7B

  ein **Abend (im Verlauf)** une soirée I 4C

das **Abendessen** le dîner IV 5E

ein **Abenteuer** une aventure IV 5E

aber mais I 3B

  Aber was (kann/soll man) tun? Mais que faire? I 8B

abfahren in … partir de qc IV 5C

die **Abfahrt** le départ II 5A

  Vorsicht bei der Abfahrt! Attention au départ! II 5A

abgenutzt usé/usée III 3B

abgucken (ugs.) pomper (fam.) III 2B

Hau ab. (ugs.) Va voir ailleurs. (fam.) III 4C, 4

das **Abi** (ugs.) le bac (fam.) III 5E

abkömmlich disponible/disponible IV 2B, 5

der **Ablauf** le déroulement IV 4A, 2

ablehnen etw. zu tun refuser de faire qc IV 3C

den Hut **abnehmen** enlever son chapeau III 3C

die **Abreise** le départ II 5A

jdn. **abschieben** expulser qn IV 2B

eine **Abschiebung** une expulsion IV 2B

Abschied nehmen se quitter III 2C

eine **Abschiedsparty** une fête d'adieu III 2B

abschreiben pomper (fam.) III 2B

jdn. **absetzen** déposer qc/qn III 6A

etw. **abstellen** déposer qc III 6A; garer qc III 6C

abwaschen faire la vaisselle II 4C

der *Accent du Midi* l'accent du Midi IV 5A

jdn./etw. **achten** respecter qn/qc II 6C

die **Achterbahn** I 9

Achtung! Attention! II 5A

eine **Adresse** une adresse I 4B

ein **Affe** (madagassisch) un babakoto IV 4E

afrikanisch africain/africaine IV 1E

eine **Agentur** une agence III 4A

aggressiv agressif/agressive III 4A

Keine Ahnung. Je ne sais pas. I 4C

etw. **ähneln** ressembler à qc IV 5C, 7

die **Aïoli** (Knoblauchmajonäse) l'aïoli (m.) IV 5C

aktiv actif/active III 4A, 4

  aktiv werden se mobiliser IV 2B

eine **Aktivität** une activité IV 1E

ein **Akzent** un accent IV 5A

alle tout le, toute la, tous les, toutes les II 7E

alle Jungen tous les garçons II 7E

alle zusammen tous ensemble I

  alle tout le monde II 7

allein seul/seule III 1A

  ganz allein tout seul/toute seule III 3A

alles tout I 7A

  Ist das alles? C'est tout? I 7A

im Allgemeinen généralement IV 3A

als comme I 7E; quand II 7; lorsque IV 2C

also alors I 3A

  Also, … Bon, … II 1, 2

  also donc III 2C

alt usé/usée III 3B; vieux/vieil/vieille/ vieux/vieilles III 6C

  Wie alt sind sie? Elles ont quel âge? I 4C, 2

das **Alter** l'âge (m.) I 4B

  die **Jungen in meinem Alter** les garçons de mon âge II 7E

die **Ambition** l'ambition (f.) III 5B

ein **Amulett** un gris-gris I 7C

sich **amüsieren** s'amuser III 2B

eine **Ananas** un ananas I 7E

jdm. etw. **anbieten** offrir qc à qn II 7

  jdm. seine Hilfe **anbieten** offrir son aide à qn II 7

andauern durer IV 4A

anderer/andere/anderes autre II 6C

  andere d'autres III 2C

  auf andere Gedanken kommen se changer les idées III 3A

etw. **ändern** changer qc II 6C

anders différent/différente III 2A

wieder anfahren repartir III 3B

der **Anfang** le début IV 2B

  am Anfang von/vom … au début de … IV 2B

etw. **anfangen** commencer qc I 8A

  anfangen etw. zu tun commencer à faire qc III 3A

  etw. wieder anfangen recommencer IV 4A

ein **Anführer** (ugs.) un caïd (fam.) III 4A

ein **Angeber/eine Angeberin** (ugs.) un frimeur/une frimeuse (fam.) III 1A

ein **Angebot** une offre III 3E

was … angeht pour … II 6A

  jdn. **angehen** concerner qn II 6B

angenehm agréable/agréable IV 5B

ein **Angestellter/eine Angestellte** un employé/une employée III 5E

ein **Angler** un pêcheur IV 5C

angriffslustig agressif/agressive III 4A

die **Angst** la peur II 2C

Angst vor jdm./etw. haben avoir peur de qn/qc II 2C

Angst um jdm./etw. haben avoir peur pour qn/qc IV 5E

ängstlich peureux/peureuse III 6C

anhalten s'arrêter III 6A

per Anhalter fahren faire du stop III 6E

jdn. **anklagen** accuser qn II 2C

etw. **anklicken** cliquer sur qc I 4B

ankommen arriver I 5A

die **Ankunft** l'arrivée (f.) II 5A

etw. **anlegen** mettre qc I 7C

jdn. **anlügen** mentir à qn II 7

anonym anonyme II 2B

ein **Anorak** un anorak II 3E

etw. **anprobieren** essayer qc II 3A

ein **Anrufbeantworter** un répondeur II 4B

jdn. **anrufen** téléphoner à qn I 8A; appeler qn III 1B

etw. **anschauen** regarder qc I 4E

etw. **anschließen** installer qc I 3B

etw. **ansehen** regarder qc I 4E

eine **Ansicht** un avis II 6C, 2

(an)statt au lieu de III 5C

antworten répondre II 5C

eine **Anzeige** une annonce III 3E

etw. **anziehen** mettre qc I 7C

  sich **anziehen** s'habiller III 2B

ein **Aperitif** un apéritif IV 5B

  einen Aperitif nehmen prendre l'apéritif IV 5B

ein **Apfel** une pomme I 7E

eine **Apfelsine** une orange I 2A

ein **Apparat** un appareil III 5B, 4

  am Apparat à l'appareil III 5B, 4

der **Appetit** l'appétit (m.) I 6C

  Guten Appetit! Bon appétit! I 6C

jdm. **applaudieren** applaudir qn III 1A

April avril (m.) I 8A, 4

arabisch arabe/arabe IV 4C, 3

die **Arbeit** le travail II 4A

  eine Arbeit/Arbeiten un travail/des travaux IV 1E

arbeiten travailler II 6A, 2

ein **Arbeiter/eine Arbeiterin** un travailleur/une travailleuse IV 3A, 6

der **Arbeitgeber/die Arbeitgeberin** un patron/une patronne IV 3E

die **Arbeitslosigkeit** le chômage IV 4A

arbeitslos sein être au chômage IV 4A

eine **Arbeitsstelle** un poste IV 5A

ein **Arm/Arme** un bras/des bras II 2A, 4

eine **Armbanduhr** une montre III 6C

ein **Artikel** un article I 4E

ein **Assistent/eine Assistentin** un assistant/une assistante III 5B

eine **Assistentenstelle** une place
d'assistante IV 3A

auch aussi I 2A

auch nicht ne … pas non plus II 7

auf sur I 2A

Auf Wiedersehen! Au revoir! I 1

auf Englisch en anglais III 2A

auf den/dem Boden par terre III 3B

etw. aufbauen installer qc I 3B; monter qc III 6B

ein **Aufenthalt** un séjour III 2B

etw. (bei der Post) aufgeben poster qc
IV 5E

aufgeregt excité/excitée II 6A; nerveux/nerveuse III 5B

aufhören arrêter I 6C

mit etw. aufhören finir qc III 1A

aufmerksam attentif/attentive IV 1B

mit jdm. Kontakt aufnehmen prendre
contact avec qn II 6A, 4

etw. aufräumen ranger qc II 4A

jdn. aufrufen appeler qn III 3A

etw. aufsammeln ramasser qc III 3B

der **Aufschnitt** la charcuterie III 2A

sich als Chef aufspielen jouer au caïd
III 4A

aufstehen se lever III 2A

Aufstehen! Debout! II 3A, 3

etw. aufstellen monter qc III 6B

auftreten entrer en scène III 3C

aufwachen se réveiller III 2E

ein **Aufzug** un ascenseur I 6A

ein **Auge/Augen** un œil/des yeux
II 6A, 3

ein **Augenblick** un instant III 5B, 4

in diesem Augenblick à ce moment-
là III 6B

August août (m.) I 8A, 4

ein **Aupairmädchen** une jeune fille au
pair IV 3C

sein aus être de I 2B

aus Paris parisien/parisienne IV 3C

die **Ausbildung** la formation III 5E

etw. ausdrücken exprimer qc IV 3B

ausflippen craquer III 3B

ein **Ausflug** une promenade IV 5C, 2

ausgebucht complet/complète IV 4A

eine **Auskunft** un renseignement III 3E

im Ausland à l'étranger IV 3E

die Musik ausmachen arrêter la musique I 7C

ausrasten craquer III 3B

es reicht aus, etw. zu tun il suffit de
faire qc III 5A

sich ausruhen se reposer III 2C

die **Ausrüstung** le matériel III 1B

aussehen avoir l'air (m.) III 3B

außer sauf II 7

außerdem en plus III 5A

außergewöhnlich extraordinaire/extra-
ordinaire IV 4B

eine **Aussicht** une vue I 6A

austeigen descendre II 5C

aus dem Zug aussteigen descendre
du train II 5C

etw. aussuchen choisir qc III 1A

ein **Austausch** un échange II 6A, 4

ein **Austauschpartner/eine Austauschpartnerin** un correspondant/une
correspondante I 4E; I 4E

die Cola austrinken finir le coca
III 1A, 5

etw. ausüben pratiquer qc IV 1A

der **Ausverkauf** les soldes (m., pl.) II 3A

jdn. ausweisen expulser qn IV 2B

eine **Ausweisung** une expulsion IV 2B

auswendig par cœur IV 4B

etw. ausziehen enlever qc III 4E

ein **Auszubildender/eine Auszubildende** un apprenti/une apprentie
IV 3E

authentisch authentique/authentique
IV 2C, 3

ein **Auto** une voiture II 2A

eine **Autobahn** une autoroute III 6A

eine **Autobahnraststätte** une aire
d'autoroute III 6A

ein **Autogramm** un autographe III 5C

ein **Automat** un distributeur III 6B

eine **Autowerkstatt** un garage II 7

B

ein **Babysitter** un baby-sitter/une
baby-sitter IV 3C

ein **Bäcker/eine Bäckerin** un boulan-
ger/une boulangère IV 3E

ein Bäcker und Konditor un boulanger-pâtissier IV 3E

eine **Bäckerei** une boulangerie I 6B

eine Bäckerei und Konditorei une
boulangerie-pâtisserie IV 3E

das **Bad** la salle de bains III 2A

ein **Badeanzug** un maillot de bain II 1

eine **Badehose** un maillot de bain II 1

das **Badezimmer** la salle de bains
III 2A

eine **Bahnfahrkarte** un billet de train
II 5A

ein **Bahnhof** une gare II 5A

bald bientôt I 7A, 6

eine **Banane** une banane I 2E

eine **Band** un groupe II 5B

ein **Bandenchef** un caïd (fam.) III 4A

der **Bandleader** le chef III 1A

die **Bank** la banque III 5E

eine **Baseballkappe** une casquette I 2E

das **Basilikum** le basilic IV 5C

Basketball (als Sportart) le basket IV 1A

ein **Bass** une basse III 1A

der **Bauch** le ventre II 2A, 4

etw. bauen construire qc IV 4C

ein **Bauernhof** une ferme IV 5A

ein **Bauwerk** un monument IV 5C, 2

sich bei jdm. bedanken remercier qn
IV 4B

etw. bedauern regretter qc IV 2A

etw. bedeuten signifier qc IV 3B

sich bedienen se servir III 2A

sich beeilen se dépêcher III 2E

jdn. beeindrucken impressionner qn
IV 5C, 5

etw. beenden finir qc III 1A

ein **Befehl** un ordre III 4B

jdm. Befehle erteilen donner des
ordres à qn III 4B

sich befinden se trouver IV 4B

gut befreundet sein être très ami(e/s)
IV 1B

eine **Begegnung** une rencontre IV 1E

eine Begegnung haben faire une rencontre IV 4B

etw. beginnen commencer qc I 8A

beginnen etw. zu tun commencer à
faire qc III 3A; se mettre à faire qc
IV 2C

wieder beginnen recommencer
IV 4A

etw. mit etw. beginnen commencer
qc par qc IV 5C

etw. behalten garder qc IV 4B

ein **Behinderter/eine Behinderte** un
handicapé/une handicapée IV 1A

bei (+ Personen) chez I 4C

jdm. etw. beibringen apprendre qc à
qn IV 3E

das **Bein** la jambe II 2A

beinahe presque III 1B

ein **Beispiel** un exemple I 1, 3; II 6A

die **Bekanntschaft** la connaissance
IV 2C

jds. Bekanntschaft machen faire la
connaissance de qn IV 2C

etw. bekommen recevoir qc IV 1A

beleidigt sein être vexé/vexée II 7

belgisch belge/belge IV 3C

jdn. belügen mentir à qn II 7

etw. bemerken remarquer qc III 1A

eine **Bemerkung** une remarque III 4A

das **Benzin** l'essence *(f.)* III 6A
bereit prêt/prête III 1B
ein **Berg** une montagne IV 5E
ein **Beruf** un métier III 4B
ein **Berufsinformationsblatt** une fiche-métier/des fiches-métier III 5E
sich **beruhigen** se calmer III 2C
  jdn. **beruhigen** rassurer qn IV 5E
berühmt célèbre/célèbre IV 5C
etw. **berühren** toucher qc IV 2C
jdn. **beschäftigen** employer qn IV 3C
jdn./etw. **beschreiben** décrire qn/qc II 6A
  jdm. etw. **beschreiben** décrire qc à qn II 6B
jdn. **beschuldigen** accuser qn II 2C
etw. **besichtigen** visiter qc I 9
eine **Besichtigung** une visite I 6B
etw. **besitzen** posséder qc IV 4B
der **Besitzer**/die **Besitzerin** le propriétaire/la propriétaire IV 3C
besonders surtout II 6C
eine **Besprechung** une réunion III 5A
besser mieux II 4C
besser (als …) meilleur/meilleure (que …) IV 5A
etw. **bestellen** commander qc II 4C
bestimmt sûrement III 6B
ein **Besuch** une visite I 6B
jdn. **besuchen** aller voir qn II 6A
etw. **betrachten** regarder qc I 4E
jdn. **betreffen** concerner qn II 6B; toucher qn IV 4C
betreten entrer I 3B
ein **Betreuer**/eine **Betreuerin** un animateur/une animatrice IV 1E
ein **Bett** un lit II 4C
  ins/zu **Bett gehen** se coucher III 2A
die **Bevölkerung** la population IV 4C
bevorzugt préféré/préférée II 1E
sich **bewegen** bouger I 9; circuler IV 3B
sich um ein Casting **bewerben** se présenter à un casting III 3A
ein **Bewerbungsgespräch** un entretien III 5B
sich einer Sache **bewusst werden** se rendre compte de qc IV 2B
bezahlen payer III 5A
eine **Biene** une abeille IV 5B
ein **Bienenkorb** une ruche IV 5A
ein **Bienenstock** une ruche IV 5A
ein **Bikini** un maillot de bain II 1
ein **Bild** une image IV 2C
etw. **bilden** former qc IV 3B
bis à I 4B
  Bis dann! A plus! *(fam.)* II 4B, 5

ein **bisschen** un peu I 6C, 3
  ein **bisschen** … *(bei Mengen)* un peu de … I 7B
  ein **bisschen Hunger haben** avoir une petite faim *(f.)* II 4A
bitte s'il te/vous plaît I 5B
  bitte s.v.p. = s'il vous plaît. II 3C, 3
jdn. **bitten** etw. zu tun demander à qn de faire qc IV 2B
eine **Blase** une bulle *(ugs.)* III 2B
ein **Blatt** une fiche III 5E
blau bleu/bleue II 3E
  blaugrün bleu-vert IV 2C
bleiben rester I 5B
  mir/dir/ihm/ihr/uns/euch/ihnen bleibt etw. il nous reste qc III 1B
  Bitte bleiben Sie am Apparat. Ne quittez pas. III 5B, 4
ein **Blick** une vue I 6A; I 6A
blöd idiot/idiote II 3A; nul/nulle II 4B
  Das ist blöd. *(ugs.)* C'est nul. *(fam.)* II 1
Blödsinn n'importe quoi III 4B
ein **Blog** un blog IV 5E
blond blond/blonde II 6A
auf den/dem **Boden** par terre III 3B
ein **Boot** un bateau I 9
böse méchant/méchante III 4B
man **braucht** etw./wir **brauchen** etw. il faut qc II 4B
braun *(Haarfarbe)* brun/brune II 6A, 3
  braun marron IV 4B
Bravo! Bravo! I 7A, 3
breit large/large IV 5C, 6
brennen brûler IV 4A
ein **Brief** une lettre II 2B
ein **Brieffreund**/eine **Brieffreundin** *(ugs.)* un/une corres *(fam.)* I 4A
eine **Brieftasche** un portefeuille I 9
ein **Briefumschlag** une enveloppe III 4C
eine **Brille** des lunettes *(f.)* II 6A, 3
etw. **bringen** apporter qc I 7C
eine **Broschüre** une brochure IV 4C, 4
das **Brot** le pain II 4E
ein **Bruder** un frère I 6C
ein **Buch** un livre I 8B, 3
das **Büfett** le buffet III 2C
eine **Bühne** une scène III 3C
ein **Bund** un bouquet IV 5B
eine **Burg** un château/des châteaux IV 5C
ein **Büro** un bureau III 5A
ein **Bus** un bus III 2E
die **Butter** le beurre III 2A

C

ein **Café** un café III 6C
campen faire du camping II 1
ein **Campingbus** un minibus III 6A
ein **Campingplatz** un camping II 1
ein **Casting** un casting III 3E
  sich um ein **Casting bewerben** se présenter à un casting III 3A
eine **CD** un CD I 3E
das **CDI** le CDI I 5A
eine **CD-ROM** un CD-ROM/des CD-ROM I 3B
ein **Cent** un centime I 7A
der **Charakter** le caractère III 4B, 2
der **Chef** le chef III 1A
  der **Chef**/die **Chefin** un patron/une patronne IV 3E
  sich als **Chef aufspielen** jouer au caïd III 4A
(Kartoffel-)Chips des chips *(f., pl.)* I 8E
ein **Clown** un clown II 3B
ein **Club** un club I 8E; un atelier III 4A
eine **Cola** un coca I 6C
ein **Collège** un collège I 5E
ein **Comic** une BD I 2E
ein **Comicheft** une BD I 2E
ein **Computer** un ordinateur I 3B
cool *(ugs.)* cool *(fam.)* I 2B
Cornflakes des céréales *(f., pl.)* II 4E
der **Couscous** le couscous III 3A
ein **Cousin**/eine **Cousine** un cousin/une cousine II 5E
eine **Creme** une crème IV 4A, 6
ein **Croissant** un croissant III 6B

D

da(s) ist/sind … voilà … I
  da là I 2A
  Da ist sie/er (ja)! La/Le voilà! II 5A
da *(Konjunktion)* comme III 5B
dabei sein etw. zu tun être en train de faire qc III 2B
danach puis I 4B; après (ça) II 6C, 4; ensuite III 3A
ein **Däne**/eine **Dänin** un Danois/une Danoise IV 3C
dank grâce à IV 3E
Danke. Merci. I 1
jdm. **danken** remercier qn IV 4B
dann puis I 4B; après (ça) II 6C, 4; ensuite III 3A
am **Tag darauf** le lendemain II 6E
etw. **darstellen** représenter qc IV 3B
darunter en dessous IV 3B

das *(z. B. in « c'est … » = das ist)* ce/c' I 1

(er erklärt,) dass … il explique que … II 6C

dauern durer IV 4A

davon en III 5C

davon dont III 5B

davor avant IV 1C

dazu en plus III 5A

ein Dealer un dealer III 4C

eine Decke une couverture IV 5A

den Tisch decken mettre la table I 7C

eine Demonstration une manifestation IV 2B

an jdn./etw. denken penser à qn/qc I 8B

  über etw. denken penser de qc II 6C

denn car IV 4B

deprimiert sein être déprimé/déprimée III 3C, 3

derjenige/diejenige/dasjenige/diejenigen celui/celle/ceux/celles IV 2C

derselbe/dieselbe/dasselbe/dieselben le même/la même/les mêmes II 3C

deshalb *(ugs.)* c'est pour ça que … *(fam.)* III 6E

deutsch allemand/allemande IV 3E

  das Deutsche/die deutsche Sprache l'allemand *(m.)* I 4C

  Deutsch/Deutschunterricht haben avoir allemand I 4C

ein Deutscher/eine Deutsche un Allemand/une Allemande II 6A, 5

ein Deutschlehrer/eine Deutschlehrerin *(ugs.)* un/une prof d'allemand *(fam.)* I 4E

Dezember décembre *(m.)* I 8A, 4

dick gros/grosse II 6A, 3

ein Dieb/eine Diebin un voleur/une voleuse II 2C

Dienstag mardi *(m.)* I 5B, 4

dieser/diese/dieses ce/cet/cette/ces II 3B; celui-ci/celle-ci IV 4C

ein Ding *(ugs.)* un truc *(fam.)* IV 2A, 3

direkt direct/directe II 5B, 5

mit jdm. diskutieren discuter avec qn I 8A

Doch. *(auf eine verneinte Frage)* Si. II 3C

ein Dolmetscher/eine Dolmetscherin un interprète/une interprète IV 3C, 4

Donnerstag jeudi *(m.)* I 5B, 4

Das ist doof. *(ugs.)* C'est nul. *(fam.)* II 1

  doof idiot/idiote II 3A; nul/nulle II 4B

ein Dorf un village I 9

dort là I 2A; là-bas II 5B; y III 6B

dorthin là-bas II 5B; y III 6B

die Dreharbeiten le tournage IV 1C

ein Drehbuch un scénario IV 1C

etw. drehen tourner qc II 3C

ein Drogenverkäufer un dealer III 4C

du *(betont)* toi, tu … III 1B

dünn mince/mince II 6A, 3

durch par II 6A

etw. noch einmal durchsehen revoir qc IV 2C

die Durchwahl(nummer) le numéro de ligne directe III 5B, 4

Durst haben avoir soif I 8B

eine Dusche une douche I 3A

duschen se doucher III 2A

eine DVD un DVD II 5E

E

echt un vrai frimeur III 1A

der Ehemann le mari IV 4A

eher plutôt III 4A

der Ehrgeiz l'ambition *(f.)* III 5B

ehrgeizig sein avoir de l'ambition *(f.)* III 5B

eifersüchtig jaloux/jalouse III 4B

ein Eifersüchtiger/eine Eifersüchtige un jaloux/une jalouse III 4C

die (gute) Eigenschaft la qualité III 5E

Eigentlich … schon. Enfin … si. II 6A

der Eigentümer/die Eigentümerin le propriétaire/la propriétaire IV 3C

es eilig haben être pressé(s)/pressée(s) II 5C

etw. einführen introduire qc IV 3B

die Einheit l'unité *(f.)* IV 3B

die einheitliche Währung la monnaie unique IV 3B

einige quelques II 5B

die Einkäufe les courses *(f.)* I 7A

etw. einkaufen acheter qc I 7A

  einkaufen faire les courses I 7A

  etw. günstig einkaufen faire une affaire/des affaires II 3A

  einkaufen gehen faire du shopping *(fam.)* II 1E

ein Einkaufszettel une liste des courses I 7A, 5

jdn. einladen inviter qn I 7A

  jdn. auf ein Glas einladen offrir un verre à qn II 7, 5

eine Einladung une invitation I 8A

einmal une fois II 2C

(in etw.) einsteigen monter (dans qc) II 5A

eintreten entrer I 3B

eine Eintrittskarte un ticket II 5C

Einverstanden. D'accord. I 2B

  einverstanden sein être d'accord I 8B

eine Einzelheit un détail III 3E

ein Einzelkind un fils unique/une fille unique IV 2B

einzig unique/unique IV 2B; seul/seule IV 3B

einzigartig unique/unique IV 2B

ein Eis une glace I 9, 2

ein Elefant un éléphant I 3A

ein Elektroniker un électronicien/une électronicienne IV 3A, 6

ein Elendsviertel un bidonville IV 4C

die Eltern les parents *(m.)* I 8B

eine E-Mail un e-mail I 8B

  eine E-Mail-Adresse une adresse e-mail I 4C, 2

jdn. empfangen recevoir qn IV 5B, 1

das Ende la fin I 3E

am Ende von etw. au bout de qc IV 5B

endgültig *(Adv.)* définitivement IV 3A

endlich enfin II 1

eine Endung une terminaison IV 1E

auf Englisch en anglais II 6B, 5

die Enkel(kinder) les petits-enfants *(m., pl.)* II 5A, 1

eine Enkelin un petit-fils/une petite-fille IV 4A

etw. entdecken découvrir qc III 3A

… km entfernt von … à … km de I 9

entscheiden etw. zu tun décider de faire qc IV 2B

eine Entscheidung une décision III 1A, 5

  eine Entscheidung treffen prendre une décision III 1A, 5

sich entschuldigen s'excuser III 2C

  Entschuldige./Entschuldigen Sie. Excuse-moi./Excusez-moi. III 5B

Entschuldigung. Pardon. I 7A

etw. entwerten composter qc II 5A

sich ereignen se passer III 2C

etw. erfahren apprendre qc IV 2B

eine Erfahrung une expérience IV 3E

der Erfolg le succès III 3C

ein Ergebnis un résultat II 6C

etw. erhalten recevoir qc IV 1A; obtenir qc IV 2B

etw. erhöhen augmenter qc IV 3C

sich an etw. erinnern se souvenir de qc IV 1A

eine Erinnerung un souvenir IV 4B, 5

etw. erklären expliquer qc I 8B

  jdm. etw. erklären expliquer qc à qn II 3C

  Ich kann's dir erklären! Je vais t'expliquer! II 3C

jdm. erlauben etw. zu tun permettre à qn de faire qc IV 2B

eine Ermäßigung une réduction **II 5B**, 5

eine Ermittlung une enquête **II 2E**

ernst(haft) sérieux/sérieuse **III 4B**

etw. ernten récolter qc **IV 5B; IV 5B**

ein Erpresser/eine Erpresserin un racketteur/une racketteuse **II 6A**

eine Erpressung un racket **II 6E**

etw. erreichen obtenir qc **IV 2B**

erscheinen sortir **IV 1E**

der erste/die erste(n)/das erste … le premier/la première/les premiers/les premières… **II 5B**

etw. erzählen raconter qc **II 2C**

Es geht mir gut. Ça va. **I 1**

etw. essen manger qc **I 7C**

das Essen le repas **III 2A**; la bouffe *(fam.)* **III 2E**

eine Etage un étage **I 6A**

eine Etappe une étape **IV 4E**

etwas quelque chose **II 6A**

ein Euro un euro **I 6A**

europäisch européen/européenne **IV 2B**, 4

das Europaparlament le Parlement européen **IV 3B**

F

das Fachabitur le bac pro **III 5E**

der Facharbeiterbrief le CAP **III 5E**

die Fachhochschulreife le bac pro **III 5E**

der Fachoberschulabschluss le BEP **III 5E**

eine Fahne un drapeau **IV 3B**

fahren aller **I 5E**; conduire **III 6E**

    Mountainbike fahren faire du VTT **II 1E**

    in (die) Ferien/in (den) Urlaub fahren partir en vacances *(f., pl.)* **II 5E**

eine Fahrkarte un billet **II 5A**

    eine (einfache) Fahrkarte un aller simple **II 5B**, 5

der Fahrplan les horaires *(m., pl.)* **II 5B**, 5

ein Fahrrad un vélo **II 1E**

    mit dem Fahrrad en vélo **II 7**

ein Fahrstuhl un ascenseur **I 6A**

auf jeden Fall de toute façon **III 1B**

fallen tomber **I 9**

    etw. fallen lassen laisser tomber qc **III 3B**

falls si **I 9**

ein Faltblatt un dépliant **IV 4B**, 5

eine Familie une famille **II 4E**

ein Fan un fan/une fan **II 5B**

Feuer fangen prendre feu **IV 5E**

fantastisch fantastique/fantastique **II 3A**

die Farbe la couleur **II 3A**

fast presque **III 1B**

Februar février *(m.)* **I 8A**, 4

fehlen manquer **III 5C**

etw. feiern fêter qc **IV 4A**

ein Feld un champ **IV 4B**

ein Fels/Felsen un rocher **II 2E**

ein Fenster une fenêtre **IV 1C**

die Ferien les vacances *(f., pl.)* **II 1E**

    die Ferien verbringen passer (les/ses vacances) **II 1**

    in (die) Ferien fahren partir en vacances *(f., pl.)* **II 5E**

ein Ferienlager un camp de vacances **II 1E**

das Fernsehen *(ugs.)* la télé *(fam.)* **II 4B**

ein Fernsehmoderator/eine Fernseh-moderatorin un animateur/une ani-matrice **III 5E**

eine Fernsehsendung une émission (de télévision) **III 5E**

fertig prêt/prête **III 1B**

ein Festival un festival **III 6A**

jdn. festnehmen arrêter qn **II 2B**

eine Fete une soirée **I 4C**; une fête **I 8E**

ein Feuer un feu **IV 5E**

Feuer fangen prendre feu **IV 5E**

ein Feuerwehrmann un pompier **IV 5E**

ein Film un film **I 5B**, 4

etw. filmen filmer qc **IV 1C**

ein Finale une finale **IV 1A**

etw. finden trouver qc **I 3E**

ein Finger un doigt **IV 1B**

eine Firma une entreprise **III 5A**

ein Fisch un poisson **IV 5B**

ein Fischer un pêcheur **IV 5C**

eine Flagge un drapeau **IV 3B**

flämisch flamand/flamande **IV 3C**

eine Flamme une flamme **IV 5E**

eine Flasche une bouteille **I 7A**

ein Flughafen un aéroport **IV 4B**, 3

ein Flugzeug un avion **III 6A**

ein Flur un couloir **I 3A**

jdm. folgen suivre qn **IV 5B**

in Form sein *(ugs.)* être en forme *(fam.)* **III 3C**, 3

fortfahren continuer **I 4B**

ein Fortschritt un progrès **IV 3E**

ein Foto une photo **I 4E**

ein Fotoapparat un appareil photo **II 5A**

ein Fotograf/eine Fotografin un photo-graphe/une photographe **IV 5A**, 8

fotografieren prendre des photos **I 6A**

eine Fotokopie une photocopie **III 5A**

eine Frage une question **I 2B**, 4

    jdm. Fragen stellen poser des ques-tions à qn **II 6E**

etw. fragen demander qc **I 8A**

    jdn. (nach) etw. fragen demander qc à qn **II 6A**

    fragen, ob … demander si … **II 6C**

    sich fragen, ob … se demander si … **III 2E**

französisch français/française **IV 3A**

das Französische le français **I 2B**

französischsprachig francophone/francophone **IV 4E**

Frau …(*Abkürzung von* Madame) Mme … **I 3A**, 1

    eine Frau une femme **II 5B**, 5

    Frau … *(als Anrede)* madame … **I 1**

    Anrede für eine junge Frau Made-moiselle **II 3C**, 3

Der Eintritt ist frei. C'est gratuit. **II 5B**

frei libre/libre **IV 2B**, 5; disponible/disponible **IV 2B**, 5

frei *(Adv.)* librement **IV 3B**

eine Freistunde une heure de perma-nence **II 6B**

Freitag vendredi *(m.)* **I 5B**, 4

ein Fremdenführer un guide/une guide **IV 4C**

eine Fremdsprachenassistentenstelle une place d'assistante **IV 3A**

ein Freund/eine Freundin un copain/une copine **I 1**; un ami/une amie **II 2B**

    der Freund/die Freundin (mit dem/der man „geht") le petit copain/la petite copine **II 3B**, 4

die Freundschaft l'amitié *(f.)* **IV 1B**

ein Freundschaftspreis un prix d'ami **IV 4A**

der Friede la paix **IV 3B**

ein Friseur/eine Friseurin un coiffeur/une coiffeuse **III 3A**

eine Frucht un fruit **I 7E**

früh tôt **III 2A**

der Frühling le printemps **IV 5B**

ein Frühstück un petit-déjeuner **II 2E**

frühstücken prendre son petit-déjeuner **II 2E**

etw. fühlen sentir qc **IV 4A**

    sich (wohl-/gut) fühlen se sentir (bien) **III 3A**

ein Restaurant führen tenir un restaurant **IV 3A**

fünf nach fünf cinq heures cinq I 5B
eine Funktion une fonction III 1E
funktionieren marcher IV 1C
für pour I 3E
ein Fuß un pied II 2A, 4
  zu Fuß à pied II 5C
Fußball *(als Sportart)* le foot I 4A
das Futtern *(ugs.)* la bouffe *(fam.)* III 2E

G

eine Gabel une fourchette II 4C
Ganz gut! Pas mal! II 2A, 4
  ganz allein tout seul/toute seule III 3A
  (der/die/das) ganz(e)/alle ... *(Begleiter)* tout le, toute la, tous les, toutes les II 7E
  den ganzen Tag toute la journée II 7E
ein Garten un jardin IV 5C
ein Gast un invité/une invitée IV 1E
ein Gasthaus une auberge IV 3C
etw. geben donner qc II 4C; passer qc II 4C, 2
  Ich gebe ihn/sie Ihnen. Je vous le/la passe. III 5B, 4
  Was gibt es? Qu'est-ce qu'il y a? I 5B
  Das gibt's doch nicht! Ça alors! IV 4B
ich bin geboren je suis né/née II 4A
das Geburtsdatum la date de naissance IV 1A
ein Geburtstag un anniversaire I 3A
ein Geburtstagsgeschenk un cadeau d'anniversaire I 3B
auf andere Gedanken kommen se changer les idées III 3A
ein Gedicht un poème I 3E
geduldig patient/patiente III 4B
eine Gefahr un danger IV 5E
gefährlich dangereux/dangereuse II 7
jdm. gefallen plaire à qn II 3A; faire plaisir à qn IV 2E
ein Gefühl une émotion III 3C, 3
gegen *(zeitlich)* vers II 2B
  gegen contre II 6A
eine Gegend une région I 4B
ein Gegenstand un objet IV 4C
das Gegenteil (von) le contraire (de) III 2C, 5
  im Gegenteil au contraire IV 2A
gegenüber von en face de II 5B
ein Gehalt un salaire III 5B
gehen aller I 5E
  Wie geht's? Ça va? I 1
  Wohin gehst du? Tu vas où? I 5A, 2
  nach Hause gehen rentrer à la maison I 5B

einkaufen gehen faire du shopping *(fam.)* II 1E
zu jdm. gehen/jdn. besuchen aller voir qn II 6A
Es geht. Ça marche bien. III 1A
ins/zu Bett gehen se coucher III 2A
Du gehst mir (echt) auf die Nerven. *(ugs.)* Tu me casses les pieds. *(fam.)* III 4C, 4
  Wohin gehst du? Où vas-tu? III 6C
  Auf geht's! On y va! IV 4A
zu etw. gehören faire partie de qc III 5B
  jdm. gehören être à qn III 6B
  Das gehört mir. C'est à moi. III 6B
gelb jaune/jaune II 3E
das Geld l'argent *(m.)* II 4A
  Geld verdienen gagner de l'argent *(m.)* II 7
ein Geldautomat un distributeur III 6B
ein Geldstück une pièce III 3B
eine (gute) Gelegenheit une chance III 4B
gemäß selon IV 3B, 5
ein Gemüse un légume I 7E
genau exactement II 3C, 3
die Genehmigung l'autorisation *(f.)* IV 1C
genervt énervé/énervée II 3A
genial génial I 4A; génial/géniale/géniaux/géniales II 3A
genug assez II 7
  genug ... assez de ... II 7
das Gepäck les bagages *(m., pl.)* III 6A
die Gepäckaufbewahrung la consigne IV 4C, 4
etw. gerade getan haben venir de faire qc III 2B
geradeaus tout droit II 5B
in Panik geraten paniquer II 2C
das Geräusch le bruit IV 1C, 4
geregelt réglé/réglée II 6B
gern(e) volontiers IV 2B, 5
jdn./etw. gern mögen aimer qn/qc I 3E
  etw. gern tun aimer faire qc I 4C
  Ich möchte gern. Je veux bien. III 5B
ein Geschäft un magasin II 3A
ein Geschäftsführer/eine Geschäftsführerin un directeur/une directrice III 5B
ein Geschenk un cadeau I 3E
  Geschenke des cadeaux *(m., pl.)* II 3B, 4
Geschichte *(als Schulfach)* histoire *(f.)* I 5B, 2
geschickt adroit/adroite III 5E
geschieden sein être divorcé/divorcée IV 3A

das Geschirr la vaisselle II 4C
geschlossen fermé/fermée III 1B
ein Gesetz une loi IV 2C
das Gesicht le visage IV 2C
das Gespräch l'entretien III 5B
gestern hier II 2E
gestresst stressé/stressée III 3C, 3
die Gesundheit la santé IV 2A, 5
die Gewalt la violence II 6A
etw. gewinnen gagner qc IV 1A
  Gewonnen! Gagné! I 2B
ein Gewinner/eine Gewinnerin un gagnant/une gagnante IV 4C, 6
gewiss sûrement III 6B
ein gewisser/eine gewisse/gewisse/einige ... un certain/une certaine/certains/certaines ... III 2C
ein Gewitter un orage III 6C, 5
eine Gewohnheit une habitude IV 5A
  die Gewohnheit haben, etw. zu tun avoir l'habitude de faire qc IV 5A
die Gitarre la guitare III 1A
ein Gitarrist/eine Gitarristin un guitariste/une guitariste III 1E
ein Glas un verre I 8B
  ein Glas Cola un verre de coca I 8B
  jdn. auf ein Glas einladen offrir un verre à qn II 7, 5
glauben (, dass) croire (que) III 1B
gleich (sein) (être) pareil/pareille III 2A
ein Gleis une voie II 5A
Glück haben avoir de la chance I 7C
  das Glück haben etw. zu tun avoir la chance de faire qc IV 2B
glücklich content/contente II 6C
glücklicherweise *(Adv.)* heureusement IV 3A
ein Glücksbringer un porte-bonheur/des porte-bonheurs I 7C
das Gold l'or *(m.)* IV 1A
eine Goldmedaille une médaille d'or IV 1A
ein Grad un degré III 6A
grau gris/grise II 3E
groß grand/grande II 3B; haut/haute IV 5C, 6
großartig magnifique/magnifique IV 5C
die (Körper-)Größe la taille II 3C, 3
  die (Schuh-)Größe la pointure II 3C, 3
die Großmutter la grand-mère I 7A
grün vert/verte II 3E
etw. gründen créer qc IV 1A
ein Grundschullehrer/eine Grundschullehrerin un instituteur/une institutrice IV 5A; un professeur des écoles III 5E

eine Gruppe un groupe II 1

jdn. lieb grüßen embrasser qn II 4C

günstig intéressant/intéressante II 3A

   etw. günstig einkaufen faire une affaire/des affaires II 3A

gut bon/bonne II 4C

   Guten Morgen! Bonjour! I 1

   Guten Tag! Bonjour! I 1

   Guten Tag! *(zu einer Frau)* Bonjour, madame! I 1

   Guten Tag! *(zu einem Mann)* Bonjour, monsieur! I 1

   Das ist (schon) gut. C'est bon. III 1A

   Gute Nacht! Bonne nuit! III 2A

   Guten Appetit! Bon appétit! I 6C

gut *(Adverb)* bien I 8B

   Gut, … Bon, … II 1, 2

   sehr gut drauf sein *(ugs.)* avoir la pêche *(fam.)* III 3C, 3

ein Gymnasiast/eine Gymnasiastin un lycéen/une lycéenne IV 2B

ein Gymnasium un lycée III 2A

H

ein Haar/Haare un cheveu/des cheveux II 6A

haben avoir I 4C

ein Hafen un port IV 5C

ein Hähnchen un poulet I 1

Hallo! *(ugs.)* Salut! *(fam.)* I

   Hallo? *(am Telefon)* Allô? I 4C

etw. halten tenir qc IV 3A

   sich für … halten se prendre pour … III 4A

   etw. (fest-)halten garder qc IV 4B

eine Haltestelle une station I 6A

ein Hamburger un hamburger II 4A

eine Hand une main II 2A, 4

   die Hand schütteln serrer la main IV 2C

Handball le handball II 1E

handeln agir IV 2B

ein Handwerker un artisan/une artisan IV 4B

ein Handy un portable I 8A

eine Handynummer un numéro de portable I 8A

die Harmonie l'harmonie *(f.)* IV 3B

hart dur/dure III 5A

jdn./etw. hassen détester qn/qc I 3A

hässlich moche/moche II 3B

eine Hauptstadt une capitale IV 3C, 2

ein Haus une maison I 5B

   nach Hause gehen rentrer à la maison I 5B

die Hausaufgaben les devoirs *(m., pl.)* I 4A

ein Heft un cahier I 3B, 1

ein Heftchen un carnet IV 4E

heiraten se marier III 4B

heiß chaud/chaude III 2A

heißen s'appeler III 3C

jdm. helfen aider qn II 4C

herauskommen sortir IV 1E

eine Herberge une auberge IV 3C

der Herbst l'automne *(m.)* IV 5B

Kommt herein! Entrez. I 8B

jdn. hereinbitten faire entrer qn IV 2C

das Herkunftsland le pays d'origine IV 3B

Herr … *(als Anrede)* monsieur … I 1

etw. herstellen fabriquer qc IV 4C

herumalbern rigoler I 9

herumliegen traîner IV 4C

sich herumtreiben *(ugs.)* traîner *(fam.)* III 4A

hervorragend excellent/excellente II 6B

heute aujourd'hui I 7E

hier ici I 3B

die Hilfe l'aide *(f.)* II 7

   jdm. seine Hilfe anbieten offrir son aide à qn II 7

der Himmel le ciel III 6A

hinaufgehen monter II 2B

hinaufsteigen monter II 2B

hinausgehen sortir II 4B

hineingehen entrer I 3B

etw. hineintun mettre qc I 7B

hinter derrière II 2B

   hinter jdm. her sein être derrière qn III 4B

der Hintern les fesses *(f.)* II 2A, 4

hinuntergehen descendre II 5C

etw. hinzufügen ajouter qc II 4A

der Hip-Hop le hip-hop II 1, 4

die Hitparade le hit-parade III 6A, 4

das Hobby le hobby I 4B

hoch haut/haute IV 5C, 6

hoffen (, dass …) espérer (que …) III 1B

die Hoffnung l'espoir *(m.)* III 3A

eine Hohlstunde une heure de permanence II 6B

etw. holen (gehen) aller chercher qc II 1

das Holz le bois IV 4B

   aus Holz en bois IV 4B

der Honig le miel IV 5B

etw. hören écouter qc I 3B; entendre qc II 5C

eine Hose un pantalon II 1

ein Hotel mit Gaststätte un hôtel-restaurant II 7, 2

hübsch beau/bel/belle/beaux/belles II 3B; joli/jolie III 6B

ein Hund un chien I 1

der Hunger la faim I 6B

   Hunger haben avoir faim *(f.)* I 6B

   ein bisschen Hunger haben avoir une petite faim *(f.)* II 4A

ein Hut/Hüte un chapeau/des chapeaux III 3C

die Hymne l'hymne *(m.)* IV 3B

I

ich *(betont)* moi I

eine Idee une idée I 4C

idiotisch idiot/idiote II 3A

ein Illegaler un sans-papiers IV 2B

im Internet sur Internet I 3B

immer noch toujours I 8B; I 8B

   immer noch nicht ne … toujours pas III 3B

in à I

   in dans I 2A

   in diesem Ton sur ce ton III 4E

   in Deutschland en Allemagne I 4B

   in der/die Stadt en ville II 3E

ein Informatiker/eine Informatikerin un informaticien/une informaticienne III 5A

eine Information une information I 4B, 1; un renseignement III 3E

jdn. informieren informer qn III 5B

das Inlineskaten le roller I 4B

eine Insel une île IV 4E

ein (Musik-)Instrument un instrument (de musique) III 1A

interessant intéressant/intéressante II 3A

jdn. interessieren intéresser qn II 1

sich für etw. interessieren s'intéresser à qc III 5E

das Internet (l')Internet *(m.)* I 3B

   im Internet sur Internet I 3B

eine Internetseite une page Internet I 4E

interpretieren interpréter IV 3B, 5

ein Interview une interview III 5C

irgendwo quelque part IV 4B

italienisch italien/italienne III 6A

J

Ja. oui I 1

   Ja! *(ugs.)* Ouais! *(fam.)* II 3E

eine Jacke un blouson II 6E

ein Jahr un an I 4B

Januar janvier *(m.)* I 8A, 4

eine Jeans un jean II 3E

jeder/jede (einzelne) chacun/chacune III 6C

    jeder tout le monde II 7

    jeder/jede/jedes chaque/chaque II 6C

    jeden Montag le lundi I 5A

    wegen jeder Kleinigkeit pour rien III 3E

jemand quelqu'un III 5B, 5

jetzt maintenant I 5B

ein Job *(ugs.)* un boulot *(fam.)* III 3B

ein Jogurt un yaourt II 4E

ein Jongleur un jongleur I 6C

Judo le judo II 1E

eine Jugendherberge une auberge de jeunesse III 3A

ein Jugendlicher/eine Jugendliche/ Jugendliche un jeune/une jeune/des jeunes II 1

Juli juillet *(m.)* I 8A, 4

jung jeune/jeune III 3A, 6

ein Junge un garçon I 2B

Juni juin *(m.)* I 8A, 4

die Jury le jury III 3A

K

der Kaffee le café II 4E

der Kakao le chocolat II 4E

kalt froid/froide III 2A

eine Videokamera une caméra IV 1C

kämpfen se battre III 4C

    gegen etw. kämpfen lutter contre qc IV 2B, 2

kanadisch canadien/canadienne III 6A

eine Kantine une cantine I 5E

das Karaoke le karaoké I 4C

der Karneval le carnaval IV 4E

eine Karotte une carotte I 7E

eine Karte une carte I 3A, 5; II 3B, 4

eine Karteikarte une fiche III 5E; une carte I 3A, 5

Kartoffelchips des chips *(f.) (pl.)* I 8E

ein Karton un carton I 3A

der Käse le fromage II 4E

eine Kasse une caisse II 3C, 3

katalanisch catalan/catalane IV 3C

eine Katastrophe une catastrophe I 8B; une cata *(fam.)* I 8B

eine Katze un chat II 4B, 3

etw. kaufen acheter qc I 7A

    sich etw. kaufen s'acheter qc III 3A

ein Kaufhaus un grand magasin I 6A

ein Kaugummi un chewing-gum II 4B, 4

kein/keine/keinen … ne … pas de … II 4A

    kein/keine/keinen … mehr ne … plus de … II 4A

    Keine Ahnung. Je ne sais pas. I 4C

    Keine Sorge! Pas de souci! III 2A

    Kein Problem! Pas de problème! I 7A, 2

jdn./etw. kennen connaître qn/qc II 6A

ein Kerl/Kerle *(ugs.)* un mec/des mecs *(fam.)* III 4C

das Keyboard le clavier III 1A

ein Kfz-Mechaniker/eine Kfz-Mecha- nikerin un mécanicien/une méca- nicienne III 5E

ein Kilo un kilo I 7E

    ein Kilo … un kilo de … I 7A

ein Kilometer un kilomètre I 9

ein Kind un enfant II 4B

ein Kindergarten une école maternelle IV 1B

das Kino le cinéma I 4B

eine Kirche une église I 6B

eine Kiwi un kiwi I 7E

die Klamotten *(ugs.)* les fringues *(f., pl.; fam.)* III 6B

Es klappt gut. Ça marche bien. III 1A

Na klar. Ben oui. I 7C

eine Klasse une classe I 4E

eine Klassenarbeit *(ugs.)* une interro *(fam.)* I 4C

der Klassenlehrer/die Klassenlehrerin le professeur principal/la professeur principale II 6A

(eine) Klassen(lehrer)stunde Vie de classe *(f.)* II 6A

jdm. Beifall klatschen applaudir qn III 1A

der Klebstoff la colle III 2B

ein Kleid une robe II 3A

sich modisch kleiden être à la mode II 3C, 2

    sich schwarz kleiden s'habiller en noir IV 4A

klein petit/petite II 3B

ein Kleinbus un minibus III 6A

ein Kleiner/eine Kleine/Kleine un petit/une petite/des petits/des petites III 4E

wegen jeder Kleinigkeit pour rien III 3E

klettern faire de l'escalade IV 1B

Klick! Clic! I 5C

auf etw. klicken cliquer sur qc I 4B

ein Klima un climat IV 4B, 5

klingeln sonner I 4C

    bei jdm. klingeln sonner chez qn I 4C

eine (kleine) Kneipe un café III 6C

der Knoblauch l'ail IV 5C

kochen faire la cuisine II 4C

ein Koch/eine Köchin un cuisinier/ une cuisinière III 5E

ein Kochrezept une recette I 7A

ein Koffer une valise IV 4C

ein Kollege/eine Kollegin un collègue/ une collègue II 2A

komisch bizarre II 2A

(an)kommen arriver I 5A

    kommen (nach) venir (à) II 5B

    kommen aus/von venir de II 5B

    zu Tisch/zum Essen kommen se mettre à table III 2A

    in eine (andere) Mannschaft kom- men passer dans une (autre) équipe IV 1A

ein Kommissar/eine Kommissarin un/ une commissaire II 2E

kompliziert compliqué/compliquée III 5C

ein Konditor/eine Konditorin un pâtissier/une pâtissière IV 3E

die Konfitüre la confiture II 4E

ein König/eine Königin un roi/une reine IV 4A

können pouvoir I 9

    etw. tun können pouvoir faire qc I 9

ein Kontakt un contact II 6A, 4

    mit jdm. Kontakt aufnehmen prendre contact avec qn II 6A, 4

ein Konzert un concert III 1B

ein Kopf une tête I 5B

Kopfschmerzen haben avoir mal à la tête I 5B

kosten coûter II 3C, 3

    Was kostet die Ananas? C'est combien, l'ananas *(m.)* ? I 7A

    viel (Geld) kosten coûter cher II 7

    etw. kosten goûter qc IV 5C

kostenlos gratuit/gratuite II 5B

krank malade I 5B

    krank werden tomber malade III 1B

gekränkt sein être vexé/vexée II 7

ein Krankenhaus un hôpital I 2A

ein Krankenpfleger un infirmier/une infirmière III 5E

eine Krankenschwester un infirmier/ une infirmière III 5E

ein Krankenzimmer *(einer Schule)* une infirmerie I 5E

kreativ créatif/créative III 5E

ein Kreis un cercle IV 3B

Kreolisch le créole IV 4A
der Krieg la guerre IV 3B
eine Küche une cuisine I 3A
ein Kuchen un gâteau III 5C
ein Kühlschrank un frigo II 4A
sich um jdn./etw. kümmern s'occuper de qn/qc III 2E
ein Kunde/eine Kundin un client/une cliente I 7A, 6
ein Kunsthandwerker un artisan/une artisan IV 4B
ein Künstler/eine Künstlerin un artiste/une artiste III 6B
kurz court/courte IV 2C
    kurze Zeit darauf peu de temps après IV 4B
    am kürzesten le moins longtemps IV 5A
jdn. küssen embrasser qn II 4C

L

lachen rire IV 1B
ein Laden un magasin II 3A
ein Land un pays III 6B
eine Landschaft un paysage IV 4B
am längsten le plus longtemps IV 5A
lange longtemps IV 2E
der Lärm/das Geräusch le bruit IV 1C, 4
lassen laisser I 7B
    jdn./etw. lassen laisser qn/qc II 2C
    Lasst euch nicht alles gefallen! Ne vous laissez pas faire! III 4C
    Lass mich (bloß) in Ruhe. *(ugs.)* Fiche-moi la paix. *(fam.)* III 4C, 4
ein Lauf une course IV 2B
laufen courir IV 2B
laut d'après IV 3B, 5; selon IV 3B, 5
das Radio laut stellen mettre la radio fort II 4A
läuten sonner I 4C
der Lavendel la lavande IV 5A
leben vivre IV 2E
das Leben la vie III 3B
ein Lebenslauf un curriculum vitæ (= un CV) IV 2C
ein (kleines) Lebensmittelgeschäft une épicerie III 6B
etw. legen mettre qc I 7B
eine Lehre un apprentissage IV 3E
ein Lehrer/eine Lehrerin un/une professeur I 4E
leicht facile/facile II 3B
leicht *(Adv.)* facilement IV 3A
(die) Leichtathletik l'athlétisme *(m.)* II 1E

Leichtathletik machen faire de l'athlétisme *(m.)* II 1E
Es tut mir leid! Désolé!/Désolée! II 7, 10
leiser moins fort II 4A
ein Leiter/eine Leiterin un directeur/une directrice III 5B
eine Leitung une ligne III 5B, 4
eine Lektion une leçon I 1; I 7C
die Lektüre la lecture III 1A
ein Lemur un babakoto IV 4E; un lémurien IV 4B
etw. lernen apprendre qc I 7C; réviser qc III 2B
eine Lerntechnik une stratégie I 1, 5
etw. lesen lire qc II 6B
    vor dem Lesen avant la lecture III 1A
letzter/letzte/letztes dernier/dernière III 1B
die Leute les gens *(m., pl.)* II 5B
Lieber/Liebe … *(in der Anrede)* Cher/Chère … II 6A, 5
die Liebe l'amour *(m.)* IV 3A
    Liebe auf den ersten Blick le coup de foudre I 8B
jdn./etw. lieben aimer qn/qc I 3E; adorer qn/qc I 4B
etw. lieber tun préférer faire qc I 7C
die Lieblingssportart le sport préféré II 1E
    Lieblings- préféré/préférée II 5B
ein Lied une chanson II 5C
(nach) links à gauche II 5B
die Lippen les lèvres *(f.)* IV 2C
eine Liste une liste I 7A, 5
ein Löffel une cuillère II 4C, 2
ein Lohn un salaire III 5B
Es lohnt sich. Ça vaut la peine. III 5B
lokal local/locale III 5A
der Look le look II 3E
Los! On y va! IV 4A; Allez! I 7E
eine Lösung une solution III 1B
lügen mentir II 4B
ein Lügner/eine Lügnerin un menteur/une menteuse III 4B
Lust haben etw. zu tun avoir envie de faire qc III 5A
    Lust haben avoir envie *(f.)* I 6A
lustig drôle/drôle III 3C; marrant I 4A
ein Lycée un lycée III 2A

M

etw. machen faire qc I 4A
    Das macht … Ça fait … I 6B
    sich Notizen machen prendre des notes II 6B

sich Sorgen machen s'inquiéter III 4B
madagassisch malgache/malgache IV 4E
ein Mädchen une fille I 4B
die Mahlzeit le repas III 2A
Mai mai *(m.)* I 8A, 4
die Majonäse la mayonnaise I 3E
ein Maler un peintre I 6B
Mami maman I 3A
man sagt on dit I 1, 4
    man darf/soll etw. nicht tun il ne faut pas faire qc II 4B, 4
manchmal parfois III 3C
eine Mandel une amande IV 5C
eine Mango une mangue IV 4A, 6
ein Mann un homme II 5B, 5
eine Mannschaft une équipe II 5B
ein Märchen un conte IV 4E
eine Marinade une marinade I 7B
eine Marionette une marionnette IV 4A
ein Markt un marché I 7E
ein Marokkaner/eine Marokkanerin un Marocain/une Marocaine IV 4C
März mars *(m.)* I 8A, 4
Mathe les maths *(f., pl.; fam.)* I 5A
eine Medaille une médaille IV 1A
die Medien les médias *(m., pl.)* III 5B
das Meer la mer II 2B
mehr plus I 7A, 3
mehrere plusieurs II 6C
die Mehrheit la majorité III 3B, 5
etw. meinen vouloir dire qc III 2A
eine Meinung un avis II 6C, 2
    Ich bin deiner Meinung. Je suis de ton avis. II 6C, 2
    meiner Meinung nach à mon avis II 6C, 2
    seine Meinung sagen donner son avis II 6C, 2
ein Meister/eine Meisterin un champion/une championne IV 1E
etw. (be-)merken remarquer qc III 1A
ein Messer/Messer un couteau/des couteaux II 4C
die Metro le métro I 6A
    die Metro nehmen prendre le métro I 6A
eine Metrofahrkarte un ticket II 5C
die Miete le loyer IV 3C
eine Mietgemeinschaft une colocation IV 3C
ein Mikro(fon) un micro (= un microphone) III 5B
die Milch le lait II 4E
eine Million un million IV 2E

die Minderheit la minorité IV 3B, 5
ein Minirock une minijupe II 3E
eine Minute une minute I 3B
Mist! *(ugs.)* Zut! *(fam.)* I 1
der Mistral le mistral IV 5E
mit avec I 1
  mit mir avec moi I 3E
  mit dem Kanu en canoë II 1
ein Mitbewohner/eine Mitbewohnerin
  un colocataire/une colocataire IV 3C, 1
etw. mitbringen apporter qc I 7C;
  rapporter qc III 6B
ein Mitglied un membre IV 3B
ein Mitgliedsland un pays membre
  IV 3B
jdn. mitnehmen emmener qn III 6A
heute Mittag ce midi II 4A
mittags à midi I 5A
Mittwoch mercredi *(m.)* I 5B, 4
das MJC la MJC III 4A
sich mobilisieren se mobiliser IV 2B
die Mode la mode II 3C, 2
modern sein être à la mode II 3C, 2
jdn./etw. gern mögen aimer qn/qc I 3E
  jdn./etw. überhaupt nicht mögen
    détester qn/qc I 3A
  jdn./etw. mögen adorer qn/qc I 4B
  ich möchte je voudrais I 7E
  ich möchte gern … *(+ Infinitiv)* je
    voudrais bien … *(+ infinitif)* I 8B
möglich possible/possible III 1B
eine Möhre une carotte I 7E
Einen Moment (mal)! Une minute!
  I 6A
ein Monat un mois III 1E
(am) Montag lundi *(m.)* I 4C
Montagnachmittag lundi après-midi
  I 5B
montags/jeden Montag le lundi I 5A
morgen demain I 4A
ein Morgen un matin I 5A
  eines Morgens un matin III 3A
  Guten Morgen! Bonjour! I 1
ein Motorroller un scooter II 7E
ein Mountainbike un VTT II 1E
  Mountainbike fahren faire du VTT
    II 1E
eine Mousse au chocolat une mousse
  au chocolat III 2A
müde fatigué/fatiguée II 4B
die Mühe la peine III 5B
eine Münze une pièce III 3B
die Musik la musique I 4E
  die Musik ausmachen arrêter la
    musique I 7C
  Musik machen jouer de la musique
    III 1E

ein Musiker un musicien I 6C
eine Musikgruppe un groupe II 5B
ein Musikinstrument un instrument
  (de musique) III 1A
eine Musikschule une école de
  musique I 4E
etw. tun müssen devoir faire qc II 4A
  man muss etw. tun/wir müssen etw.
    tun il faut faire qc II 4B
  man muss nur etw. tun il suffit de
    faire qc III 5A
  man muss il faut que IV 3E
der Mut le courage IV 3E
  den Mut haben, etw. zu tun avoir
    le courage de faire qc IV 3E
mutig courageux/courageuse III 4B
die Mutter la mère I 6E

N

Na ja! *(ugs.)* Bof! *(fam.)* I 4C
  Na klar. Ben oui. I 7C
  Na? Et alors? II 3C
nach *(zeitlich)* après I 5A
  nach d'après IV 3B, 5
  zwanzig nach vier quatre heures
    vingt I 5B
nach *(räumlich + Ziel)* à I 5E
ein Nachbar/eine Nachbarin un
  voisin/une voisine II 4A
nachdenken réfléchir III 1A
nachdenklich pensif/pensive III 4A
eine Nachforschung une recherche
  I 4A
ein Nachmittag un après-midi I 5B
  heute Nachmittag cet après-midi
    II 3B
eine Nachricht un message II 4B
die Nachrichten les infos *(f., pl.)* II 4C
eine Stunde nachsitzen (müssen) avoir
  une heure de colle III 2B
nächster/nächste/nächstes prochain/
  prochaine II 5C
  am nächsten Sonntag dimanche
    (m.) I 4C
der/die Nächste le suivant/la suivante
  IV 2C
die Nacht la nuit III 2A
  Gute Nacht! Bonne nuit! III 2A
ein Nachtisch un dessert I 7A
nahe près II 5C
  nahe bei etw. près de qc II 5C
sich jdm. nähern s'approcher de qn
  III 6A
naiv naïf/naïve III 4A, 4
ein Name un nom I 4B

die Nase le nez IV 2C
  die Nase von etw. voll haben *(ugs.)*
    en avoir marre de qc *(fam.)* II 3C
  Ich habe die Nase voll. *(ugs.)* J'en ai
    ras le bol! *(fam.)* III 4C, 4
nass mouillé I 9
die Nationalität la nationalité IV 3C
Natürlich! Bien sûr! II 5E
neben etw. près de qc I 5C
  neben à côté de I 8B
etw. nehmen prendre qc I 6A
  die Metro nehmen prendre le métro
    I 6A
  Platz nehmen prendre place II 5B;
    s'installer III 6A
  einen Aperitif nehmen prendre
    l'apéritif IV 5B
Nein. Non. I 1
Du gehst mir (echt) auf die Nerven.
  (ugs.) Tu me casses les pieds. *(fam.)*
  III 4C, 4
jdn. nerven énerver qn II 4C
eine Nervensäge une petite peste
  II 3B
nervös nerveux/nerveuse III 5B
nett *(ugs.)* sympa *(fam.)* I 2B; gentil/
  gentille II 4C
neu nouveau/nouvel/nouvelle/nouve-
  aux/nouvelles II 3B
  ein neuer Schüler un nouveau I 5E
neugierig curieux/curieuse IV 5C
nicht wahr … , non? I 2B
  nicht ne … pas I 4B
  noch nicht ne … pas encore II 2C
  nicht mehr ne … plus II 3C
  überhaupt nicht ne … pas du tout
    II 6C, 2
  auch nicht ne … pas non plus II 7
  nicht einmal ne … même pas III 3B
  Nicht wie du. Pas comme toi. III 5A
  Sie sagt nicht viel. Elle ne dit pas
    grand-chose. III 6C
  Ich auch nicht. Moi non plus. IV 1B
  … , nicht? … n'est-ce pas? IV 5A
ein Nichtraucher un non-fumeur
  II 5B, 5
nichts ne … rien II 2C
  wegen nichts pour rien III 3E
  Das hat nichts damit zu tun! Ça n'a
    rien à voir. IV 3C
ein Nicht-Sesshafter/eine Nicht-Sess-
  hafte un/une SDF III 3B
nie ne … jamais II 7
niederländisch néerlandais/néerlan-
  daise IV 3A
sich niederlassen s'installer III 3C
niemals ne … jamais II 7

Niemand … *(am Satzanfang)* Personne ne … III 3B

noch encore I 6B

der Norden le nord IV 5C, 6

normal normal/normale III 6B

eine Note une note I 7C

    eine Supernote une super note I 7C

etw. notieren noter qc III 3A

es ist nötig, dass … il faut que … IV 3E

sich Notizen machen prendre des notes II 6B

November novembre *(m.)* I 8A, 4

eine Null *(als Note) (ugs.)* une bulle *(ugs.)* III 2B

    Null Punkte haben *(ugs.)* avoir une bulle *(fam.)* III 2B; avoir zéro III 2B

eine Nummer un numéro I 5A, 6

    eine Telefonnummer un numéro de téléphone I 5A, 6

nur seulement III 3B

    Nur so. Comme ça. I 8B

nur ne … que IV 4B

nützlich utile/utile II 6C

O

ob si III 5B

    Ich weiß nicht, ob … Je ne sais pas si … III 1A

ein Obdachloser/eine Obdachlose un/une SDF III 3B

und obendrein en plus III 5A

das Obst les fruits *(m., pl.)* I 7E

ein Obstsalat une salade de fruits I 7B

öde nul/nulle II 4B

    Das ist öde. *(ugs.)* C'est nul. *(fam.)* II 1

… , oder? … , non? I 2B

    oder ou I 3A, 3

    … oder? … n'est-ce pas? IV 5A

offen ouvert/ouverte II 6C

die Öffentlichkeit le public III 3C

etw. öffnen ouvrir qc II 7

oft souvent I 7C, 3

ohne sans II 2B

    ohne ihn sans lui III 1B

    ohne zu *(+ Infinitiv)* sans *(+ infinitif)* III 3A

    eine Person ohne Papiere un sans-papiers IV 2B

o.k. D'accord. I 2B; O.K. I 8E

    Das ist o.k. C'est bon. III 1A

Oktober octobre *(m.)* I 5B, 4

das Öl l'huile *(f.)* I 7A

eine Olive une olive IV 5B

ein Olivenbaum un olivier IV 5A

die Olympischen Spiele les Jeux Olympiques IV 1A

die Oma la grand-mère I 7A

Omi *(ugs., Anrede für die Oma)* mamie *(fam.)* I 7E

ein Onkel un oncle II 5C, 3

ein Opfer une victime II 6B

    Opfer sein être victime II 6B

eine Orange une orange I 2A

der Orangensaft le jus d'orange I 8A, 3

etw. organisieren organiser qc I 8E

    sich organisieren s'organiser III 2E

ein Organisator/eine Organisatorin un organisateur/une organisatrice IV 1E

ein Ort un endroit III 3A, 2; III 3C

örtlich local/locale III 5A

der Osten l'est *(m.)* IV 5C, 6

Ostern Pâques *(f., pl.)* II 5E

P

ein paar quelques II 5B

in Panik geraten paniquer II 2C

ein Panzer un char III 6A

Papa papa I 3A

etw. parfümieren parfumer qc IV 5B

ein Park un parc I 2B

etw. parken garer qc III 6C

ein Parlament un parlement IV 3B

eine Partie un match I 2B

    Spielen wir eine Partie? On fait un match? I 2B

eine Party une soirée I 4C; une fête I 8E

ein Pass un passeport IV 3B

jdm. passen aller à qn II 3A

    Sie passen dir supergut. Elles te vont super bien. *(fam.)* II 3A

Ist etwas passiert? Il s'est passé quelque chose? III 4A

passiv passif/passive III 4A, 4

die (Schul-)Pause *(ugs.)* la récré *(fam.)* II 4E

    eine Pause une pause IV 2C

Wie peinlich! La honte! III 5C

perfekt parfait/parfaite IV 2C

eine Person une personne I 6A

ein Personalausweis une carte d'identité II 5A

der Pfeffer le poivre I 7B

pfeifen siffler III 6A

ein Pferd/Pferde un cheval/des chevaux II 1E

ein Pfirsich une pêche IV 5B

eine Pflanze une plante IV 4B

jdn. pflegen soigner qn III 5E

ein Picknick un pique-nique I 9

ein Piercing un piercing II 6A, 3

ein Pilz un champignon I 7E

eine Pizza une pizza I 6A, 3

ein Plakat une affiche I 8E

ein Plan un plan I 2E; I 9

Platsch! Plouf! I 9

ein Platz une place I 6B

    Platz nehmen prendre place II 5B

    Platz machen faire de la place III 2E

    Platz nehmen s'installer III 6A

plötzlich tout à coup I 6C

der Po les fesses *(f.)* II 2A, 4

ein Politiker un homme politique IV 3B

die Polizei la police II 2E

ein Polizeirevier un commissariat de police II 2B

eine Polizeistation un commissariat de police II 2B

ein Polizist un agent I 2A

Pommes frites des frites *(f., pl.)* I 7C, 2

ein Porträt un portrait I 6B

die Post la poste II 7, 10

ein Praktikum un stage III 4A

ein Preis/Preise un prix/des prix II 3A

pro par IV 3A

eine Probe une répétition III 1A

etw. proben répéter qc III 1E

etw. probieren essayer qc II 3A; goûter qc IV 5C

ein Problem un problème I 3B

von etw. profitieren profiter de qc IV 3E

ein Programm un programme III 5A

etw. programmieren programmer qc III 5C

ein Projekt un projet I 4E

provenzalisch provençal/provençale IV 5C

ein Prozent un pour cent II 6C

Psst! Chut! I 5A

das Publikum le public III 3C

ein Pulli un pull I 2E

das Püree la purée II 4A

Q

die Qualität la qualité III 5E

Quatsch n'importe quoi III 4B

eine Quiche une quiche I 1

R

ein **Rabatt** une réduction II 5B, 5

das **Radio** la radio II 4A

ein **Radiosprecher/eine Radiosprecherin** un animateur/une animatrice III 5E

der **Rap** le rap I 3E

ein **Rat** un conseil III 4A

ein **Rathaus** *(einer größeren Stadt)* un hôtel de ville II 7, 4

ein **Raum** une salle I 5A

reagieren réagir III 3B

die **Realität** la réalité IV 3B

eine **Recherche** une recherche I 4A

ein **Recht** un droit IV 3B, 5

Recht haben avoir raison II 3B

(nach) rechts à droite II 5B

mit jdm. reden discuter avec qn I 8A

ein **Referat** un exposé II 6B

eine **Regel** une règle I 4E; IV 1B

der **Regen** la pluie III 6A

eine **Region** une région I 4B

Es regnet. Il pleut. III 6A

reich riche/riche IV 4C

etw. reichen passer qc II 4C, 2

    Das reicht! Ça suffit! III 2E

ein **Reicher/eine Reiche** un riche/une riche IV 4C

der **Reis** le riz I 7A

eine **Reise** un voyage II 5A

ein **Reisebüro** une agence de voyages IV 3A

ein **Reiseführer** un guide IV 4C

reisen voyager III 6A

ein **Reisender/eine Reisende** un voyageur/une voyageuse II 5B, 5

ein **Reisepass** un passeport IV 3B

reiten faire du cheval II 1E

ein **Reitstiefel** une botte III 6C

ein **Rektor/eine Rektorin** *(am Collège)* un principal/une principale II 6A

rennen courir IV 2B

etw. reparieren réparer qc III 5E

eine **Reportage** un reportage III 1B, 5

ein **Reporter/eine Reporterin** un reporter/une reporter I 3B, 2

etw. reservieren réserver qc IV 1C

eine **Reservierung** une réservation II 5B, 5

jdn./etw. respektieren respecter qn/qc II 6C

ein **Restaurant** un restaurant = un resto *(fam.)* IV 3A

ein **Resultat** un résultat II 6C

jdn. retten sauver qn IV 4B

eine **Richtung** une destination II 5A;

la direction II 5B

    der **TGV Richtung Paris** le TGV à destination de Paris II 5A

riechen sentir II 4C

ein **Rock** une jupe II 1

die **Rock-Pop-Musik** la musique pop-rock III 1E

eine **Rolle** un rôle III 3C, 1

ein **Roller** un scooter II 7E

ein **Rollstuhl** un fauteuil roulant IV 1A

Rollstuhlbasketball *(als Sportart)* le handibasket IV 1A

ein **Roman** un roman IV 5C

rot rouge/rouge II 3E

die **Route** la route III 6E

der **Rücken** le dos II 2A

eine **Rückfahrkarte** un aller-retour II 5B, 5

ein **Rucksack** un sac I 2E; un sac à dos II 3A, 4

die **Rücksichtnahme** le respect II 6C

das **Rugby(-Spiel)** le rugby II 1E

eine **Rugbymannschaft** une équipe de rugby II 5B

in Ruhe tranquille/tranquille III 4E

Lass mich (bloß) in Ruhe. *(ugs.)* Fiche-moi la paix. *(fam.)* III 4C, 4

ruhig tranquille/tranquille III 4E

eine **Runde** un match I 2B

S

ein **Saal** une salle I 5A

die **Sachen** les affaires *(f., pl.)* II 3A

    eine **Sache** une chose III 3A, 4

ein **Saft** un jus I 7B

jdm. etw. sagen dire qc à qn II 6B

    seine **Meinung sagen** donner son avis II 6C, 2

    Sag mal, ... Dis donc, ... I 8A

    Also sag mal! Ça alors! II 4B

    Sag mal, Johnny ... Dis Johnny, ... III 1B, 3

    sich etw. sagen se dire IV 2A

ein **Skaterclub** un club de roller I 8E

ein **Salat** une salade I 7B

das **Salz** le sel I 7B

(am) Samstag samedi *(m.)* I 4C

ein **Sandwich** un sandwich I 6B

ein **Sänger/eine Sängerin** un chanteur/une chanteuse III 1A

ein **Satz** une phrase I 2E

die **Sauberkeit** la propreté III 5E

eine **Schachtel** une boîte IV 2C

etw. schaffen créer qc IV 1A

der **Schalter** le guichet II 5B, 5

die **Schande** la honte III 5C

    Oh Schande! La honte! III 5C

das **Schaubild** le graphique IV 3B, 5

ein **Schaufenster** une vitrine II 3C, 3

schaukeln bouger I 9

Schauspieler werden devenir acteur III 3E

ein **Schauspieler/eine Schauspielerin** un acteur/une actrice III 3E

scheinen avoir l'air *(m.)* III 3B

jdm. etw. schenken offrir qc à qn II 7

jdn. schicken envoyer qn IV 4B

ein **Schiff** un bateau I 9

der **Schinken** le jambon II 4E

ein **Schlafanzug** un pyjama III 2A

schlafen dormir II 4B

ein **Schlafzimmer** une chambre I 2E

ein **Schlag** un coup II 6E

das **Schlagzeug** la batterie III 1A

schlau intelligent/intelligente III 4B

schlecht nul/nulle II 4B; mauvais/mauvaise II 6A

    schlecht drauf sein/Trübsal blasen *(ugs.)* avoir le cafard *(fam.)* III 3A

    Nicht schlecht! Pas mal! II 2A, 4

    schlecht mal III 5A

    schlechtbezahlt mal payé/mal payée III 5A

etw. schließen fermer qc II 4B

    etw. wieder schließen refermer qc II 3B

schlimm grave/grave I 9

ein **Schloss/Schlösser** un château/des châteaux IV 5C

der **Schluss** la conclusion II 6C, 4

    zum Schluss à la fin I 7B; en conclusion *(f.)* II 6C, 4

ein **Schlüssel** une clé II 6B

ein **Schlüsselwort/Schlüsselwörter** un mot-clé/des mots-clés II 6B

die **Schlussfolgerung** la conclusion II 6C, 4

der **Schlussverkauf** les soldes *(m., pl.)* II 3A

der **Schmerz** la douleur IV 4B

ein **Schnäppchen machen** faire une affaire/des affaires II 3A

schneien neiger III 6C, 5

schnell vite I 5A

    sehr schnell très vite IV 5A

    schnell rapide/rapide IV 5A

ein **Schock** un choc IV 1A

die **Schokolade** le chocolat II 4E

ein **Schokoladenkuchen** un gâteau au chocolat III 5C

schön sympa/sympa II 3A; beau/bel/belle/beaux/belles II 3B

Schönes Wochenende! Bon week-end! I 7A

schon déjà I 4C

jdm. etw. schreiben écrire qc à qn II 6B

ein Schreibtisch un bureau IV 2C

schreien crier II 5C

jdn. schubsen pousser qn II 2A

ein Schuh une chaussure II 3E

Welche Schuhgröße haben Sie? Quelle est votre pointure? II 3C, 3

eine Schulaufgabe *(ugs.)* une interro *(fam.)* I 4C

ein Schulbibliothekar/eine Schulbibliothekarin un documentaliste/une documentaliste I 5A

eine Schule une école I 2A

  Schule schwänzen *(ugs.)* sécher les cours *(fam.)* IV 2B

ein Schüler/eine Schülerin un élève/une élève I 4A

  ein neuer Schüler un nouveau I 5E

ein Schüleraustausch un échange scolaire II 6A, 4

schulisch scolaire/scolaire II 6A, 4

ein Schuljahr une année scolaire IV 2B

eine Schulnote une note I 7C

eine Schulpartnerschaft haben mit … être jumelé(e) avec… II 5A, 5

jdn./etw. schützen protéger qn/qc IV 4B

Schule schwänzen *(ugs.)* sécher les cours *(fam.)* IV 2B

schwarz noir/noire II 3E

  sich schwarz kleiden s'habiller en noir IV 4A

schwer lourd/lourde III 6E

eine Schwester une sœur I 4C

schwierig difficile/difficile III 6B

schwimmen nager II 1

das Schwimmen la natation II 1E

segeln faire de la voile II 1E

jdn./etw. sehen voir qn/qc II 3A

  Sieh mal einer an. Tiens. II 3A

  Ich will/kann dich nicht mehr sehen! Je ne veux plus te voir! II 3C

sehr très I 4A

  sehr schnell très vite IV 5A

die Seilbahn le téléphérique III 2B

sein être I 2B

  sein aus être de I 2B

  Wer ist das? Qui est-ce? I 1

  Wo ist … ? Où est … ? I 3A

  Ich bin dran. C'est à moi. I 7A

  Da bist du ja! Te voilà! II 6B

seit pendant II 3A; depuis III 1B

seitdem *(Adv.)* depuis IV 1A

eine Seite une page I 4E

ein Sekretär/eine Sekretärin un secrétaire/une secrétaire III 5A

eine Sekunde une seconde IV 4C, 6

selbstsicher sein être sûr/sûre de … III 3A

seltsam bizarre II 2A

eine (Fernseh-)Sendung une émission (de télévision) III 5E

senegalesisch sénégalais/sénégalaise IV 4E

September septembre *(m.)* I 5A

eine Serie une série III 3E

seriös sérieux/sérieuse III 4B

ein Sessel un fauteuil IV 1A

etw. setzen mettre qc I 7B

shoppen gehen faire du shopping *(fam.)* II 1E

das Shoppen le shopping II 1E

sicher sûr/sûre III 3A

die Sicherheit la sécurité IV 3A, 6

Siedlung la cité III 4E

eine Silbermedaille une médaille d'argent IV 1A

singen chanter I 3A

eine Sirene une sirène IV 5E

eine Situation une situation IV 1B

jdn. sitzen lassen quitter qn II 2C

eine Skatertour une rando roller I 8B

ein Sketsch un sketch II 6C

der Ski le ski II 1E

das Skifahren le ski II 1E

so comme ça I 7C

  Nur so. Comme ça. I 8B

  so *(+ Adverb)* si III 2A

  so (sehr) tellement III 5C

  so … wie aussi … que III 6E

eine Socke une chaussette II 3E

sofort tout de suite I 7C

sogar même III 1A

ein Sohn un fils II 2E

die Solidarität la solidarité IV 3B

der Sommer l'été *(m.)* III 1B

die Sonne le soleil III 6C

  in der Sonne sous le soleil III 6C

(am) Sonntag dimanche *(m.)* I 4C

Sonst noch etwas? Et avec ça? I 7A

die Sorge le souci III 2A

  Keine Sorge! Pas de souci! III 2A

für Stimmung sorgen mettre de l'ambiance *(f.)* III 1A

sich Sorgen machen se faire du souci III 2B; s'inquiéter III 4B

eine Soße une sauce IV 5C

ein Souvenir un souvenir IV 4B, 5

sowieso de toute façon III 1B

spanisch espagnol/espagnole IV 3A

Spaß haben rigoler I 9; s'amuser III 2B

spät tard I 3B

  Wie spät ist es? Il est quelle heure? I 5B

  Es ist zu spät. Il est trop tard. II 5C

  spät dran sein être en retard II 5A

  später plus tard I 3B

  eine Stunde später une heure plus tard I 3B

spazieren gehen se promener IV 3C

ein Spaziergang une promenade IV 5C, 2

das Speiseöl l'huile *(f.)* I 7A

eine Spezialität une spécialité IV 4E

ein Spiegel une glace II 3B

ein Spiel un match I 2B; un jeu/des jeux IV 1A

mit jdm./etw. spielen jouer avec qn/qc I 4C, 4

  Spielen wir eine Partie? On fait un match? I 2B

  Theater spielen faire du théâtre III 3C

ein Spielzeug un jouet IV 4C

Du spinnst wohl! *(ugs.)* Tu rigoles! *(fam.)* II 4B

(der) Sport/die Sportart le sport II 1E

  Sport treiben faire du sport II 1E

sportlich sportif/sportive III 4A, 2

eine Sprache une langue II 6C

mit jdm. (über etw.) sprechen parler (de qc) à qn/avec qn II 6B

etw. spüren sentir qc IV 4A

die Staatsangehörigkeit la nationalité IV 3C

eine Stadt une ville II 3E

eine Städtepartnerschaft haben mit … être jumelé(e) avec… II 5A, 5

ein Stadtplan un plan I 2E

ein Stadtviertel un quartier I 2A

das Stadtzentrum le centre-ville IV 4C, 4

ein Star une star III 1B

eine Station une station I 6A

die Statistik statistiques II 6C, 4

statt au lieu de III 5C

stattfinden avoir lieu IV 2E

jdm. stehen aller à qn II 3A

etw. stehlen voler qc II 2E

eine Stelle un endroit III 3C

  eine Stelle als … une place de … IV 3A

  eine Stelle un poste IV 5A

etw. stellen mettre qc I 7B

  etw. ins Internet stellen poster qc IV 5E

ein Stern une étoile IV 3B

ein Stiefel une botte III 6C

ein Stil un style IV 5C

Still! Chut! I 5A

Das stimmt. C'est vrai. I 6E

eine Stimmung une ambiance I 8B

  für Stimmung sorgen mettre de l'ambiance *(f.)* III 1A

ein Stipendium une bourse IV 3A

ein Stockwerk un étage I 6A

stolz fier/fière II 5C

  auf jdn./etw. stolz sein être fier/fière de qn/qc III 4B

jdn. stören déranger qn II 2A

jdn. stoßen pousser qn II 2A

ein Strand une plage II 2B

eine Straße une rue I 2A; une route III 6E

ein Strauß un bouquet IV 5B

etw. (durch)streichen barrer qc II 4A

ein Streik une grève IV 2B

Streit une dispute II 2A

sich streiten se disputer III 4B

streng sévère/sévère III 2B

ein Strumpf une chaussette II 3E

ein Stück/Stücke un morceau/des morceaux III 1A

  ein (Theater-)Stück une pièce (de théâtre) III 3C

ein Student/eine Studentin un étudiant/une étudiante IV 3C

ein Studio un studio III 3E

das Studium les études *(f.)* IV 3A

eine Stunde une heure I 3B

  eine Stunde später une heure plus tard I 3B

  eine Stunde nachsitzen (müssen) avoir une heure de colle III 2B

stundenlang pendant des heures II 3A

ein Stundenplan un emploi du temps I 5A

etw. suchen chercher qc I 3E; aller chercher qc II 1

super *(ugs.)* super *(fam.)* I 2A; génial/ géniale/géniaux/géniales II 3A

supercool *(ugs.)* super cool *(fam.)* I 8B

ein Supermarkt un supermarché I 2A

eine Supernote une super note I 7C

ein Superstar une superstar I 4A

eine Superstimmung une ambiance d'enfer I 8B

die Suppe la soupe II 4A

surfen surfer I 4A

das Surfen le surf II 1E

ein Symbol un symbole IV 3B

eine Szene une scène II 6C; I 2B, 4

T

eine Tabelle un tableau IV 1E

eine Tafel un tableau IV 1E

ein Tag un jour II 2C

  ein Tag (im Verlauf) une journée I 9

  ein Tag der offenen Tür une journée portes ouvertes II 6C

  den ganzen Tag toute la journée II 7E

  eines Tages un jour III 3E

ein Tagebuch un journal intime III 4A, 2; II 4C, 3

das Tagesgeschehen l'actualité *(f.)* III 5E

das Talent le talent III 3C

tanken prendre de l'essence III 6A

eine Tante une tante II 5C, 3

der Tanz la danse II 1E

tanzen danser I 8A

das Tanzen la danse II 1E

ein Tänzer/eine Tänzerin un danseur/ une danseuse IV 1C

eine Tasche un sac I 2E

  eine (Hosen-)Tasche une poche II 7

das Taschengeld l'argent de poche *(m.)* II 7

ein Taxi un taxi IV 4B

die Technik la technique III 5C

ein Techniker/eine Technikerin un technicien/une technicienne III 5B

der Tee le thé II 4E

etw. teilen partager qc II 2B

an etw. teilnehmen participer à qc IV 2B

das Telefon le téléphone I 4C

  am Telefon à l'appareil III 5B, 4

mit jdm. telefonieren téléphoner à qn I 8A

  Wir telefonieren miteinander. On se téléphone. IV 1B

eine Telefonnummer un numéro de téléphone I 5A, 6

ein Teller une assiette II 4C

das Tennis le tennis II 1E

eine Terrasse une terrasse I 6A

teuer cher I 6A; cher/chère II 3A

  Das ist zu teuer. C'est trop cher! I 6B

  teuer sein coûter cher II 7

ein Text un texte I 3A, 1

  der Text eines Liedes les paroles *(f.)* IV 1C

ein TGV un TGV II 5A

ein Theater un théâtre III 3E

  Theater spielen faire du théâtre III 3C

ein (Theater-)Stück une pièce (de théâtre) III 3C

eine Theatertruppe une troupe (de théâtre) III 6E

ein Thema un sujet II 6C, 4

ein Tisch une table I 3B

  den Tisch decken mettre la table I 7C

  zu Tisch kommen se mettre à table III 2A

(das) Tischtennis *(als Sportart)* le ping-pong I 4B

ein Titel un titre II 6A

eine Tochter une fille II 5A, 1

der Tod la mort IV 4A

die Toiletten les toilettes *(f., pl.)* I 5E

toll fantastique/fantastique II 3A; sympa/sympa III 3A; génial/géniale/ géniaux/géniales III 3A

toll *(ugs.)* super *(fam.)* I 2A

eine Tomate une tomate I 7E

eine Tour *(ugs.)* une rando *(fam.)* I 8B

der Tourismus le tourisme IV 2B, 4

ein Tourismus-Infoblatt un dépliant touristique IV 4B, 5

ein Tourist/eine Touristin un touriste/ une touriste I 6B

die Touristeninformation l'office de tourisme IV 4B, 5

traditionell traditionnel/traditionnelle IV 5C

etw. tragen porter qc II 3E

trainieren s'entraîner IV 1A

trampen faire du stop III 6E

ein Traum un rêve III 2B, 3

von etw. träumen rêver de qc I 5B, 3

traurig triste/triste II 7

jdn. treffen rencontrer qn I 7A

  jdn. (wieder) treffen retrouver qn II 2C

  sich treffen se retrouver III 2E

  sich mit jdm. treffen avoir rendez-vous avec qn I 4C

  eine Entscheidung treffen prendre une décision III 1A, 5

ein Treffen un rendez-vous I 4C; une réunion III 5A; une rencontre IV 1E

sich trennen se quitter III 2C

die Treppe l'escalier *(m.)* I 6A

  die Treppe nehmen prendre l'escalier I 6A

treu fidèle/fidèle IV 1B

etw. trinken boire qc III 2A

etw. trocknen sécher qc IV 5B

  etw. trocknen lassen faire sécher qc IV 5B

trotzdem quand même III 2B

Trübsal blasen avoir le cafard *(fam.)* III 3A

eine (Theater-)Truppe une troupe
(de théâtre) III 6E

Tschüs! *(ugs.)* Salut! *(fam.)* I 1

ein T-Shirt un t-shirt II 3E

etw. tun faire qc I 4A

etw. gern tun aimer faire qc I 4C

etw. tun werden aller faire qc I 8E

Aber was (kann/soll man) tun?
Mais que faire? I 8B

Das hat nichts damit zu tun! Ça n'a
rien à voir. IV 3C

eine Tür une porte II 2B

ein Turm une tour I 6A

eine Turnhalle un gymnase I 5E

Turnschuhe des baskets *(f., pl.)* II 5E

eine Tüte un sac I 2E

U

die U-Bahn le métro I 6A

über sur I 6A, 4

überall partout II 6C

über etw. au-dessus de qc IV 2C

überhaupt nicht ne … pas du tout
II 6C, 2

jdm. etw. überlassen laisser qc à qn
III 6C

überleben survivre IV 4C

(sich) überlegen réfléchir III 1A

etw. überqueren traverser qc II 5C

eine Überraschung une surprise III 2C

ein Überseedepartement un département d'Outre-mer IV 4A, 5

ein Übersichtsplan un plan I 9

übertreiben exagérer III 1B

übrigens d'ailleurs IV 1B

eine Übung un exercice I 1; II 4A, 4

am Ufer (der/des …) au bord de … II 1

Um wie viel Uhr? A quelle heure?
I 5B, 1

um (etw. zu tun) pour (faire qc) II 2A

jdn. umarmen embrasser qn II 4C

sich umdrehen se retourner III 4C

etw. umdrehen tourner qc II 3C

um … herum autour de … III 1B

eine Umkleidekabine une cabine
II 3C, 3

im Umlauf sein circuler IV 3B

ein Umschlag une enveloppe III 4C

umsteigen changer (de train) II 5A

umziehen déménager IV 2A

und et I

ein Unfall un accident II 4A, 4

unglücklich malheureux/malheureuse
III 4B

die Uni *(ugs.)* la fac *(fam.)* IV 3C

Unrecht haben avoir tort III 1B, 6

unten en bas de … IV 1C

unter sous II 5E

unter ihnen *(bei Personen)* parmi
eux/elles III 3C

unterhalb von … en bas de … IV 1C

ein Unternehmen une entreprise
III 5A

Unterricht haben avoir cours *(sg.)*
III 2C

unterrichten enseigner III 5E

eine Unterrichtsstunde un cours II 6A

ein Unterschied une différence III 2A, 2

unterschiedlich différent/différente
III 2A

etw. unterschreiben signer qc II 5C

etw. unterstreichen souligner qc IV 1E

eine Untersuchung une enquête II 2E

der Urlaub les vacances *(f., pl.)* II 1E

in (den) Urlaub fahren partir en
vacances *(f., pl.)* II 5E

V

ein Van un minibus III 6A

der Vater le père I 6E

eine Verabredung un rendez-vous I 4C

eine Verabredung mit jdm. haben
avoir rendez-vous avec qn I 4C

etw. verändern changer qc II 6C

veranlassen, dass … faire + *Infinitif*
IV 5E

etw. verbessern améliorer qc IV 3B, 3

eine Verbindung une ligne III 5B, 4

verborgen caché IV 2C

etw. verbrennen brûler (qc) IV 4A

(die Ferien) verbringen passer (les/ses
vacances) II 1

Geld verdienen gagner de l'argent *(m.)*
II 7

ein Verein un club I 8E; une association IV 2E

etw. vereinigen unir qc IV 3B

Verflixt! *(ugs.)* Zut! *(fam.)* I 1

(eine) Verfügungsstunde Vie de classe
(f.) II 6A

etw. vergessen oublier qc II 4A

die Zeit vergessen oublier l'heure *(f.)*
III 2C

das Vergnügen le plaisir IV 2E

etw. verkaufen vendre qc II 7

ein Verkäufer/eine Verkäuferin un
vendeur/une vendeuse I 7A, 6

eine Verkäuferin une vendeuse I 6C

verkleidet sein être déguisé/déguisée
IV 4A

jdn. verlassen quitter qn II 2C

sich auf jdn. verlassen compter sur qn
III 1B

verlegen sein être gêné/gênée III 1A

sich verletzen se blesser III 2C

ein Verletzter/eine Verletzte un blessé/
une blessée II 2E

etw. verlieren perdre qc II 5C

jdn./etw. vermissen regretter qn/qc
IV 2A

jdn. vernehmen interroger qn II 2A

etw. verpassen rater qc II 5C, 3

verrückt fou/folle/fous/folles III 6C

verschieden différent/différente III 2A

verschmutzt pollué/polluée IV 3A

verschwinden disparaître III 6B

wieder verschwinden repartir IV 4B

die Verspätung le retard II 5A

jdm. versprechen etw. zu tun
promettre à qn de faire qc II 3A

Versprochen! Promis! II 3A

sich verstecken se cacher IV 4B

versteckt caché IV 2C

etw. verstehen comprendre qc I 6C

Ich verstehe dich nicht. Je ne te
comprends pas. II 1

sich mit jdm. verstehen s'entendre
avec qn III 2B

etw. versuchen essayer qc II 3A

das Vertrauen la confiance IV 1B

Vertrauen in jdn. haben avoir
confiance en qn IV 1B

etw. verwirklichen réaliser qc IV 4E

ein Videoclip un vidéoclip IV 1E

ein Videofilm une vidéo I 5A

ein Videoraum une salle vidéo I 5A

viel beaucoup I 7B

viel *(bei Mengen)* … beaucoup de
I 7B

viel/viele plein de … IV 1B

vielleicht peut-être II 4B

um Viertel nach vier à quatre heures et
quart I 5A

ein Viertel un quartier I 2A

Viertel nach eins une heure et quart
I 5A

Viertel vor vier quatre heures moins le
quart I 5B

eine Viertelstunde un quart d'heure
III 1B

völlig *(Adverb)* totalement IV 5A, 7

voll plein/pleine III 6A

die Nase von etw. voll haben *(ugs.)*
en avoir marre de qc *(fam.)* II 3C

Ich habe die Nase voll. *(ugs.)* J'en ai
ras le bol! *(fam.)* III 4C, 4

Volleyball *(als Sportart)* le volley I 4B

vollständig *(Adverb)* totalement IV 5A, 7

volltanken faire le plein III 6A

von de I 1

vor *(örtlich)* devant I 4A, 3

vor *(zeitlich)* avant I 8A; il y a III 3E

vor allem surtout II 6C

zehn vor vier quatre heures moins dix I 5B

etw. vorbereiten préparer qc I 3A

sich vorbereiten se préparer III 2B

ein Bühnenstück vorbereiten monter une pièce III 3C

eine Vorführung un spectacle III 3C

vorher avant IV 1C

vorn/vorne devant III 6E

ein Vorname un prénom I 4B

der Vorort la banlieue III 4E

jdm. vorschlagen etw. zu tun proposer à qn de faire qc IV 3A, 1

Vorsicht bei der Abfahrt! Attention au départ! II 5A

ein Vorsprechen une audition III 3E

etw. vorstellen présenter qc II 5B

sich vorstellen se présenter III 3A

jdn. jdm. vorstellen présenter qn à qn III 5B

ein Vortrag un exposé II 6B

vorziehen etw. zu tun préférer faire qc I 7C

W

wach werden se réveiller III 2E

ein Waggon une voiture (de train/métro) III 3B

eine Wahl un choix III 4C

etw. wählen choisir qc III 1A

ein Wahnsinnslook un look d'enfer II 3C

wahr vrai/vraie II 3C

Das darf doch wohl nicht wahr sein! Ce n'est pas vrai! II 3C

Das darf doch (wohl) nicht wahr sein! Ce n'est pas possible! III 1B

etw. wahr machen réaliser qc IV 4E

während pendant II 3A

während *(+ Verb)* pendant que III 3B; IV 5E

währenddessen pendant ce temps II 6B

die Wahrheit la vérité II 2B

die Währung la monnaie IV 3B

die einheitliche Währung la monnaie unique IV 3B

ein Wald une forêt IV 4B

ein Waldbrand un feu de forêt IV 5E

wallonisch wallon/wallonne IV 3C

eine Wanderung *(ugs.)* une rando *(fam.)* I 8B

wann quand I 6C, 4

Wann? A quelle heure? I 5B, 1

warm chaud/chaude III 2A

Es ist warm. *(Wetter)* Il fait chaud. III 6B

auf jdn./etw. warten attendre qn/qc II 5C

Warum …? Pourquoi …? I 8A

was … angeht pour … II 6A

Was …? Qu'est-ce que …? I 2B

Was ist das? Qu'est-ce que c'est? I 2B

Was … ? Que …? I 3A

Was macht … ? Que fait … ? I 3A

Was ist … ? Qu'est-ce qu'il y a … ? I 3B

Was gibt es …? Qu'est-ce qu'il y a … ? I 3B

Was gibt es? Qu'est-ce qu'il y a? I 5B I 3B

Was ist los? Qu'est-ce qu'il y a? I 5B

was qu'est-ce que I 8A

Was …? *(Frage nach dem Objekt)* Qu'est-ce que …? IV 1C

Was …? *(Frage nach dem Subjekt)* Qu'est-ce qui …? IV 1C

was *(neutrales Relativpronomen, Subjekt)* ce qui IV 3B

Was? Quoi? II 3C

was *(neutrales Relativpronomen, Objekt)* ce que IV 3B

sich waschen se laver III 6B

Was für ein Tag! Quelle journée! II 5C, 5

das Wasser l'eau *(f.)* I 9

Wau! Ouah! I

ein Weblog un blog IV 5E

eine Website un site (Internet) III 5C

weder … noch ne … ni … ni … IV 2A

der Weg le chemin III 4C; la route III 6E

wegen jdm./etw. à cause de qn/qc II 2C

wegen jeder Kleinigkeit pour rien III 3E

weggehen sortir II 4B; partir II 4B

jdm. etw. wegnehmen prendre qc à qn II 6E

Das tut mir weh! J'ai mal! II 2A

weil parce que I 8A

der Wein le vin III 2A

weinen pleurer III 3B

auf diese Weise comme ça I 7C

weiß blanc/blanche II 3E

weit loin II 5C

von weitem de loin II 5C

weitermachen continuer I 4B

welcher/welche/welches quel/quelle/quels/quelles II 5B

Welche Größe haben Sie? Quelle est votre taille? II 3C, 3

welcher/welche/welches lequel/laquelle/lesquels/lesquelles IV 4A

die Welt le monde II 7

eine Weltreise un tour du monde IV 4C

Wem … ? A qui est-ce que… ? II 6A

Wen …? *(Frage nach dem Objekt)* Qui est-ce que …? IV 1C

ein wenig un peu I 6C, 3

ein wenig … *(bei Mengen)* un peu de … I 7B

wenig/wenige peu de … III 1B

weniger moins I 7A, 3

weniger … als moins … que III 6E

wenigstens au moins II 4E

wenn si I 9; quand II 7; lorsque IV 2C

Wer …? *(Fragepronomen)* Qui …? I 3B

für wen pour qui I 4A, 3

Wer ist dran? C'est à qui? I 7A

Wer …? Qui est-ce qui …? IV 1C

Wer's glaubt, wird selig! Mon œil! *(fam.)* II 4B

eine Werbeagentur *(ugs.)* une agence de pub III 4A

die Werbung la publicité III 4A

die Werbung *(ugs.)* la pub *(fam.)* III 4A

werden devenir III 3E

etw. werfen lancer qc III 3B

eine Werkstatt un garage II 7; un atelier III 4A; IV 4C

der Westen l'ouest *(m.)* IV 5C, 6

an einem Wettbewerb teilnehmen passer un concours III 5A

ein Wettbewerb un concours III 5A

das Wetter le temps III 6A

der Wetterbericht la météo III 5B; le bulletin météo III 6C, 6

die Wettervorhersage la météo III 5B

ein Wettkampf une compétition IV 1A

ein Wettlauf une course IV 2B

wichtig important/importante II 6C

wie comme I 4B

wie du comme toi I 4B

wie Hund und Katze comme chien et chat II 4C, 4

Wie … ? Comment … ? I 1

Wie alt sind sie? Elles ont quel âge? I 4C, 2

Wie spät ist es? Il est quelle heure? I 5B

etw. wieder schließen refermer qc
II 3B

  wieder anfahren repartir III 3B

  wieder anrufen rappeler III 5B, 4

  wieder beginnen/anfangen recommencer IV 4A

  wieder verschwinden repartir IV 4B

jdn. wiedererkennen reconnaître qn
III 3C

etw. wiederholen répéter qc III 1E;
réviser qc III 2B

eine Wiederholung une répétition
III 1A

jdn. wiedersehen revoir qn IV 5A

Auf Wiedersehen! Au revoir! I 1

wie viel combien I 7A

  wie viel(e) combien de … I 7A

der Wind le vent III 6B

der Winter l'hiver (m.) IV 5B

wirklich (Adv.) vraiment I 8B

die Wirklichkeit la réalité IV 3B

wissen savoir III 5B

  Ich weiß (es) nicht. Je ne sais pas.
I 4C

  Ich weiß (es). Je sais. II 2E

  Wisst ihr was? Vous savez quoi?
II 3C

witzig marrant I 4A; drôle/drôle
III 3C

wo où I 2A

  Wo ist das? C'est où? I 2A

  Wo ist … ? Où est … ? I 3A

wo (Relativpronomen: Ort) où III 1E

woanders ailleurs III 4C, 4

eine Woche une semaine I 8E

ein Wochenende un week-end I 6E

  Schönes Wochenende! Bon weekend! I 7A

woher d'où I 2B

  Woher seid ihr?/Woher sind Sie?
Vous êtes d'où? I 2B

wohin où I 2A

  Wohin gehst du? Tu vas où? I 5A, 2

sich wohlfühlen se sentir (bien) III 3A

wohnen habiter I 4B

eine Wohngemeinschaft une colocation IV 3C

ein Wohnhaus un immeuble IV 2E

eine Wohnung un appartement I 3A, 8

ein Wohnzimmer un salon I 3A

eine Wolke un nuage III 6A

etw. wollen vouloir qc I 9

  etw. tun wollen vouloir faire qc I 9

ein Wort un mot I 1, 6

ein Wörterbuch un dictionnaire
III 5C, 5

ein Wortspiel jeu de mots I 4E

wovon de quoi II 6B

Wow! Waouh! I 8B

etw. wünschen désirer qc III 3C, 3;
souhaiter qc IV 3B, 5

die Wurstwaren la charcuterie III 2A

die Wut la colère II 4B

wütend furieux/furieuse III 4B

  wütend sein être en colère II 4B

Y

ein Yassa un yassa I 7A

Z

eine Zahl un nombre I 3E

etw. zählen compter qc IV 1B

auf jdn. zählen compter sur qn III 1B

zahlreich nombreux/nombreuse
IV 4C

ein Zahn une dent II 2A, 4

eine Zeichnung un dessin II 1E

etw. zeigen montrer qc I 4E

eine Zeile une ligne II 6A, 1

die Zeit le temps I 6B

  Zeit haben avoir le temps I 6B

  die Zeit vergessen oublier l'heure (f.)
III 2C

eine Zeitschrift un magazine II 5B

eine Zeitung un journal/des journaux
III 3B

ein Zeitungsartikel un article I 4E

ein Zelt une tente II 1

zelten faire du camping II 1

ein Zentrum un centre IV 4C

zerplatzen s'écrouler III 3A

das Zeugnis le bulletin de notes III 2B

den Hut ziehen enlever son chapeau
III 3C

ein Ziel une destination II 5A

ziemlich assez (+ adj.) III 6B

ein (Schlaf-)Zimmer une chambre
I 2E

eine Zitrone un citron I 7E

der Zitronensaft le jus de citron I 7B

zu viel trop I 6B

  Es ist zu spät. Il est trop tard. II 5C

zu (+ Personen) chez I 5E

  zu 30 Euro à 30 euros II 3E

  zu (in Richtung von …) vers III 3B

etw. zubereiten préparer qc I 3A

der Zucker le sucre II 4C, 2

zuerst d'abord I 2E; I 5A

zufrieden content/contente II 6C

  mit jdm./etw. zufrieden sein être
content de qn/qc II 6C

ein Zug un train I 9

jdm. zuhören écouter qn II 4B, 4

zunächst d'abord I 2E; I 5A

zurecht kommen se débrouiller III 3A

etw. zurückbringen rapporter qc
III 6B

jdm. etw. zurückgeben rendre qc à qn
III 3B

zurückkehren rentrer I 5B; retourner
II 4A; revenir III 3E

zurückkommen rentrer I 5B; revenir
III 3E

jdn./etw. zurücklassen laisser qn/qc
II 2C

zurückrufen rappeler III 5B, 4

zurückweichen reculer IV 2C

zurzeit en ce moment II 3C, 3

zusammen ensemble I 9

zusammenbrechen craquer III 3B;
s'écrouler III 3A

zuvor avant IV 1C

ein Zweifel un doute IV 4A

  Kein Zweifel. Pas de doute. IV 4A

der/die/das zweite … le/la deuxième
… II 5B, 5

eine Zwiebel un oignon I 7E

zwischen entre II 2B

  zwischen dir und mir entre toi et
moi II 2C

Pour faire les exercices du livre

Hier findest du das wichtigste Vokabular der **Übungsanweisungen**.

A
à haute voix	laut
à propos du texte	zum Text
A vous.	Jetzt seid ihr dran.
l'accord	die Angleichung
les activités préférées	die Lieblings-beschäftigungen
Apprenez le poème par cœur.	Lernt das Gedicht auswendig.
un auteur	ein Autor
Avant/Après la lecture	Vor/Nach dem Lesen

B
le bon ordre	die richtige Reihenfolge

C
un cahier	ein Heft
Calculez.	Rechnet.
une carte	eine (Kartei-)Karte
Changez de rôle.	Wechselt euch ab.
Cherchez des mots avec …	Sucht Wörter mit …
Choisissez une situation.	Wählt eine Situation.
Cochez.	Kreuzt an.
Combinez …	Verbindet …
le comparatif	der Komparativ
Comparez …	Vergleicht …
Complétez …	Vervollständigt …
Complétez les phrases avec l'information correcte.	Vervollständigt die Sätze mit der richtigen Information.
conjuguer	konjugieren
Continuez.	Macht weiter.
Corrigez les phrases 1–6.	Korrigiert die Sätze 1–6.

D
un dé	ein Würfel
Décrivez les dessins.	Beschreibt die Zeichnungen.
un dessin	eine Zeichnung
Devinez les nombres.	Erratet die Zahlen.
un dialogue	ein Dialog/Gespräch
le discours (in)direct	die (in)direkte Rede

E
Exprimer une volonté/une nécessité/un sentiment	Einen Willen/eine Notwendigkeit/ein Gefühl ausdrücken
Ecoutez et écrivez.	Hört zu und schreibt auf.
Ecoutez le texte une première fois … une deuxième fois …	Hört den Text ein erstes Mal … ein zweites Mal …
Ecrivez l'histoire dans votre cahier.	… die Geschichte in euer Heft.
un exemple	ein Beispiel
Employez …	Gebraucht …
enregistrer qc	etw. aufnehmen

F
Faites deux paquets.	Macht zwei Stapel.
Faites des dialogues.	Macht Dialoge.
Faites la liaison.	Macht die Bindung.
Faites une ou deux phrases pour chaque partie.	Bildet ein bis zwei Sätze zu jedem Abschnitt.
faux	falsch
un filet de mots	ein Wortnetz
Formulez …	Formuliert …

G
en gras	fett gedruckt

I
Imaginez d'abord une suite.	Denkt euch zunächst eine Fortsetzung aus.
l'impératif positif/négatif	der bejahte/verneinte Imperativ
l'information (f.)	die Information

un interprète	ein Dolmetscher
interpréter	interpretieren
l'intrus (m.)	der Eindringling

L
une liaison	eine Bindung
Lisez et traduisez.	Lest und übersetzt.
Lisez les mots à haute voix et trouvez l'intrus.	Lest die Wörter laut vor. Welches Wort unterscheidet sich von den anderen?

M
Mettez les phrases dans le bon ordre.	Bringt die Sätze in die richtige Reihenfolge.

N
le nombre	die Zahl

P
entre parenthèses	in Klammern
le passé	die Vergangenheit
une phrase	ein Satz
le premier plan	der Vordergrund
le second plan	der Hintergrund
le plus-que-parfait	das Plusquamperfekt
Posez des questions et répondez.	Stellt Fragen und antwortet.
Prenez des notes.	Macht euch Notizen.
Présentez vos résultats.	Stellt eure Ergebnisse vor.
le pronom (tonique)	das (betonte) Personalpronomen

Q
Quel titre va avec quelle partie du texte?	Welcher Titel passt zu welchem Textteil?

R
Racontez.	Erzählt.
Racontez au passé composé.	Erzählt im *passé composé*.
la règle	die Regel
Relisez.	Lest noch einmal.
Remplacez les mots soulignés.	Ersetzt die unterstrichenen Wörter.
Résumez	Fasst … zusammen.
en rythme	rhythmisch
une rime	ein Reim

S
une situation	eine Situation
un son	ein Laut/Klang
souligner qc	etw. unterstreichen
une partie soulignée	ein unterstrichener Teil
une stratégie	eine Lerntechnik/Arbeitstechnik
la subordonnée de temps	der temporale Nebensatz
la subordonnée de cause	der kausale Nebensatz
une suite	eine Fortsetzung
sur place	an Ort und Stelle

T
un tableau	eine Tabelle
le texte suivant	der folgende Text
un titre	ein Titel
Traduisez.	Übersetzt.
Trouvez la règle.	Findet die Regel.
Trouvez les mots qui riment.	Findet die Wörter, die sich reimen.

U
Utilisez …	Gebraucht …

V
un verbe pronominal	ein reflexives Verb
Vrai ou faux?	Richtig oder falsch?

stratégie

Hier findet ihr eine Zusammenstellung wichtiger Stratégies, die ihr bereits kennt.

1 Hörverstehen (I) → Leçons 1/2/3/4/5

1. Einen ersten Eindruck gewinnen:

Achtet beim ersten Hören auf die Geräusche oder die Stimmen der Personen und ihren Tonfall. So könnt ihr schon eine Menge über die Situation herausfinden.

2. Bestimmte Informationen heraushören:

Konzentriert euch dann jeweils auf eine der folgenden Fragen und notiert die Schlüsselwörter:

WO findet die Handlung statt?	**Où?**
WANN findet die Handlung statt?	**Quand? / A quelle heure?**
WER ist da?	**Qui?**
WAS tun die Personen?	**Qu'est-ce qu'ils / elles font?**

2 Einen Text / Informationen zusammenfassen → Leçons 3/4

Wenn ihr einen Text zusammenfasst, müsst ihr die wichtigsten Informationen herausfinden.

1. Notiert zunächst die **Schlüsselwörter** zu jedem Abschnitt:	**Tipp** Schlüsselwörter geben Auskunft über die **Zeit**, die **handelnden Personen**, die **Handlung** oder den **Ort**. Es können einzelne Wörter oder Teile von Sätzen sein.
2. Bildet jetzt aus den Schlüsselwörtern **ganze Sätze**:	**Tipp** Das funktioniert am besten, wenn ihr die Lektion nicht vor Augen habt.
3. Verbindet eure Sätze mit Adverbien wie *d'abord, puis, ensuite, enfin … usw.*:	**Tipp** Denkt daran: Eine Zusammenfassung ist viel kürzer als der Lektionstext.

3 Ein Referat halten → *Leçons 2/3/4/5*

1. Nennt zuerst das Hauptthema eures Referates und zählt die Unterpunkte auf (Gliederung).

2. Erläutert jeden Unterpunkt. Nennt gute Beispiele und zeigt Bilder, Graphiken …

3. Fasst die Ergebnisse eures Referates am Schluss zusammen.

1. *Notre sujet, c'est … D'abord, on va vous parler de … / Puis, on va vous présenter … / Après ça, on va montrer que … / Enfin …*

2. *Voilà des exemples … / des photos sur … / un texte sur … / des statistiques sur …*

3. *En conclusion, on peut dire que nos résultats …*

Tipp Drückt euch in kurzen, klaren Sätzen aus und benutzt nur Wörter, die alle kennen.

4 Geschichten erzählen → *Leçon 4*

Mit dem **passé composé** könnt ihr Ereignisse in der Vergangenheit erzählen. Mit dem **imparfait** könnt ihr auch den Hintergrund der Ereignisse schildern.

Passé composé = Ereignisse, die im **Vordergrund** ablaufen.

Ort/Zeit präzisieren	• Un jour, … / Ce matin, … / Mais cette fois, …
Spannung einbauen	• Tout à coup, … / Mais un jour, …
Handlungskette schildern	• Alors, … / Puis, … / Ensuite, …

Imparfait = Hintergrund, der die **Begleitumstände** näher beschreibt.

Beschreibung von **Zeit**	• C'était l'été … / En 2006, j'avais …
Umständen	• C'était l'été, l'hiver … / Nous étions chez des amis.
Orten	• Nous étions à la Martinique, en Guyane …
Personen	• Cette dame était très gentille. / Elle avait deux enfants …
Wiederholung von **Aktionen**	• Nous allions tous les jours … / chaque matin …

5 Umgang mit einem zweisprachigen Wörterbuch → *Leçon 4*

Hier seht ihr, wie man ein zweisprachiges Wörterbuch benutzt.

①—②—③—④—⑤

Travail m [travaj] ⟨Plural: travaux⟩ ❶ Arbeit; **se mettre au travail** sich an die Arbeit machen; **travail manuel** Handarbeit; **les travaux ménagers** die Hausarbeit ❷ **les travaux** die Bauarbeiten; **les travaux publics** die Bauarbeiten im öffentlichen Auftrag; **travaux d'urbanisme** städtebauliche Maßnahmen; **«Travaux!»** «Bauarbeiten!» ❸ *(Ergebnis)* Werk ❹ *(Arbeit an etwas)* Bearbeitung ▸ **se tuer au travail** sich totarbeiten
♦ *travail à la chaîne* Fließbandarbeit

Zu jedem Eintrag gibt es folgende Angaben:
① **die richtige Schreibweise** (l'orthographe)
② **die Wortart:** *m* = Nomen ist männlich; *f* = Nomen ist weiblich; *adj* = Adjektiv; *v* = Verb
③ **die Aussprache** (la prononciation)
④ **die Pluralform** und / oder **die weibliche Form**
⑤ **die Übersetzungsmöglichkeiten**
Im Wörterbuch stehen in der Regel auch Wortverbindungen, Beispielsätze und Redewendungen.

Definition aus Express Wörterbuch, PONS

on dit

Hier findet ihr eine Zusammenstellung wichtiger Redemittel, die ihr bereits kennt.

1 Donner son avis → *Leçon 1*

So drückt ihr eure Meinung aus:

A mon avis, … / Moi, je pense que … / Moi, je trouve que tu as raison parce que …

J'aime bien … / Je trouve cette idée géniale.	Je trouve ça nul. / Je n'aime pas …
Ça me plaît (beaucoup) parce que …	Ça ne me plaît pas du tout parce que …
Le projet m'a plu. / Vos idées m'ont plu.	Le projet ne m'a pas plu parce que …
Je suis d'accord avec toi / vous / Jean.	Je ne suis pas d'accord avec toi / vous / Jean.
Je suis de ton / votre avis.	Je ne suis pas de ton / votre avis.
Je suis pour … parce que …	Je suis contre … parce que …

2 Discuter et prendre une décision → *Leçon 1*

So drückt ihr eure Meinung aus:

Moi, je crois que … parce que …
A mon avis … / De toute façon …
J'ai bien réfléchi et …

So nehmt ihr Stellung:

Tu as / Vous avez raison! / Tu as tort!
Je trouve que tu exagères! / Ce n'est pas possible!
Je suis d'accord. / Je ne suis pas d'accord avec toi / vous.

So fragt ihr nach einer Meinung:

Et toi / vous, qu'est-ce que tu penses / vous pensez de …?
Et vous, vous trouvez ça comment?
Tu peux m'expliquer? / Pourquoi est-ce que …?

So entscheidet ihr in der Gruppe:

Nous devons trouver une solution. / … prendre une décision. / Il faut choisir …
Alors, qu'est-ce que vous choisissez?

3 Prendre contact par téléphone avec une entreprise → *Leçon 3*

So könnt ihr in einer Firma anrufen.

L'entreprise

Allô, … (ici Sonia)

Vous désirez?

(+) Un instant, s'il vous plaît. / Oui, ne quittez pas. / Je vous le / la passe tout de suite.

(–) Monsieur … / Madame … n'est pas là pour le moment / est en réunion / est en rendez-vous. Rappelez plus tard. / Je peux prendre un message?

Toi

Allô, bonjour, … à l'appareil / au téléphone.

Est-ce que je peux parler à monsieur … / madame …? / Est-ce que monsieur … / madame … est là?

Est-ce que vous pouvez me donner son numéro de ligne directe? A quelle heure est-ce que je peux rappeler? / Oui, merci …

4 Tu peux m'aider? → *Leçons 4/5*

So bittet ihr um Hilfe:	**So antwortet ihr:**	
– Vous pouvez m'aider, s'il vous plaît? / Tu peux m'aider, s'il te plaît?	– Oui, bien sûr. Qu'est-ce que je peux faire pour vous / toi?	– Désolé(e)! Je ne peux pas vous / t'aider.
– Est-ce que vous pouvez / tu peux faire quelque chose pour moi?	– Une minute, j'arrive. – J'arrive tout de suite. Quel est le problème?	– Pardon, mais je n'ai pas le temps.

5 Au guichet → *Leçon 4/5*

Le voyageur	**La femme / L'homme au guichet**
Bonjour, monsieur / madame, je voudrais un billet de train pour …, s'il vous plaît. Un aller-retour en deuxième classe, s'il vous plaît. J'ai une réduction. J'ai 14 ans. Je voudrais arriver à (+ ville) vers … heures.	Un aller simple ou un aller-retour? Vous voulez partir à quelle heure? / Vous voulez arriver à quelle heure? Vous pouvez prendre le train / le TGV à … h. Mais pour le TGV, il faut une réservation.
Est-ce qu'il y a encore des places non-fumeur? Est-ce qu'il faut changer de train?	Oui. / Non. Non, c'est direct. / Oui, vous devez changer à (+ ville). Vous allez arriver à (+ ville) à … h.
Très bien. Merci, monsieur / madame. Au revoir.	Alors, ça fait …€. Voilà votre billet. Bon voyage.

On fait des révisions. (Seite 32 – 34)

1 En français
Toi
1. On peut / Nous pouvons commencer. Je suis prêt(e).
2. J'y habite depuis trois ans avec ma mère / ma maman.
3. Au début, c'était très dur pour moi parce que je ne connaissais personne. Mais maintenant, j'ai beaucoup de copains / copines qui habitent / vivent dans le (même) quartier.
4. Si, il y a une fille qui habite / vit dans l'appartement à côté. On est dans la même classe / Elle est dans ma classe. On fait souvent nos devoirs ensemble et sa famille est très sympa. Ils m'invitent souvent à manger.
5. Oui, bien sûr. Mais on ne parle pas très souvent ensemble.
6. On pourrait organiser une grande fête pour tous les voisins. Si tout le monde se connaissait bien, ce serait beaucoup plus facile.

Dominique
1. Alors, première question: Depuis combien de temps est-ce que tu vis dans ton immeuble?
2. Et ça te plaît?
3. Mais tu n'as pas de copains parmi tes voisins?
4. Tu connais tes autres voisins?
5. A ton avis, qu'est-ce qu'on pourrait faire pour améliorer la vie dans cet immeuble?
6. Merci pour l'interview.

2 Pendant les vacances
on partira; ma mère conduira; on fera; tu verras; on partagera; je montrerai; nous pourrons; il fera; mes cousins viendront; on sera; elle préparera

3 Tu devrais venir, ça va être sympa.
a
futur: aurai → j'aurai → avoir; seras → tu seras → être; gagnera → il / elle / on gagnera → gagner; ferons → nous ferons → faire; irez → vous irez → aller; partiront → ils / elles partiront → partir

conditionnel: regarderais → je / tu regarderais → regarder; voudrais → je / tu voudrais → vouloir; ferait → il ferait → faire; pourrions → nous pourrions → pouvoir; devriez → vous devriez → devoir; aimeraient → ils aimeraient → aimer

b
1. vous devriez; 2. je regarderais; 3. il ferait; 4. nous pourrions; 5. aimeraient; 6. voudrais

4 Si je travaillais plus, j'aurais des meilleures notes.
1. Si nous faisions un voyage, nous partirions au Sénégal.
2. Si mon copain avait plus d'argent, il achèterait un scooter.
3. Si tu étudiais à l'étranger, où est-ce que tu irais?
4. Si vous deviez choisir un sport, qu'est-ce que vous feriez?
5. Si je devenais une star, je serais un/e chanteur/se.
6. S'ils vivaient au bord de la mer, ils nageraient tous les jours.

5 Autour de l'amitié
a
1. d; 2. c; 3. e; 4. a; 5. b

b
être triste = avoir le cafard
avoir confiance = compter sur quelqu'un
être en colère = être furieux

6 Les règles d'or du sport
sois / soyons / soyez patient(e)s; aie / ayons / ayez de l'ambition; sois / soyons / soyez courageux(ses); fais / faisons / faites beaucoup de compétitions; n'aie / n'ayons / n'ayez pas peur de perdre

7 Rencontre sport (Lösungsvorschlag)
Quand / A quel âge est-ce que tu as commencé le foot?
Depuis quand / combien de temps est-ce que tu joues avec l'OM?
Qui est-ce qui t'a donné envie de devenir joueur de foot / faire du foot?
Qu'est-ce que tu as fait quand tu es devenu champion d'Europe des moins de 17 ans?
Quel est ton autre sport préféré? / Quels sont tes autres sports préférés?
Comment est-ce que tu t'entraînes pour un match?
Qu'est-ce que tu préfères, la préparation ou le match?
Qu'est-ce que tu feras plus tard?

8 Le commissaire n'a rien trouvé.
1. Non, les portes des ateliers ne sont pas ouvertes la nuit.
2. Non, il n'y a ni garage, ni porte derrière la MJC pour entrer.
3. Non, il n'y a jamais eu de voleur à la MJC.
4. Non, je n'ai rien remarqué.
5. Non, je n'ai pas encore eu le temps de regarder. Je ne sais pas si on a volé autre chose.

9 Au cours de danse africaine
commencer à; avoir le temps de; vous avez envie de; j'ai demandé à; je l'ai invité à; tu as pensé à

On fait des révisions.   (Seite 76 – 78)

1 En français
Toi
1. Âllo.
2. Je n'ai pas le temps, je dois travailler.
3. Je travaille au restaurant tous les week-ends.
4. Oui, je suis souvent très fatigué, mais ça me plaît.
5. Je connais un petit peu Marseille parce que j'ai déjà passé des vacances en Provence avec mes parents.
6. Quand j'ai un peu de temps, je vais souvent à la plage.
7. Oui. D'ailleurs, j'aimerais bien aller dans les calanques pour nager.
8. O.K. Lundi. Est-ce qu'on pourrait se retrouver au Vieux-Port vers midi?

Marie
1. Salut, c'est Marie. Je t'appelle pour savoir si tu as envie de sortir samedi soir.
2. Oh, c'est dommage. Et le week-end prochain alors?
3. C'est dur, non?
4. Alors, tu n'as encore rien vu de Marseille?
5. Et qu'est-ce que tu fais quand tu ne travailles pas?
6. Tu aimes nager?
7. On pourrait y aller ensemble. Quand est-ce que tu aurais le temps?
8. Super, il y a un bateau qui part vers 13 heures 30. A plus.

2 Heureusement, c'est facile!
a
vrai/e → vraiment; généralement → général/e; seul/e → seulement; malheureux/se → malheureusement; heureusement → heureux/se; sûr/e → sûrement; rapide → rapidement; définitivement → définitif/ive

b
1. seulement; 2. généralement; 3. malheureux; 4. vraiment; 5. heureux; 6. sûrement; seul; 7. vite; 8. définitivement

3 Le voyage d'Eric
1. dont; 2. qui; 3. qu'; où; 4. ce qu'; 5. ce qui; 6. qui; ce que; 7. que

4 Le premier feu de Sandrine
1. j'ai travaillé; c'était; 2. je suis arrivée; il y avait; brûlaient; 3. c'était; les familles criaient; des gens se trouvaient; 4. on a dû; 5. il faisait; 6. la police a fait; 7. L'homme vivait; il était; 8. personne n'a été

5 Chaque association a son action
1. chaque; 2. chacun; 3. chacune; 4. chacun; 5. chacun

6 Devinettes
1. C'est une bourse; 2. … une capitale; 3. … un carnet de voyage; 4. … le créole; 5. … un bidonville; 6. … la montagne; 7. … une pêche; 8. … la lavande

7 Où est-ce que tu vas en vacances?
(Lösungsvorschlag)
1. Je lis plus / moins / aussi facilement une BD qu'un livre.

2. Je vais à la piscine plus / moins / aussi souvent en hiver qu'en été. / Je vais à la piscine plus / moins / aussi souvent en été qu'en hiver.
3. Je travaille mieux / moins / aussi bien le soir que le matin. / Je travaille mieux / moins / aussi bien le matin que le soir.
4. Je fais mes devoirs plus / moins /aussi vite seul(e) qu'en groupe. / Je fais mes devoirs plus / moins /aussi vite en groupe que seul(e).
5. Je me lève plus / moins / aussi tôt le week-end que la semaine. / Je me lève plus / moins /aussi tôt la semaine que le week-end.

8 Raconte ce qui s'est passé.
On a rencontré une dame qui nous a rassurés. Elle a dit que le feu était encore loin. Maman lui a demandé si elle avait l'habitude des feux de forêt. Elle (lui) a répondu qu'il y en avait presque tous les ans. Elle a ajouté qu'avec le Mistral, le feu pouvait aller très vite. Je lui ai demandé si on allait rester longtemps dans le gymnase. Elle (m')a répondu que ça pouvait durer un petit moment. Puis, elle (nous) a demandé si nous étions nouveaux dans la région. Elle (nous) a dit que nous n'avions pas l'accent du Midi. Alors, maman (lui) a répondu que nous étions à Charleval depuis presque un an et que nous venions de Paris.

9 Mots groupés (Lösungsvorschlag)
a
1. travail / travailler: le chômage; un artisan; un poste; un apprentissage; un/e guide; un patron; un pêcheur; un pompier; un boulanger-pâtissier
2. vacances / voyage / voyager: un dépliant; une consigne; un hôtel; un/e guide; une valise; l'office de tourisme; des souvenirs; une rencontre
3. cuisine / boire et manger: le miel; la crème à la mangue; une recette; un apéritif; le poisson; l'huile d'olive; une pêche; un boulanger-pâtissier

b
1. J'ai trouvé un nouveau poste dans un restaurant.
2. On m'a donné un dépliant à l'office de tourisme.
3. A la maison, on mange souvent du poisson.

Un jeu: Le quiz de «Tous ensemble»   (Seite 8 – 9)

1	2	3	4	5		6	7	8	9	10		11	12	13	14
B	O	N	N	E		A	N	N	E	E		A	V	E	C

15	16	17	18		19	20	21	22	23	24	25	26
T	O	U	S		E	N	S	E	M	B	L	E

Lektion 3 B, Übung 1   (Seite 43)

1. L'Union européenne compte 27 pays membres.
2. Le drapeau européen a 12 étoiles.
3. Quand d'autres pays entrent dans l'Union européenne, on parle d'élargissement.
4. Le passeport européen est bordeaux.
5. C'est Beethoven qui a écrit la musique de l'hymne européen.
6. On a créé la Communauté économique européenne en 1957.
7. Six pays ont créé la CEE.

LA FRANCOPHONIE

Le Québec

Le Canada

L´AMÉRIQUE
DU NORD

Le Québec

St-Pierre-et-Miquelon

Les États-Unis

La Louisiane

L´OCÉAN

Haïti

La Guadeloupe
La Martinique

L´OCÉAN
PACIFIQUE

L´île Clipperton

La Guyane
française

La France

Le Maroc

L´A...

La Mauritanie

Le Ma...

Le Sénégal

La Guinée

La Côte d´Ivoire

Le Burkina-Faso

Le Togo

Le Bénin

Le Camerou...

Le Gabon

Le...

Les îles Marquises

La Polynésie française

Tahiti

L´AMÉRIQUE
DU SUD

ATLANTIQUE

Madagascar

Les pays francophones

Pays ou régions où le français est langue maternelle et officielle

Pays ou régions où le français est langue officielle

Pays ou régions où le français est langue d'enseignement

Minorités francophones

Départements et territoires d'outre-mer (DOM-TOM)

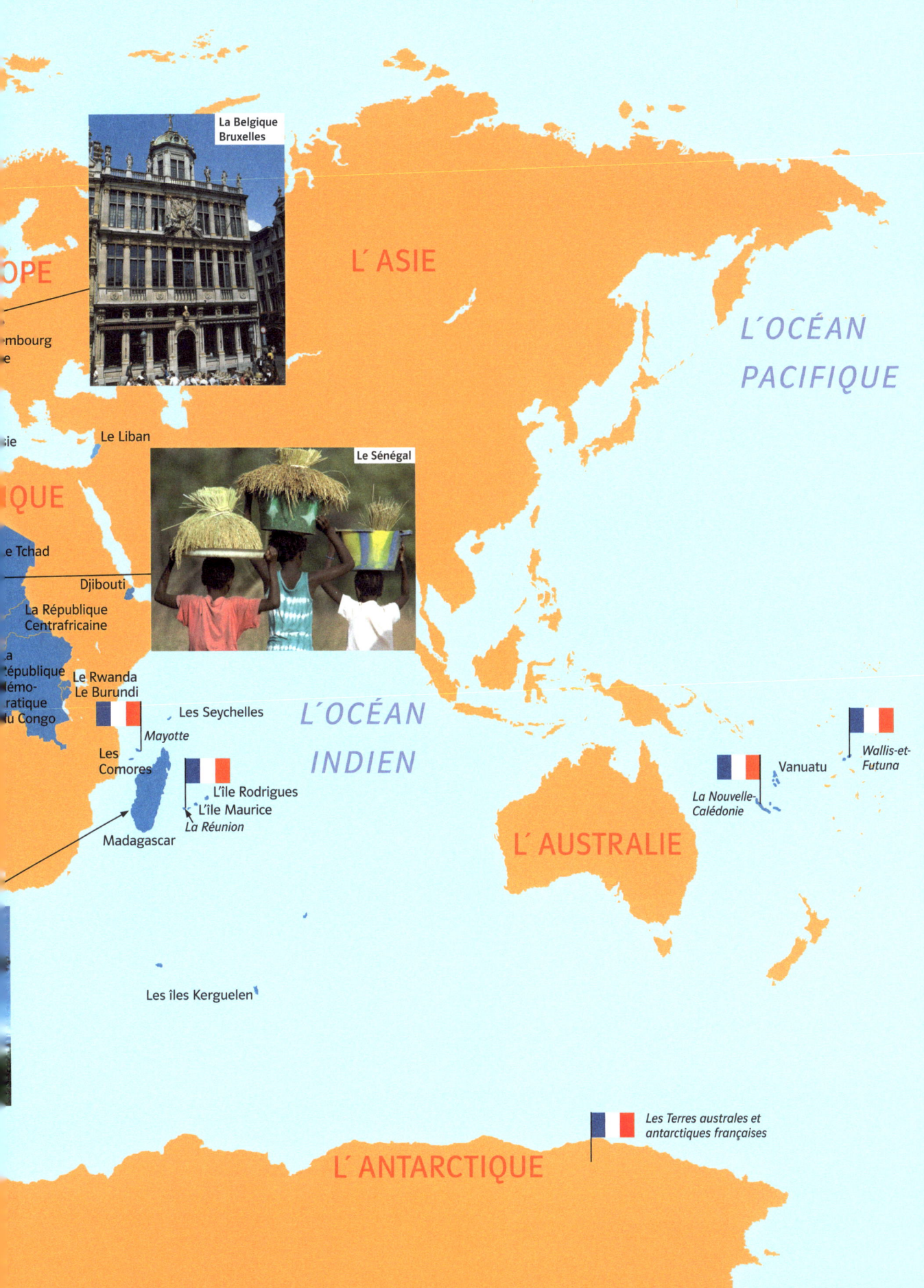

OPE

mbourg
e

sie

L'ASIE

L'OCÉAN
PACIFIQUE

La Belgique
Bruxelles

Le Liban

QUE

e Tchad

Djibouti

La République
Centrafricaine

a
épublique
émo-
ratique
u Congo

Le Rwanda
Le Burundi

Le Sénégal

Les Seychelles

Mayotte

Les
Comores

L'OCÉAN

INDIEN

L'île Rodrigues
L'île Maurice
La Réunion

Madagascar

Vanuatu

Wallis-et-
Futuna

La Nouvelle-
Calédonie

L'AUSTRALIE

Les îles Kerguelen

Les Terres australes et
antarctiques françaises

L'ANTARCTIQUE